Sammlung

der vorzüglichsten

mystischen Schriften

aller katholischen Völker.

Aus dem Urtexte übersetzt.

Zwanzigster Band.

Sämmtliche Schriften des heil. Bonifacius, des Apostels der Deutschen. II.

Regensburg, 1859.
Verlag von Georg Joseph Manz.

Sämmtliche Schriften

des

heiligen Bonifacius,

des

Apostels der Deutschen.

Uebersetzt und erläutert

von

Dr. Philipp Hedwig Külb,
Stadtbibliothekar zu Mainz.

Zweiter Band.

Regensburg, 1859.
Verlag von G. Joseph Manz.

Inhalt.

Seite

II.

Concilien, Capitularien

und

Statuten.

1.

Erstes deutsches Concilium [1]).

(Im Jahre 742).

Inhalt: Einleitung. Herstellung der kirchlichen Ordnung. §. 1. In den einzelnen Städten werden Bischöfe bestellt und dem Erzbischofe Bonifacius untergeordnet. Jedes Jahr soll eine Synode gehalten werden. Das den Kirchen entzogene Vermögen wird zurückerstattet. Die unzüchtigen und falschen Geistlichen werden abgesetzt und bestraft. §. 2. Die Geistlichen sollen weder in den Krieg ziehen noch auf die Jagd gehen. §. 3. Die Pfarrer sollen dem Bischofe ihres Sprengels unterthan sein und ihm jedes Jahr Rechenschaft über ihre Amtsverwaltung ablegen, auch sich stets mit ihrer Gemeinde zu seinem Empfange bereit halten. §. 4. Fremde Bischöfe und Priester sollen ohne vorhergehende Prüfung

---

1) Daß Bonifacius bereits früher eine Kirchenversammlung veranstaltet hatte und zwar im Jahre 740, in welchem er die kirchlichen Verhältnisse Baierns ordnete, läßt sich kaum bezweifeln, da er schon bei seiner Anwesenheit in Rom (739) eine solche beabsichtigte und sich zu diesem Zwecke den noch vorhandenen und weiter oben (Br. 45) mitgetheilten Brief des Papstes Gregorius III. ausfertigen ließ. (Vgl. Seiters, Bonifacius, S. 287 ff.) Die Acten dieses Conciliums sind leider nicht mehr vorhanden. — Irrig ist dagegen die Annahme, daß Bonifacius auch im J. 741 ein Concilium auf dem Schlosse Salzburg (jetzt Neustadt) an der fränkischen Saale gehalten habe; er weihte hier nur Willibald, den Stifter des Klosters und der Kirche zu Eichstedt, zum Bischofe, wobei mehrere andere Bischöfe zugegen waren (Seiters, S. 340. 359). — Die Uebersetzung der Beschlüsse des ersten deutschen Conciliums oder, richtiger ausgedrückt, des Kapitulars Pippins, folgt meistens der auf die besten Handschriften gestützten Ausgabe desselben von G. H. Pertz in den Monumenta Germaniae historica. Leges. Tom. I, p. 16.

in keinem Sprengel zum Kirchendienste zugelassen werden. §. 5. Die Abschaffung der noch vorhandenen heidnischen Gebräuche soll überall ernstlich betrieben werden. §. 6. Bestimmung der Strafen, welchen fortan unzüchtige Geistliche unterliegen. §. 7. Der Clerus soll nicht in weltlicher, sondern in geistlicher Kleidung einhergehen und die Mönche und Nonnen sollen nach der Ordensregel des heiligen Benedikt leben.

1. Im Namen unsers Herrn Jesu Christi. Ich Karlmann, Herzog und Fürst der Franken [1]), habe im Jahre siebenhundertundzweiundvierzig, am elften Tage vor den Kalenden des Mais [2]) auf den Rath der Diener Gottes [3]) und meiner Edeln die Bischöfe, welche sich in meinem Reiche befinden, nebst den Priestern, nämlich den Erzbischof Bonifacius [4]) und Burghard [5]), Regenfrid [6]), Hwitan [7]), Willabald [8]), Dodan [9]) und Eddan [10]) nebst ihren Priestern, aus Ehrfurcht vor Christus zu einem Concilium und einer Synode versammelt, um mir Rath zu ertheilen, auf welche Weise das Gesetz Gottes und die kirchliche Zucht, welche in den Tagen der früheren Fürsten zerrüttet wurden und zerfallen

---

1) Im östlichen Theile des Frankenlandes (Austrasien).

2) Also am 21 April. Da der Ort der Kirchenversammlung nicht genannt ist, so hat man mancherlei Vermuthungen aufgestellt und sich meist für Worms oder Frankfurt entschieden, ohne jedoch für irgend eine Ansicht hinreichende Gründe auffinden zu können.

3) Des Papstes Zacharias und des Erzbischofes Bonifacius.

4) Zu dieser Zeit noch ohne bestimmten Sitz.

5) Oder Burchard, Bischof von Würzburg (741—752).

6) Bischof von Köln (712—746).

7) Auch Witta und Wizo genannt, Bischof von Büraburg (741—786).

8) Oder Willibald, jetzt noch ohne bestimmten Sitz, später Bischof von Eichstedt (745—786).

9) Oder Dadan, noch ohne festen Sitz, und wahrscheinlich für Utrecht bestimmt.

10) Oder Hetto, Bischof von Straßburg (734—778). Die in den früheren Ausgaben noch folgenden Worte et reliquos episcopos (und die übrigen Bischöfe) fehlen in den Handschriften und sind offenbar späterer Zusatz. — Solche Zusätze werden in dieser Uebersetzung aus dem Texte entfernt und nur in den Anmerkungen berührt, Zusätze aber, welche sich in einigen Handschriften befinden, in Klammern eingeschlossen.

sind [1]), wieder hergestellt werden mögen und wie das christliche Volk zum Seelenheile gelangen kann und nicht durch falsche Priester betrogen zu Grund gehen muß, und wir haben auf den Rath der Priester [2]) und meiner Edeln in den Städten Bischöfe bestellt und den Erzbischof Bonifacius, welcher der Sendbote des heiligen Petrus ist [3]), über sie gesetzt. Wir haben beschlossen, jedes Jahr eine Synode zu versammeln, damit in unserer Gegenwart die Bestimmungen der Kirchengesetze und die Rechte der Kirche erneuert und die christliche Religion verbessert werde. — Die den Kirchen entzogenen Gelder haben wir zurückerstattet und zurückgegeben [4]); die falschen Priester und ehebrecherischen oder unzüchtigen Diakone und Geistliche haben wir von den Kirchengeldern [5]) entfernt, abgesetzt und zur Buße gezwungen.

2. Den Dienern Gottes haben wir für immer und überall gänzlich verboten, Rüstung zu tragen und zu kämpfen oder zum Heere und gegen den Feind aufzubrechen [6]), nur mit Ausnahme jener, welche wegen des göttlichen Geheimnisses, nämlich um die Feier der Messe zu begehen und die Schutzwehren der Heiligen [7]) zu tragen, dazu auserwählt worden sind, und zwar soll der Feldherr einen oder zwei Bischöfe nebst den Priestercaplänen [8]), und jeder Anführer einen Priester, welcher über die ihre Sünden beichtenden Leute urtheilen und die Buße angeben kann, bei sich

---

1) Dadurch hauptsächlich, daß die hohen kirchlichen Stellen von den Fürsten Unwürdigen verliehen wurden.

2) Das in den meisten Ausgaben folgende Wort religiosorum (der Ordensgeistlichen) fehlt in den Handschriften und ist später eingeschoben.

3) Vgl. weiter oben Nr. 2.

4) Pippin hatte kein Bedenken getragen, die Güter und Gelder der Kirche einzuziehen, wenn er sie brauchte, oder um damit Leute, welche ihm Dienste geleistet hatten, zu beschenken.

5) Von der Einnahme und Verwaltung derselben.

6) Was unter der Regierung Pippins gewöhnlich der Fall war (vgl. Nr. 50) und trotz des Verbotes auch später noch oft geschah.

7) Patrocinia sanctorum; die Reliquien der Heiligen wurden in dazu besonders eingerichteten Behältern mit ins Feld genommen, um zum Siege gegen den Feind zu verhelfen.

8) Diese hatten für die Kapelle, worin die Reliquien der Heiligen aufbewahrt und die kirchlichen Verrichtungen vorgenommen wurden, zu sorgen.

haben. — Ferner haben wir auch allen Dienern Gottes das Jagen und Umherschweifen mit Hunden in den Wäldern untersagt. Eben so sollen sie keine Habichte und Falken halten [1]).

3. Wir haben auch nach den Vorschriften der Heiligen verfügt, daß jeder in einem Sprengel wohnende Priester jenem Bischofe, in dessen Sprengel er wohnt, unterworfen sein und stets während der vierzigtägigen Fastenzeit dem Bischofe Rechenschaft geben und die Einrichtung seines Dienstes, sowohl was die Taufe und den katholischen Glauben, als auch was die Gebete und die Lesung der Messen betrifft, darlegen soll [2]). Und so oft der Bischof nach der Vorschrift des Kirchenrechts seinen Sprengel bereist, um die Gemeinden zu firmen, soll der Priester immer bereit sein, ihn mit der Gesammtheit und dem Beistande der Gemeinde, welche gefirmt werden soll, zu empfangen. Auch soll er sich am Tage des Abendmahles des Herrn [3]) immer von dem Bischofe das neue Salböl verschaffen, damit er dem Bischofe zur Seite stehe als Zeuge der Reinheit des Lebens, des Glaubens und der Lehre desselben [4]).

4. Wir haben festgesetzt, daß wir gemäß der nach den Kirchengesetzen nöthigen Vorsicht alle von irgendwo her zureisenden unbekannten Bischöfe oder Priester vor ihrer Prüfung auf einer Synode zu dem kirchlichen Dienst nicht zulassen wollen [5]).

5. Wir haben beschlossen, daß nach den Kirchengesetzen jeder

---

1) Um damit zu jagen, wie es in jener Zeit Sitte war, vgl. Br. 73.

2) Bei diesen Fastensynoden mußten die Pfarrer sogar die heiligen Gefäße und die zum Gottesdienste gehörenden Gewänder und Bücher vorzeigen und durch einige mitgebrachte Cleriker beweisen, daß sie die Pflichten ihres Amtes fleißig erfüllt hatten; vgl. A. J. Binterim, Geschichte der deutschen Concilien, Bd. II, S. 119.

3) Am Grünendonnerstage, an welchem das Salböl (Chrisma oder Chrisam, das bei der Spendung verschiedener Sacramente nöthige, mit Balsam vermischte Olivenöl) geweiht wird.

4) Damit Jeder sehe, daß der Bischof von allen Pfarrern seines Sprengels als ein rechtmäßiger und rechtgläubiger betrachtet werde.

5) Bischöfe und Priester, welche sich über ihre Ordination nicht ausweisen konnten, scheinen sich zu jener Zeit an vielen Orten eingeschlichen zu haben; vgl. Br. 75, §. 19.

Bischof in seinem Sprengel mit Hülfe des Grafen [1]), welcher der Schutzherr der Kirche ist, sorgfältig darauf achten soll, daß das Volk Gottes nicht abergläubischen Gebräuchen nachhänge und alle Unfläthereien des Heidenthums abwerfe und verabscheue; sie sollen diese eifrig verhindern, mögen sie nun die Todtenopfer oder die Loosdeuter oder Wahrsager, oder die Abwehrmittel und Zeichendeutereien, oder die Bezauberungen, oder die Opfermalzeiten, welche thörichte Menschen neben den Kirchen zu Ehren der heiligen Märtyrer und Beichtiger anstellen und dadurch Gott und seine Heiligen zum Zorne reizen, oder jene gotteslästerlichen Feuer, welche sie Niedfyr [2]) nennen, oder sonstige Gewohnheiten der Heiden, welcher Art sie auch seien [3]), betreffen.

6. Eben so haben wir festgesetzt, daß nach dieser Synode, welche am elften Tage vor den Kalenden des Mais stattfand, alle Diener Gottes und Mägde Christi ohne Ausnahme, welche sich des Verbrechens der Unzucht schuldig machen, im Kerker bei Brod und Wasser Buße thun sollen. Kommt dieß bei einem geweihten Priester vor, so soll er zwei Jahre in dem Kerker bleiben, vorher jedoch öffentlich gestäupt und gepeitscht werden, nachher mag der Bischof diese Strafe wiederholen lassen [4]); ist aber ein Geistlicher oder Mönch in diese Sünde gefallen, so soll er nach der dritten Prügelung in den Kerker gebracht werden und daselbst bis zum Ablaufe eines Jahres Buße thun. Deßgleichen sollen die bereits verschleierten Nonnen derselben Strafe unterliegen, auch sollen ihnen alle Haare des Hauptes abgeschoren werden [5]).

---

1) Gravio, gleichbedeutend mit comes und Bezeichnung eines Gerichtsvorstehers oder Gerichtsherrn; vgl. J. Grimms Deutsche Rechtsalterthümer II, 752 f.

2) Oder Nodfyr (Nothfeuer).

3) Von allen diesen Gebräuchen wird in den Erläuterungen zu der folgenden Synode die Rede sein.

4) Post episcopus adaugeat; diese unklaren Worte lassen nicht wohl eine andere Deutung zu; die von Seiters (S. 362) gegebene Uebersetzung: „dann mag der Bischof ihn wieder aufnehmen," dürfte keinenfalls zu rechtfertigen sein.

5) Daß diese Strafen nicht immer mit der hier angedrohten Strenge voll-

7. Wir haben ferner beschlossen, daß die Priester oder Diakone nicht nach der Sitte der Laien Wämmser [1]), sondern nach dem Gebrauche der Diener Gottes lange Gewänder [2]) tragen sollen; auch soll keiner gestatten, daß ein Weib in seinem Hause wohne; ferner sollen die Mönche und die Mägde Gottes die Klosterleute nach der Regel des heiligen Benedict leiten und leben lassen und sich bemühen, ihr eigenes Leben darnach einzurichten [3]).

2.

Concilium zu Liftinä [4]).

(Im Jahre 743.)

Inhalt: §. 1. Wiederholung und Bestätigung der Beschlüsse des ersten deutschen Conciliums. §. 2. Zurückbehaltung und Besteuerung eines Theiles des Kirchenvermögens zur Unterhaltung des Heeres. §. 3. Verbot, unerlaubte Ehen zu schließen und christliche Sklaven den Heiden zu überliefern. §. 4. Verbot der heidnischen Gebräuche unter Androhung einer Geldbuße. (§. 5. Die Scheidung wird gestattet bei erwiesenem Unvermögen des Mannes. §. 6 und §. 7. Die geistliche Verwandtschaft macht die Ehescheidung nothwendig.) — Verzeichniß der abergläubischen und heidnischen Gebräuche (nebst Erklärung derselben). — Abschwörungsformel und Glaubensbekenntniß. — Drei Anreden an das Volk. 1) Ueber die unerlaubten Ehen und die Laster des Fleisches.

---

zogen wurden, unterliegt keinem Zweifel; vgl. Binterim, Geschichte der deutschen Concilien, Bd. II, S. 271 ff.

1) Sagum, ein kurzes, nur bis auf die Hüften reichendes Kleidungsstück.

2) Casula, vgl. Nr. 12.

3) So lautet der Text nach den ältesten und besten Handschriften, nach den gewöhnlichen Ausgaben müßte die Uebersetzung heißen: die Mönche und die in den Klöstern befindlichen Mägde Gottes sollen sich bemühen, ihre Klöster oder Herbergen nach der Regel des heiligen Benedict einzurichten und zu leiten und nicht vernachläßigen, ihr eigenes Leben nach der Vorschrift des genannten Vaters einzurichten.

4) Die, wie es scheint, nicht vollständigen Beschlüsse desselben, so wie das Verzeichniß der heidnischen Gebräuche hat Pertz (a. a. O. S. 18 ff.) am besten herausgegeben. Auf dieser Versammlung führten nebst Bonifacius zwei außerordentliche päpstliche Legate, der Bischof Georg und der Sacellarius Johannes, den Vorsitz; vgl. Seiters, S. 373 f.

2) Ueber die späte Bekehrung zum Christenthume. 3) Ueber die Feier des Sabbats.

1. ... Jetzt aber haben auf dieser Synodalzusammenkunft, welche an den Kalenden des Mais an einem Orte, welcher Liftinas[1]) heißt, abgehalten wurde, alle ehrwürdigen Priester Gottes, Grafen und Vorgesetzte die Beschlüsse der ersteren Synode durch ihre Zustimmung bestätigt und versprochen, daß sie dieselben erfüllen und beobachten wollen. Auch die Geistlichkeit jedes kirchlichen Ranges, sowohl die Bischöfe, als auch die Priester und Diakone sammt den Geistlichen haben die Satzungen der alten Väter angenommen und versprochen, die kirchlichen Rechte durch ihre Sitten, ihre Lehren und ihre Amtsverwaltung wieder erlangen zu wollen. Die Aebte und Mönche haben die Regel des heiligen Vaters Benedict angenommen, um die Richtschnur des Klosterlebens wiederherzustellen. Die unzüchtigen und ehebrecherischen Geistlichen, welche vorher die heiligen Oerter inne hatten und verunreinigten, haben wir von da zu entfernen und zur Buße zu bringen befohlen. Und wenn sie nach dieser Bestimmung sich des Verbrechens der Unzucht oder des Ehebruchs schuldig machen, so sollen sie dem Urtheilsspruche der vorigen Synode unterliegen[2]), eben so auch die Mönche und die Nonnen.

2. Wir haben auch mit der Zustimmung der Diener Gottes und des christlichen Volkes festgesetzt, daß wir wegen der bevorstehenden Kriege und der Verfolgungen von Seiten der andern in unserer Umgebung wohnenden Völker[3]) mit der Gewährung Gottes einen Theil des kirchlichen Einkommens noch einige Zeit als Bethe[4]) und gegen eine Abgabe zur Unterstützung unseres

---

1) Oder Lestines, eine königliche Villa, welche am linken Ufer der Sambre im Bezirke von Charleroi an der Stelle lag, wo sich jetzt das Dorf Lobbes ausdehnt.

2) Sie sollen nach §. 6. der Beschlüsse der vorhergehenden Synode eine körperliche Züchtigung erleiden und eingekerkert werden.

3) Das fränkische Reich wurde zu dieser Zeit zugleich von den Sachsen, den Baiern, den Schwaben, den Slaven, den Aquitaniern und den Saracenen angefeindet; vgl. Luden, Geschichte des deutschen Volkes, Bd. IV, S. 150 ff.

4) Precarium, beta, eine bittweise verlangte Beisteuer, vgl. J. Grimm, Deutsche Rechtsalterthümer, I, 297 f.

Heeres zurückbehalten und zwar unter der Bedingung, daß jedes Jahr von jeder Behausung ein Solidus [1]), zu zwölf Denare gerechnet, an die Kirche oder an das Kloster abgegeben werde, jedoch so, daß, wenn Derjenige, welcher mit dem Einkommen beliehen wurde, stirbt, die Kirche zu dem Besitze ihres eigenen Einkommens gelangt [2]); auch soll, wenn die Noth den Fürsten zwingt, es zu gebieten, die Bethe erneuert und eine neue Verschreibung stattfinden [3]). Ueberhaupt soll man jedoch darauf achten, daß die Kirchen oder Klöster, deren Geld als Bethe gegeben ist, dadurch nicht in Mangel und Armuth gerathen, vielmehr soll man, wenn die Armuth es nöthig macht, die Kirche und das Haus Gottes in den ungeschmälerten Besitz gelangen lassen.

2. Auf gleiche Weise befehlen wir, daß nach den Bestimmungen der Kirchengesetze die ehebrecherischen und blutschänderischen Heirathen, welche nicht rechtmäßig sind [4]), verboten und nach dem Urtheilsspruche der Bischöfe bestraft werden, und daß die christlichen Sklaven nicht den Heiden überliefert werden sollen.

4. Ferner haben wir beschlossen, daß, wie auch schon mein Vater verfügt hat [5]), Derjenige, welcher bei irgend einer Sache heidnischen Gebräuchen folgt, bestraft und mit einer Geldbuße von fünfzehn Solidus [6]) belegt werden soll [7]).

---

1) Etwa vierunddreißig Kreuzer nach dem jetzigen Gelde; vgl. Br. 70.

2) Bei dem vorhergehenden Concilium hatte zwar Karlmann versprochen, das der Kirche entzogene Vermögen zurückzugeben, da aber ein großer Theil desselben zu weltlichen Zwecken verwendet wurde, so ließ sich das Versprechen nicht sogleich verwirklichen.

3) Zu Gunsten eines Laien; daß auf diese Weise dieser Mißbrauch noch lange fortdauerte, braucht wohl kaum bemerkt zu werden.

4) Ueber diesen Gegenstand folgen weiter unten besondere Anreden an das Volk.

5) Diese Verfügung ist nicht mehr vorhanden.

6) Etwa acht und einen halben Gulden.

7) Die drei noch folgenden Beschlüsse finden sich in den Handschriften nicht bei den Acten dieses Conciliums, werden ihm aber von späteren Kennern des Kirchenrechts zugeschrieben und zwar der erstere von Hincmar von Rheims (Epist. 37) und die beiden andern von Fulbert von Chartres (Epist. 33). Auch wurden sie in die Capitularien der fränkischen Könige (Capitular. reg.

[5. Wenn der Mann seiner verlobten, ausgestatteten und durch öffentliche Vermählung heimgeführten Frau nach dem Ausspruche des Apostels [1]) die eheliche Pflicht nicht zu leisten vermag und dieß entweder durch beider Geständniß oder durch irgend einen zuverläßigen Beweis dargethan ist, so mögen sie geschieden werden und die Frau mag, wenn sie nicht Enthaltsamkeit üben kann, sich gesetzmäßig mit einem Andern verheirathen.

6. Wenn Jemand seinen Stiefsohn oder seine Stieftochter vor dem Bischofe bei der Firmung gehalten hat, so soll er von seiner Frau geschieden werden und keine andere nehmen; eben so soll auch die Frau keinen andern Mann nehmen.

7. Keiner soll seinen eigenen Sohn oder seine eigene Tochter aus der Taufe heben; auch soll Keiner seine Pathe oder seine Gevatterin zum Weibe nehmen und eben so wenig Jene, deren Sohn oder Tochter er bei der Firmung gehalten hat. Wo dieß aber geschehen ist, sollen sie geschieden werden.]

Verzeichniß der abergläubischen und heidnischen Gebräuche [2]).

1. Von der Gotteslästerung an den Gräbern der Todten. [Diese Gotteslästerung bestand darin, daß man bei den Gräbern

---

Franc. l. V, c. 7. 167. Capitular. Caroli Calv. tit. XXVII, c. 7.) aufgenommen. Bonifacius war bekanntlich (vgl. Br. 39. 40. 41) über die Folgen der geistlichen Verwandtschaft im Zweifel und es mußte ihm angenehm sein, die Frage durch den Beschluß eines Conciliums entschieden zu sehen; vgl. Seiters, S. 404.

1) I. Korinth. 7, 3 ff.

2) Man nimmt bis jetzt allgemein an, daß dieses Verzeichniß nur die Ueberschriften der Kapitel enthält, in welchen die heidnischen Gebräuche näher bezeichnet waren, und daß diese Kapitel selbst nicht auf unsere Zeit gekommen sind. Vielleicht waren aber diese Kapitel nie vorhanden, da sie schon in der dem Ende des achten Jahrhunderts angehörenden einzigen Handschrift, aus welcher das Verzeichniß und die Abschwörungsformel herausgegeben sind, fehlen. Diese wahrscheinlich aus Fulda stammende Handschrift befand sich früher in der Dombibliothek zu Mainz, von wo sie nach Heidelberg kam; von da wurde sie in die vaticanische Bibliothek gebracht, wo sie noch jetzt aufbewahrt wird. Das Verzeichniß soll wohl nur die heidnischen Gebräuche namhaft machen, deren Beobachtung eine Geldstrafe nach sich zog, und es mag deßhalb hier unmittelbar

nach der alten Sitte der Deutschen jährlich Festlichkeiten anstellte und Opfer darbrachte oder auch diesen heidnischen Gebrauch in einer entsprechenden Handlung der christlichen Religion fortzusetzen versuchte, wie denn zuweilen unwissende Priester kein Bedenken trugen, auf den Grabhügeln im Felde Messe zu lesen und das Abendmahl auszutheilen [1]); manche das Christenthum äußerlich bekennende Priester gingen sogar so weit, daß sie neben ihren kirchlichen Verrichtungen auch den heidnischen Göttern Stiere und Böcke opferten [2]). Diesem tief wurzelnden Unfuge konnte nur durch die Heranbildung eines besser unterrichteten Priesterstandes ein Ende gemacht werden, eine höchst schwierige Aufgabe, deren glückliche Lösung aber zu den ersten Verdiensten des Apostels der Deutschen gehört.]

2. Von der Gotteslästerung über den Verstorbenen, das heißt, von den Dadsisas. [Wäre die gewöhnliche Erklärung des Wortes Dadsisas durch Todtenessen [3]) sprachlich gerechtfertigt, so könnte kein Zweifel obwalten, daß hier der jetzt noch nicht völlig überwundene Gebrauch, nach der Bestattung eines Hingeschiedenen Gelage zu halten, gemeint ist. In der ältesten Zeit hielt man diese Gelage an der Begräbnißstätte des Verstorbenen und stellte ihm seinen Antheil an Speise und Trank auf den Grabhügel, um ihn auf seiner Reise nach Walhalla nicht ohne Labung zu lassen.]

3. Von den Unfläthereien im Februar. [Bei fast allen Völkern unseres Erdtheils ist der Februar, in welchem die Sonne wieder ihre belebende Kraft zu äußern anfängt, noch jetzt die Zeit des Jubels und der ausgelassensten Freude. Unsere Voreltern thaten sich in diesem Monate, dessen Tage in einem runi-

---

nach den Beschlüssen des Conciliums folgen. Da es indessen ohne Erklärung größtentheils unverständlich sein würde, so soll jedem einzelnen Abschnitte sogleich eine kurze Erläuterung beigefügt werden.

1) Vgl. F. J. Mone, Geschichte des Heidenthums im nördlichen Europa (Darmstadt 1823. 8.), Bd. II, S. 148.

2) Vgl. weiter oben Br. 82.

3) Eckhart (Franc. orient. l. XXIII, §. 25.) versuchte zuerst diese Deutung (dadis as) und man hat bis jetzt keine bessere an ihre Stelle zu setzen gewußt.

schen Kalender fast sämmtlich mit Trinkhörnern bezeichnet sind [1]), gütlich mit Speise und Trank und veranstalteten mancherlei Spiele und Mummereien, deren Spuren sich noch jetzt in den Faschingslustbarkeiten erkennen lassen. Gewöhnlich arteten diese Vergnügungen in Unfläthereien (Spurcalia) aus und mußten den christlichen Priestern ein Gräuel sein. Die von ihnen der lateinischen Sprache entlehnte Bezeichnung [2]) dieser aus dem Heidenthume stammenden Vergnügungen ging allmälig auf das Volk über und der Februar behielt deßhalb in Niederdeutschland den Namen Sporkel; auch pflegt man, wenn in diesem Monate Schnee fällt, am Rheine zu sagen: die Spörkelsin schüttelt sich.]

4. Von den Häuschen, das heißt, Götzenhütten. [Den zum Christenthume bekehrten Deutschen fiel es anfangs schwer, sich gänzlich von dem Besuche der allenthalben in den Wäldern angebrachten kleinen Götzenhäuschen [3]) zurückzuhalten oder sich die Achtung, welche sie denselben zu beweisen pflegten, abzugewöhnen. Diese Götzentempelchen waren nichts weiter als runde hölzerne, auf Pfosten ruhende und mit Stroh gedeckte Hütten oder Zelte, welche den Opferaltar und die Götzenbilder vor der Witterung schützten [4]). Die Ehrfurcht der Deutschen vor diesen heiligen Stätten war so groß, daß die ersten Glaubensboten sie nicht immer zu zerstören wagten, sondern in vielen Fällen vorzogen, sie in christliche Kirchen oder Bethäuser umzugestalten.]

5. Von den Gotteslästerungen in den Kirchen. [Diese waren vielfacher Art, indem man mancherlei heidnische Gebräuche, an welche man in den Götzentempeln gewohnt war, auch in den christlichen Kirchen fortsetzte. Man scheute sich nicht, darin Verträge abzuschließen, Streitigkeiten zu verhandeln, mit Schmähungen und Flüchen um sich zu werfen oder gar durch Faustschläge seiner Ansicht Geltung zu verschaffen [5]). Jünglinge und Mädchen

---

1) J. G. Keysler, Antiq. septent. p. 367.

2) Vgl. J. Grimm, Deutsche Mythologie (Göttingen 1854. 8.), Bd. II, S. 749.

3) J. Grimm, a. a. O. I, 74.

4) Mone, Geschichte des Heidenthums, II, 126.

5) F. Sterzinger, über den Zustand der baierischen Kirche im achten Jahr-

benützten die Kirchen als öffentliche Plätze, um sich daselbst mit Gesang und Tanz zu belustigen und Gelage zu halten [1]). Hauptsächlich veranstaltete man solche Festlichkeiten an den Gedächtnißtagen der Heiligen und glaubte diese dadurch zu ehren; zuweilen schlachtete man ihnen sogar vor der Kirche Opferthiere, um ihre Gunst zu gewinnen [2]). Diese auf grober Unwissenheit und hergebrachter Sitte beruhende Entheiligung der Kirchen erreichte durch die auf den ersten deutschen Synoden erlassenen Verbote keineswegs ihr Ende und noch Karl der Große sah sich genöthigt, strenge Verordnungen [3]) dagegen zu erlassen.]

6. Von den Heiligthümern der Wälder, welche sie Nimidas nennen. [Daß bei den alten Deutschen die Wälder und in diesen wieder einzelne Bäume den Göttern geweiht waren und deßwegen in hohem Ansehen standen, ist bekannt [4]); ein solcher Hain durfte nicht von Profanen betreten, ein solcher Baum nicht seiner Zweige oder seines Laubes beraubt und nie gefällt werden. Daß hier von solchen Wäldern und Bäumen die Rede ist, unterliegt keinem Zweifel, ungewiß oder vielmehr unbekannt ist aber die Bedeutung des Wortes Nimidas. Die Ableitung von dem gallischen Nem (Wald) scheint unstatthaft, da hier von einem deutschen Gebrauche die Rede ist; eben so wenig befriedigen Andere, welche das Wort für verunstaltet halten und es in Ninuhidas oder Viwidas umändern wollen, durch ihre Behauptung, daß das letzte Wort heilige Holzungen bezeichne [5]) und das erste Neunhäupter bedeute, weil man in den Wäldern neun Häupter von Menschen oder Thieren geopfert habe [6]). Als eine einigermaßen

---

hundert, in den Neuen historischen Abhandlungen der kurfürstlich-baierischen Akademie der Wissenschaften, Bd. II (München 1781. 4.), S. 335 f.

1) Wie aus den weiter unten folgenden Statuten des hl. Bonifacius (§. 21.) hervorgeht.

2) Vgl. oben das erste deutsche Concilium, §. 5.

3) Vgl. Caroli M. Capitular. l. VI, c. 196.

4) Vgl. Tacitus, de mor. Germ. c. 9.

5) Von vih (heilig) und wid (Holz). Fr. Rühs, Erläuterung der zehn ersten Kapitel der Schrift des Tacitus über Deutschland (Berlin 1821. 8.), S. 312.

6) Eckhart, Francia orient. l. XXIII, c. 29. Mone (Geschichte des Heiden-

sprachlich begründete und deßhalb annehmbare Deutung muß die Uebersetzung des vielbesprochenen Wortes durch Waldmarken gelten [1]) und man dürfte dann annehmen, daß auf diesen abgegrenzten Stellen die heiligen Bäume standen und die Opfer dargebracht wurden.]

7. Von den Dingen, welche sie auf Felsen verrichten. [Die Opferplätze befanden sich häufig auf hohen Felsen, wo man der Gottheit näher zu sein glaubte; auch mögen auf diesen Felsen, welche als natürliche Altäre galten, besondere auf die Gestirne bezügliche Verrichtungen des Götzendienstes vorgenommen worden sein.]

8. Von den Heiligthümern des Mercurius oder des Jupiter. [Den römischen Göttern Mercurius und Jupiter entsprechen Wuotan (Wodan) und Donar (Thor), die beiden Hauptgötter der Deutschen. Wuotan galt als der weltlenkende, weise, kunsterfahrene und Kriege und Schlachten lenkende, Donar als der über Wolken und Regen gebietende, sich durch Wetterstrahl und rollende Donner ankündigende Gott [2]). Sie hatten in allen deutschen Gauen, besonders in Wäldern und auf Bergen Tempel, auch waren ihnen ohne Zweifel Bildsäulen errichtet und einzelne Stellen geweiht. Daß es die christlichen Priester nicht geringe Mühe kosten mußte, bei den neubekehrten Deutschen die angeborene Achtung vor diesen Heiligthümern allmälig zu ersticken, und die Zerstörung derselben zu bewirken, leuchtet ein.]

9. Von dem Opfer, welches man irgend einem Heiligen darbringt. [Das neubekehrte Volk war zu sehr an die Opfer, welche es früher seinen Göttern darbringen mußte, gewöhnt, als daß bei ihm nicht hätte der Glaube auftauchen sollen, sich auf dieselbe Weise die Gewogenheit der Heiligen erwerben zu können. Man veranstaltete an ihren Gedächtnißtagen nicht nur mancherlei

---

thums, II, 143) sieht darin einen Imperativ, welcher die Festformel enthält, ohne jedoch eine Erklärung dieses Imperativs zu geben. Eben so wenig läßt sich die Hindeutung auf die Einsammlung der heiligen Mistel rechtfertigen.

1) J. Grimm, Deutsche Mythologie, II, 614 f. Nach einer andern sprachlichen Deutung desselben Gelehrten könnten die Nimidas auch die im heiligen Haine unter Bäumen dargebrachten Opfer selbst sein.

2) J. Grimm, Deutsche Mythologie, I, 121 und 151.

Festlichkeiten, sondern opferte ihnen sogar Thiere, wie bereits [1]) bemerkt wurde.]

10. Von den Abwehrmitteln und Binden. [Diese Abwehrmittel (Phylakterien, Amulette) bestanden gewöhnlich in Täfelchen von Metall oder Holz oder Pergament, worauf Sprüche oder magische Charaktere, welche Unglück und Krankheiten abhalten sollten, geschrieben waren; die alten Deutschen trugen jedoch auch weit einfachere Amulette am Halse, wie etwa Schiefertäfelchen, worauf die Gestalt irgend eines Gottes eingekratzt war, oder Stückchen von Donnerkeilen (Meteorsteinen), wie sie häufig in den Gräbern gefunden werden [2]). Unter den Binden hat man hauptsächlich gewisse Kräuter zu verstehen, die eine bestimmte Heilkraft besitzen sollten und unter Hersagung mitwirkender Sprüche und Formeln an irgend einen kranken Theil des Leibes gebunden wurden; auch pflegte man kräftige Kräuter oben an dem Hauptbalken des Hauses oder über der Thüre aufzuhängen, wo sie das Jahr hindurch blieben, bis sie durch frische ersetzt wurden [3]). Bonifacius führt in einem seiner Briefe [4]) bittere Klage über diesen nicht nur in den deutschen Gauen, sondern auch in andern Ländern und selbst in Rom, dem Sitze des Oberhauptes der Christenheit, verbreiteten Aberglauben, welcher auch nach ihm noch in reichem Maße fortdauerte und sich theilweise bis auf unsere Zeit erhalten hat.]

11. Von den Opferquellen. [Daß die meisten deutschen Stämme, besonders aber die Alemannen und Franken dem Wasser göttliche Ehre erwiesen, geht schon aus den Verboten, welche von der Kirche wiederholt gegen diesen Aberglauben erlassen werden mußten, zur Genüge hervor; man betete am Ufer des Flusses und am Rande des Baches, zündete Lichter an und stellte Opfergaben hin, vorzugsweise aber verehrte man die Stellen, wo das wunderbare Element aus dem Schoße der Erde hervorspringt, und wählte sie mit besonderer Vorliebe zu Opferstätten; Spuren dieser Gewohnheit haben sich im Norden bis auf die neuesten

---

1) Weiter oben §. 5. — 2) Fr. Rühs, über Tacitus, S. 306.
3) J. Grimm, Deutsche Mythologie, II, 1151.
4) Br. 51, an den Papst Zacharias.

Zeiten erhalten, das Volk erwartet dort noch von dem Gebrauche des Wassers Heilung für sich und sein Vieh und besucht zu diesem Zwecke die Quellen an bestimmten Festtagen [1]). Da man diesen Aberglauben nicht leicht auf andere Weise auszurotten vermochte, so erbaute man an solchen Orten Bethäuser und man darf deßhalb annehmen, daß die Quellen, welche sich bei oder in den ältesten Kirchen finden, wenigstens zum Theil schon den Göttern des Heidenthums geweiht waren.]

12. Von den Zaubersprüchen. [Bei fast allen Völkern wird, so lange sie auf einer niederen Stufe der Bildung stehen, neben der nur Gerechtes vollbringenden Macht der Götter ein unbefugtes und schädliches Wirken übernatürlicher Kräfte oder Zauberei angenommen und die Kunst, diese Kräfte durch bestimmte Sprüche, Formeln und Worte in Bewegung zu setzen, gewissen Personen, sowohl männlichen als auch weiblichen Geschlechtes, vorzugsweise aber Frauen zugeschrieben. Der Grund dieser allgemein verbreiteten Ansicht ist in äußeren und inneren Verhältnissen zu suchen. Frauen war das Auslesen und Kochen kräftiger Heilkräuter überlassen, wie die Bereitung der Speise ihnen oblag. Den unruhigen Lebenslauf der Männer füllte Krieg, Jagd, Ackerbau und Handwerk; Weibern verliehen Erfahrung und behagliche Muße alle Befähigung zu heimlicher Zauberei; auch ist das Einbildungsvermögen der Frauen wärmer und empfänglicher und von jeher wurde in ihnen eine innere, heilige Kraft der Weissagung verehrt. Wiederum aber mußte, von einer andern Seite her betrachtet, die Zauberkunde hauptsächlich alten Weibern eigen sein, die der Liebe und Arbeit abgestorben ihr ganzes Sinnen und Trachten auf geheime Künste stellten [2]). Diesen Künsten schrieb man eine fast unbegrenzte Macht zu; durch sie vermochte man auf Alles nach Belieben schädlich oder günstig einzuwirken, durch sie konnte man den Leib gegen Feuer und Eisen festigen, die Waffen stumpf machen, das Blut stillen, Pferde im Laufe anhalten, ja sogar Himmel und Erde bewegen. Welches Unheil diese Ansicht im Mittelalter zur Folge hatte, ist bekannt genug.]

---

1) J. Grimm, Deutsche Mythologie, I, 549 f. Fr. Rühs, über Tacitus, S. 325. — 2) J. Grimm, Deutsche Mythologie, II, 991.

13. Von den Zeichendeutereien aus den Vögeln oder Pferden oder aus dem Miste der Rinder oder aus dem Nießen. [Der Glaube, aus dem Fluge der Vögel auf zukünftige Dinge schließen zu können, reicht bis in die ältesten Zeiten hinauf und beruht auf der Ansicht, daß die Bewohner der Lüfte, weil sie dem Himmel näher sind, den Göttern als Boten dienen und durch ihren Flug und ihre Stimme den Willen derselben verkündigen; man schrieb sogar den Vögeln eine Sprache zu und zweifelte nicht, daß der Mensch durch ihre Warnungen manchem Unglücke entgehen würde, wenn er nur diese Sprache verstände, denn man war fest überzeugt, daß sich Götter und Göttinnen in Vögel verwandeln und auch die Abgeschiedenen oft die Gestalt von Vögeln annehmen, um sich ihren Verwandten und Freunden kund zu geben. Als der eigentliche vorausverkündende Vogel der deutschen Stämme muß der Rabe betrachtet werden; er war dem Wuotan heilig und trug ihm Nachricht von allen Ereignissen zu; erschien er bei der Darbringung eines Opfers, so war dieser Gott damit zufrieden; flog er krächzend von der Linken zur Rechten, so war es ein gutes Zeichen zur Reise. Er war jedoch auch als Unglücksvogel gefürchtet; setzte er sich auf ein Haus, worin ein Kranker lag, so starb dieser; flogen zwei Schaaren Raben in der Luft gegen einander, so war der Ausbruch eines Krieges nicht fern. Auch dem Kukuk wurde die Gabe der Weissagung beigelegt; im Westen gesehen bedeutete er Freude, im Osten Noth, im Norden Tod, im Süden gute Zeit. Noch jetzt dauert der Volksglaube fort, wer im Frühling zum erstenmale das Schreien des Kukuks vernehme, könne von ihm die Zahl seiner übrigen Lebensjahre erfragen [1]. — „Eigenthümlich," sagt schon Tacitus [2], „ist dem deutschen Volke die Sitte, der Pferde Vorahnungen und Erinnerungen zu erforschen; auf öffentliche Kosten werden in den heiligen Wäldern und Hainen weiße Pferde unterhalten, von keiner Arbeit jemals berührt. Diese, von dem heiligen Wagen gedrückt, begleiten der Priester und der König oder der Fürst des

---

1) Fr. Rühs, über Tacitus, S. 331 f. J. Grimm, Deutsche Mythologie, II, 634 ff. F. J. Mone, Geschichte des Heidenthums, II, 130.

2) De mor. Germ. c. 10.

Staats und beobachten ihr Wiehern und Schnauben, und keine Vorbedeutung findet grösseres Vertrauen, nicht blos bei der Menge, sondern auch bei den Vornehmen, den Priestern, denn sich selbst halten sie für die Diener der Götter, jene für Vertraute.“ Auch nach der Einführung des Christenthums und bis in das spätere Mittelalter erhielten sich Reste dieses Aberglaubens und eine besondere Aufmerksamkeit richtete man auf das Wiehern der Pferde. Wieherten diese vor der Schlacht, so galt dieß den Kriegern als eine Vorbedeutung des Sieges, enthielten sich aber die Rosse ihrer freudigen, muthweckenden Stimme, so fürchtete man eine Niederlage [1]) und suchte, wo möglich, dem Kampfe auszuweichen. Daß übrigens auch andere Völker in demselben Aberglauben befangen waren, ist bekannt; so wurde im Alterthume bei den Persern der König nach dem Wiehern des Hengstes gewählt [2]) und noch jetzt gelten bei ihnen die Pferde für so heilig, daß der Stall oder im Freien die Stelle beim Kopfe des Pferdes als eine unverletzliche Zufluchtsstätte selbst für den größten Verbrecher angesehen wird. Bei einigen slavischen Stämmen wurde nie ein Entschluß über eine wichtige Unternehmung gefaßt, ehe man die heiligen Pferde befragt hatte, was dadurch geschah, daß man im Vorhofe des Tempels das größte Pferd vor eine dreifache Reihe auf dem Boden gelegter Pfeilspitzen führte; trat es zuerst mit dem rechten Fuße in einen der Zwischenräume, so zweifelte man nicht an dem Siege, trat es aber mit dem linken zuerst hinein, so war dieß ein ungünstiges Zeichen [3]). Bei den Nachkommen der nördlichen germanischen Stämme sind noch jetzt Spuren dieses Aberglaubens vorhanden, und man achtet bei vielen Gelegenheiten auf das Benehmen des Pferdes; schlägt es, wenn der Priester auf ihm zu einem Kranken reitet, beim Absteigen den Kopf nieder, so erwartet man keine Besserung; schnauft das Pferd, wenn der Reiter sich auffetzt, so ist dieser an dem Orte, wohin er sich begibt, willkommen [4]). — Ueber die Zeichendeuterei aus dem Miste der Rinder findet sich nirgends eine nähere

---

1) J. Grimm, Deutsche Mythologie, I, 624. — 2) Herodot, III, 84.
3) Dietmar von Merseburg, Chron. VI, 17.
4) Rühs, über Tacitus, S. 335.

Auskunft und wir dürfen uns wohl der Mühe überheben, die Vermuthungen der Gelehrten, daß frischer Rindermist Glück, alter aber Unglück bedeutet habe [1]) und daß es eine böse Vorbedeutung gewesen sei, wenn der Ochs beim Ausdreschen der Frucht seinen Unrath in dieselbe fallen ließ [2]), weiter zu verfolgen. Uebrigens entbehrte das Rindvieh keineswegs der Achtung, wie schon aus der Thatsache hervorgeht, daß Stiere den fränkischen Königswagen und noch im späteren Mittelalter Rinder die Kriegswagen zogen [3]). — Auch die Vorbedeutungen aus dem Nießen, auf welche das Verbot hinzielt, sind uns unbekannt, die uralte Gewohnheit, dem Nießenden gegenüber göttliche Hülfe anzurufen, kann wohl nicht gemeint sein; vielleicht gehört aber hierher der Aberglaube, daß man in der Christnacht nicht nießen soll, weil sonst gewöhnlich das im Hause befindliche Vieh stirbt, und daß eine Erzählung, während welcher Jemand nießt, keinen großen Glauben verdient [4]); im Alterthume herrschte die geradezu entgegengesetzte Ansicht [5]) und man zweifelte nicht leicht an der Erfüllung beniester Worte.]

14. Von den Wahrsagern und Loosdeutern. [Das Verbot unterscheidet ausdrücklich zwischen Leuten, welche unmittelbare Kenntniß von dem Willen der Götter zu haben vorgaben und diesen gewöhnlich mit einer gewissen Begeisterung und unter mancherlei Förmlichkeiten verkündigten, und solchen, welche es den Göttern selbst überließen, ihren Willen auf eine durch bestimmte Vorrichtungen ihnen vorgelegte Anfrage zu offenbaren. „Auf Vorbedeutungen und Loose," sagt Tacitus [6]) von unsern Voreltern, „achten sie mit großer Sorgfalt; der Loose Anwendung ist einfach; einen Zweig, von einem Fruchtbaume abgeschnitten, theilen sie in Stäbchen und diese, durch gewisse Zeichen unterschieden, werfen sie blindlings und nach Zufall über ein weißes Gewand hin. Wenn nun in öffentlichen Angelegenheiten

1) Eckhart, Francia oriental. l. XXIII, c. 36.

2) A. J. Binterim, Denkwürdigkeiten der christkatholischen Kirche, Bd. II. Thl. 2, S. 561. — 3) Vgl. J. Grimm, Deutsche Mythologie, II, 630 f.

4) J. Grimm, Ebend. II, 1071.

5) Vgl. Homer, Odyss. XVII, 541. 543. — 6) De mor. Germ. c. 10.

Rath gesucht wird, so hebt der Staatspriester, wenn aber in Angelegenheiten Einzelner, der Hausvater selbst, die Götter anrufend und zum Himmel emporblickend, jedes Stäbchen dreimal auf und deutet die aufgehobenen nach den vorher eingedrückten Zeichen. Ist die Deutung ungünstig, so finden über dieselbe Sache an demselben Tage keine Berathungen statt; ist sie günstig, so wird noch Gewißheit durch Vorbedeutungen verlangt." Auch noch nach ihrer Bekehrung zum Christenthume betrachteten die Deutschen das Loos als die ehrwürdigste und gerechteste Art aller Weissagungen, weil dabei jede menschliche Willkür oder Leidenschaft aus dem Spiele blieb, und trotz des Verbotes der Kirche griffen sogar Gerichte in schwierigen Fällen zu diesem Mittel. So legte man, um aus einem Haufen Angeklagter einen Mörder herauszufinden, als Loose zwei von einer Ruthe geschnittene Zweige, von welchen der eine mit einem Kreuze bezeichnet, der andere aber leer gelassen wurde, nachdem man sie mit reiner Wolle umwunden hatte, auf einen Altar. Der Priester oder in dessen Ermangelung ein unschuldiger Knabe mußte sodann eines der Loose vom Altare nehmen; ergriff er den bekreuzten Zweig, so galten alle Angeklagte für unschuldig, im umgekehrten Falle aber ward noch eine besondere Untersuchung durch das Loos über die Einzelnen verhängt. Noch in der Mitte des fünfzehnten Jahrhunderts wurde, um unter sechs Dieben denjenigen, welcher sich überdieß einer besondern Schandthat schuldig gemacht hatte, zu ermitteln, durch einen richterlichen Spruch verordnet, sechs kleine Stäbe, von denen einer schwarz, die andern aber weiß bemalt und mit Weihwasser besprengt waren, in einen Topf zu werfen; wer den schwarzen Stab herauszog, sollte als der Verbrecher betrachtet werden [1]). Um der heidnischen Sitte ein christliches Ansehen zu geben, wählte man statt der Stäbe das Evangelium, das Psalter oder sonst ein heiliges Buch und schlug es auf; die Stelle, welche zuerst in die Augen fiel, gab die Entscheidung; man glaubte nicht, dadurch eine sündhafte Handlung zu begehen, weil man, wie man sich ausdrückte, die Loose der Heiligen [2])

---

1) F. Rühs, über Tacitus, S. 329 f.

2) Sortes Sanctorum; vgl. Eckhart, Francia orient. l. XXIII, c. 37.

befragte. Auch dieses Verfahren, welches besonders im achten Jahrhunderte beliebt gewesen zu sein scheint, wurde durch eine Verordnung Karls des Großen [1]) strenge verboten.]

15. Von dem aus dem Holze geriebenen Feuer, das heißt, vom Nodfyr. [Das Nothfeuer [2]) wurde durch Reiben trockener Hölzer hervorgebracht und besaß, wie man glaubte, eine dem auf andere Weise erzeugten Feuer nicht beiwohnende besondere Kraft. Diese Ansicht erhielt sich während des ganzen Mittelalters und dauert auch in unserer Zeit in manchen Gegenden bei dem Volke noch fort. Schritt man zur Anzündung eines Nothfeuers, so mußte vorher in dem ganzen Dorfe jedes Feuer ausgelöscht werden, darauf schlug man einen starken Eichenpfahl in den Boden, bohrte durch denselben ein Loch, steckte in dieses eine mit Wagenpech und Theer sorgfältig umwundene hölzerne Winde und drehte diese so lange um, bis das Feuer hervorsprang; an andern Orten grub man zwei Pfähle von trocknem Holze vor Sonnenaufgang unter feierlichem Schweigen in die Erde und zog so lange hänfene Stricke um sie herum, bis sich das Holz entzündete; anderwärts brachte man das Feuer durch Reibung eines alten Wagenrades oder auf sonstige Weise hervor. Hatte sich das Holz, gleichgültig auf welche Art, entzündet, so nährte man das Feuer mit Stroh, Heide und Buschholz, bis es zu einer mächtigen Flamme emporloderte. Nun sprang, wer das Jahr hindurch von widrigen Zufällen frei sein wollte, durch das Feuer oder fing den Rauch in seine Kleider auf, um vom Fieber verschont zu bleiben. War für das Wohlsein der Menschen gesorgt, so trieb man das Vieh dreimal durch das Feuer, um es gegen Krankheiten zu schützen. An manchen Orten warf man auch, wenn das Feuer am stärksten war, einen Pferdskopf

---

1) Vom Jahr 789, §. 4, bei Baluzius, Capitular. Reg. Franc. I, 243.

2) Die Ableitung von nôt (Noth) scheint die natürlichste, weil das Feuer gleichsam genöthigt wird zu entstehen; eine andere von niuwan (reiben) entspricht jedoch mehr der im Verbote gegebenen Umschreibung und die in den Akten des ersten deutschen Conciliums vorkommende Form Niedfyr dürfte deßhalb Beachtung verdienen; vgl. J. Grimm, Deutsche Mythologie, I, 573. Fr. Rühs, über Tacitus, S. 318.

in dasselbe oder goß Rüböl hinein [1]), weil man dadurch die in der Nähe befindlichen Hexen zu zwingen glaubte, herbeizukommen und sich so selbst zu verrathen. Nachdem man das Vieh wieder in den Stall oder ins Feld getrieben hatte, nahm jeder Hausvater einen Brand von den Holzhaufen mit sich, löschte ihn in seiner Spültonne und legte ihn auf einige Zeit in die Krippe, worin das Vieh gefüttert wurde, die Asche aber streute man auf die Felder und in die Gärten, um die Gewächse vor den Raupen und anderm Ungeziefer zu bewahren [2]). Als heidnische Sitte wurde dieselbe mehrfach und streng verboten, sie lebte aber in den christlichen Osterfeuern und Johannisfeuern, als Sinnbildern des erschienenen Lichtes der Welt, bis auf den heutigen Tag fort.]

16. Von dem Gehirne der Thiere. [Das Gehirn der geopferten Thiere wurde wahrscheinlich herausgenommen, um aus der Lage, Gestalt und Beschaffenheit desselben zukünftige Dinge vorauszusagen. Diese Deutung scheint als die einfachste dem Verbote am besten zu entsprechen, wenigstens beruht die Voraussetzung der meisten Erklärer, daß hier auf die uralte deutsche Sitte, Pferdeköpfe zur Abhaltung alles Unheils und Zaubers auf Stangen zu stecken oder an den Giebeln der Häuser zu befestigen [3]), gemeint sei, auf keinem haltbaren Grunde. Daß man übrigens noch nach Einführung des Christenthums Thierhäupter als Opfer darbrachte und auf den Kopf eines Thieres unter Anrufung heidnischer Götter Eidschwüre ablegte, geht aus den Bemühungen der Kirche, diese Reste des Heidenthums zu unterdrücken [4]), zur Genüge hervor; warum sollte nicht auch das Gehirn solcher Köpfe Gegenstand abergläubischer Gebräuche gewesen sein?]

---

1) A. J. Binterim, Denkwürdigkeiten der christkatholischen Kirche, Bd. II, Abthl. 2, S. 565.

2) Die sorgfältigste Zusammenstellung über das Nothfeuer giebt J. Grimm in der Deutschen Mythologie, Bd. I, S. 570 ff.; brauchbare Beiträge lieferten vor ihm bereits Eckhart (Francia orient. l. XXIII, c. 38.), Fr. Rühs (über Tacitus, S. 317 f.) und Fr. J. Mone (Geschichte des Heidenthums, Bd. II, S. 141 f.).

3) Vgl. J. Grimm, Deutsche Mythologie, II, 624 ff.

4) Vgl. Concil. Aurelian. quartum (551), c. 15. Gregorii M. Epistolae, l. IX, ep. 11.

17. Von der heidnischen Beobachtung am Herde oder beim Beginne irgend eines Dinges. [Der Aberglaube, wozu der Herd Gelegenheit bot, bestand darin, daß man beobachtete, wie das Feuer auf demselben brannte; prasselte es, so war Streit zu befürchten, stieg der Rauch grade aufwärts, so war es ein gutes, schlug er sich nieder, ein böses Zeichen, und noch jetzt sagt man, wenn das Feuer knistert, es stehe irgend ein Verdruß bevor [1]). Keine Art von Aberglauben war aber im Mittelalter tiefer eingewurzelt und dauert jetzt noch in solchem Maße fort, als der sogenannte Angang oder das Eintreffen irgend eines bedeutungsvollen Umstandes beim Beginne einer Sache. Menschen, Thiere und Gegenstände jeder Art, auf die man am frühen Morgen beim ersten Ausgange zum Tagwerke oder beim Antritte einer Reise unerwartet stieß, bedeuteten Heil oder Unheil und mahnten, das Vorhaben auszuführen oder aufzugeben. Als unheilbringend galt der Angang eines alten Weibes, einer Frau mit fliegenden Haaren, eines Priesters, einer Jungfrau, eines Hinkenden und eines Bettlers, als glückbringend aber der eines unkeuschen Weibes, eines Höckerichten und eines Aussätzigen; auch begegnete man lieber einem Reitenden, als einem Gehenden. Unter den Thieren waren von guter Vorbedeutung der Wolf, das Pferd, das Rind, der Hirsch, der Eber und der Bär, von schlimmer der Hase, die Ziege, der Esel, der Fuchs, der Hund und die Katze; der Angang des Schweines bedeutete eine üble, der des Schafes eine gute Aufnahme an dem Orte, wohin man ging. Bei den Vögeln kam es meist darauf an, nach welcher Seite sie flogen, doch bedeutete der Schwan unter allen Umständen dem Schiffer eine glückliche Fahrt [2]). Maßgebend für das Glück oder Unglück des Tages war auch der Umstand, ob man beim Ausgehen mit dem rechten oder linken Fuße aus dem Hause trat, und noch jetzt findet man bei dem Volke fast überall diesen Aberglauben.]

18. Von den ungewissen Orten, welche sie als heilige verehren. [Nach der Ansicht des Heidenthums gab es außer den

---

1) Fr. J. Mone, Geschichte des Heidenthums, II, 140.

2) Vgl. J. Grimm, Deutsche Mythologie, II, 1072 ff.

über Alles waltenden Hauptgöttern auch noch geringere Gottheiten oder Geister, welche an gewissen Orten, die aber Niemand bekannt waren und deßhalb Unstätten genannt wurden, wohnten. Begegnete nun einem Menschen irgend ein unvermutheter Unfall, so glaubte er einen dieser als heilig betrachteten Orte betreten und die Ruhe des Geistes gestört zu haben, welchem Frevel dann nothwendig irgend eine Strafe auf dem Fuße folgen müsse [1]). Auch noch jetzt hört man häufig den Abergläubischen, wenn er irgend eine unvermuthete Körperverletzung auf dem Wege erleidet, sagen: ich muß über etwas gegangen sein.]

19. Von dem Petistro, welches die Guten St. Marienpetistro nennen [2]). [Noch jetzt werden am Tage der Himmelfahrt Mariä Krautbüschel, welche aus mancherlei heilkräftigen Pflanzen, Kornähren und Baumfrüchten bestehen, als Sinnbild der Heil und Frucht bringenden Natur geweiht und von dem Volke hauptsächlich in den Betten aufbewahrt, um gegen giftige Insekten geschützt zu sein. Zu den für einen solchen Krautbüschel erforderlichen Kräutern gehört auch das Kraut, welches gewöhnlich Unser lieben Frauen Bettstroh [3]) genannt wird und wahrscheinlich bei den alten Deutschen der Göttin Freyja (Venus) heilig war. Das gute einfältige christliche Volk, welches die alte Sitte nicht aufgeben, aber auch einer heidnischen Göttin nicht huldigen wollte, fügte dem Kraute den Namen der Mutter Gottes bei.

---

1) Falkenstein, Antiquit. Nordgav. c. 8. Tom. I, p. 285. Seiters, S. 393.

2) Die Stelle lautet in der Handschrift: De petendo, quod boni vocant sanctae Mariae, da sie sich aber nach den vorhandenen Worten nicht erklären läßt, so hat Eckhart (Francia oriental. l. XXIII, c. 42.) das unverständliche Wort petendo mit petinstro (petistrô, bettistrou, E. G. Graff, Althochdeutscher Sprachschatz, III, 50, VI, 759) vertauscht. Fr. J. Mone, Geschichte des Heidenthums (II, 141) und die meisten Erklärer stimmen dieser Hypothese, gegen welche sich allerdings Manches einwenden läßt, bei.

3) Galium verum L., ächtes Labkraut; es wird hauptsächlich gegen Kinderkrankheiten und Wunden gebraucht und macht auch die Milch gerinnen. An andern Orten wird auch der Feldquendel (thymus serpyllum L.) Unser lieben Frau Bettstroh genannt; er ist eines der gewürzhaftesten Kräuter Europas und gilt ebenfalls als ein Heilmittel für Kinder; vgl. Oken, Naturgeschichte, III, 842. 1068.

Da diese Sitte so tief eingewurzelt war, daß sie trotz aller Verbote fortbestand, so gab ihr die Kirche eine höhere sinnbildliche Bedeutung und heiligte sie durch ihren Segen [1]). Ob diese Erklärung die richtige ist, mag dahin gestellt bleiben, sie darf aber wohl so lange ihre Geltung behalten, bis es gelingt, sie durch eine bessere zu ersetzen.]

20. Von den Feiertagen, welche sie zu Ehren des Jupiter oder des Mercurius halten. [Es unterliegt keinem Zweifel, daß die alten Deutschen ihre Götter an bestimmten Tagen verehrten und diese nach ihnen benannten. Daß es die christlichen Glaubensboten große Mühe kosten mußte, diese Feiertage durch den im Christenthume zur Ruhe und zur Uebung der Frömmigkeit bestimmten Sonntag zu verdrängen, läßt sich schon aus der Thatsache schließen, daß noch im achten Jahrhunderte viele Franken nicht den Sonntag und nicht einmal den Ostersonntag, wohl aber den Mercuriustag oder Wodanesdag (Mittwoch) und den Jupiterstag oder Thunaresdag (Donnerstag) im ganzen Jahre und vorzüglich im Mai feierten [2]). Erst durch die strengsten Verbote hörte allmälig diese Gewohnheit auf.]

21. Von der Verfinsterung des Mondes, welche sie Siege Mond nennen. [Mit der Vorstellung vieler Völker der alten und neueren Zeit, daß die Sonne und der Mond als göttliche Wesen am Himmelsgewölbe dahineilen, hängt auch der Aberglaube zusammen, daß sie von grimmigen Feinden verfolgt werden und zuweilen in Gefahr gerathen. Bei einigen Völkern ist dieser Verfolger ein Drache, bei andern ein ungeheuerer Fisch oder ein anderes Unthier, bei den Deutschen war es ein Wolf, Hati genannt, und sie hegten die Ueberzeugung, daß es diesem auch einmal gelingen werde, den Mond zu verschlingen. Jede Verfinsterung des Mondes versetzte sie daher in großen Schrecken, weil sie glaubten, das Ungeheuer habe schon einen Theil des nicht mehr vollständig sichtbaren Gestirnes in seinen Rachen gefaßt [3]). Sie suchten deßhalb durch unbändiges Geschrei und

1) Seiters, a. a. O. S. 394.

2) F. J. Mone, Geschichte des Heidenthums, II, 135.

3) Vgl. Fr. Rühs, über Tacitus, S. 300. J. Grimm, Deutsche Mythologie, II, 668.

tobenden Lärm den Feind des Mondes zu verscheuchen und diesem durch den Zuruf: Siege, Mond! Muth einzuflößen.]

22. Von den Ungewittern und Hörnern und Bechern. [Der Wahn, daß durch Zauberkünste Ungewitter, Sturm und Hagel hervorgebracht und die Feldfrüchte verdorben werden können, reicht in das höchste Alterthum hinauf und entstand aus der Annahme, daß neben den gütigen, das Gedeihen der Früchte durch Sonnenschein und Regen fördernden Göttern bösartige Wesen stets darnach trachten, Alles, was grün ist, zu vernichten. Mit diesen bösen Geistern standen die Zauberer in Verbindung, und war das Unheil geschehen, so kam aus dem Lande Magonia der Urheber des Unwetters in den Wolken mit seinem Schiffe an, um die abgeschlagenen Früchte und das niedergeworfene Getreide an Bord zu nehmen und seinen Dienern auf der Erde, welche durch ihre Beschwörung das Luftschiff herbeigerufen hatten, ihren Lohn auszuzahlen. Da übrigens diese Zauberer nach dem Volksglauben auch die Macht besaßen, den Sturm und den Hagel nach einer Stelle, wo er keinen Schaden verursachen konnte, etwa in einen Fluß oder auf eine unfruchtbare Waldstrecke, zu lenken, so wurde ihnen noch im neunten Jahrhundert an manchen Orten eine heimliche Abgabe bezahlt, um sie dadurch zur Abwendung des Unglücks zu bewegen [1]). Nach Zeugenaussagen bei späteren gerichtlichen Verhandlungen findet das Wettermachen auf folgende Art und Weise statt. Die Zauberer und Hexen versammeln sich haufenweise an Wasserbächen oder Seen und schlagen mit Gerten so lange hinein, bis Nebel hervorsteigen, die sich allmälig in schwarze Wolken verdichten; auf diesen Wolken fahren sie dann in die Höhe und lenken sie an die Stellen, wo sie schaden wollen [2]). Auch setzen sie zuweilen Töpfe ins Wasser und rühren um, bis dieselbe Wirkung erfolgt. Bei solchen Zaubereien wurden wohl mancherlei Werkzeuge gebraucht, wozu denn auch die Becher sowie die Hörner, deren sich die alten Deutschen als Trinkgeschirre bedienten, gehört haben mögen.]

---

1) Vgl. Agobard, contra insulsam vulgi opinionem de grandine et tonitruis, in ej. Opp. ed. Baluz. I, 146. 162.

2) J. Grimm, Deutsche Mythologie, I, 604 ff. II, 1040 f.

23. Von den Furchen um die Dörfer. [Die Sitte, um die Stelle, wo man eine Stadt oder ein Dorf gründen wollte, mit dem Pfluge unter der Anrufung der Götter und der Beobachtung heiliger Gebräuche eine Furche zu ziehen, kommt schon bei den Hetruskern und Römern vor [1]. Die Absicht, dadurch von der neuen Ansiedelung alles Uebel abzuwehren, lag auch der Gewohnheit der Deutschen, eine Furche um ihre Wohnplätze zu ziehen, zu Grunde; man wollte auf diese Weise die bösen Geister abhalten und begnügte sich deßhalb nicht mit der Furche, sondern bepflanzte diese auch mit allerlei Kräutern, welchen man die Kraft, Zauberer und Hexen unschädlich zu machen, zuschrieb. Es könnte übrigens die deutsche Sitte auch noch eine tiefere Bedeutung gehabt haben und sie sollte vielleicht an die Götterburgen Midgart und Asgart erinnern, welche mit den Augenbraunen des Gottes Ymir und einem Feuerstreifen umgeben waren, um sie gegen die Angriffe der Riesen zu sichern [2]. Jedenfalls beruhte der Gebrauch auf einer heidnischen Ansicht, weßhalb ihn die Kirche verbot.]

24. Von dem heidnischen Laufe, welchen sie Frias [3]) nennen, mit zerrissenen Lappen oder Schuhen. [Daß die alten Deutschen zu bestimmten Zeiten zur Ehre der Götter große Feste feierten und Umzüge hielten, ist bekannt; bei manchen dieser Umzüge erlaubte man sich die wunderlichsten Mummereien und trieb die abenteuerlichsten Possen; zu diesen mag denn auch der Lauf mit zerrissenen Kleidern und Schuhen gehört haben [4]. Näheres

---

1) Vgl. Varro, de ling. lat. IV, 32.

2) F. J. Mone, Geschichte des Heidenthums, II, 140.

3) So steht, wie H. F. Maßmann (Deutsche Abschwörungsformeln, Quedlinb. 1839. 8. S. 22) behauptet, in der Handschrift; früher las man Yrias und erklärte das Wort auf mancherlei Weise. Eckhart (Francia orient. l. XXIII, c. 47.) änderte das Wort in Scyrias, d. h. scy (Schuh) und rias (Riß), diese Aenderung ist jedoch nicht einmal sprachlich zu rechtfertigen; auch die von Fr. Rühs (über Tacitus, S. 317) versuchte Ableitung des offenbar deutschen Wortes von dem angelsächsischen yrnan (laufen) oder dem nordischen yra (toben) kann keinen Anspruch auf Beachtung machen; eher dürfte es mit dem altdeutschen irah oder irach, gegerbtes Leder oder Schuh (vgl. E. G. Graff, Althochdeutscher Sprachschatz, I, 461) in Verbindung zu bringen sein.

4) In einer Hildesheimer Chronik (bei Leibnitz, Script. rer. Brunsvic.

ist uns aber darüber nicht bekannt und von allen Erklärungen, welche man bis jetzt ersonnen hat, kann keine als genügend oder auch nur als annehmbar gelten. Vielleicht sollte der Lauf an die Sage erinnern, nach welcher Freyja (oder Friâ), nachdem sie von ihrem Manne verlassen worden war, diesen in der weiten Welt umherlaufend aufsuchte [1]). Uebrigens wird jetzt noch mit den Schuhen mancher Unfug getrieben, dessen Ursprung in alte Zeiten hinaufreichen mag. So werfen an manchen Orten am Christabend die Mädchen ihre Schuhe über den Kopf hinter sich, um aus dem Niederfallen derselben zu sehen, ob sie im nächsten Jahre einen Mann bekommen.]

25. Davon, daß sie sich jeden beliebigen Todten als Heiligen vorstellen. [Die Gewohnheit der alten Deutschen, sich ihre hingeschiedenen Anverwandten und Freunde als glückliche Bewohner Wallhallas zu denken, dauerte auch nach ihrer Bekehrung mit dem Unterschiede fort, daß sie sich dieselben als Heilige im christlichen Himmel vorstellten und ihnen nicht nur auf den Straßen und in ihren Häusern Bildsäulen und Denkmäler errichteten, sondern an denselben sogar nach heidnischer Sitte des Nachts Lichter anzündeten und Opfer darbrachten. Die Kirche sah sich daher veranlaßt, wiederholt und streng zu gebieten [2]), keine andere Heiligen, als die von ihr als solche anerkannten, und an keiner andern Stelle, als an den zum Gottesdienste bestimmten Orten zu verehren.]

26. Von dem Götzenbilde aus Mehlteig. [Man weiß aus den Sagen der deutschen Völker, daß sie ihre Götter in Backwerk darstellten und dieses mit Oel oder Fett schmierten, eben so gab man dem Teige an bestimmten Tagen die Gestalt der den

---

Tom. III, p. 261) heißt es: „Anno 1428 liepen eilff Schodnvels to Hildensheimb up der straten ... der worden etliche erslagen, dan sie sich dvell up der stratten anstellenden; deden frauwen, megde und Kinder verfehren." Ist hier vielleicht von einem solchen Laufen mit zerrissenen Schuhen die Rede?

1) J. Grimm, Deutsche Mythologie, I, 281.

2) Concil. Francof. anni 794, can. 42. (Hartzheim, Concil. Germ. I, 328.) Capitular. reg. Franc. l. V, c. 257. l. VI, c. 283. Vgl. F. J. Mone, Geschichte des Heidenthums, II, 136.

Göttern heiligen Thiere [1]). Da insbesondere dieser Theil des Götzendienstes tief im Leben des Volkes wurzeln mußte, so hatten alle Verbote der Kirche keinen vollständigen Erfolg; die heidnische Sitte dauerte unter christlichem Namen fort und noch jetzt erinnern zum Theil Gestalt und Namen dieser gebackenen Bilder an heidnische Begriffe [2]), so in Westphalen die Heidenwecke um Fastnacht, am Rheine die Martinshörner, Christwecke und Osterhasen, in der Schweiz zur Frühlingszeit die in Gestalt eines Ohres gebackenen Oehrli, in Pommern die Osterwölfe und in Schweden die Weihnachtseber.]

27. Von den aus Lappen gemachten Götzenbildern. [Diese Götzenbilder waren ohne Zweifel Puppen, welche man bei bestimmten Gelegenheiten zur Ehre eines Gottes umhertrug; ganz besonders aber verdient hier eine uralte Sitte Erwähnung, nach welcher beim Herannahen des Sommers der Winter unter dem Bilde des Todes ausgetragen oder ausgetrieben wurde. Gewöhnlich wurde eine den Tod vorstellende Puppe umhergetragen und dann ins Wasser geworfen oder verbrannt. Man stritt darum, wo sie gemacht und gebunden werden sollte, denn in dem Hause, aus welchem sie hervorgebracht wurde, starb in demselben Jahre Niemand. Die Träger des Todes liefen, nachdem sie ihn hinweggeworfen hatten, schnell davon, aus Furcht, daß er sich wieder aufraffe und hinter ihnen herkomme; begegnete ihnen auf dem Heimwege Vieh, so schlugen sie es mit Stäben, im Glauben, daß es dadurch fruchtbar werde [3]). Hierher gehört auch vielleicht das Posterli, eine Puppe in Gestalt eines alten Weibes, eines Esels oder einer Ziege, welche im Entlibuch am Donnerstage vor Weihnachten auf einem Schlitten von den jungen Burschen eines Dorfes ausgefahren wird. Die Posterlijagd setzt sich unter fürchterlichem Lärm in Bewegung; man läutet mit Kuhglocken und Ziegenschellen, trommelt auf Kesseln und Pfannen, schlägt messingene und eiserne Bleche an einander,

---

1) J. Grimm, Deutsche Mythologie, I, 56.

2) Vgl. Fr. Rühs, über Tacitus, S. 325. F. J. Mone, Geschichte des Heidenthums, II, 140.

3) J. Grimm, Deutsche Mythologie, II, 728.

knallt mit großen Peitschen, bläst auf Alpenhörnern und zieht so über Berg und Thal nach einem andern Dorfe, wo das Posterli von der Jugend mit gleichem Lärm empfangen und dann in eine Ecke gestellt wird [1]). Ob unter den aus Lappen gemachten Götzenbildern auch die Puppen, welche die Mädchen in den Jahren der Mannbarkeit der Freyja opferten, so wie die Alrune oder Mandragorawurzel, welche der menschlichen Gestalt gleicht und unter mancherlei abergläubischen Formeln ausgegraben und mit einem weißen Hemdchen angethan zur Vollbringung verschiedener Zauberkünste aufbewahrt wurde [2]), zu verstehen sind [3]), mag, da für diese Behauptungen keine genügende Begründung beigebracht werden kann, dahingestellt bleiben.]

28. Von dem Götzenbilde, welches sie über die Felder tragen. [Schon die Römer hielten im April Umgänge um die Aecker (Ambarvalien) und brachten den Göttern Opfer dar, um von ihnen das Gedeihen der Saaten zu erbitten; in derselben Absicht trugen unsere heidnische Voreltern die Bilder ihrer Götter und Göttinnen, von welchen sie Schutz der Feldfrüchte erwarteten, um die Fluren. Da sie auch nach ihrer Bekehrung von dieser in dem Gefühle aller Völker begründeten Sitte nicht abließen, so wurden von der Kirche die noch üblichen Flurprocessionen angeordnet, bei welchen man das Bild des Patrons der Gemeinde um die Gemarkung des Ortes trägt, um Dürre, Mißwachs und Seuche abzuwenden und Regen und Fruchtbarkeit zu erflehen [4]), und man sollte einen der wenigen Gebräuche, welche durch christliche Veredlung als wohlthuende Erinnerung an unsere Voreltern noch fortdauern, nicht abkommen lassen.]

29. Von den hölzernen Füßen und Händen nach heidnischem Gebrauche. [Aus noch vorhandenen Inschriften ist hin-

---

1) Fr. Rühs, über Tacitus, S. 316. J. Grimm, Deutsche Mythologie, II, 886.

2) J. Grimm, Deutsche Mythologie, II, 1153 f.

3) Eckhart, Francia oriental. l. XXIII, c. 50. Fr. J. Mone, Geschichte des Heidenthums, II, 140.

4) J. Grimm, Deutsche Mythologie, II, 1202. Fr. J. Mone, Geschichte des Heidenthums, II, 140.

länglich bekannt, daß man in Griechenland nach der Genesung die metallene Abbildung des erkrankt gewesenen Gliedes im Tempel aufzustellen pflegte; von den Griechen kam diese Sitte zu den Römern und durch diese vielleicht nach Deutschland, wenn man nicht lieber zugeben will, daß sie bei unsern Vorfahren schon früher einheimisch war, mit dem bedeutenden Unterschiede jedoch, daß die Griechen nach der Heilung des Uebels das Weihgeschenk aus Dankbarkeit darbrachten, die heidnischen Deutschen aber das aus Holz geformte Glied im Tempel oder, was noch häufiger der Fall gewesen zu sein scheint, an der Wegscheide[1]) aufhingen, um dadurch erst Genesung zu bewirken[2]). Diesen Aberglauben verbot die Kirche und wenn sie später, nachdem die heidnischen Beziehungen aufgehört hatten, duldete, daß man an Wallfahrtsorten solche Denkzeichen einer durch Gebet wunderbar bewirkten Heilung aufhängte, so sah sie darin nichts weiter als eine kindlich-sinnliche Aeußerung des dankbaren Gemüthes[3]), welche nicht vor den Richterstuhl des kalt berechnenden Verstandes gezogen werden darf.]

30. Davon, daß sie glauben, die Frauen könnten, weil sie den Mond besprechen, nach der Ansicht der Heiden, den Menschen das Herz herausnehmen. [Der Glaube, daß die Zauberinnen dem Monde befehlen, ihn vom Himmel herabziehen und durch ihn dem Menschen Schaden zuzufügen vermögen, scheint weit in das Alterthum hinauf zu reichen und nicht nur diese Ansicht wird von römischen Dichtern klar ausgesprochen[4]), sondern auch der Wahn, daß diese Zauberinnen einzelne Theile eines fortlebenden Menschen herausnehmen und verzehren können[5]). Bei den alten Deutschen scheint dieser Aberglaube noch weit mehr ausgebildet gewesen zu sein, denn sie schrieben nicht nur dem durch Zauber bedingten Einflusse des Mondes die Berückung des

---

1) Audoenus sagt in der Vita S. Eligii, l. II, c. 5: Pedum similitudines, quos per bivia ponunt, fieri vetate et ubi inveneritis, igne cremate.

2) J. Grimm, Deutsche Mythologie, II, 1131 f.

3) Vgl. Seiters, a. a. O. S. 400.

4) Virgil, Eclog. VIII, 69. Ovid, Metamorph. VII, 119.

5) Plautus, Pseudol. III, 2, 31. Petronius, Satyr. c. 63 und 134.

menschlichen Verstandes und das Mißlingen begonnener Arbeiten zu [1]), sondern setzten auch die Zauberinnen oder Hexen in unmittelbare Verbindung mit der Mondgöttin, wie denn nach ihrer Ansicht jene in großer Anzahl des Nachts mit dieser auf mancherlei Thieren über große Räume der Erde hinritten, um Unfug anzustiften, welcher hauptsächlich darin bestand, daß sie die Gestalt ihnen verhaßter Menschen bis zur Unkenntlichkeit veränderten [2]), andern das Herz herausnahmen und verzehrten und an dessen Stelle Stroh oder Holz brachten [3]). Man hatte deßhalb gegen solche angebliche Hexen einen unversöhnlichen Zorn, verbrannte sie und verzehrte ihr Fleisch, wie aus einer Verordnung Karls des Großen [4]), welche diese Grausamkeit bei Lebensstrafe verbietet, hervorgeht.]

Abschwörungsformel und Glaubensbekenntniß [5]).

Forsachistu diobolae? Antwort: ec forsacho diabolae; — end allum diobol gelde? Antwort: end ec forsacho allum diobol geldae; — end allū diobolef wercum? Antwort: end ec forsacho allum dioboles wercum and wordum thunaer ende woden ende saxnote ende allum them unholdum the ihra genotaf sint [6]).

---

1) Audoenus, Vita S. Eligii, l. II, c. 16.

2) Wie das Fragment eines Capitulars bei Baluzius (Tom. II, c. 14.) ausdrücklich bemerkt.

3) J. Grimm, Deutsche Mythologie, II, 1035.

4) Capitular. de part. Sax. c. 6.

5) Nach H. F. Maßmann (Die deutschen Abschwörungs-, Glaubens-, Beicht- und Betformeln vom achten bis zum zwölften Jahrhundert. Quedlinb. und Leipz. 1839. 8. S. 67), welcher auch ein Facsimile dieses wichtigen Denkmales der altdeutschen Sprache mitgetheilt hat.

6) Man kann nicht in Abrede stellen, daß in der Abschwörungsformel von einer Götterdreiheit die Rede ist, welcher dann in dem Glaubensbekenntnisse die hl. Dreifaltigkeit entgegengesetzt wird. Ueber die Götter Thunaer (Donar, Thor) und Woden (Wuotan) kann kein Zweifel sein, über den dritten aber hat man erst in der neuesten Zeit Auskunft erlangt. Die früher versuchten Deutungen durch Saxn-Ote, sächsischer Odin (Eckhart, Francia oriental. I, 440), oder sächsische Genossenschaft (Canciani, Leg. Barbar. I, 78), oder Saxmote, Zusammenkunft der Sachsen (A. W. Schlegel, indische Bibliothek, II, 285.

Gelobistu in got alamehtigan fadaer? ec gelobo in got alamehtigan fadaer. — Gelobistu in crist godes suno? ec gelobo in crist gotes suno. — Gelobistu in halogan gast? ec gelobo in halogan gast.

[Entsagst du dem Teufel? Antwort: Ich entsage dem Teufel. — Und aller Teufels Gilde? Antwort: Und ich versage aller Teufels Gilde. — Und allen Teufels Werken? Antwort: Und ich entsage allen Teufels Werken und Worten, Thunaer und Woden und Saxnote und alle den Unholden, die ihre Genossen sind.

Glaubst du an Gott allmächtigen Vater? Ich glaube an Gott allmächtigen Vater. — Glaubst du an Christ Gottes Sohn? Ich glaube an Christ Gottes Sohn. — Glaubst du an den heiligen Geist? Ich glaube an den heiligen Geist.]

Drei Anreden an das Volk [1]).

1. Ueber die unerlaubten Ehen und die Laster des Fleisches.

Menschensohn, ich habe dich zum Wächter über das Haus Israel bestellt: du sollst aus meinem Munde das Wort hören und es ihnen verkünden in meinem Namen. Wenn ich zu dem Gottlosen sage: du wirst des Todes sterben! und du verkündest

---

H. Leo, über Othins Verehrung in Deutschland, Erlangen 1822. 8. S. 66), oder Schwertpflicht (Fr. Rühs, über Tacitus, S. 278), oder Schwertothin (F. J. Mone, Geschichte des Heidenthums, II, 149 f.) haben sich bei näherer Untersuchung als unhaltbar erwiesen. Man ist jetzt darüber einig, daß Saxnote (Sahsnôt) nichts Anderes heißen kann als Schwertgenosse (Schwertträger) und man hat nur zu ermitteln, welchem Gotte dieser Beiname zukommt. Nach Maßmann (a. a. O. S. 18) ist ohne allen Zweifel der Sahsnôt kein anderer Gott als Freyr (Fro), welcher einst aus Liebessehnsucht sein gutes Schwert aus der Hand gab, das ihm dann in der letzten schweren Götternoth schmerzlich mangelte; J. Grimm (Deutsche Mythologie, I, 184. 193) verwirft nicht gradezu diese Behauptung, möchte aber doch lieber den Sahsnôt für den Gott Zio halten. Da nun Zio dem Mars, Freyr aber dem Bacchus entspricht und Zio Wuotans Sohn, Freyr aber Niörthrs Sohn ist, so dürfte der Ansicht Grimms der Vorzug zu geben sein.

1) Nach der Ausgabe der Werke des Bonifacius von J. A. Giles, wo

ihm's nicht und sagst ihm's nicht, daß er von seinem bösen Wege sich bekehre und lebe, so soll derselbe Gottlose in seiner Missethat sterben, aber sein Blut will ich von deiner Hand fordern. Wenn du's aber dem Gottlosen verkündest und er sich nicht bekehrt von seiner Missethat und seinem bösen Wege, so soll derselbe zwar sterben in seiner Missethat, du aber hast gerettet deine Seele. Und wenn sich ein Gerechter von seiner Gerechtigkeit wendet und Böses thut, so lege ich vor ihn etwas, worüber er fällt; er wird sterben, weil du's ihm nicht verkündet hast; in seiner Sünde wird er sterben und der Gerechtigkeit, die er gethan, wird nicht gedacht werden, aber sein Blut will ich von deiner Hand fordern. Wenn du's aber dem Gerechten verkündigest, daß der Gerechte nicht sündigen solle, und er auch nicht sündiget, so wird er sicherlich leben, denn du hast's ihm verkündet und du hast gerettet deine Seele [1]).

Seht, geliebteste Söhne! welche Gefahr auf uns lastet, wenn wir schweigen. Fern, fern sei es, daß unser Schweigen euer Verderben werde, und wenn wir euch lieben, so müssen wir kund thun, was verletzt, damit nicht komme, was tödtet. Merket also fleißig auf die Aussprüche unseres Gottes, durch welche er euch verbrecherische Ehen verbietet, damit ihr durch seine ewigen Gnadengaben lebet. Sehet, es ruft unser Gott und die unerlaubte Wuth der menschlichen Wollust voraussehend, mahnt er, daß sich Jemand nicht beflecken soll mit der Mutter, nicht mit der Stiefmutter, nicht mit der von seinem Vater erzeugten Schwester, nicht mit der von seiner Mutter geborenen Schwester, mag diese im Hause oder auswärts geboren sein, nicht mit der Tochter des Sohnes der Tochter, nicht mit der von der Tochter geborenen Enkelin, nicht mit der Tochter der Stiefmutter, nicht mit der Schwester des Vaters, nicht mit der Schwester der Mutter, nicht mit dem Weibe des Vatersbruders, nicht mit der Schwiegertochter, nicht

---

diese drei Anreden in zwei zusammengezogen sind. Sie wurden von den versammelten Bischöfen verfaßt, um durch sie die Verkündigung der Beschlüsse des Conciliums einzuleiten und die Befolgung derselben einzuschärfen; vgl. Seiters, S. 402.

1) Ezech. 3, 17 — 21.

mit der Frau des Bruders, nicht mit der Tochter der Frau, nicht mit der Tochter des Sohnes seiner Frau, nicht mit der Tochter ihrer Tochter, nicht mit der Schwester seiner Frau, nicht mit einem in der monatlichen Reinigung befindlichen Weibe [1]), nicht mit der Frau des Nächsten, nicht mit zwei Weibern zugleich, sie mögen Mägde oder Freie oder die eine eine Freie und die andere eine Magd sein, nicht mit einem Manne durch weibischen Beischlaf, nicht mit irgend einem Viehe und auch nicht mit seiner Schwiegermutter. Kein Weib soll einem Thiere unterliegen [2]), auch soll sich der Mann nicht mit der Tochter und der Mutter beflecken und auch nicht mit der Frau seines Oheims. Auch sagt er zu dem künftigen Priester, daß er sich nicht mit einem von ihrem Manne verstoßenen Weibe, nicht mit einer Hure und nicht mit einer Wittwe, sondern mit einer Jungfrau verheirathen soll. Seht, Geliebteste! welche Botschaft wir euch bringen, sie kommt nicht von einem, der durch ein Lösegeld zufrieden gestellt werden kann, sondern von dem, dessen für euch vergossenem Blute ihr verantwortlich seid. Wir mahnen euere Heiligkeit, lebt in erlaubten Ehen, lebt enthaltsam und Keiner möge sich fortan durch eine unerlaubte Ehe beflecken. Keiner, der eine solche eingegangen hat, möge, ehe er sich einer entsprechenden Buße unterworfen hat, zu dem Leibe eines so gewaltigen Herrn herantreten [3]), damit er nicht statt des Heilmittels eine Wunde empfange, weil, was unwürdig genommen wird, zur Strafe und nicht zum Heile gereicht. Geliebteste! wir sind Menschen voll Unflath und doch wollen

---

1) Man wird nicht, wie Manche gethan haben, an dieser Stelle Anstoß nehmen, wenn man bedenkt, daß in der Anrede keineswegs nur von den unerlaubten Ehen, sondern auch von den Sünden des Fleisches überhaupt die Rede ist.

2) Dieses Verbot zeigt, daß die Deutschen, welche zu der Zeit, als die Römer sie kennen lernten, als das keuscheste Volk galten, bereits auch den scheußlichsten Lastern des Fleisches verfallen waren; vielleicht dürfte aber dieser Tadel doch hauptsächlich nur die Franken seit ihrer Berührung mit den Galliern treffen, die übrigen deutschen Stämme scheinen auch zu dieser Zeit sich noch durch Sittenreinheit ausgezeichnet zu haben; vgl. Br. 72.

3) Diese Anrede wurde also in der Fastenzeit gehalten und dabei fand die Publication der Synodalbeschlüsse und die Erläuterung der wichtigsten Theile derselben statt.

wir unsere Glieder von Verunreinigten nicht berühren lassen, wie können wir also glauben, daß der eingeborene Sohn Gottes den Schmutz unserer Laster gern in seinen Leib aufnehme? Brüder! seht unser König, welcher uns dieser Sendung für würdig hielt, folgt sogleich hinter uns [1]); machen wir für ihn unsere Häuser rein, wenn wir wollen, daß er in unsern Körpern selbst wohne.

2. Ueber die späte Bekehrung zum Christenthume.

Wir bitten euch, geliebteste Söhne! wir bitten euch, die ihr der heiligen Mutter Kirche einverleibt seid, ihr wollet euch würdigen, eben so wie ihr die Gesetze der Welt zu fürchten pflegt, das Gesetz unseres Gottes geduldig anzuhören. Der Gott, welcher durch den Dienst unserer Zunge zu euch spricht, ist jener, dessen österliche Wohlthaten ihr vor Kurzem genossen habt [2]) und der seines eingeborenen Sohnes in den Händen seiner Verfolger nicht schonen wollte, damit er uns in das Erbe seiner Söhne einsetze. Habt ihr erkannt, wie groß das uns durch sein Leiden gewährte Gnadengeschenk ist, so höret jetzt um so schneller auf sein Gebot, damit ihr nicht, wenn ihr euch ungehorsam gegen seine Befehle erweist, für undankbar gegen seine Wohlthaten gehalten werdet. Es unterliegt keinem Zweifel, geliebteste Söhne! daß es Manche giebt, und möchten deren wenige sein, welche uns der Nachläßigkeit anklagen, weil wir so spät die Mittel zu euerem Heile verkünden, und doch wäre der Schmerz derselben nur dann gerecht, wenn sie nur jetzt noch das Heilmittel gern annehmen würden, denn wie kann der, welcher sich auch später nicht heilen läßt, über die Trägheit des Arztes klagen? Ja, je länger das vorausgegangene Unwohlsein gedauert hat, um so größer muß die darauf folgende Ergebenheit sein, denn wer mag einen hoch-

1) Auf die ermahnende Rede folgte demnach alsbald das Abendmal.

2) Die zweite Anrede wurde also nach der Osterfeier gehalten; man darf aber nicht, wie Manche gethan haben, daraus schließen, daß die Anreden in keiner Verbindung mit dem Concilium zu Liftinä stehen, denn es liegt in der Natur der Sache, daß die Anreden erst zu einer bestimmten Zeit gehalten werden sollten und also bei der Abfassung derselben Rücksicht darauf genommen wurde.

müthigen Kranken ertragen, welcher darüber hadert, daß er von einer Krankheit befallen worden ist, und doch die Gesundheit nicht wieder erlangen will? Wie viele Menschen finden wir, geliebteste Söhne! welche schmachvoll leben und doch lästern, indem sie fragen, warum Christus so spät gekommen sei und warum er gelitten habe, daß so viele Tausende von Menschen vor seiner Fleischwerdung zu Grunde gingen [1])? Achten wir auf die Klage dieser Leute, so müssen wir nothwendig nach der Hülfe eines so großen Arztes krank bleiben. Warum, Mensch, klagst du die Sonne der Gerechtigkeit an, daß sie so spät aufgegangen sei, der du doch auch nach dem Aufgange derselben in der Finsterniß wandelst? Sollen wir uns, wenn oft die Wolken den Himmel auf längere Zeit verhüllen, nicht freuen, wenn er wieder heiter geworden ist? Warum wogst du umher, Bruder, warum wogst du unnöthiger Weise umher? Siehe, jetzt ist es gestattet, zur Ruhe der Heiterkeit zurückzukehren, warum verlangst du wieder nach Felsenriffen? Niemand wollte dich zurückhalten, um im Sturme zu Grunde zu gehen, weil der Hafen sich so spät zeigt.

3. Ueber die Feier des Sabbats.

Unsere hochherrlichen zu Laodicea in Phrygien [2]) versammelten Väter haben, unseres Heiles eingedenk, Vieles beschlossen, was uns zu beobachten geziemt, und unter Anderem, geliebteste Söhne! auch in Bezug auf die Christen, von welchen man erfuhr, daß sie den Sabbat feierten oder auf irgend eine Weise den Juden folgten, indem sie beschloßen, Diejenigen, von welchen bekannt würde, daß sie diese nachahmten, mit dem Kirchenbanne zu belegen [3]). Deßhalb tragen auch wir Sorge, euch darauf aufmerksam zu machen, denn sehet, ihr seid durch euere Taufe und Wiedergeburt in Christus Glieder Christi geworden. Wir

---

1) Diese Einrede scheint insbesondere bei den Deutschen, welche den Gedanken nicht ertragen konnten, daß ihre Ahnen aus Walhalla sollten verstoßen werden, sehr häufig gewesen zu sein und den Verkündigern des Christenthums große Schwierigkeit bereitet zu haben.

2) Das Concilium zu Laodicea wird gewöhnlich in das J. 372 gesetzt.

3) Can. 29. (Collect. Concil. ed. Harduin. Tom. I, p. 785.)

mahnen euch und warnen euch nicht nur vor den Heiden und nicht nur vor den Ketzern, sondern auch vor den treulosen Juden [1]), welche gern sehen, daß ihr jüdisch denkt und am Sabbate müßig geht, damit der Name Christi, welchen ihr angenommen habt, in euch besudelt werde. Wir haben uns aber nach der Bestimmung der Väter zu richten, welche uns befehlen, am Sabbate zu arbeiten und zwar nach dem Ausspruche des Herrn, welcher im Evangelium [2]) sagt: Der Sabbat ist um des Menschen willen gemacht, nicht der Mensch um des Sabbats willen, darum ist der Menschensohn auch Herr des Sabbats. Und als die Juden in der Synagoge auf ihn Acht gaben, ob er am Sabbate heilen würde, sprach er zu einem Menschen, der eine verdorrte Hand hatte: Tritt hervor in die Mitte! Und er sprach zu ihnen: Ist es erlaubt, am Sabbate Gutes zu thun oder Böses, ein Leben zu retten oder zu Grund gehen zu lassen? Sie aber schwiegen. Und er sah sie ringsherum zürnend an, betrübt über die Blindheit ihres Herzens, und sprach zu dem Menschen: Strecke deine Hand aus! Und er streckte sie aus und seine Hand ward wieder gesund. Deßgleichen lehrte Jesus nach dem Evangelisten Lucas [3]) in ihrer Synagoge und heilte daselbst ein Weib, das schon achtzehn Jahre einen Geist der Krankheit hatte. Als nun die Juden darüber unwillig waren, sprach er zu ihnen: Ihr Heuchler, bindet nicht jeder von euch am Sabbate seinen Ochsen oder Esel von der Krippe los und führt ihn zur Tränke? Diese Tochter Abrahams aber da sollte nicht von ihrer Fessel gelöst werden am Tage des Sabbats? Auch darüber mögen die Juden erröthen. Ihr seht, Geliebteste! der Herr arbeitete deßhalb am Sabbate, damit wir, die wir Christen sind, den Sabbat nicht nach dem Buchstaben feiern sollen, denn als Christen sollen wir den Sabbat dadurch feiern, daß wir uns des Raubes, des Betruges, des Meineides, der Lästerung, der unerlaubten Dinge, der Bestechlichkeit gegen Unschuldige und des Zankes enthalten.

---

1) Die Zahl der Juden muß also im fränkischen Reiche nicht unbedeutend gewesen sein.

2) Marc. 2, 27. 28. 3, 1 — 5.

3) Vgl. Luc. 13, 10 — 16.

Vor der Unzucht sollen wir uns fürchten, wie vor dem Tode, denn sie lösst zwar die Seele nicht von dem Körper, durch sie brennt aber stets die Seele mit dem Körper. Ich beschwöre euch bei dem Namen, der über euch angerufen wurde, bei den Sacramenten, die ihr empfangen habt, ahmet Diejenigen nach, welche ihr unter dem Volke Gottes recht handeln sehen werdet, damit in euch das Sacrament dessen bleibe, der nicht vom Holze herabsteigen wollte, aber sich würdigte, aus dem Grabe aufzusteigen und der lebt und regiert mit dem Vater und dem heiligen Geiste von Ewigkeit zu Ewigkeit.

3.

Concilium zu Soissons [1]).

(Im Jahre 744.)

Inhalt: Einleitung. §. 1. Der katholische Glaube soll so, wie er auf dem nicäischen und andern Concilien festgestellt wurde, im ganzen fränkischen Reiche verkündet werden. §. 2. Jedes Jahr soll eine Synode stattfinden. Die Ketzerei Aldeberts wird verdammt. §. 3. In den Städten werden Bischöfe bestellt und über sie Metropolitanbischöfe gesetzt. Die Mönche und Nonnen sollen ihre Regel beobachten und die Aebte nicht in den Krieg ziehen. Die Geistlichen sollen keusch leben und sich der weltlichen Vergnügungen enthalten. §. 4. Auch die Laien sollen

---

1) Nachdem es Bonifacius gelungen war, in dem unter Karlmann stehenden östlichen Theile des fränkischen Reiches eine geregelte Kirchenverfassung herzustellen, richtete er seine Aufmerksamkeit auf den von Pippin beherrschten westlichen Theil (Gallien), wo durch fortwährende Unruhen und durch die wiederholten Theilungen des Reiches der Metropolitanverband sich sehr gelockert hatte. Er legte seine Pläne dem Papste Zacharias vor und es erfolgte alsbald nicht nur die Billigung derselben, sondern auch seine Ernennung zum päpstlichen Legaten für die ganze Provinz Gallien (vgl. Br. 60), wodurch er einen festen Anhaltspunkt für seine Wirksamkeit in diesem Theile des Reiches gewann. Vor Allem schien ihm zur Erledigung der dringlichsten Angelegenheiten die Abhaltung eines Conciliums in Gallien nöthig und es kam durch Karlmanns Vermittlung bei seinem Bruder Pippin das Concilium zu Soissons zu Stande, dessen Beschlüsse hier nach der besten Ausgabe (von G. H. Pertz in den Monumenta Germaniae historica. Leges. Tom. I, p. 20 sq.) folgen.

ein regelmäßiges Leben führen und die Geistlichen sollen ihrem Bischofe gehorsam sein. §. 5. Unbekannte zureisende Geistliche sollen nicht ohne vorhergehende Prüfung zum Kirchendienste zugelassen werden. §. 6. Die Bischöfe sollen Sorge tragen, daß in ihren Sprengeln die heidnischen Gebräuche nicht wieder aufkommen und daß Markt und Maß der Fruchtbarkeit der Zeit entsprechen. §. 7. Die von Aldebert errichteten Kreuze sollen verbrannt werden. §. 8. Die Geistlichen sollen keine fremden Frauen im Hause haben. §. 9. Verbot, Klosterfrauen zu heirathen und nach der Ehescheidung wieder zu heirathen, so lange eine der Ehehälften lebt. §. 10. Bestrafung der Uebertreter dieser Beschlüsse.

Im Namen des dreieinigen Gottes. Im siebenhundertundvierundvierzigsten Jahre nach der Menschwerdung Christi am fünften Tage vor den Nonen des März [1]) und am vierzehnten Tage des Mondes, im zweiten Jahre Childerichs [2]), des Königs der Franken, ich Pippin, Herzog und Fürst der Franken. Da wir, wie den Meisten nicht unbekannt ist, im Namen Gottes und zugleich mit der Zustimmung der Bischöfe und auf den Rath der Priester oder Diener Gottes, so wie nach Uebereinkunft mit den Grafen und Edeln der Franken beschlossen haben, in der Stadt Soissons eine Synode oder Kirchenversammlung zu halten, so haben wir sie demnach in Gottes Namen auch gehalten.

1. Vor Allem haben wir bestimmt, daß der katholische Glaube, wie ihn die dreihundertundachtzehn Bischöfe auf dem Concilium zu Nicäa [3]) festgestellt haben, in unserm ganzen Lande verkündet werde, und eben so die kirchenrechtlichen Entscheidungen anderer Heiligen, welche diese auf ihren Synoden festgestellt haben, damit auf diese Weise das Gesetz Gottes und die kirchliche Zucht, welche in den Tagen der früheren Fürsten zerrüttet wurden und zerfallen sind [4]), wieder hergestellt werden mögen.

---

1) Also am 3 März. In mehreren Handschriften liest man: am sechsten Tage vor den Nonen (2 März), und man hat diese Zeitbestimmung sogar vorziehen wollen, aber mit Unrecht, denn der vierzehnte Tag des Mondes (Vollmond) fiel im J. 744 auf den 3 März.

2) Childerichs III., des Schattenkönigs, dessen Name fast nur noch zur Bestimmung der Zeitrechnung gebraucht wurde.

3) Welches im J. 325 gehalten wurde.

4) Vgl. das erste deutsche Concilium, §. 1. In Gallien war seit langer

2. Deßhalb haben wir zugleich mit der Zustimmung der Bischöfe, so wie der Priester und Diener Gottes und auf den Rath meiner Edeln beschlossen, jedes Jahr auf einer Synode von neuem Vorsorge zu treffen [1]), daß das christliche Volk zum Seelenheile gelangen könne und daß fernerhin keine Ketzerei aufkomme, wie dieß mit der Ketzerei Aldeberts der Fall war [2]), welchen dreiundzwanzig Bischöfe und viele andere Priester mit der Zustimmung des Fürsten und des Volkes verdammt haben, und zwar haben sie den Aldebert selbst auf diese Weise verdammt, damit fernerhin das Volk nicht durch falsche Priester verführt werde und zu Grunde gehe.

3. Deßwegen haben wir auf den Rath meiner Priester und Edeln für die Städte rechtmäßige Bischöfe bestimmt und bestellt, auch haben wir deßwegen über sie die Erzbischöfe Abel und Ardobert gesetzt [3]), damit sowohl die Bischöfe als auch das übrige Volk bei jedem kirchlichen Bedürfnisse zu ihnen selbst oder zu ihren Entscheidungen ihre Zuflucht nehmen können. Der Stand der Mönche und der Mägde Gottes soll nach der heiligen Regel ungeschmälert fortbestehen, auch sollen von den ausgelieferten Kirchengütern die Mönche und Mägde Gottes in so weit unterstützt werden, als zu ihrem Bedürfnisse hinreicht, und von dem Ueberschusse soll eine Abgabe erhoben werden [4]). Die rechtmäßigen Aebte sollen nicht gegen den Feind ziehen, sondern nur ihre Leute dahin schicken. Auch sollen alle Geistliche weder Unzucht treiben,

---

Zeit keine Synode gehalten worden (vgl. Br. 51), und es sollten jetzt die auf den beiden vorhergehenden Concilien für den östlichen Theil des Reiches gefaßten Beschlüsse auch hier bestätigt werden, um für das ganze Frankenland Geltung zu erlangen.

1) Derselbe Beschluß wurde auch schon auf dem ersten deutschen Concilium gefaßt.

2) Ueber die Ketzerei Aldeberts oder Adlaberts, wie der Name in mehreren Handschriften lautet, geben Br. 59 und die Acten der weiter unten folgenden römischen Synode nähere Auskunft.

3) Abel war für Rheims, Ardobert für Sens ernannt; ihrer wirklichen Einsetzung stellten sich jedoch unüberwindliche Schwierigkeiten entgegen; vgl. Br. 86 und 87.

4) Vgl. das Concilium zu Liftinä, §. 2.

noch die Kleidung der Laien tragen, noch mit Hunden Jagden anstellen, noch Habichte halten [1]).

4. Deßgleichen haben wir befohlen, daß die weltlichen Leute regelmäßig leben, keinerlei Unzucht treiben, zu Meineiden in der Kirche nicht ihre Einwilligung geben, kein falsches Zeugniß ablegen und die Kirche Gottes in jeder Noth stützen sollen. Auch soll jeder Priester, welcher sich in dem Sprengel befindet, dem Bischofe gehorsam und unterthan sein und stets am Tage des Abendmales des Herrn dem Bischofe Rechenschaft über die Verwaltung seines Amtes geben und Chrisma und Oel verlangen. Und wenn der Bischof nach der kirchlichen Vorschrift seinen Sprengel bereist, um das Volk zu firmen, so sollen die Bischöfe, die Aebte und die Priester bereit sein, den Bischof zu empfangen und ihn mit dem Nothwendigen zu versehen [2]).

5. Auch haben wir verfügt, daß die aus andern Gegenden zureisenden Bischöfe oder Priester zum Kirchendienste nicht zugelassen werden sollen, wenn sie nicht vorher von dem Bischofe, welchem der Sprengel angehört, geprüft worden sind [3]).

6. Ferner haben wir ein für allemal verordnet, daß jeder Bischof in seinem Sprengel Sorge tragen soll, daß das christliche Volk nicht heidnisch werde [4]). Auch soll man in jeder Stadt auf rechtliche Weise Markt und Maß je nach der Ergiebigkeit der Zeit einrichten.

7. Deßgleichen haben wir bestimmt, daß jene Kreuzchen, welche Aldebert in irgend einem Sprengel aufgepflanzt hat [5]), sämmtlich dem Feuer übergeben werden [6]).

---

1) Vgl. das erste deutsche Concilium, §§. 2. 7.

2) Vgl. ebend. §. 3.

3) Vgl. ebend. §. 4.

4) Vgl. ebend. §. 5.

5) Vgl. Br. 59 und 67.

6) Weil Aldebert sie zu Versammlungsorten bestimmt hatte, um daselbst seine Irrlehre vorzutragen und das Volk abergläubische Gebräuche verrichten zu lassen. Die Sitte, Kreuze am Wege aufzurichten, um durch irgend eine Begebenheit merkwürdige Stellen zu bezeichnen, ist übrigens älter, als die Ketzerei Aldeberts und keineswegs von der Kirche verboten; vgl. A. J. Binterim, Geschichte der deutschen Concilien, Bd. II, S. 135.

8. Deßgleichen haben wir ausgesprochen, daß kein Geistlicher ein Weib in seinem Hause, um daselbst mit ihm zu wohnen, haben soll, es sei denn seine Mutter, Schwester oder Nichte [1]).

9. Deßgleichen haben wir verfügt, daß ein Laie eine Gott geweihte Jungfrau nicht zum Weibe nehmen darf und eben so wenig deren Mutter [2]). Auch soll, so lange der Mann lebt, kein Anderer sein Weib, und das Weib, so lange sein Mann lebt, keinen andern nehmen, weil der Mann nur dann sein Weib entlassen darf, wenn es im Ehebruche ertappt wurde.

10. Sollte Jemand diese Verordnung, welche dreiundzwanzig Bischöfe nebst andern Priestern und Dienern Gottes zugleich mit der Zustimmung des Fürsten Pippin und nach dem Rathe der Edeln der Franken festgestellt haben, übertreten oder das Gesetz verdrehen oder mißachten wollen, so werde er von dem Fürsten selbst oder von den Bischöfen oder Grafen gerichtet und sühne sein Vergehen, wie in dem Gesetze geschrieben steht, je nach seinem Stande. Und wenn wir Alles befolgen, was oben geschrieben steht, so werden wir uns in den Stand setzen, Barmherzigkeit bei Christus zu finden von Ewigkeit zu Ewigkeit. Amen.

† Zeichen des erlauchten Mannes Pippin, des Hausmeiers.

† Zeichen Radobods.

† Zeichen Ariberts.

† Zeichen Helmigauds [3]).

---

1) Also eine Milderung des Beschlusses des ersten deutschen Conciliums (§. 7.), welcher überhaupt den Aufenthalt eines Weibes in dem Hause des Geistlichen verbietet.

2) Wenn sie sich mit der Tochter im Kloster befand, was häufig der Fall war; vgl. das Edict Chlotars II. vom J. 614, §. 18. (bei Pertz, Monum. Germ. hist. Leges. Tom. I, p. 15).

3) Radobod und Aribert, Bischof von Soissons, unterschrieben als Bevollmächtigte der Versammlung, Helmigaud als Staatsrath Pippins.

4.

Concilium zu Rom [1]).

(Im Jahre 745.)

Inhalt: Erste Sitzung. Zeitbestimmung und Verzeichniß der Anwesenden. Denehard, der Abgesandte des Bonifacius, bringt sein Anliegen vor und überreicht einen Brief, wodurch die Priester Aldebert und Clemens als Irrlehrer verklagt werden. Zweite Sitzung. Zwei Aldebert betreffende Aktenstücke (eine Biographie Aldeberts und ein angeblich vom Himmel gefallener Brief) werden verlesen. Dritte Sitzung. Ein drittes Aktenstück (ein von Aldebert verfaßtes Gebet) wird verlesen. In sämmtlichen Actenstücken werden der Lehre der katholischen Kirche widersprechende Behauptungen gefunden. Clemens und Aldebert wird, wenn sie ihre Irrlehren nicht widerrufen, der Bann angedroht.

Erste Sitzung.

Im Namen unsers Herrn Jesus Christus unter der Regierung des gottseligsten Herrn, des Augustus Constantinus [2]), im sechsundzwanzigsten Jahre seines Reiches und im fünften Jahre

---

1) Da Aldebert, dessen Irrlehre auf dem Concilium zu Soissons (§. 2. und 7.) verdammt worden war, diesen Urtheilsspruch wenig oder gar nicht beachtete, sondern vielmehr mit Clemens, einem andern Irrlehrer, fortfuhr, das Volk zu verwirren, und sich auch in dem östlichen Franken einen Anhang zu verschaffen wußte, so wurden die Irrlehren beider auf einem auf deutschem Gebiete an einem nicht bekannten Orte im J. 745 versammelten Concilium wiederholt verdammt und die Irrlehrer selbst in Haft gebracht, aus welcher sie aber wahrscheinlich durch den Einfluß mächtiger Gönner zu entkommen wußten. Dadurch noch kühner gemacht, dehnten sie ihre Versuche, das Volk auf ihre Seite zu bringen, immer weiter aus und Bonifacius sah sich genöthigt, die Hülfe des römischen Stuhles, welchem er die auf die Irrlehrer bezüglichen Actenstücke zusendete, anzurufen. Zacharias versammelte noch in demselben Jahre eine Synode, deren Verhandlungen wir hier mittheilen. Serarius hat diese in seiner Ausgabe der Briefe des Bonifacius bekannt gemacht, aus welcher sie dann in die Conciliensammlungen übergingen.

2) Constantinus V. Kopronymus; die chronologischen Angaben bezeichnen demnach das Jahr 745.

nach seinem Consulate, am fünfundzwanzigsten Tage des Monats October in der vierzehnten Indiction, als der heiligste und seligste Herr der Papst Zacharias in dem lateranensischen Patriarchenhause in der Basilika des Theodorus den Vorsitz führte, mit ihm aber saßen die heiligsten Bischöfe Epiphanius von Silva Candida [1]), Benedictus von Nomentum [2]), Venantius von Präneste [3]), Gregorius von Porto, Nicetas von Gabii [4]), Theodorus von Ostia und Gratiosus von Velletri, so wie die ehrwürdigen Priester Joannes der Erzpriester, Gregorius, Stephanus, deßgleichen Stephanus [5]), Dominicus, Theodorus, Anastasius, Georgius, Sergius, Jordanes, Leo, deßgleichen Leo, Gregorius, Stephanus, Eustochius, Procopius und Theophanius, und als die hochheiligen Evangelien in der Mitte aufgelegt waren und auch die Diakone und die sämmtliche Geistlichkeit dabei standen, sprach der dienstthuende Notar [6]) und Aufrufer Gregorius: Der fromme Priester Denehard [7]), Abgesandter des Bonifacius, des heiligsten Erzbischofs der Provinz Deutschland, welcher an Euer heiliges Apostolat geschickt wurde, befindet sich vor dem Vorhange [8]) und bittet um Einlaß. Was befehlt Ihr. Es wurde geantwortet: Er soll eintreten.

Und als er eingetreten war, sprach Zacharias, der heiligste und seligste Papst der heiligen katholischen und apostolischen Kirche Gottes in der Stadt Rom: Vor einigen Tagen hast du

---

1) Einer jetzt zerstörten Stadt, welche in Toscana zehn Meilen von Rom lag.

2) Jetzt zu einem unbedeutenden Orte, welcher La Mentana heißt, herabgesunken.

3) Jetzt Palestrina genannt.

4) Einer jetzt fast gänzlich zerstörten Stadt.

5) Die beiden Stephanus, so wie die sogleich folgenden beiden Leo werden bei den Unterschriften näher bezeichnet.

6) Notarius regionarius; vgl. Baronius Annal. hist. eccles. ad ann. 598, §. 16.

7) Denehard wurde von Bonifacius öfter in wichtigen Angelegenheiten als Geschäftsträger gebraucht; vgl. Br. 52 und 69.

8) Welcher die Stelle, wo der Papst und die Geistlichkeit saßen, von dem übrigen Raume der Kirche abschloß.

uns die Zeilen unseres ehrwürdigsten und heiligsten Bruders, des Erzbischofes Bonifacius, durch welche er uns mittheilte, was ihm zweckmäßig schien, überbracht, warum hast du also nochmals verlangt, in unsere Geheimsitzung einzutreten? Der fromme Priester Denehard sprach: Mein Gebieter, als nach der Vorschrift Eueres heiligen Apostolats mein Gebieter, der Bischof Bonifacius, der Diener Euerer Gottseligkeit, in der Provinz der Franken eine Synode versammelt und daselbst falsche Priester, Irrlehrer und Abtrünnige, nämlich Aldebert und Clemens [1]), gefunden hatte, entkleidete er sie im Einverständnisse mit den Fürsten der Franken [2]) der Priesterwürde und ließ sie in Haft bringen. Jene aber leben nicht, wie entschieden wurde, in Buße, sondern verführen im Gegentheile immer noch das Volk, weßhalb ich auch dieses Schreiben meines vorher erwähnten Gebieters, welches ich in den Händen trage, als Gesandter Euerem päpstlichen Apostolate darbiete, damit Ihr es vor dem hochheiligen Concilium vorlesen lasset. Es wurde erwidert: Das Schreiben soll angenommen und in unserer Gegenwart verlesen werden, worauf der dienstthuende Notar und Säckelmeister [3]) Theophanius es nahm und in folgenden Worten verlas.

(Das Schreiben des Bonifacius ist bereits in der Briefsammlung unter Nr. 67 mitgetheilt.)

Und als es verlesen war, sprach der heiligste und seligste Papst Zacharias: Ihr habt gehört, geliebteste Brüder! was in diesem Schreiben über jene Gotteslästerer, welche sich zu ihrer Verdammniß für Apostel ausgegeben haben, verlesen ist. Die heiligsten Bischöfe und ehrwürdigen Priester erwiderten: Aus Allem haben wir jedenfalls vernommen, daß sie keine Apostel, sondern Diener des Satans und Vorläufer des Antichrists sind, denn wann machte je ein Apostel oder irgend ein Heiliger aus seinen Haaren oder Nägeln Heiligthümer für das Volk, wie dieser gotteslästerige und verruchte Aldebert zu thun versucht hat. Einer

1) Vgl. Br. 59, 67 und 74, wo man Näheres über die Lebensverhältnisse dieser Irrlehrer findet.

2) Demnach ist hier das Concilium zu Soissons (744), welches für beide Theile des Reiches gehalten wurde, gemeint.

3) Sacellarius, später Thesaurarius (Schatzmeister) genannt.

solchen Schandthat muß aber durch Euer heiliges Apostolat gesteuert werden, sowohl in Bezug auf diesen, als auch auf Clemens, den andern Uebertreter des Gesetzes, welcher die heiligen Kirchensatzungen, so wie die Erklärungen der heiligen Väter und die Aussprüche der Heiligen verachtet, damit ihnen ein ihren Vergehen entsprechender Urtheilsspruch werde. Der heiligste und seligste Papst Zacharias sprach: Da es heute schon etwas spät an der Zeit ist, so wollen wir in der nächsten Geheimsitzung, nachdem nochmals die Lebensgeschichte derselben und die sie betreffenden Actenstücke verlesen sind, durch allgemeine Berathung und mit der Hülfe Gottes erörtern, was geschehen soll.

Zweite Sitzung.

Im Namen Gottes unsers Herrn und Erlösers Jesus Christus unter der Regierung des gottseligsten Herrn, des Augustus Constantinus, des großen Kaisers, im sechsundzwanzigsten Jahre seines Reiches und im fünften Jahre nach seinem Consulate am fünfundzwanzigsten [1]) Tage des Monats October in der vierzehnten Indiction, als der heiligste und seligste Herr, der Papst Zacharias in dem lateranensischen Patriarchenhause in der Basilika des Theodorus den Vorsitz führte, mit ihm aber saßen die heiligsten Bischöfe Epiphanius von Silva Candida, Benedictus von Nomentum, Venantius von Präneste, Gregorius von Porto, Nicetas von Gabii, Theodorus von Ostia, Gratiosus von Velletri, so wie die ehrwürdigen Priester Joannes der Erzpriester, Gregorius, Stephanus, deßgleichen Stephanus, Dominicus, Theodorus, Anastasius, Georgius, Sergius, Jordanes, Leo, deßgleichen Leo, Gregorius, Stephanus, Eustochius, Procopius und Theophanius, und als in der Mitte die hochheiligen Evangelien aufgelegt waren und auch die Diakone und die sämmtliche Geistlichkeit dabei standen, sprach der diensttuende Notar und Aufrufer

1) Da die zweite Sitzung nach der Bemerkung des Papstes selbst frühestens am folgenden Tage stattfand, so kann diese Zeitbestimmung nicht richtig sein, oder man müßte voraussetzen, daß absichtlich das Datum der ersten Sitzung wiederholt wurde, was auch wirklich, da die dritte Sitzung mit derselben Zeitbestimmung eröffnet wird, der Fall zu sein scheint.

Gregorius: Nach dem Befehle Eueres heiligen Apostolates, welchen Ihr in der vorigen Sitzung erließet, befindet sich der fromme Priester Denehard vor dem Vorhange, was befehlt Ihr? Es wurde geantwortet: Er soll eintreten.

Und als er eingetreten war, sprach der heiligste und seligste Papst Zacharias: Reiche die Schriftstücke jenes überaus abscheulichen Aldebert oder die sonstigen ihn betreffenden Urkunden, welche du in der vorhergehenden Sitzung in den Händen trugst, zum Vorlesen vor der gegenwärtigen Versammlung, und Theophanius, der diensthuende Notar und Säckelmeister, nahm und las die Lebensgeschichte Aldeberts [1]), deren Anfang lautet, wie folgt:

„Im Namen unsers Herrn Jesus Christus. Es beginnt die Lebensgeschichte des heiligen und seligen Dieners Gottes und berühmten und überaus ansehnlichen, nach Gottes Wahl geborenen heiligen Bischofs Aldebert. Er wurde von einfachen Eltern geboren [2]) und gekrönt durch die Gnade Gottes, weil er, während er sich noch im Mutterleibe befand, daselbst die Gnade Gottes empfing, und ehe seine seligste Geburt herannahte, sah seine Mutter, wie in einem Gesichte, aus ihrer Seite ein Kalb hervorkommen, welches Kalb jene Gnade bedeutete, welche er von dem Engel empfing, ehe er aus dem Mutterschoße hervorging [3])."

Als dieses Büchlein bis zum Ende gelesen war, sprach Zacharias, der heiligste und seligste Papst: Was, heiligste Brüder! antwortet ihr auf diese Gotteslästerung? Epiphanius, der heiligste Bischof von Silva Candida, sprach: Sicherlich, apostolischer Herr, wurde das Herz Eueres heiligen Apostolats von göttlicher Eingebung bewegt, als ihr den vorher genannten Boni-

---

1) Aldebert hatte seine Lebensbeschreibung nicht selbst verfaßt, sondern von einem andern verfassen lassen, wie aus dem ihn und seine Irrlehre betreffenden Briefe des Papstes Zacharias an Bonifacius (Br. 70) hervorgeht.

2) Und zwar in Gallien, wie Bonifacius in dem Schreiben an den Papst (Br. 67) sagt.

3) Es ist zu bedauern, daß die Lebensgeschichte Aldeberts nicht vollständig den Concilienacten einverleibt wurde; sie hätte wohl über die zu jener Zeit in der gallischen Kirche herrschende und von Bonifacius öfter beklagte Verwirrung einigen Aufschluß gegeben.

facius, unsern heiligsten Bruder und Bischof, und die Fürsten der Franken ermahntet, in jenen Gegenden nach langer Zeit [1]) eine Versammlung von Priestern einzuberufen [2]), damit diese Spaltungen und Gotteslästerungen Euerm heiligen Apostolate auf keine Weise noch fortwährend verheimlicht werden konnten. Zacharias, der heiligste und seligste Papst, sprach: Wenn der fromme Priester Denehard uns noch etwas zum Lesen zu überreichen hat, so soll er es überreichen. Der fromme Priester Denehard erwiderte: Hier, Herr, ist ein Brief, dessen er sich bediente [3]) und von welchem er ausbreitete, er rühre von Jesus her und sei vom Himmel gefallen; und der diensthuende Notar und Säckelmeister nahm ihn und las ihn vor. Der Anfang desselben lautet, wie folgt:

„Es beginnt im Namen Gottes der Brief unsers Herrn Jesus Christus, des Sohnes Gottes, welcher in Jerusalem herabfiel und von dem Erzengel Michael gefunden wurde an dem Thore Ephrem [4]). Der Brief wurde durch die Hand eines Priesters, Namens Leora, welcher ihn las, abgeschrieben; dieser schickte ihn nach der Stadt Hieremia an einen andern Priester, Namens Talasius, Talasius aber schickte ihn nach der Stadt Arabia an Leobanius, einen andern Priester, und dieser Leobanius schickte den Brief nach der Stadt Wetfavia; hier empfing ihn der Priester Gottes Macharius und schickte ihn auf den Berg des heiligen Erzengels Michael, und durch die Hände des Engels des Herrn kam der Brief nach der Stadt Rom an die Stelle des Grabes des heiligen Petrus, wo die Schlüssel zum Himmelreiche

---

1) Es war seit fast siebenzig Jahren keine Synode gehalten worden, vgl. Br. 51.

2) Vgl. das Schreiben des Zacharias an Bonifacius (Br. 52).

3) Aldebert hatte also diesen Brief nicht selbst verfaßt; dergleichen Briefe waren vor und nach ihm im Umlaufe und noch Karl der Große erließ ein Verbot (Capitular. ed. Baluz. I, 239) gegen einen solchen vom Himmel gefallenen Brief, welcher jedoch keineswegs, wie man behauptet hat, der von Aldebert in Umlauf gebrachte zu sein braucht.

4) Ein Thor nach Norden, welches zu dem Lande Ephraim führte. Es wäre vergebliche Mühe, über die in dem Briefe genannten Städte und über die Weiterbeförderer des Briefes nähere Untersuchungen anstellen zu wollen.

niedergelegt sind, und die zwölf Väter [1]), welche sich in der Stadt Rom befinden, hielten dreitägige Vigilien und verharrten Tag und Nacht in Fasten und Gebeten."

Auch das Uebrige wurde bis zum Ende vorgelesen. Darauf sprach Zacharias, der heiligste und seligste Papst: Es unterliegt keinem Zweifel, geliebteste Brüder! daß dieser Aldebert in Wahnsinn verfallen ist und daß Alle, welche sich dieses verruchten Briefes bedienen, ohne Nachdenken und Ueberlegung handeln, wie Kinder, und gleich Weibern in ihrem Sinne verrückt sind; damit jedoch nicht fernerhin Leichtgläubige betrogen werden, so können wir keinenfalls diese Streitsache gegen ihn unerörtert und ohne Urtheilsspruch lassen. Die heiligsten Bischöfe und ehrwürdigen Priester antworteten: Wir erkennen, daß das Herz Eueres heiligen Apostolats durch das göttliche Licht erleuchtet ist und was Ihr gesagt, aus der Eingebung des heiligen Geistes fließt, und deßhalb soll, wie von Euch verfügt werden wird, das Urtheil gegen beide gesprochen werden. Zacharias, der heiligste und seligste Papst, sprach: Nicht, wie von uns allein verfügt werden wird, die Sache muß vielmehr mit Euch zugleich erörtert werden und es soll, wenn es dem Herrn so gefällt, in der nächsten Geheimsitzung, wie es nach allen ihn betreffenden Schriftstücken recht erscheinen und der Herr seinen Dienern eingeben wird, das Urtheil gesprochen werden [2]).

Dritte Sitzung.

Im Namen Gottes unsers Herrn und Erlösers Jesus Christus, unter der Regierung des gottseligsten Herrn, des Augustus Constantinus, des großen Kaisers, im sechsundzwanzigsten Jahre seines Reiches und im fünften Jahre nach seinem Consulate am fünfundzwanzigsten Tage des Monats October in der vierzehnten

1) Papati; darunter sind wohl die dem Papste zunächst dienenden obersten Priester, gewöhnlich Cardinäle genannt, zu verstehen.

2) Man sieht aus diesem Berichte, mit welcher Umsicht und Behutsamkeit man bei der Untersuchung neuer Irrlehren zu Werk ging und wie sehr man sich hütete, irgend Jemand vorschnell als Ketzer zu verdammen.

Indiction, als der heiligste und seligste Herr, der Papst Zacharias, in dem lateranensischen Patriarchenhause in der Basilika des Theodorus den Vorsitz führte, mit ihm aber saßen die heiligsten Bischöfe Epiphanius von Silva Candida, Benedictus von Nomentum, Venantius von Präneste, Gregorius von Porto, Nicetas von Gabii, Theodorus von Ostia, Gratiosus von Velletri, so wie die ehrwürdigen Priester Joannes, der Erzpriester, Gregorius, Stephanus, deßgleichen Stephanus, Dominicus, Theodorus, Anastasius, Georgius, Sergius, Jordanes, Leo, deßgleichen Leo, Gregorius, Stephanus, Eustochius, Procopius und Theophanius, und als in der Mitte die hochheiligen Evangelien aufgelegt waren und auch die Diakone und die sämmtliche Geistlichkeit dabei standen, sprach der dienstthuende Notar und Aufrufer Gregorius: Nach dem von Euerm heiligen Apostolate in der vorigen Geheimsitzung erlassenen Befehle soll der fromme Priester Denehard heute vor Euerm Angesichte erscheinen; er steht vor der Thüre, was befehlt Ihr? Es wurde geantwortet: Er soll eintreten. Und als er eingetreten war, sprach Zacharias, der heiligste und seligste Papst: Hast du noch irgend ein jene Gotteslästerer betreffendes Schriftstück, welches vor dieser heiligen Versammlung vorgelesen werden soll, zu überreichen? Der fromme Priester Denehard antwortete: Noch habe ich, mein Gebieter, ein Gebet, welches Aldebert zu seinem Gebrauche anzufertigen sich bemüht hat; ich trage es hier in meinen Händen, befehlt nur, daß es angenommen werde; darauf nahm es der Notar und las es vor Allen; der Anfang lautet, wie folgt:

„Allmächtiger Herr und Gott, Vater Christi, des Sohnes Gottes, unseres Herrn Jesu Christi, und A und O, der du sitzest auf dem siebenten Throne und über den Cherubim und Seraphim, du bist die große Güte und in dir ist eine Fülle von Süßigkeit. Vater der heiligen Engel, der du den Himmel und die Erde und das Meer und Alles, was darin ist, gemacht hast, dich rufe und flehe ich an und lade dich ein zu mir Aermsten, weil du dich gewürdigt hast zu sagen: Um was ihr den Vater in meinem Namen ersuchen werdet, das will ich thun [1]); auch

1) Joh. 14, 13.

ich ersuche dich also, weil auf dich meine Seele vertraut.“ Und als weiter gelesen wurde, kam auch eine Stelle, wo er sagt: „Ich bitte euch und beschwöre euch und wende mich an euch, Engel Uriel, Engel Ragull, Engel Tubuel, Engel Michael, Engel Inias [1]), Engel Tubuas, Engel Sabaoc, Engel Simiel [2]).“

Als aber dieses gotteslästerige Gebet bis zum Ende vorgelesen war, sprach Zacharias, der heiligste und seligste Papst: Was antwortet Ihr darauf, heiligste Brüder? Die heiligsten Bischöfe und ehrwürdigen Priester antworteten: Was kann man wohl Anderes thun, als alle Schriften, welche uns vorgelesen worden sind, dem Feuer übergeben, die Verfasser derselben aber in die Fessel des Bannes legen, denn außer dem Namen Michael sind die Namen, welche er in seinen Gebeten angerufen hat, ihm Hülfe zu leisten, nicht Namen von Engeln, sondern von Teufeln; wir aber kennen, wie wir von Euerm heiligen Apostolate belehrt werden und uns das göttliche Gesetz überliefert, nur die Namen von drei Engeln, nämlich Michael, Gabriel und Raphael, während jener unter dem Anscheine von Engelnamen die Namen von Teufeln eingeführt hat [3]). Zacharias aber, der heiligste und seligste Papst, sprach: Der Antrag Euerer Heiligkeit, alle seine Schriften dem Feuer zu übergeben, ist zwar aufs Beste begründet, es dürfte jedoch angemessen sein, sie in unserm Archive zu seiner Widerlegung und ewigen Beschämung aufzubewahren. Darauf nun wurde, da Alles abgethan war, über das gegen die beiden oben Erwähnten zu fällende Urtheil berathen und die ganze Versammlung sprach: Aldebert, dessen Handlungen und schändliche Erdichtungen uns vorgelesen worden sind, soll, sowohl weil er sich einen Apostel zu nennen vermessen, seine Haare und Nägel dem Volke als ein Heiligthum dargeboten und das Volk durch verschiedene Irrlehren verführt, als auch weil er unter dem Anscheine von Engeln zu seinem Beistande Teufel angerufen hat,

1) Nach einer andern Lesart Adinus.

2) Oder Sinuel, wie Andere lesen.

3) Es müssen solche angebliche Engelnamen zu jener Zeit vielfach im Umlaufe gewesen sein, denn der Gebrauch derselben wird auch in den Verordnungen der fränkischen Könige (Capitular. reg. Franc. l. I, c. 16.) streng verboten.

von jeder priesterlichen Dienstleistung entsetzt werden, für seine Vergehen Buße thun und ferner nicht mehr das Volk verführen; sollte er aber bei diesen Irrlehren verharren und das Volk ferner verführen, so sei er mit dem Banne belegt und durch das ewige Urtheil Gottes verdammt und eben so Jeder, der ihm beistimmen, seiner Lehre folgen oder sich mit ihm verbinden sollte. Auf gleiche Weise soll aber auch Clemens, der in seiner Thorheit die Schriften der heiligen Väter verschmäht, alle Verhandlungen der Synode gering achtet und sogar unter die Christen das Judenthum einschwärzt, indem er predigt, daß mit dem Weibe des verstorbenen Bruders eine Ehe geschlossen werden könne, auch außerdem predigt, daß unser Herr Jesus Christus, als er in die Hölle hinabstieg, alle Fromme und Gottlose zugleich von dort hinweggeführt habe [1]), von jeder priesterlichen Dienstleistung entsetzt, und wenn er nicht wieder zur Einsicht kommt, in die Fessel des Bannes gelegt und durch Gottes ewiges Urtheil verdammt werden und eben so Alle, welche seinen gotteslästerigen Predigten beistimmen [2]).

Ich Zacharias, Bischof der heiligen katholischen und apostolischen Kirche Gottes in der Stadt Rom, habe die Ausfertigung dieser Verhandlungen und des von uns gesprochenen Urtheils unterschrieben. — Ich Epiphanius, Bischof der heiligen Kirche zu Silva Candida, habe die Ausfertigung dieser Verhandlungen und des von uns gesprochenen Urtheils unterschrieben. — Ich Benedictus, Bischof der heiligen Kirche zu Nomentum, habe die Ausfertigung dieser Verhandlungen und des von uns gesprochenen Urtheils unterschrieben. — Ich Venantius, Bischof der heiligen Kirche zu Präneste, habe die Ausfertigung dieser Verhandlungen und des von uns gesprochenen Urtheils unterschrieben. — Ich Gregorius, Bischof der heiligen Kirche zu Porto, habe

1) Ueber die Irrlehren des Clemens sind Br. 59 und 67 zu vergleichen.

2) Es ist nicht leicht zu begreifen, wie manche Kirchenhistoriker (wie Schröckh und Walch) den Unsinn Aldeberts und den Starrsinn des Clemens in Schutz nehmen und in dem Urtheilsspruche eine unrechtmäßige Beschränkung der menschlichen Freiheit erblicken konnten; Seiters hat (a. a. O. S. 426 ff.) diese Versuche nach Gebühr abgefertigt. Daß sich übrigens die beiden Irrlehrer dem gegen sie gefällten Urtheile nicht fügten, geht aus einem späteren Briefe des Papstes Zacharias an Bonifacius (Br. 192) hervor.

die Ausfertigung dieser Verhandlungen und des von uns gesprochenen Urtheils unterschrieben. — Ich Nicetas, Bischof der heiligen Kirche zu Gabii, habe die Ausfertigung dieser Verhandlungen und des von uns gesprochenen Urtheils unterschrieben. — Ich Theodorus, Bischof der heiligen Kirche zu Ostia, habe die Ausfertigung dieser Verhandlungen und des von uns gesprochenen Urtheils unterschrieben. — Ich Gratiosus, Bischof der heiligen Kirche von Velletri, habe die Ausfertigung dieser Verhandlungen und des von uns gesprochenen Urtheils unterschrieben. — Ich Joannes, Erzpriester zu St. Susanna, habe die Ausfertigung dieser Verhandlungen und des von uns gesprochenen Urtheils unterschrieben. — Ich Gregorius, demüthiger Priester der heiligen römischen Kirche zu St. Clemens, habe die Ausfertigung dieser Verhandlungen und des von uns gesprochenen Urtheils unterschrieben. — Ich Stephanus, durch Gottes Gnade Priester der heiligen römischen Kirche zu St. Marcus, habe die Ausfertigung dieser Verhandlungen und des von uns gesprochenen Urtheils unterschrieben. — Ich Stephanus, unwürdiger Priester der heiligen römischen Kirche zu St. Eusebius, habe die Ausfertigung dieser Verhandlungen und des von uns gesprochenen Urtheils unterschrieben. — Ich Dominicus, demüthiger Priester der heiligen römischen Kirche zu St. Prisca, habe die Ausfertigung dieser Verhandlungen und des von uns gesprochenen Urtheils unterschrieben. — Ich Theodorus, demüthiger Priester der heiligen römischen Kirche zu St. Laurentius, habe die Ausfertigung dieser Verhandlungen und des von uns gesprochenen Urtheils unterschrieben. — Ich Anastasius, unwürdiger Priester der heiligen römischen Kirche zu St. Maria, habe die Ausfertigung dieser Verhandlungen und des von uns gesprochenen Urtheils unterschrieben. — Ich Georgius, demüthiger Priester der heiligen römischen Kirche zu St. Joannes und St. Paul, habe die Ausfertigung dieser Verhandlungen und des von uns gesprochenen Urtheils unterschrieben. — Ich Sergius, demüthiger Priester der heiligen römischen Kirche zu St. Potentia, habe die Ausfertigung dieser Verhandlungen und des von uns gesprochenen Urtheils unterschrieben. — Ich Jordanes, demüthiger Priester der heiligen römischen Kirche zu St. Sabina, habe die Ausfertigung dieser Verhandlungen und des von uns gesprochenen Urtheils unterschrieben. — Ich Theophanius, demüthiger Priester der heiligen römischen Kirche zu den heiligen vier Gekrönten [1]), habe die Ausfertigung dieser Verhandlungen und des von uns gesprochenen Urtheils unterschrieben. — Ich Leo, unwürdiger Priester der heiligen römischen Kirche zu St. Anastasia, habe die Ausfertigung dieser Verhandlungen und des von uns gesprochenen Urtheils unterschrieben. — Ich Leo, demüthiger Priester der heiligen römischen Kirche zu St. Damasus, habe die Ausfertigung dieser Verhandlungen und des von uns gesprochenen Urtheils unterschrieben. — Ich Gregorius, unwürdiger Priester der heiligen römischen Kirche zu Balbina, habe die Ausfertigung dieser Verhandlungen und des von uns gesprochenen Urtheils unterschrieben. — Ich Stephanus, Priester der heiligen römischen Kirche zu St. Chrysogonus, habe die Ausfertigung dieser Verhandlungen und des von uns gesprochenen Urtheils unterschrieben. — Ich Eustachius, demüthiger Priester der heiligen römischen Kirche, habe die Ausfertigung dieser Verhandlungen und des von uns gesprochenen Urtheils unterschrieben. — Ich Procopius, unwürdiger Priester der heiligen römischen Kirche zu St. Cyriacus, habe die Ausfertigung dieser Verhandlungen und des von uns gesprochenen Urtheils unterschrieben.

5.

Einige Statuten des heiligen Bonifacius, Erzbischofs von Mainz und Märtyrers [2]).

Inhalt: §§. 1—3. Verhalten des Priesters in Bezug auf den Kirchendienst. §§. 4. 5. Deßgleichen in Bezug auf das Abendmal und

1) Nämlich Märtyrer; diese Kirche wurde im J. 630 von Honorius I. erbaut.

2) Diese Statuten wurden wohl nicht auf einem und demselben Concilium erlassen, sondern sind die kurz gefaßten Ergebnisse mehrerer unter Bonifacius und vermuthlich auch in etwas späterer Zeit gehaltenen Concilien, deren Verhandlungen wir nicht mehr in ihrer ursprünglichen Gestalt besitzen. Jeden-

das Chrisam. §§. 6. 7. Verhältniß der Priester zu den Laien. §§. 8—10. Lebensweise und Aufenthaltsort der Priester. §§. 11—15. Aufrechthaltung der klösterlichen Zucht. §. 16. Richtiges Verfahren bei der Taufe. §. 17. Ausschließung der Frauen von der Wohnung des Priesters. §§. 18—20. Behandlung der Sterbenden und der Todten. §. 21. Ausschließung weltlicher Dinge aus der Kirche. §. 22. Verbot des gemeinschaftlichen Badens beider Geschlechter. §. 23. Vorzug des Bischofs vor dem Priester bei dem Gebrauche des Altares. §. 24. Abhaltung der Vigilien vor den hohen Festtagen. §§. 25—28. Verfahren bei der Taufe. §. 29. Anempfehlung des Krankenöls. §. 30. Beobachtung der Quatemberfasten. §§. 31. 32. Vorschrift für die Buße und das Abendmal, insbesondere bei Sterbenden. §. 33. Verbot für die Priester, sich mit abergläubischen Dingen zu befassen. §. 34. Die Feier des Pfingstfestes. §. 35. Einschärfung der Unauflösbarkeit der Ehe. §. 36. Bestimmung der hohen Festtage.

Wir werden auch angehalten, die Vorschrift der Kirchengesetze in Folgendem zu beobachten [1]):

1. Kein Priester soll die ihm anvertraute Kirche ohne Einwilligung des Bischofs verlassen und auf Anrathen der Laien an eine andere übergehen [2]).

2. Kein Priester soll sich unterstehen, aus Mißachtung gegen

---

falls dürften jedoch die meisten dem Apostel der Deutschen angehören, da sie den in seinen Briefen geäußerten Ansichten vollkommen entsprechen. Es ist deßhalb kein Grund vorhanden, an der Aechtheit dieser Statuten, von welchen die meisten auch in den Verhandlungen späterer Concilien und in den Capitulariensammlungen wörtlich wiederholt sind, zu zweifeln. (Vgl. Seiters, Bonifacius, S. 438 f. Binterim, Geschichte der deutschen Concilien, Bd. II, S. 137 ff.) Sie wurden zuerst von Lucas d'Achery (Spicilegium, Tom. IX, p. 63—67. N. Ausg. von J. de la Barre, Tom. I, p. 507—509) aus einer alten Handschrift des Klosters Corbie bekannt gemacht und gingen dann in die Conciliensammlungen über.

1) Diese Einleitung scheint anzudeuten, daß den vorliegenden Statuten noch andere Verordnungen vorausgingen; daraus aber und aus der Aehnlichkeit einiger dieser Statuten mit den auf dem Concilium zu Liftinä erlassenen Verordnungen schließen zu wollen, daß sie zu den Verhandlungen dieses Conciliums gehören (vgl. Würdtwein in seiner Ausgabe der Briefe des Bonifacius, p. 143), dürfte doch wohl zu voreilig sein.

2) Vgl. Concil. Arelat. (813), can. 21. Capitular. l. V, c. 200.

die Kirche die heiligen Geheimnisse irgendwo anders als an geweihten Orten zu feiern [1]).

3. Kein Priester soll in einer geweihten Kirche einen andern Altar außer dem vom Bischofe geweihten errichten [2]), damit ein Unterschied ist zwischen dem Geweihten und Ungeweihten.

4. Die Priester sollen ohne das heilige Chrisam, das gesegnete Oel und das heilbringende Abendmal nirgends wohin reisen [3]), sondern überall, wo sie auch zufällig in Anspruch genommen werden, sich sogleich zur Erfüllung der Pflichten ihres Amtes bereit finden lassen [4]).

5. Die Priester sollen das Chrisam unter Siegel bewahren und sich nicht unterstehen, es Jemand unter dem Vorwande einer Heilung oder irgend eines andern Gebrauches zu schenken, denn es gehört zu dem Sacramente, und nur der Priester darf es berühren; wer es aber doch thut, soll seiner Würde beraubt werden [5]).

6. Die Laien sollen die Priester nicht aus den Kirchen vertreiben und sich nicht unterstehen, sie ohne Zustimmung ihrer Bischöfe fortzuschicken [6]).

7. Die Laien sollen sich in keiner Weise unterstehen, für die Uebergabe einer Kirche an irgend einen Priester von den Priestern Geschenke zu verlangen [7]).

8. Die Priester sollen sich bemühen, rechtschaffen zu leben und auf diese Weise dem Volke als Lehrer dienen [8]).

9. Jeder Bischof soll in seinem Sprengel die Priester fleißig

---

1) Vgl. Capitular. l. V, c. 201.

2) Was häufig in den neu erbauten Kirchen der Fall gewesen zu sein scheint; vgl. Capitular. l. V, c. 202.

3) Sie trugen es gewöhnlich in einer Büchse am Halse, vgl. Binterim, Geschichte der deutschen Concilien, Bd. II, S. 140.

4) Vgl. Capitular. l. VI, c. 178.

5) Vgl. Concil. Arelat., can. 16. Concil. Moguntin. (813), can. 27. Capitular. l. V, c. 145.

6) Vgl. Concil. Moguntin., can. 29. Capitular. l. V, c. 147.

7) Vgl. ebend. c. 30. Capitular. l. V, c. 148.

8) Vgl. Capitular. I. anni 813, can. 26.

ausforschen, woher sie sind, und findet er irgend einen flüchtigen, so soll er ihn veranlassen, zu seinem Bischofe zurückzukehren [1]).

10. Wer seinen Bischof verläßt und zu einem andern seine Zuflucht nimmt, soll abgesetzt werden [2]).

11. Die Aebte und die Aebtissinnen sollen so keusch leben, daß sie den ihnen untergebenen Männern und Frauen das Beispiel eines heiligen Wandels geben; thun sie dieß nicht, so sollen sie von dem Bischofe zurechtgewiesen werden; wollen sie aber den Bischof nicht hören, so mag der Bischof dem Kaiser Anzeige davon machen [3]).

12. Jeder Bischof soll in seinem Sprengel fleißig darauf sehen, daß man, wo Mönchsklöster sind, nach der Regel und nach Art der Mönche lebe, da aber, wo eine kanonische Lebensweise ist, rechtschaffen und kanonisch lebe [4]).

13. Die Bischöfe sollen in den Mädchenklöstern [5]) aufs Fleißigste nachforschen, und zwar vor Allem, ob die Aebtissin selbst enthaltsam sei und keusch lebe, sodann soll auch fleißig bei den Nonnen [6]) nachgesehen werden, damit sie nicht Ehebruch oder

---

1) Vgl. Concil. Arelat. can. 31. Concil. Moguntin. can. 24. Capitular. l. V, c. 149.

2) Vgl. Concil. Antiochen. can. 3.

3) Obgleich der Titel Kaiser (imperator) manchmal Pipin nach seiner Erhebung zum Könige beigelegt wird, wie Binterim (a. a. O. Bd. II, S. 138) nachgewiesen hat, so geschieht dieß doch nicht schlechthin, wie hier; auch kann man, wenn man annimmt, daß diese Statuten nicht alle von Bonifacius herrühren, sondern zum Theil einer späteren Zeit angehören, einräumen, daß das Statut, welches Manche veranlaßt hat, diese sämmtlichen Statuten Bonifacius abzusprechen, erst nach der Kaiserkrönung Karls des Großen (800) gemacht oder durch den Anstoß erregenden Zusatz ergänzt wurde.

4) Vgl. Concil. Arelat. can. 6. Concil. Moguntin. can. 13. Auch dieses Statut hat Zweifel erregt, weil das kanonische Leben (gemeinschaftliche Leben der Stiftsherrn) erst unter Karl dem Großen eingeführt worden sein soll; daß dieses aber schon weit früher bestand, hat Binterim (a. a. O. Bd. II, S. 139) nachgewiesen.

5) In den Klöstern, in welchen junge, von ihren Eltern Gott geweihte Mädchen ihre Erziehung und Ausbildung erhielten.

6) Nonanes, die älteren Frauen (Nonnen), welche bereits ihr Gelübde abgelegt hatten.

Unzucht treiben; auch soll dieß hauptsächlich von den Pröbsten der Klöster untersucht werden [1]).

14. Was die Mädchenklöster betrifft, so soll es den Priestern erlaubt sein, zu einer gelegenen Zeit dahin zu kommen, um das Meßopfer zu feiern, und dann sollen sie wieder nach ihren Kirchen zurückkehren [2]).

15. Es sollen in ein Kloster nicht mehr Kanoniker, Mönche oder Mädchen geschickt werden, als hinreichend sein mag [3]).

16. Jeder Bischof soll in seinem Sprengel seine Priester fleißig prüfen und dahin wirken, daß sie bei dem Glaubensbekenntniß und der Taufformel [4]) richtig verfahren, auch soll er die Priester belehren, was jeder Ausdruck und Satz in der Taufformel an und für sich bedeute [5]).

17. Jeder Priester soll von seinem Bischofe fleißig über sein Leben und seinen Wandel ausgeforscht werden, auch sollen durchaus nicht Frauen bei ihm in seinem Hause wohnen [6]).

18. Wenn Jemand aus dem Körper scheiden will, so soll ihm die letzte und nöthige Wegzehrung nicht vorenthalten werden [7]).

19. Es ist nicht erlaubt, einen Todten über einen Todten [8]) zu legen.

20. Es ist nicht erlaubt, den Todten das Abendmal [9]) oder einen Kuß mitzugeben oder ihre Leiber in Schleier oder Mäntel [10]) einzuwickeln.

---

1) Vgl. Concil. Liptin. can. 6.

2) Vgl. Concil. Arelat. can. 8.

3) Vgl. Concil. Moguntin. can. 19.

4) Signacula et baptisteria, die Abschwörungsformel und das Glaubensbekenntniß, wie sie bei dem Concilium von Liftinä (743) angegeben sind, und der Taufritus.

5) Vgl. Convent. ad Saltz (803), bei Hartzheim I, 384.

6) Vgl. Concil. Suession. (744), can. 8.

7) Vgl. Concil. Nicaen. can. 13.

8) Der noch nicht verwest ist; vgl. Concil. Autisiodor. (578), can. 15.

9) Dieß scheint dennoch häufig geschehen zu sein, wie die Hostien, welche man in alten Gräbern findet, beweisen.

10) In geweihte Schleier und Mäntel nämlich; vgl. Concil. Autisiodor. can. 12.

21. Es ist nicht erlaubt, in der Kirche weltliche Tänze oder durch Mädchen Gesänge aufführen zu lassen oder in der Kirche Gastmäler zu bereiten [1]), denn es steht geschrieben: Mein Haus soll ein Bethaus genannt werden [2]).

22. Männer sollen nicht gemeinschaftlich mit Weibern ins Bad gehen [3]).

23. Es ist nicht erlaubt, daß an jenem Altare, wo ein Bischof die Messe gelesen hat, ein Priester nachher an demselben Tage die Messe lese [4]).

24. Es ist nicht erlaubt, am Vorabende vor Ostern die Vigilien vor der zweiten Nachtstunde zu beendigen, weil man in der Nacht selbst nach Mitternacht nicht mehr trinken darf, eben so beim Geburtsfeste des Herrn und bei den übrigen Festen [5]).

25. Die Priester sollen auch allen ihnen untergebenen Gläubigen die Weisung geben, das Glaubensbekenntniß und das Gebet des Herrn ihrem Gedächtnisse einzuprägen, damit sie, vom heiligen Geiste erleuchtet, durch den Glauben und durch das Gebet selig werden [6]).

26. Die Priester sollen die Weisung geben, daß weder Männer noch Frauen Söhnchen oder Töchterchen aus der heiligen Taufe heben dürfen, wenn sie nicht das Glaubensbekenntniß und das Gebet des Herrn auswendig wissen [7]).

27. Es soll sich kein Priester finden, der sich nicht Mühe giebt, die Täuflinge in der Sprache, in welcher sie geboren sind, die Abschwörungen oder Glaubensbekenntnisse klar hersagen zu lassen [8]), damit sie einsehen, wem sie entsagen oder was sie

---

1) Was an manchen Orten am Feste der Kirchweihe geschah.

2) Marc. 11, 17. Vgl. Concil. Autisiodor. can. 9.

3) Vgl. Concil. Laod. can. 30.

4) Vgl. Concil. Autisiodor. can. 10.

5) Man hielt also die Vigilien früher, um noch vor Mitternacht Zeit zum Trinken zu gewinnen; vgl. Concil. Autisiodor. can. 11.

6) Vgl. Capitular. l. VI, c. 174.

7) Vgl. Capitular. l. VI, c. 175.

8) Diese in der deutschen Sprache abgefaßten Formeln wurden bereits weiter oben bei den Verhandlungen des Conciliums zu Liftinä mitgetheilt.

bekennen, und wer es verschmäht, auf diese Weise zu verfahren, soll sich von seiner Pfarrei entfernen [1]).

28. Wenn bei einem oder dem andern Zweifel obwaltet, ob er getauft sei, so soll er ohne Bedenken getauft werden, jedoch nicht einfach mit den Worten: Ich taufe dich, sondern mit dem Zusatze: Wenn du noch nicht getauft bist, so taufe ich dich im Namen des Vaters und des Sohnes und des heiligen Geistes [2]).

29. Alle Priester sollen das Krankenöl von dem Bischofe verlangen und bei sich haben; auch sollen sie die gläubigen Kranken ermahnen, es zu verlangen, damit sie durch die Salbung mit diesem Oele von den Priestern geheilt werden, weil das Gebet des Glaubens dem Kranken zum Heile sein wird [3]).

30. Die Priester sollen auch das Volk lehren, die gesetzlichen Fasten der vier Zeiten [4]) zu beobachten, nämlich in den Monaten März, Juni, September und Dezember, wenn nach den Bestimmungen der Kirchengesetze die heiligen Weihen ertheilt werden [5]).

31. Und weil wir durch mancherlei Nothwendigkeit verhindert sind, die Bestimmungen der Kirchengesetze über die Versöhnung der Büßenden vollständig zu beobachten, so sollen sie deßhalb noch nicht gänzlich außer Acht gelassen werden. Ein jeder Priester soll sogleich nach entgegengenommener Beichte der Büßenden Sorge tragen, daß jedem einzeln nach der ihm gegebenen Mahnung die Versöhnung zu Theil werde, den Sterbenden aber soll

---

1) Vgl. Concil. Moguntin. can. 45.

2) Matth. 28, 19; vgl. Capitular. l. VI, c. 184. Die Uebersetzung folgt der Lesart: non „Te baptizo", sed „Si nondum es baptizatus". Nach der gewöhnlichen Lesart: Non te rebaptizo, sed si nondum es baptizatus, müßte übersetzt werden: Ich taufe dich nicht wieder, wenn du aber noch nicht getauft bist, so u. s. w. Es ist hier zum erstenmale von der sogenannten bedingten Taufe, welche erst gegen das Ende des zwölften Jahrhunderts für zweifelhafte Fälle ausdrücklich vorgeschrieben wurde, die Rede; vgl. Binterim, Geschichte der deutschen Concilien, Bd. II, S. 256 f.

3) Jac. 5, 15; vgl. Capitular. l. VI, c. 179.

4) Die Quatemberfasten.

5) Vgl. Capitular. l. VI, c. 186.

ohne Zögern die Wiederaufnahme und Versöhnung gewährt werden [1]).

32. Wenn Jemand in einer Krankheit Buße zu thun begehrt und zufällig, während der Priester auf seine Einladung zu ihm kommt, durch die Gewalt der Krankheit die Sprache verloren hat oder in Irrsinn verfallen ist, so soll man ihm auf das Zeugniß der Anwesenden, welche sein Begehren gehört haben, die Buße gewähren, und glaubt man, daß er alsbald sterben werde, so soll man ihm durch Auflegung der Hand Versöhnung angedeihen lassen und ihm das Abendmal in den Mund einflößen [2]). Ueberlebt er die Krankheit, so soll er von den oben erwähnten Zeugen ermahnt werden, daß seinem Begehren entsprochen worden sei, und er den Bußgesetzen so lange unterliegen, als es der Priester, welcher die Buße aufgelegt hat, für gut halten wird [3]).

33. Wenn sich irgend ein Priester oder Geistlicher mit Zeichendeutungen oder Wahrsagungen oder Träumen oder Loosen oder Abwehrmitteln, das heißt, geschriebenen Zetteln [4]), befassen sollte, so wisse er, daß er der Ahndung der Kirchengesetze unterliege [5]).

34. Auch sollen die Priester dem gesammten Volke bekannt machen, daß Alle am Sonnabende vor Pfingsten eben so wie am Charsamstage fasten und um die neunte Stunde zur Kirche kommen sollen, wenn wie am Charsamstage Abendgottesdienst gehalten wird; auch sollen sie den Pfingsttag eben so wie den heiligen Ostertag als einen der höchsten Feiertage betrachten [6]).

---

1) Also soll dem Büßenden, welcher nicht auf dem Sterbebette liegt, die Wiederaufnahme in die Gemeinschaft nicht sogleich gestattet werden; vgl. Capitular. l. VI, c. 206.

2) Man hat aus dieser Bemerkung schließen wollen, daß in solchen Fällen das Abendmal nur unter der Gestalt des Weines gegeben worden sei, jedoch sehr mit Unrecht, denn das Brod wurde, um es dem Kranken beizubringen, in möglichst kleinen Theilen beigemischt; vgl. Binterim, a. a. O. Bd. II, S. 146.

3) Vgl. Concil. Carthag. IV, can. 76.

4) Näheres über diese aus dem Heidenthume stammenden Gebräuche findet man weiter oben in den Verhandlungen des Conciliums zu Liftinä.

5) Vgl. Concil. Autisiodor. can. 4.

6) Vgl. Capitular. l. VI, c. 190.

35. Auch soll jeder Priester das Volk öffentlich ermahnen, daß es sich unerlaubter Heirathen enthalte und daß, nach dem Gebote des Herrn, eine rechtmäßige Ehe in keiner Weise und in keinem Falle, das Vergehen des Ehebruches ausgenommen, anders als mit Einwilligung beider Theile getrennt werden könne, und auch dieß nur, um sich dem Dienste Gottes zu widmen [1]).

36. Die Priester sollen an den Sonntagen im Laufe des Jahres verkündigen, daß als Hauptfeste [2]) gefeiert werden sollen: die Geburt des Herrn am achten Tage vor den Kalenden des Januars (25 Dezember) vier Tage, die Beschneidung des Herrn an den Kalenden des Januars (1 Januar) ein Tag, die Erscheinung des Herrn am achten Tage vor den Idus des Januars (6 Januar) ein Tag, die Reinigung der heiligen Maria am vierten Tage vor den Nonen des Februars (2 Februar) ein Tag, die Ostern außer dem Sonntage drei Tage, die Himmelfahrt des Herrn ein Tag, die Geburt des heiligen Joannes des Täufers am achten Tage vor den Kalenden des Julis (24 Juni) ein Tag, das Leiden der heiligen Apostel Petrus und Paulus am dritten Tage vor den Kalenden des Julis (29 Juni), die Himmelfahrt der heiligen Maria am achtzehnten Tage vor den Kalenden des Septembers (15 August) ein Tag, die Geburt der heiligen Maria am sechsten Tage vor den Idus des Septembers (8 September) ein Tag, das Leiden des heiligen Apostels Andreas am Tage vor den Kalenden des Dezembers (30 November) ein Tag [3]).

---

1) Vgl. Capitular. l. VI, c. 87.

2) Außer den hier angeführten Hauptfesten gab es noch viele Feste, welche nicht allgemein, sondern in einzelnen Ländern, Provinzen und Städten gefeiert wurden.

3) Vgl. Capitular. l. VI, c. 189. Das Pfingstfest ist in diesem Verzeichnisse wohl nur deßhalb übergangen, weil die Feier desselben schon weiter oben (§. 34.) eingeschärft wurde.

6.

Capitular aus einem unbestimmten Jahre, erlassen auf einer Synode, welcher Bonifacius als Legat des apostolischen Stuhles beiwohnte [1]).

1. Wenn ein vor der Kirche [2]) ausgesetztes Kind von irgend Jemand aus Mitleid aufgehoben wird, so soll der Aufheber eine

---

1) Unter dieser von ihm selbst erdachten Ueberschrift machte Steph. Baluze (Capitular. reg. Francor. Tom. I, p. 151 — 156) dieses Capitular, welches man gewöhnlich, aber ohne hinreichenden Grund in das Jahr 745 setzt, zuerst aus einer alten Handschrift der Bibliothek des berühmten Historikers J. A. de Thou bekannt. Es besteht eben so, wie die vorhergehenden Statuten des Bonifacius, aus den Beschlüssen mehrerer unter ihm und unmittelbar nach ihm gehaltenen Concilien und Reichsversammlungen und muß bei der Frage über seine Aechtheit oder Unächtheit von diesem Gesichtspunkte aus betrachtet werden; vgl. Seiters, Bonifacius, S. 444 f. Binterim, Geschichte der deutschen Concilien, Bd. II, S. 148 f. Die einzelnen Bestimmungen sind sämmtlich in die späteren fränkischen Gesetzsammlungen aufgenommen.

2) Man pflegte zu jener Zeit die Kinder vor der Kirche auszusetzen, um

Beweisurkunde hinterlegen, und wenn das aufgehobene Kind innerhalb zehn Tagen nicht aufgesucht und anerkannt wird, so soll es der, welcher es aufgehoben hat, ungestört behalten. Steht aber nach der erwähnten Frist ein Verläumder gegen ihn auf, so soll dieser, wie die Machtvollkommenheit der Väter [1]) verfügt hat, als Mörder verurtheilt werden [2]).

2. Die Gläubigen sollen für verstorbene Freunde dreißig Tage Fasten halten und Meßopfer darbringen lassen, auch sollen sie einen Todten nicht über einen Todten legen [3]) und nicht die Gebeine der Verstorbenen über der Erde liegen lassen; wenn sie es thun, so werden sie der Ahndung der Kirchengesetze unterliegen [4]).

3. Wenn ein Weib alsbald nach der Niederkunft in die Kirche geht, um seinen Dank darzubringen, so soll es deßhalb nicht mit der Last einer Sünde beschwert werden, denn die Wollust, nicht aber der Schmerz ist als Schuld anzurechnen, die Hervorbringung der Nachkommenschaft ist aber mit Seufzen verbunden; verhindern wir also das Weib nach der Niederkunft in die Kirche zu gehen, so rechnen wir ihm selbst seine Pein als Schuld an [5]).

4. Es wurde verfügt, daß die Geistlichen, welche das Haar wachsen lassen, von dem Erzdiakone, auch wenn sie sich weigern, gegen ihren Willen geschoren werden sollen [6]). Kleider oder Schuhe, welche der Religion nicht angemessen sind, zu tragen, ist ihnen untersagt [7]).

5. In Bezug auf die Priester, welche ihre Stellen ohne

---

sie auf diese Weise vor dem Verderben zu bewahren, denn nahm sie Niemand auf, so mußte die Kirche für sie sorgen.

1) Concil. Arelatens. II (452), can. 51.

2) Vgl. Capitular. l. VI, c. 144. Decreti P. I, dist. 87, c. 9.

3) Vgl. die vorhergehenden Statuten, §. 19.

4) Vgl. Capitular. l. VI, c. 198.

5) Aus einem Schreiben des Papstes Gregorius I. an Augustinus; vgl. Capitular. l. VI, c. 207.

6) Weil sie dadurch die vorgeschriebene Tonsur absichtlich zu verdecken suchten.

7) Vgl. Concil. Agathens. (506), can. 20. Capitular. l. VII, c. 234. Decreti P. I, dist. 23, c. 22.

Erlaubniß des Bischofs aufgeben oder aufgegeben haben, wurde festgesetzt, daß sie so lange als von der Gemeinschaft ausgeschlossen betrachtet werden sollen, bis sie wieder zu ihren Stellen zurückkehren [1]).

6. Die Laien sollen sich sowohl bei den Vigilien, als auch bei den Messen in keiner Weise anmaßen, innerhalb des Gitters neben dem Altare zu stehen [2]).

7. Daß die Knechte der Kirchen oder der Bischöfe oder der Geistlichen von den Richtern oder öffentlichen Verwaltern mit verschiedenen Frohndiensten belästigt werden, verbieten wir durch göttliche Machtvollkommenheit; sollte aber dennoch ein Richter oder Verwalter einen Geistlichen oder einen der Geistlichkeit angehörenden Knecht der Kirche in öffentlichen oder eigenen Geschäften verwenden wollen, so soll er von der Kirche, welcher er diese Störung verursacht, ausgeschlossen werden [3]).

8. Sollte Jemand Besitzthum der Kirche von den Königen begehren und von schändlicher Habgier getrieben das Eigenthum der Dürftigen rauben wollen, so soll das, was er erhalten hat, nicht als ihm gehörig betrachtet und er selbst von der Kirche, welche er zu berauben sucht, ausgeschlossen werden [4]).

9. Keiner soll in seinen Gebeten seine Rede anderswohin als an den Vater richten [5]), weil geschrieben steht: Um was ihr immer den Vater in meinem Namen bitten werdet [6]). Und er soll sie vorher mit besser Unterrichteten untersuchen [7]).

---

1) Vgl. Capitular. l. VII, c. 245.

2) Wo die Geistlichen, welchen der Gesang oblag, standen; vgl. Capitular. l. VII, c. 279.

3) Vgl. Concil. Toletan. III (589), can. 21. Capitular. l. VII, c 290. Decreti P. II, caus. 12, q. 2, c. 69.

4) Vgl. Capitular. l. VII, c. 265. 409. Decretal. l. III, t. 13, c. 2.

5) Unmittelbar oder durch den Sohn Jesus Christus; vgl. Binterim, a. a. O. Bd. II, S. 289 f.

6) Joh. 14, 13.

7) Ehe er sich derselben beim Gottesdienste bedient; vgl. Concil. Carthagin. III (397), can. 23. Capitular. l. VI, c. 66.

10. Wenn die Priester oder Diakone in den Pfarreien angestellt werden, müssen sie ihrem Bischofe das Gelübde [1]) ablegen.

11. Wenn Priester nach Ablegung des Gelübdes der Armuth noch Güter erwerben, so sollen sie dieselben durch ihr Testament den Kirchen sichern, andernfalls sollen sie als Betrüger betrachtet werden [2]).

12. Die Bischöfe sollen dafür sorgen, daß die Begierlichkeit ihrer Erzdiakone nicht Schuld auf sie häuft, denn die Ungerechtigkeit belügt sich auf vielerlei Weise [3]).

13. Wer zur Schmähung eines Andern Lieder verfertigt oder wer diese singt, soll vor ein außerordentliches Gericht gestellt werden, denn das Gesetz befiehlt, einen solchen des Landes zu verweisen [4]).

14. Jeder Eid soll in der Kirche und über den Reliquien geschworen werden. So mögen ihm Gott und jene Heiligen, denen diese Reliquien angehören, helfen [5]).

15. Einem Freigelassenen oder einer Freigelassenen soll es in keinerlei Angelegenheiten gestattet sein, gegen Jemand Zeugniß abzulegen, mit Ausnahme jener Rechtshändel, an welchen keine Freigeborene betheiligt sind, wie auch schon in Bezug auf die Sklaven verfügt ist, denn unsere Gnade hält es für unwürdig, daß die Zeugnisse der Freigelassenen den Freigeborenen Schaden bringen. Die Nachkommen der Freigelassenen aber sollen von der dritten Generation an zum Zeugnisse zugelassen werden [6]).

---

1) Der Keuschheit nämlich; vgl. Concil. Toletan. IV (633), can. 27 Capitular. l. VII, c. 466. Decreti P. I, dist. 28, c. 3.

2) Vgl. Capitular. add. IV, c. 91. Diese Verordnung ist nicht klar gefaßt und wird von Andern für den Fall, wenn Priester nach ihrer Anstellung Güter aus dem Kirchenvermögen erwerben, gedeutet; vgl. Binterim, a. a. O. Bd. II, S. 151.

3) Vgl. Capitular. add. IV, c. 145.

4) Vgl. Capitular. l. VII, c. 200. Fr. Rühs, Erläuterung der Schrift des Tacitus über Deutschland, S. 113.

5) Vgl. Capitular. l. VI, c. 214.

6) Vgl. Capitular. l. VI, c. 159. 352.

16. Der Tausch soll, wenn er nicht durch Gewalt oder Furcht erzwungen ist, eben solche Kraft haben, wie der Kauf [1]).

17. Wenn Jemand vorzieht, mit Uebergehung des Bürgen seinen Schuldner festzuhalten, so sollen der Bürge und sein Erbe von der Verbindlichkeit der Bürgschaft befreit sein [2]).

18. An den Gerichten müssen vier Personen sein, der Ankläger, der Vertheidiger, die Zeugen und der Richter; dem Ankläger ziemt die Vergrößerung, um die Sache als wichtig, dem Vertheidiger die Verringerung, um sie als unbedeutend darzustellen, den Zeugen die Wahrheit und dem Richter die Gerechtigkeit [3]).

19. Agnaten sind die Abkömmlinge durch das männliche, Cognaten die durch das weibliche Geschlecht. Deßhalb sind Vatersbrüder und Söhne von Vatersbrüdern sowohl Agnaten als auch Cognaten, Oheime [4]) aber und Söhne von Oheimen Cognaten und nicht Agnaten [5]).

20. In Bezug auf die falsche Münze befehlen wir, daß dem, von welchem es erwiesen ist, daß er eine solche geschlagen hat, die Hand abgehauen werde, und wer darum gewußt hat, soll, wenn er ein Freier ist, sechzig Solidus [6]) erlegen, wenn er aber ein Sklave ist, sechzig Hiebe erhalten [7]).

21. Den Mördern oder sonstigen Verbrechern, welche nach den Gesetzen sterben müssen, soll, wenn sie sich in eine Kirche flüchten, keine Nahrung gereicht werden [8]).

22. Mit den Straßenräubern soll es nach unserer Vorschrift so gehalten werden, daß Jeder für das erste Vergehen ein Auge verlieren, bei dem zweiten aber ihm die Nase abgeschnitten

---

1) Vgl. Capitular. l. VI, c. 152. 417.
2) Vgl. Capitular. l. VII, c. 334.
3) Vgl. Capitular. l. VII, c. 339. Decreti P. II, caus. 4, q. 4, c. 3.
4) Avunculi, der Mutter Brüder.
5) Vgl. Capitular. l. VII, c. 341.
6) Der Solidus betrug etwa 34 Kreuzer nach jetzigem Gelde.
7) Vgl. Capitular. l. IV, c. 33.
8) Vgl. Capitular. l. V, c. 193.

werden soll; bessert er sich nicht, so soll er bei dem dritten Vergehen sterben [1]).

23. Verrichtet Jemand am Tage des Herrn knechtische Arbeiten, so soll er, wenn er ein Freier ist und Ochsen angespannt hat, den rechten Ochsen verlieren, und hat er Anderes, was verboten ist, gethan, so soll er, wie wegen sonstigen Pflichtvergessenheiten an die Richter eine Geldstrafe entrichtet wird, eine solche an die Priester entrichten und überdieß eine Buße empfangen. Dasselbe gilt von den vorzüglichsten Festtagen [2]).

24. Hat Jemand ohne sein Wissen etwas von einem Diebe gekauft, so soll er in einer ihm gesetzten Frist den Dieb aufsuchen; kann er ihn nicht finden, so soll er durch einen Eid seine Unschuld bewähren, die Sache zurückerstatten und nicht aufhören, den Dieb zu suchen. Hat er den Dieb verhehlt und wird später entdeckt, daß er falsch geschworen hat, so soll er selbst gleich einem Diebe verurtheilt werden [3]).

25. Wenn Jemand durch Fügung des Zufalles ein fremdes Thier getödtet hat und es nicht in Abrede stellt, so soll er nicht säumen, ein ähnliches dafür zu geben und den Körper des todten Thieres behalten [4]).

26. Hat Jemand ein fremdes Haus angezündet, so soll er zuerst alle Gebäude wieder herstellen und was darin verbrannt ist, ersetzen, und sodann soll ihm eine Geldstrafe von sechzig Solidus und öffentliche Buße aufgelegt werden; auch soll er allen Menschen, die der Feuersbrunst entgangen sind, Entschädigung geben und zwar Jedem nach seinem Rechte [5]), und soll, was sie verloren haben, ersetzen [6]).

27. Wenn Jemand einen auch dem Nachbar dienenden oder

---

1) Vgl. Capitular. l. V, c. 206.

2) Vgl. Capitular. l. V, c. 340.

3) Vgl. Capitular. l. V, c. 344.

4) Vgl. Capitular. l. V, c. 346.

5) Mit Berücksichtigung seines Standes, ob er ein Edler, ein Freier u. s. w. ist.

6) Vgl. Capitular. l. V, c. 351.

zur Weide führenden Weg abgesperrt hat, so soll er nach seinem Gesetze Entschädigung leisten und den Weg selbst wieder öffnen [1]).

28. Wenn Jemand Gegenstände geliehen oder zum Verkaufe übergeben worden sind und diese in seinem Hause mit seinem Besitzthume [2]) . . . . .

7.

Capitular des Königs Pippin, erlassen auf der Reichsversammlung zu Vermeria im Jahre 753 [3]).

Inhalt: §. 1. Von der Ehe im dritten und vierten Grade. §. 2. Von dem, der im fleischlichen Umgange mit der Tochter seines Weibes gelebt hat. §. 3. Daß es nicht erlaubt sei, das von einem Priester verlassene Weib zu heirathen. §. 4. Von den freiwillig oder unfreiwillig oder ohne Einwilligung ihrer Männer verschleierten Frauen. §. 5. Von dem, welchem sein Weib nach dem Leben gestellt hat. §. 6. Von dem Freigeborenen, welcher eine Magd statt einer Freigeborenen genommen, und von der Freigeborenen, welche einen Knecht statt eines Freigeborenen geheirathet hat. §. 7. Von dem Knechte, welcher seine Magd als Beischläferin gehabt hat und dann, nachdem er diese entlassen, die Magd seines Herrn heirathen will. §. 8. Der von seinem Herrn mit der Freiheit beschenkte Knecht kann, wenn er später mit der Magd desselben Ehebruch treibt, gezwungen werden, diese zum Weibe zu nehmen. §. 9. Von dem Weibe, welches seinem Manne nicht nach einem andern

---

1) Vgl. Capitular. l. V, c. 354.

2) Die Handschrift, welcher dieses Capitular entnommen ist, bricht hier ab; aus einer ähnlichen Bestimmung (Capitular. l. V, c. 356) geht aber hervor, daß von fremdem Eigenthume, welches in dem Hause des Inhabers verbrennt, die Rede ist und daß dieser nicht verbunden sein soll, es zu ersetzen, wenn er keinen Nutzen daraus gezogen hat.

3) Dieses Capitular findet sich in mehreren alten Handschriften, jedoch ohne Angabe des Ortes, wo es erlassen wurde, als solchen nennt aber Regino (de ecclesiast. discipl. l. II, c. 118) Vermeria (Verberie bei Soissons), wo im Jahre 753 eine Reichsversammlung gehalten wurde. Die Uebersetzung folgt dem von G. H. Pertz (Monument. Germ. hist. Leg. Tom. I, p. 22 sq.) nach einer Handschrift des zehnten Jahrhunderts hergestellten Texte. Die in Klammern eingeschlossenen Stellen finden sich nicht in allen Handschriften.

Gaue folgen will. §. 10. Von dem Sohne, welcher mit seiner Stiefmutter Ehebruch getrieben hat. §. 11. Von dem, welcher mit seiner Stieftochter oder mit der Schwester seiner Frau Ehebruch getrieben hat. §. 12. Von dem, welcher zwei Schwestern beschlafen hat. §. 13. Wer aus freiem Willen eine Magd zum Weibe genommen hat, soll sie behalten. §. 14. Von den umherschweifenden Bischöfen sollen keine Priester geweiht werden. §. 15. Ein abgesetzter Priester kann in dringender Noth taufen. §. 16. Die Geistlichen sollen keine Waffen tragen. §. 17. Von der Frau, welche ihren Mann des Unvermögens bezüchtigt. §. 18. Von dem, der sich mit der Schwestertochter seiner Frau abgiebt. §. 19. Von dem Knechte und der Magd, welche durch Verkauf getrennt werden. §. 20. Der durch Handschreiben Freigelassene muß die Magd, mit welcher er sich abgegeben hat, wenn sie von ihrem Herrn die Freiheit erhält, heirathen. §. 21. Wer sein Weib den Schleier nehmen läßt, darf kein anderes nehmen. — Zusatz. §. 1. Von dem, der mit dem Weibe seines Bruders Unzucht getrieben hat. §. 2. Von dem, der die Braut seines Sohnes beschlafen hat. §. 3. Von dem, der seinen Schwiegersohn oder seine Schwiegertochter vor den Bischof zur Firmung geführt hat. §. 4. Von dem, der mit der Mutter ohne Vorwissen der Tochter, und mit der Tochter ohne Vorwissen der Mutter Unzucht getrieben hat. §. 5. Von dem, welcher mit zwei Schwestern Unzucht getrieben hat. §. 6. Wenn Jemand einer Fehde wegen flieht. §. 7. Von der Blutschande. §. 8. Von dem Vatermorde. §. 9. Deßgleichen von der Blutschande.

1. In der dritten Generation werden sie getrennt und haben nach vollbrachter Buße die Erlaubniß, sich, wenn sie so wollen, mit andern zu verbinden. Sind sie aber in der vierten Generation verbunden, so trennen wir sie nicht, sondern legen ihnen eine Buße auf. Ist es jedoch noch nicht geschehen, so geben wir keine Erlaubniß, sich in der vierten Generation zu verbinden [1]).

2. Wenn Jemand sich mit seiner Stieftochter abgiebt, so darf er weder die Mutter, noch die Tochter derselben behalten, auch wird sich weder jener noch dieser je wieder mit andern verbinden können. Sein Weib jedoch kann, wenn sie so will und sich nicht zu bezwingen vermag und wenn sie, nachdem ihr bekannt

1) Vgl. Regino, l. II, c. 212. Die Randbemerkung einer Handschrift setzt noch hinzu: „wenn ihnen nicht vorher eine Buße auferlegt worden ist."

geworden ist, daß ihr Mann mit ihrer Tochter Ehebruch getrieben, keinen fleischlichen Umgang mehr mit ihm gehabt hat, einen andern heirathen, wenn sie nicht aus freiem Willen davon absteht [1]).

3. Wenn ein Priester seine Nichte zum Weibe genommen hat, so soll er sie entlassen und seinen Rang verlieren; hat sie darauf ein anderer genommen, so soll auch dieser sie verstoßen. Kann er sich nicht enthalten, so mag er eine andere nehmen, weil nicht gestattet werden kann, daß ein anderer Mann das von einem Priester verlassene Weib besitze.

4. Wenn ein Weib auf irgend eine Weise den Schleier genommen hat, so soll sie darin verbleiben, wenn nicht Jemand sie gegen ihren Willen und gegen ihre Einsprache verschleiert hat; es muß ihr jedoch vorgestellt werden, daß sie, wenn sie will, in ihrem Schleier verbleiben kann. Hat ein Priester sie gegen ihren Willen und gegen ihre Einsprache verschleiert, so soll er aus diesem Grunde seinen Rang verlieren. Sollte es vorkommen, daß eine Frau sich beigehen läßt, ohne die Einwilligung ihres Mannes den Schleier zu nehmen, so soll es der Entscheidung ihres Mannes anheim gestellt sein, ob sie in demselben verbleibe oder nicht.

5. Wenn etwa ein Weib mit andern Leuten den Tod ihres Mannes verabredet und der Mann bei seiner Vertheidigung einen Menschen getödtet hat und dieß zu beweisen vermag, so kann dieser Mann sein Weib entlassen und mag, wenn er will, ein anderes nehmen [2]) [die Nachstellerin selbst aber soll der Buße unterliegen und jede Hoffnung auf eine andere Heirath aufgeben].

6. Wenn ein freigeborener Mann eine Magd statt einer Freigeborenen zum Weibe bekommen hat und diese Frau später zu dienen gezwungen wird [so soll er, wenn er sie von der Dienstbarkeit loskaufen kann, es thun], kann sie nicht losgekauft werden, so darf er, wenn er so will, eine andere nehmen. Eben so kann auch ein freigeborenes Weib, wenn es einen Knecht statt eines Freigeborenen bekommt und dieser später aus irgend einer Ursache zu dienen gezwungen wird, ihn, sobald er sich nicht aus

1) Vgl. Regino, l. II, c. 213.
2) Vgl. Regino, l. II, c. 118.

Noth und vom Hunger genöthigt verkauft und sie selbst ihre Zustimmung gegeben hat und durch den Kaufpreis ihres Mannes vom Hunger befreit worden ist, wenn sie will, entlassen und, wenn sie sich nicht bezwingen kann, einen andern heirathen. Eben so kann es auch mit dem Weibe, wenn es sich verkauft und der Mann aus gleichem Grunde seine Einwilligung dazu gegeben hat, auf gleiche Weise gehalten werden, wenn sie sich bereits getrennt haben. Es müssen sich jedoch beide alsdann einer Buße unterziehen, denn ist der Mann durch den Kaufpreis seiner Gattin aus einer solchen Noth befreit worden, so sollen sie in einer solchen Ehe bleiben und nicht getrennt werden [1]).

7. Wenn ein Knecht seine Magd als Beischläferin gehabt hat, so kann er, wenn es ihm so gefällt, diese entlassen und die ihm gleichstehende Magd seines Herrn nehmen, besser aber ist es, wenn er seine Magd behält [2]).

8. Wenn ein Knecht, nachdem er von seinem Herrn die Freiheit erhalten hat, später mit der Magd desselben einen Ehebruch begehen sollte, so muß er sie, wenn sein Herr es will, er mag wollen oder nicht, zum Weibe nehmen. Hat er sie aber bereits entlassen und eine andere geheirathet, so soll er jedenfalls gezwungen werden, die letztere zu entlassen, und die, mit welcher er vorher den Ehebruch begangen hat, nehmen oder, so lange diese lebt, keine andere heirathen [3]).

9. Wenn Jemand, durch unvermeidliche Nothwendigkeit gezwungen, in ein anderes Herzogthum oder in eine andere Provinz geflohen oder seinem Vorgesetzten, dem er die Treue nicht brechen konnte, gefolgt ist und seine Ehefrau, obgleich sie gesund ist und kann, aus Liebe zu ihren Eltern oder zu ihrem Besitzthume ihm nicht hat folgen wollen, so muß sie, so lange ihr Mann, dem sie nicht folgen wollte, lebt, stets unverheirathet bleiben, denn ihr Mann, welcher, durch die Nothwendigkeit gezwungen, nach einem andern Orte geflohen ist, kann [wenn er keine Hoffnung

1) Vgl. Regino, l. II, c. 119.
2) Vgl. Regino, l. II, c. 120.
3) Vgl. Regino, l. II, c. 121.

hat, je in sein Vaterland zurückzukehren, und] wenn er sich nicht zu enthalten vermag, nach einer Buße ein anderes Weib nehmen [1]).

10. Wenn der Sohn seine Stiefmutter, das Weib seines Vaters, beschlafen hat, so können jener und jene nicht zur Ehe schreiten; jener Mann aber kann, wenn er will, ein anderes Weib nehmen, besser aber ist es, wenn er enthaltsam lebt [2]).

11. Wenn Jemand seine Stieftochter beschlafen hat, so kann derselbe Ausspruch für ihn gelten und eben so kann er auf den angewendet werden, der die Schwester seiner Frau beschläft [3]).

12. Wer zwei Schwestern beschlafen hat, von denen eine vorher schon Ehefrau war, soll keine von ihnen bekommen; auch soll weder jene ehebrecherische Schwester, noch jener Mann, der mit ihr Ehebruch getrieben hat, eine Ehe mit andern eingehen [4]).

13. Wer weiß, daß seine Frau eine Magd ist und sie aus freiem Willen genommen hat, soll für immer mit ihr verbunden bleiben.

14. Von den im Lande umherreisenden Bischöfen soll keine Priesterweihe vorgenommen werden, sind aber die von ihnen geweihten Priester gut, so sollen diese nochmals geweiht werden.

15. Ein abgesetzter Priester kann, wenn eine bestimmte Nothwendigkeit dazu zwingt und Todesgefahr vorhanden ist, einen Kranken taufen.

16. Die Geistlichen sollen keine Waffen tragen.

17. Wenn etwa ein Weib sich beklagen sollte, daß ihr Mann ihr nie die eheliche Pflicht geleistet habe, so mögen sie zu einem Kreuze hinausgehen [5]), und ist es wahr, so sollen sie geschieden werden und sie mag thun, was sie will [6]).

---

1) Vgl. Regino, l. II, c. 124. Decreti P. II, caus. 34, q. 1, c. 4.

2) Vgl. Regino, l. II, c. 214.

3) Vgl. Regino, a. a. O.

4) Vgl. Regino, l. II, c. 225.

5) Um an demselben zu schwören oder, wie andere meinen, durch Befragung des Looses den schuldigen Theil zu ermitteln; vgl. du Cange, Glossar. med. aeri, v. crux.

6) Vgl. Regino, l. II, c. 243.

18. Wer sich mit der Schwestertochter seiner Frau abgiebt, soll seine Frau verlieren und keine andere nehmen; die Frau, welche er gehabt hat, mag thun, was sie will. Die Kirche nimmt dieß nicht an [1]).

19. Wenn ein Knecht und eine Magd auf dem Wege des Verkaufes getrennt worden sind, so ist ihnen vorzustellen, daß sie so bleiben sollen, wenn wir sie nicht wieder vereinigen können [2]).

20. Wenn ein durch Handschreiben Freigelassener [3]) die Magd, mit welcher er gehaust hatte, nachdem sie von ihrem Herrn nach dem Gesetze die Freiheit erhalten hat, entläßt und eine andere nimmt, so soll er die letztere entlassen.

21. Wer sein Weib entlassen hat, um es zu verschleiern, soll kein anderes nehmen [4]).

Zusatz [5]).

1. Wenn Jemand das Weib seines Bruders beschlafen hat, so sollen der Ehebrecher und die Ehebrecherin für alle Tage ihres Lebens ohne eheliche Verbindung bleiben; jener aber, dessen Weib die letztere war, kann, wenn er will, eine andere Frau nehmen [6]).

2. Wenn Jemand die Braut seines Sohnes beschlafen und sein Sohn sie darauf geheirathet hat, so soll später der Vater kein Weib haben, und die Frau des Sohnes keinen Mann; der Sohn, welcher die Schandthat seines Vaters nicht wußte, mag eine Andere nehmen [7]).

3. Hat Jemand seinen Stiefsohn oder seine Stieftochter

---

1) Daß nämlich die geschiedene Frau thun kann, was sie will.

2) Vgl. Regino, l. II, c. 122.

3) Cartellarius oder chartularius, per epistolam seu chartam manumissus, ein Leibeigener, der durch einen Brief seines Herrn, worin er ihn frei erklärt, freigelassen worden ist.

4) Vgl. Regino, l. II, c. 125.

5) Enthaltend einige Verfügungen, welche Regino ebenfalls der Reichsversammlung zu Vermeria zuschreibt, sich aber nicht in den Handschriften des Capitulars finden. Steph. Baluze hat sie (Capitular. reg. Franc. Tom. I, p. 165) zusammengestellt.

6) Vgl. Regino, l. II, c. 216. Capitular. Compendiens. (757), §. 11.

7) Vgl. Regino, l. II, c. 217. Capitular. Compend. §. 13.

vor den Bischof zur Firmung geführt, so soll er von seinem Weibe geschieden werden und nie wieder ein anderes nehmen; eben so verhält es sich mit der Frau [1]).

4. Wenn Jemand mit der Mutter und mit der Tochter Unzucht getrieben hat, ohne daß es die Mutter von der Tochter und die Tochter von der Mutter wußte, so soll jener nie ein Weib nehmen; diese aber mögen, wenn sie wollen, Männer nehmen; haben aber die Frauen selbst davon gewußt, so sollen sie für immer ohne Männer bleiben [2]).

5. Deßgleichen soll der, welcher mit einer von zwei Schwestern Ehebruch getrieben und die andere öffentlich genommen hat, bis an den Tag seines Todes kein Weib haben und jene, welche nichts davon wußte, mag einen Mann nehmen [3]).

6. Wenn Leute der Blutrache wegen in andere Länder fliehen und ihre Weiber entlassen, so sollen weder diese noch jene eine andere Verbindung eingehen [4]).

7. Wenn Jemand mit seiner nächsten Anverwandten Blutschande getrieben hat, so soll er sein Vermögen verlieren, wenn er solches besitzt, und will er keine Genugthuung geben, so soll Niemand ihn in sein Haus aufnehmen oder ihm Speise reichen; thut es aber Jemand, so soll er dem Könige sechzig Solidus [5]) erlegen; hat er kein Geld, so soll er, wenn er ein Freier ist, in den Kerker geschickt werden, und wenn er ein Knecht ist, eine tüchtige Tracht Prügel erhalten [6]).

8. Wenn ein freier Mann Vater oder Mutter oder Bruder oder Oheim getödtet hat, so soll er seine eigene Erbschaft verlieren; auch soll, wer mit seiner Mutter oder Schwester oder Muhme Unzucht getrieben hat, seiner Erbschaft verlustig sein [7]).

---

1) Vgl. Capitular. Compend. §. 15. Capitular. l. V, c. 7. Decreti P. II, caus. 35, q. 1, c. 2.

2) Vgl. Regino, l. II, c. 219. Capitular. Compend. §. 17.

3) Vgl. Regino, l. II, c. 220. Capitular. Compend. §. 18.

4) Vgl. Regino, l. II, c. 221. Capitular. Compend. §. 21. Capitular. l. V, c. 8.

5) Etwa 34 Gulden nach jetzigem Gelde.

6) Vgl. Regino, l. II, c. 222. Capitular. Compend. §. 22.

7) Vgl. Regino, l. II, c. 223.

9. Die Bischöfe sollen die Blutschänder aufzuspüren sich bemühen. Wollen sie nicht büßen, so sollen sie so lange aus der Kirche verstoßen werden, bis sie sich zur Buße herbeilassen. Wollen sie den Priestern nicht gehorchen, so müssen sie durch die weltliche Zucht in Schranken gehalten werden [1]).

8.

Synode zu Vernum [2]).

(Im Jahre 755.)

Inhalt: §. 1. Jede Stadt soll ihren Bischof haben. §. 2. Von den als Metropolitane bestellten Bischöfen. §. 3. Der Bischof soll in seinem Sprengel die Macht haben, Alle zurecht zu weisen. §. 4. Es sollen jedes Jahr zwei Synoden einberufen werden. §. 5. Auf welche Weise die Vorsteher der Mönchsklöster und Nonnenklöster zurechtgewiesen werden sollen. §. 6. Keine Aebtissin soll zwei Klöster unter sich haben oder, wenn nicht etwa der König sie zu sich beruft, die Erlaubniß haben, das Kloster zu verlassen, auch die Nonnen sollen es nicht verlassen und die gefallenen sollen in dem Kloster selbst Buße thun. Ihre Angelegenheiten bei dem Könige oder bei der Synode sollen sie durch Andere besorgen. Ferner von der Prüfung derjenigen, welche nicht nach der Regel leben wollen. §. 7. Es soll sich nur da, wo der Bischof es anordnet, ein öffentliches Taufbecken befinden. §. 8. Alle Priester sollen unter dem Bischofe stehen und ohne dessen Befehl weder taufen noch Messe lesen. §. 9. Alle, welche mit einem im Kirchenbanne Befindlichen Gemeinschaft haben, sollen ebenfalls in den Kirchenbann kommen. Welcher Behandlung die im Kirchenbanne Befindlichen unterliegen, und von denen, welche gegen den auf sie gelegten Kirchenbann Beschwerde führen oder ihn nicht beachten. §. 10. Die Mönche sollen nicht nach Rom und nach andern Orten ziehen und wenn einer wegen der Nachläßigkeit des Abtes in ein anderes Kloster übersiedeln will, so soll ihm dieß mit der

---

1) Vgl. Regino, l. c. Capitular. l. V, c. 165.

2) Die Beschlüsse der Synode zu Vernum (Vernon an der Seine, Departement der Eure, Bezirk Evreux) finden sich in den Ausgaben der fränkischen Gesetzsammlungen und der Concilien. Die beste Ausgabe nach alten Handschriften, von denen eine noch dem achten Jahrhundert angehört, liefert G. H. Pertz (in den Monument. German. hist. Leg. Tom. I, p. 24 sq.). Dieser folgt die vorliegende Uebersetzung.

Zustimmung des Bischofes erlaubt sein. §. 11. Die Geistlichen sollen sämmtlich entweder unter der Hand des Bischofs oder in einem Kloster unter der Ordensregel leben. §. 12. Die Geistlichen sollen nicht von ihrer Kirche an eine andere übergehen und Niemand soll den Geistlichen einer andern Kirche aufnehmen. §. 13. Die umherziehenden Bischöfe sollen in keinem Sprengel ohne Erlaubniß des Bischofs dieses Sprengels Kirchendienst verrichten oder eine Weihe vornehmen. §. 14. Welche Arbeit am Sonntage verrichtet werden darf und welche nicht verrichtet werden darf. §. 15. Alle Hochzeiten sollen öffentlich gefeiert werden. §. 16. Die Geistlichen sollen sich nicht mit weltlichen Geschäften befassen. §. 17. Nach dem Tode des Bischofs soll die Kirche nicht über drei Monate ohne Hirten bleiben. §. 18. Die Geistlichen sollen nicht ohne Befehl des Bischofs an öffentliche Gerichte gehen. §. 19. Die Freiheiten der Kirche sollen ungeschmälert erhalten werden. §. 20. Von der Rechenschaft, welche die Klöster den Königen und den Bischöfen abzulegen haben. §. 21. Die Bischöfe sollen über die ihnen zukommenden Priesterstellen zu gebieten haben. §. 22. Zoll soll weder von den Pilgern noch an solchen Orten, wo er nicht gesetzlich ist, erhoben werden. §. 23. Die Richter sollen die Rechtshändel der Wittwen und Waisen und der Kirchen zuerst anhören. §. 24. Niemand soll durch Geld zu kirchlichen Ehrenstellen gelangen. §. 25. Die Bischöfe und Richter sollen für die Rechtsprechung keine Sporteln nehmen. §. 26. Von den Zöllen. §. 27. Von der Münze. §. 28. Von der Beachtung der Freiheiten. §. 29. Von der Rechtsprechung. §. 30. Von den Kirchendienern, welche nach dem Palaste kommen, um Beschwerde zu führen.

Es beginnt die Synode, gehalten in dem Palaste zu Vernum. Es würden wohl die von den alten Vätern nach der richtigsten Lehre der heiligen katholischen Kirche erlassenen Vorschriften für die Zurechtweisung der Sterblichen hingereicht haben, wenn die heiligsten Rechte derselben unverletzt geblieben wären; da aber manche ihnen nicht entsprechende Händel aufgetaucht und unruhige Zeiten dazu gekommen sind, so geschah es, daß aus diesem Grunde durch Nachläßigkeit manche Rechte ihre Geltung verloren haben, und deßhalb hat Pippin, der erlauchte Mann und glorreichste und gottesfürchtige König der Franken, fast sämmtliche Bischöfe Galliens zu einer Kirchenversammlung in dem öffentlichen Palaste zu Vernum zusammen kommen lassen, indem er die Satzungen des Kirchenrechtes einigermaßen wieder in Kraft zu setzen wünscht und da jetzt die Möglichkeit einer vollständigen

Herstellung nicht vorhanden ist, wenigstens was nach seiner Ueberzeugung der Kirche großen Nachtheil bringt, zum Theil abgeändert wissen will. Auch hat er, wenn ihm von Gott heitere Zeiten und ruhige Zustände beschieden werden sollten, die Absicht, mit dem ausgiebigeren Beistande der göttlichen Gnade Alles vollständig nach den Satzungen der Heiligen besser und vollkommener in der früheren Reinheit zu erhalten, und es sollen, wenn dieß geschehen sein wird, die gegenwärtigen im Drange der Noth aus den heiligen Kirchengesetzen mit größerer Nachsicht gemachten Auszüge wieder beseitigt werden und die oben erwähnten kirchlichen Rechte sodann vollständig und ungeschmälert in ihrer vollen Kraft fortbestehen; unterdessen aber wollen wir, weil wir dieß besser durchzuführen vermögen, daß die gegenwärtigen Satzungen unangetastet und unverletzt bleiben, und sie sind, wie sie über die einzelnen Gegenstände, welche unserer Berichtung unterlagen, gemeinschaftlich erlassen wurden, unten in besondern Kapiteln zusammengestellt. Gegeben am Tage vor den Idus des Juli im vierten Jahre der Regierung unsers Herrn, des glorreichsten Königs Pippin [1]).

Kap. 1. Es sollen Bischöfe in den einzelnen Städten sein.

2. Den Bischöfen, welche wir als Metropolitane bestellt haben, sollen die übrigen Bischöfe nach der Vorschrift der Kirchengesetze einstweilen in Allem gehorchen, bis wir darüber durch eine Kirchenverfassung ausführlicher verfügen.

3. Jeder Bischof soll in seinem Sprengel Macht haben, die Geistlichkeit und zwar sowohl die Klosterleute als auch die Weltgeistlichen nach der geistlichen Vorschrift des Kirchenrechtes zurechtzuweisen und zu mahnen, damit sie so leben, daß sie Gott gefallen können [2]).

4. Es soll zweimal des Jahres eine Versammlung gehalten werden, die erste Versammlung im ersten Monate [3]), nämlich an

---

1) Also am 14 Juli 755, nach der ältesten Handschrift; nach andern Handschriften am fünften Tage vor den Idus des Juli, also am 11 Juli.

2) Vgl. über Kap. 1—3 Concil. Suesson. (744), §. 2.

3) Mensis primus; so hieß der März, weil damals das Jahr mit diesem Monate begann, obschon vermuthlich neben diesem bei kirchlichen und staatlichen

den Kalenden des März [1]), da wo der König, unser Herr, es befehlen wird, und in seiner Gegenwart, die zweite Versammlung aber an den Kalenden des Octobers entweder zu Soissons oder an einem andern Orte, über welchen die Bischöfe selbst an den Kalenden des März mit einander übereinkommen, und zwar sollen daselbst sich jene Bischöfe einfinden, welche wir jetzt als Metropolitane bestellt haben, so wie auch die übrigen Bischöfe und Aebte und Priester, welche die Metropolitane zu sich kommen lassen, um an dieser zweiten Versammlung Theil zu nehmen.

5. Die Klosterleute, sowohl Männer als auch Frauen, sollen nach der Vorschrift regelmäßig leben; verschmähen sie dieß zu thun, so soll der Bischof, zu dessen Sprengel sie gezählt werden, es abändern; vermag er es nicht, so soll der Metropolitan, welchen wir bestellt haben, für die Abänderung sorgen; kann auch dieser es nicht abändern, so sollen die Vorsteher sofort vor der öffentlichen Synode erscheinen und die kirchenrechtliche Entscheidung entgegennehmen. Verschmäht der Bischof die öffentliche Synode, so soll er entweder seine Würde verlieren oder durch alle Bischöfe von der Gemeinde ausgeschlossen und nach dem Worte und Willen des Königs, unsers Herrn, oder nach der Uebereinkunft der Diener Gottes ein solcher an seine Stelle gesetzt werden, welcher die heilige Heerde nach der Vorschrift leitet.

6. Wir haben verfügt, daß keine Aebtissin sich anmaße, zwei Klöster unter sich zu haben, oder sich erlaube, das Kloster zu verlassen, wenn nicht feindliche Gewalt sie dazu zwingt. Der König, unser Herr, sagt jedoch, es sei sein Wille, daß in dem Falle, wenn der König, unser Herr, selbst irgend eine von den Aebtissinnen einmal im Jahre und mit Zustimmung des Bischofes, in dessen Sprengel sie sich befindet, zu sich bescheide, diese auf seinen Befehl, wenn es nothwendig ist, zu ihm kommen, jedoch jedenfalls nirgends weder in Dörfern noch an andern Orten länger verweilen soll, als es nöthig ist, um möglichst

---

Verhandlungen üblichen Jahresanfange zugleich auch der im volksthümlichen Gebrauche nie ganz erloschene auf den 1 Januar fallende fortbestand; vgl. L. Ideler, Handbuch der Chronologie, Bd. II, S. 327.

1) Diese erste Versammlung trifft also mit dem Märzfelde zusammen.

schnell hinzureisen und zurückzukehren. Auch soll sie sich nicht aus dem Kloster entfernen, ehe sie ihren Boten an den König, unsern Herrn, geschickt hat, und wenn der König ihr befiehlt, zu kommen, so mag sie kommen, andernfalls aber soll sie im Kloster bleiben, und dieß soll so lange gelten, bis wir diese Sache nach den Kirchengesetzen genauer regeln. Eben so sollen die Nonnen sich nicht aus dem Kloster entfernen; ist eine durch einen Fehltritt gefallen, so soll sie innerhalb des Klosters nach der Anleitung des Bischofs Buße thun. Ist es nöthig, über eine Klosterangelegenheit an den König, unsern Herrn, oder an die Synode eine Mittheilung zu machen, so soll dieß durch die Pröpste der Klöster oder ihre Abgeordnete geschehen; auch sollen sie die Geschenke, welche sie an den Palast geben wollen, durch ihre Abgeordnete übersenden. Sollte es etwa Klöster geben, welche ihre Vorschrift aus Armuth nicht erfüllen können, so soll sich der Bischof von der Wirklichkeit dieses Zustandes überzeugen und dem König, unserm Herrn, davon Kunde geben, damit er in seiner Barmherzigkeit Abhülfe treffe. Finden sich gegenwärtig in diesen Klöstern solche verschleierte Frauen bei der Genossenschaft, welche nicht nach der Regel leben wollen und auch nicht würdig sind bei den andern zu wohnen, so soll der Bischof oder die Aebtissin für einen schicklichen Ort sorgen, wo sie abgesondert unter Aufsicht in einem Prüfungszimmer [1]) wohnen und mit ihren Händen, was ihnen die Aebtissin befiehlt, arbeiten müssen, bis sie gezeigt haben, daß sie würdig sind, in die Genossenschaft aufgenommen zu werden.

7. Es soll in jedem Sprengel nirgends ein öffentliches Taufbecken sein, als an dem Orte, welchen der Bischof, dem der Sprengel angehört, dazu bestimmt hat, und nur dann, wenn Krankheit oder Noth es verlangt, sollen jene Priester, welche der Bischof in seinem Sprengel angestellt hat, die Erlaubniß haben, an jedem beliebigen Orte zu taufen, damit Niemand ohne Taufe sterbe.

---

1) Pulsatorium (Anklopfzimmer), ein Zimmer, wo die zu dem Klosterleben Lust Tragenden (die Anklopfenden) einige Zeit sich aufhalten und verschiedene Prüfungen bestehen mußten, ehe sie aufgenommen wurden.

8. Von den Priestern. Alle Priester, welche sich in einem Sprengel befinden, sollen von ihrer Weihe an unter der Gewalt des Bischofs stehen und kein Priester soll sich anmaßen, in einem Sprengel ohne Befehl des Bischofs, in dessen Sprengel er sich befindet, zu taufen oder Messe zu lesen. Auch sollen alle Priester sich bei der Kirchenversammlung des Bischofs einfinden, und sollten sie verschmähen, das oben Vorgeschriebene zu thun, so sollen sowohl sie als auch ihre Vertheidiger nach der Vorschrift des Kirchenrechts verurtheilt werden.

9. Von der Art und Weise des Kirchenbannes sowohl bei Geistlichen als auch bei Laien. Ist ein Priester von seinem Bischofe abgesetzt worden und maßt sich, aus Mißachtung, an, später eine Amtshandlung zu verrichten oder ein Vorrecht auszuüben, und wird dann von dem Bischofe bestraft und in den Kirchenbann gethan, so soll Jeder, der wissentlich mit ihm in Gemeinschaft bleibt, sich merken, daß er selbst in den Kirchenbann gethan ist. Hat deßgleichen ein Priester oder ein Laie, Mann oder Weib, Blutschande getrieben und will, nachdem er von seinem Bischofe bestraft worden ist, nicht Genugthuung leisten und wird deßhalb von dem Bischofe in den Kirchenbann gethan, so soll Jeder, der mit ihm in Gemeinschaft bleibt, ebenfalls in den Kirchenbann gethan werden. Und damit ihr nicht im Zweifel seid, worin dieser Kirchenbann besteht, so wißt, daß der darin Befindliche die Kirche nicht betreten, mit keinem Christen Speise oder Trank zu sich nehmen, von keinem Geschenke empfangen, keinem den Kuß geben oder sich mit ihm im Gebete vereinigen und keinen grüßen darf, ehe durch seinen Bischof die Versöhnung stattgefunden hat. Will Jemand Beschwerde führen, daß er mit Unrecht in den Kirchenbann gethan worden ist, so soll er die Erlaubniß haben, zu dem Metropolitanbischofe zu kommen, damit daselbst nach der Vorschrift des Kirchenrechtes entschieden werde, unterdessen soll er jedoch im Banne bleiben. Verachtet aber Jemand alles dieß und ist der Bischof nicht im Stande, dem Uebel abzuhelfen, so soll er durch den Spruch des Königs zur Landesverweisung verurtheilt werden [1]).

---

1) Vgl. Capitular. l. V, c. 62.

10. Den Mönchen, welche in Wahrheit nach ihrer Regel leben, soll nicht gestattet sein, nach Rom oder anderswohin zu wandern, sie müßten es denn aus Gehorsam gegen ihren Abt thun. Und wenn, was ferne sei, der Fall eintreten sollte, daß der Abt nachsichtig oder nachläßig ist oder das Kloster selbst in die Hände der Laien fällt und der Bischof dieß nicht zu ändern vermag, daselbst sich aber einige Mönche befinden, welche wegen Gott und um ihre Seelen zu retten aus diesem Kloster in ein anderes übersiedeln wollen, so sollen sie die Erlaubniß haben, mit der Zustimmung ihres Bischofs dieses zu thun, damit sie ihre Seelen zu retten vermögen.

11. In Bezug auf jene Leute, welche behaupten, daß sie sich wegen Gott haben tonsuriren lassen, aber jetzt noch ihr Besitzthum und ihr Geld festhalten und weder unter der Hand des Bischofs stehen, noch in einem Kloster regelmäßig leben, wurde verfügt, daß sie sich in einem Kloster unter die Ordensregel oder unter der Hand des Bischofs unter die Zucht des Kirchenrechts stellen sollen; handeln sie dagegen und wollen sie sich nach der Zurechtweisung durch ihren Bischof nicht bessern, so sollen sie in den Kirchenbann gethan werden. Auch in Bezug auf die verschleierten Mägde Gottes soll dasselbe Verfahren eingehalten werden.

12. In der Chalcedonensischen Satzung im zwanzigsten Kapitel [1]), welches von dem Verbote, die Geistlichen einer andern Kirche aufzunehmen, und von denen, welche sie ohne Empfehlungsbriefe aufnehmen, handelt, ist festgesetzt, daß es den in einer Kirche dienenden Geistlichen nach einer früheren Verfügung nicht erlaubt sei, in der Kirche einer andern Stadt oder unter der Gewalt der Laien zu dienen, sondern daß sie da bleiben sollen, wo sie zuerst zu dienen würdig befunden wurden, mit Ausnahme derjenigen, welche durch den Verlust ihres Vaterlandes nothgedrungen an eine andere Kirche kamen. Für den Fall aber, daß von jetzt an ein Bischof oder ein Laie einen Geistlichen einer andern Kirche aufnimmt, wurde beschlossen, daß, wenn keine

---

1) Concil. Chalcedon. (451), c. 20. (Collect. Concil. Tom. II, p. 609); vgl. Decreti P. I, dist. 71, c. 4.

vernünftige Entschuldigung beigebracht werden kann, nicht nur der, welcher aufgenommen worden ist, sondern auch der, welcher ihn aufgenommen hat, aus der Gemeinschaft ausgeschlossen werden soll, und zwar so lange, bis der letztere den Geistlichen, welcher versetzt worden ist, bewogen hat, zu seiner Kirche zurückzukehren [1]).

13. In Bezug auf die umherziehenden Bischöfe, welche keine Sprengel haben und über deren Weihe wir nicht näher unterrichtet sind, wird nach den Vorschriften der heiligen Väter festgesetzt, daß sie in dem Sprengel eines Andern ohne Befehl des Bischofs, welchem der Sprengel angehört, weder kirchlichen Dienst verrichten noch irgend eine Weihe vornehmen sollen [2]). Maßt sich einer jedoch an, dieß zu thun, so soll er seines Dienstes enthoben werden, bis er sofort vor der Synode erscheint und daselbst eine Entscheidung nach der Vorschrift des Kirchenrechtes erhält, wenn er nicht einzig und allein der Reise wegen gekommen ist. Und wenn irgend ein Geistlicher oder Laie einen solchen Bischof oder Priester ohne Erlaubniß des Bischofs, dessen Sprengel er angehört, in Schutz nimmt, so soll er im Kirchenbanne sein, bis er Genugthuung geleistet hat.

14. Von dem Tage des Herrn. Weil den Völkern die Meinung beigebracht worden ist, daß man am Sonntage sich weder mit Pferden oder mit Ochsen oder mit Fuhrwerken auf die Reise begeben, noch irgend eine zur Bereitung der Nahrung oder zum Schmucke des Hauses nöthige Verrichtung vornehmen dürfe, so bestimmen wir, da dieses Verfahren mehr dem jüdischen Aberglauben, als der christlichen Lehre entspricht, daß am Tage des Herrn zu thun erlaubt sein soll, was vorher erlaubt war; wir sind aber der Ansicht, daß man die Feldarbeit, das Pflügen, das Schneiden der Weingärten, das Dreschen, das Urbarmachen und das Einzäunen unterlassen soll, um leichter die Kirche

---

1) Die folgenden Beschlüsse finden sich zwar nicht in allen Handschriften, bilden jedoch, wie es scheint, einen integrirenden Theil des Capitulars.

2) Die Formel der Bittschrift, welche zur Erlangung dieser Erlaubniß eingereicht werden mußte, findet man in einer alten Formelsammlung bei Steph. Baluze, Capitular. Reg. Franc. Tom. II, p. 557.

besuchen und dem Gebete obliegen zu können. Wird Jemand bei Verrichtung von Arbeiten, welche zu den oben verbotenen gehören, betroffen, so soll seine Zurechtweisung nicht in einer Bestrafung durch die Laien, sondern in einer Züchtigung durch den Priester bestehen [1]).

15. Alle Leute, sowohl edle als auch nicht edle, sollen ihre Hochzeit öffentlich feiern.

16. Nach dem dritten Kapitel der Chalcedonensischen Satzung[2]) sollen die Geistlichen keine Geschäftsführer sein, das heißt, sich keinen weltlichen Händeln unterziehen, es müßte denn in Angelegenheiten der Kirchen oder Waisen oder Wittwen und auf Befehl ihres Bischofs (oder Abtes) geschehen.

17. Nach dem fünfundzwanzigsten Kapitel der Chalcedonischen Satzung [3]) darf nach dem Tode des Bischofs das Bisthum nicht über drei Monate ohne Hirten bleiben, wenn nicht ein so großes Hinderniß eintritt, daß dieß auf keine Weise geschehen kann, und tritt auch ein solches ein, so soll doch wenigstens bei der nächsten Synode ein Bischof geweiht werden.

18. Kein Geistlicher soll ohne Befehl seines Bischofes oder Abtes an die öffentlichen Gerichte der Laien gehen, und zwar nach dem achten Kapitel der Carthaginensischen Satzung, wo geschrieben steht[4]): „Wer das kirchliche Gericht umgehen und sich an öffentlichen Gerichten vertheidigen will, soll, auch wenn die Entscheidung zu seinen Gunsten ausfällt, seine Stelle verlieren, und zwar gilt dieß bei peinlichen Sachen, bei bürgerlichen aber soll er verlieren, was er gewonnen hat, wenn er seine Stelle behalten will. Wer nämlich durch die Machtvollkommenheit der Kirche die Erlaubniß hat, sich allenthalben seine Richter zu wählen, ist nach seinem eigenen Urtheile der brüderlichen Gemeinschaft unwürdig, wenn er von der gesammten Kirche übel denkt und bei dem weltlichen Gerichte Hülfe sucht, da der Apostel [5]) vor-

---

1) Vgl. Capitular. l. VII, c. 276.
2) Collect. Concil. Tom. II, p. 601.
3) Collect. Concil. Tom. II, p. 611.
4) Concil. Carthag. III (397), c. 9. (Collect. Concil. Tom. I, p. 962.)
5) Paulus im ersten Briefe an die Korinther, 6, 1 — 6.

schreibt, die Streithändel der einzelnen Christen an die Kirche zu bringen und daselbst zu schlichten.“ Auch soll es hauptsächlich deßhalb unterbleiben, um durch solche Streitsachen dem Könige, unserm Herrn, keine Beschwerde zu verursachen [1]).

19. Was die Freiheiten betrifft, so sollen alle Freiheiten in sämmtlichen Kirchen erhalten werden [2]).

20. Da ihr uns auf einer andern Synode [3]) gewährt habt, daß jene Klöster, worin Mönche oder Nonnen nach der Regel leben, die Abgabe von jenen Gegenständen, die zu ihrem Lebensunterhalte nöthig sind, erlassen sein soll, so hat der Abt oder die Aebtissin, wenn die Abgabe eine königliche war, dem Könige, und wenn sie eine bischöfliche war, dem Bischofe Rechenschaft abzulegen; auf dieselbe Weise soll es auch mit solchen Dörfern gehalten werden.

21. Die Bischöfe sollen über jene Priesterstellen, welche nach den Gesetzen zu ihrem Bisthume gehören, zu verfügen haben, wie ihr schon früher auf einer andern Synode gesagt habt [4]).

22. Von den Fremden, welche wegen Gott wandern, soll kein Zoll erhoben werden, und mit den andern Zöllen soll es, wie ihr früher gewährt habt [5]), so gehalten werden, daß man an ihnen da, wo sie nicht gesetzlich verliehen sind, vorüber gehen darf.

23. Daß die Grafen oder die Richter bei ihren Sitzungen zuerst die Rechtshändel der Wittwen und Waisen und der Kirchen anhören und nach der Barmherzigkeit des Königs, unsers Herrn, schlichten und darauf erst die andern Rechtshändel nach der Gerechtigkeit vernünftig entscheiden sollen [6]).

24. Niemand soll durch Geld zu einem kirchlichen Grade

---

1) Vgl. Capitular. l. VII, c. 155. Decreti P. II, caus. 11, q. 1, c. 43.

2) Vgl. Capitular. l. V, c. 15.

3) Vgl. das auf dem Concilium zu Liftinä erlassene Capitular, §. 2.

4) In den noch vorhandenen Acten der früheren Synoden findet sich diese Bestimmung nicht; in einigen Handschriften lautet der Schluß des Satzes: wie der König, unser Herr, auf einer andern Synode gewährt hat.

5) Nach andern Handschriften: wie der König, unser Herr, früher gewährt hat.

6) Vgl. Capitular. l. VII, c. 150.

oder zu einer Würde gelangen, weil darin die Ketzerei der Simonie besteht.

25. Es soll kein Bischof oder Abt oder Laie, um Recht zu sprechen, die untersagten Sporteln annehmen, weil da, wo Geschenke sich einschleichen, die Gerechtigkeit verschwindet [1]).

[26. In Bezug auf die Zölle aber verordnen wir, wie folgt. Es soll Niemand von den Lebensmitteln und von den Fuhrwerken, die nicht zu einem Geschäfte gebraucht werden, Zoll nehmen, und eben so wenig von den Saumthieren, wohin sie auch gehen. Deßgleichen befehlen wir, daß ihr die Pilger, welche um Gottes willen nach Rom oder an einen andern Ort gehen, weder bei irgend einer Gelegenheit an Brücken und Schleußen und auf Fähren anhaltet, noch irgend einen Pilger seines Reisesackes wegen herumhudelt, noch irgend einen Zoll von ihm erhebt. Sollte aber Jemand dieß thun, so gewähren wir Jedem, der es beweisen kann, wer es auch sein mag, von den zu erlegenden sechzig Solidus dreißig und die andern sollen dem Säckel des Königs zukommen.

27. Deßgleichen setzen wir in Bezug auf die Münze fest, daß nicht mehr als zweiundzwanzig Solidus auf das vollwichtige Pfund gehen sollen; von diesen zweiundzwanzig Solidus soll der Münzmeister einen Solidus erhalten, die übrigen soll er zurückgeben.

28. Die Freiheiten sollen erhalten werden [2]).

29. Was die Rechtsprechung betrifft, so sollen alle Richter, öffentliche und kirchliche, Recht sprechen, und kommt Jemand wegen seiner Rechtssache nach dem Palaste, ohne sie vorher bei dem betreffenden Grafen an dem Gerichtsorte [3]) vor den Rathmännern [4]) vorgebracht zu haben oder will er nicht annehmen,

---

1) Die noch folgenden Bestimmungen finden sich nicht in allen Handschriften und sind auch fast wörtlich in dem weiter unten folgenden Capitulare aus einem unbestimmten Jahre (§§. 6 — 10.) wiederholt.

2) Vgl. Capitular. l. V, c. 15.

3) Mallus, mahal, mâl, Malstatt, concio; vgl. J. Grimm, Deutsche Rechtsalterthümer, S. 746.

4) Rachinburgii oder Raginburgii, Urtheilsprechende, Richter; vgl. Graff, Althochdeutscher Sprachschatz, Bd. II, S. 384. Grimm, a. a. O. S. 293. 774.

was ihm von Rechtswegen gesprochen worden ist, so soll er, wenn er wegen der Rechtssache selbst nach dem Palaste kommt, Schläge erhalten, und ist er eine höhere Person, so soll dieß von dem Gutdünken des Königs abhängen. Geht aber seine Einsprache dahin, daß ihm nicht nach dem Gesetze Recht gesprochen worden sei, so soll ihm erlaubt sein, wegen seiner Rechtssache nach dem Palaste zu kommen. Kann er jene überführen, daß sie ihm nicht nach dem Gesetze Recht gesprochen haben, so sollen jene ihm nach dem Gesetze Genugthuung geben, können aber der Graf und die Rathmänner ihn überführen, daß sie ihm nach dem Gesetze Recht gesprochen haben, er es aber nicht habe annehmen wollen, so soll er diesen Genugthuung geben [1]).

30. Eben so sollen die Geistlichen, welche wegen ihrer Rechtssache nach dem Palaste kommen, um gegen ihren Vorgesetzten Beschwerde zu führen, wenn sie nicht ihrer Rechtssache wegen von ihrem Vorgesetzten geschickt worden sind, Schläge erhalten.]

9.

Capitular des Königs Pippin, erlassen zu Compendium im Jahre 757 [2]).

Inhalt: §§. 1 — 3. Eheleute, welche im vierten Grade mit einander verwandt sind, sollen nicht geschieden werden, wohl aber die im dritten Grade verwandten und solche, von denen die eine Hälfte im dritten und die andere im vierten mit der andern verwandt ist. §. 4. Wenn von den Eheleuten, welche im dritten Grade oder im dritten und vierten Grade mit einander verwandt sind, die eine Hälfte stirbt, so darf die andere nicht wieder heirathen. §. 5. Wenn eine Frau ohne die Ein-

1) Ueber Kap. 29 und 30, welche zusammen gehören, vgl. Capitular. l. V, c. 16. 17.

2) Dieses auf einem Reichstage zu Compendium (Compiegne an der Oise) erlassene Capitular findet sich in den schon öfter erwähnten Sammlungen der Concilien und der fränkischen Gesetze, ist aber am besten von Pertz in den Monument. Germ. hist. Leg. Tom. I, p. 27 sqq. herausgegeben. Das Jahr seiner Bekanntmachung hat der erste Herausgeber Sirmond in seiner Sammlung der gallischen Concilien nach Einhard, welcher (Annal. 757) sagt, daß im J. 757 eine Reichsversammlung zu Compendium stattfand, bestimmt.

willigung ihres Mannes den Schleier nimmt, so kann der Mann, wenn er will, sie zurückfordern. §. 6. Wird eine freie Stieftochter von ihrem Stiefvater gegen ihren und der Ihrigen Willen einem Manne gegeben, so kann sie diesen verlassen und einen andern heirathen. §§. 7. 8. Von den Ehegatten, deren eine Hälfte dem Knechtsstande angehört. §. 9. Von dem Vasallen, der das Weib, welches er auf dem Lehen eines Andern geheirathet hat, verläßt und ein anderes bei seinem Herrn heirathet. §. 10. Wenn Jemand findet, daß sein Weib, das er als Jungfrau geheirathet hat, entehrt worden ist, und dann bei einem zweiten Weibe, welches er nimmt, derselbe Fall eintritt. §. 11. Von dem, mit dessen Weib sein Bruder Ehebruch getrieben hat. §. 12. Von dem, der von einem nicht getauften Priester getauft ist. §. 13. Wenn der Vater die Braut seines Sohnes beschlafen hat und dieser sie wirklich zum Weibe nimmt. §. 14. Ein Weib, das freiwillig den Schleier genommen hat, darf ihn nicht wieder ablegen. §. 15. Wenn Jemand seinen Stefsohn oder seine Stieftochter zur Firmung geführt hat. §. 16. Wenn Jemand seine Frau entlassen und ihr erlaubt hat, in ein Kloster zu gehen oder den Schleier zu nehmen. §. 17. Von dem, der mit der Mutter und der Tochter zugleich Ehebruch getrieben hat. §. 18. Von dem, der mit einer von zwei Schwestern Ehebruch getrieben und die andere zum Weibe genommen hat. §. 19. Wenn eine der beiden Ehehälften aussätzig ist, so kann die andere mit Erlaubniß dieser eine andere Ehe eingehen. §. 20. Behauptet eine Frau, daß der Mann ihr die eheliche Pflicht nicht geleistet habe, und der Mann behauptet das Gegentheil, so soll das Wort des letzteren gelten. §. 21. Entflieht Jemand wegen einer Fehde in ein fremdes Land, so soll er keine andere Frau nehmen. §. 22. Von der Blutschande. §. 23. Von den zur Kirche gehörenden Leuten. §. 24. Die Priester und Geistlichen soll der Erzdiakon zu der Synode auffordern.

Es beginnt die Verfügung, welche in dem öffentlichen Palaste zu Compendium erlassen wurde.

1. Finden sich in der vierten Nachkommenschaft Leute, welche mit einander verheirathet sind, so scheiden wir sie nicht.

2. Finden sich deren aber in der dritten, so sollen sie geschieden werden [1]).

3. Finden sich solche Eheleute, von denen die eine Hälfte in der dritten und die andere in der vierten Nachkommenschaft mit einander verwandt sind, so trennen wir sie ebenfalls [2]).

---

1) Vgl. das zu Vermeria erlassene Capitular, §. 1.

2) In einigen Handschriften sind diese drei ersten Kapitel in eines zu-

4. [2.] Sind zwei Eheleute entweder von männlicher oder von weiblicher Seite im dritten, oder die eine Hälfte im dritten und die andere im vierten Grade mit einander verwandt und der Mann stirbt, so darf kein Anderer dessen Weib nehmen, und findet sich eine solche Ehe, so soll sie geschieden werden. Ein und dasselbe Gesetz gilt für Männer und Frauen.

5. [3.] Nimmt eine Frau ohne die Erlaubniß ihres Mannes den Schleier, so kann der Mann, wenn es ihm beliebt, sie wieder zur Ehe herbeiholen [1]).

6. [4.] Wenn Jemand seine franke [2]) Stieftochter gegen ihren und der Mutter und der Verwandten Willen einem freigeborenen Manne oder Sclaven oder Geistlichen giebt und jene ihn nicht haben will und verläßt, so haben ihre Verwandten die Macht, ihr einen andern Gemahl zu geben, und wenn sie bereits einen hat, welchen sie nachher nahm, so soll diese Ehe nicht getrennt werden [3]).

7. [5.] Wenn ein franker Mann eine Frau genommen hat und der Meinung ist, daß sie eine Freigeborene sei, später aber findet, daß sie keine Freigeborene ist, so mag er sie, wenn er will, entlassen und eine andere nehmen. Dasselbe gilt auch von der freigeborenen Frau [4]).

8. Wenn eine freigeborene Frau einen Knecht genommen und damals gewußt hat, daß er ein Knecht war, so soll sie ihn behalten, so lange sie lebt. Ein und dasselbe Gesetz gilt für Männer und Frauen [5]).

9. [6.] Ein franker Mann hat von seinem Herrn [6]) ein Lehen [7]) erhalten und seinen Vasallen mitgenommen, später aber,

---

sammengezogen. Die zwischen Klammern stehenden Nummern bezeichnen die Eintheilung der andern Ausgaben.

1) Vgl. Capitular. l. V, c. 18. Decreti P. II, caus. 33, q. 5, c. 3.

2) Franca und weiter unten francus, frei und dem Volke der Freien (Franken) gehörig, gleichbedeutend mit ingenuus (freigeboren).

3) Vgl. Capitular. l. V, c. 19.

4) Vgl. Capitular. l. V, c. 20.

5) Vgl. Decreti P. II, caus. 30, q. 2, c. 5.

6) Senior, Seigneur.

7) Beneficium, später gewöhnlich feudum genannt.

nachdem daselbst sein Herr gestorben war, daselbst auch seinen Vasallen entlassen, darauf hat ein anderer Mann das Lehen erhalten und, um jenen Vasallen fester zu besitzen, ihm ein Weib von dem Lehen gegeben, dieser aber hat es, nachdem er es einige Zeit gehabt, entlassen, ist zu den Verwandten seines verstorbenen Herrn zurückgekehrt und hat daselbst ein Weib genommen, welches er noch besitzt. Für diesen Fall wurde bestimmt, daß er jenes Weib, welches er später genommen hat, behalten soll [1]).

10. [7.] Findet Jemand, daß sein Weib, nachdem er es genommen hat, von seinem Bruder entehrt worden ist, und entläßt es, nimmt dann ein anderes und findet, daß auch dieses entehrt ist, so soll dieses doch sein rechtmäßiges Weib sein, weil er zu der Zeit, als er dieses nahm, selbst nicht mehr jungfräulich war. Hat er jedoch darauf bereits ein drittes Weib genommen, so soll er zu dem zweiten zurückkehren und das letzte soll die Erlaubniß haben, sich mit einem andern Manne zu verbinden [2]).

11. [8.] Hat ein Mann ein rechtmäßiges Weib und sein Bruder hat mit demselben Ehebruch getrieben, so kann jener Bruder und jenes Weib, welche den Ehebruch begangen haben, nie mehr, so lange sie leben, eine Ehe schließen; jener aber, dem das Weib angehörte, hat, wenn er will, die Erlaubniß, ein anderes zu nehmen [3]).

12. [9.] Ist Jemand von einem nicht getauften Priester getauft und bei der Taufe selbst die heilige Dreifaltigkeit angerufen worden, so ist er getauft, wie der Papst Sergius [4]) sagt; er bedarf jedoch noch der Auflegung der Hände des Bischofs. [Georgius, der römische Bischof, und Johannes, der Kaplan [5]), waren dieser Ansicht.]

---

1) Vgl. Regino, De disciplin. ecclesiast. l. II, c. 127.

2) Vgl. ebend. l. II, c. 128.

3) Vgl. Capitular von Vermeria (753), Zusatz, §. 1. Capitular. l. V, c. 21. Regino, l. c., l. II, c. 216.

4) Sergius I. (687—701).

5) Beide waren von Zacharias als päpstliche Legaten nach Deutschland geschickt worden, um den Reichsversammlungen und Synoden beizuwohnen und befanden sich bereits auf der Synode von Liftinä (743); vgl. Seiters, S. 371 f.

13. [10.] Wenn der Vater die Braut seines Sohnes beschlafen und später der Sohn sie genommen hat, so soll der Vater desselben später kein Weib haben und die Frau selbst nicht ihren Mann, weil sie nicht gesagt hat, daß der Vater desselben sich mit ihr abgegeben habe, der Sohn aber, welcher, ohne es zu wissen, handelte, soll ein rechtmäßiges Weib nehmen [1]).

14. [11.] Hat ein Weib auf irgend eine Weise freiwillig den heiligen Schleier genommen, so soll sie in demselben bleiben und ihn nicht ablegen [2]). [Georgius, der römische Bischof, und Johannes, der Kaplan, haben beigestimmt.]

15. [12.] Wenn Jemand seinen Stiefsohn oder seine Stieftochter vor den Bischof zur Firmung geführt hat, so soll er von seinem Weibe geschieden werden und soll kein anderes nehmen [3]); ebenso soll auch die Frau keinen andern nehmen. [Georgius hat beigestimmt.]

16. [13.] Hat ein Mann sein Weib entlassen und ihr die Erlaubniß ertheilt, der Frömmigkeit wegen im Kloster Gott zu dienen, oder ihr das Zugeständniß gemacht, sich, wie wir gesagt haben, um Gottes willen außerhalb des Klosters zu verschleiern, so mag der Mann ein rechtmäßiges Weib nehmen. Auf dieselbe Weise mag auch das Weib verfahren [4]). [Georgius hat beigestimmt.]

17. [14.] Wenn Jemand mit der Mutter und der Tochter in ehebrecherischem Umgange gelebt und die Mutter nicht wußte, daß er sich mit der Tochter eingelassen, und die Tochter nicht wußte, daß er sich mit der Mutter abgegeben, und später dieser Mann eine Frau genommen hat, so soll er sie entlassen und bis zum Tage seines Todes kein Weib haben, das Weib aber, welches er verlassen hat, mag einen Mann nehmen, und jene Mutter und

---

1) Vgl. Regino, l. c., l. II, c. 217, und den Zusatz zu dem Capitular von Vermeria (753), §. 2.

2) Vgl. Capitular. l. V, c. 180.

3) Wegen der dadurch entstehenden geistlichen Verwandtschaft; vgl. Capitular von Vermeria (753); Zusatz, §. 3. Capitular. l. V, c. 7. Decreti P. II, caus. 30, q. 1, c. 2.

4) Vgl. Regino, l. c., l. II, c. 108.

jene Tochter, mit welcher er in ehebrecherischem Umgange gelebt hat, mögen Männer nehmen, vorausgesetzt, daß beide nicht wußten, daß jener sich zugleich mit der Mutter und der Tochter abgegeben hat, denn ist das Verbrechen zu ihrer Kenntniß gelangt, so sollen sie ihre Männer entlassen und Buße thun, ihre späteren Männer aber mögen Weiber nehmen [1]).

18. [15.] Deßgleichen soll der, welcher mit einer von zwei Schwestern Ehebruch getrieben und die andere öffentlich genommen hat, bis zu dem Tage seines Todes kein Weib haben und jene beiden Schwestern mögen Männer nehmen, wenn sie es nicht gewußt haben; ist es aber zu ihrer Kenntniß gelangt, so sollen sie das oben [2]) angegebene Verfahren einhalten [3]).

19. [16.] Wenn ein aussätziger Mann eine gesunde Frau hat und will ihr die Erlaubniß geben, einen andern zu nehmen, so mag ihn die Frau, wenn sie will, nehmen. Dasselbe gilt auch von dem Manne.

20. [17.] Wenn ein Mann eine Frau genommen und sie einige Zeit gehabt hat und die Frau sagt, daß er sich mit ihr nicht abgegeben habe, der Mann aber sagt, daß er es doch gethan habe, so soll das Wort des Mannes gelten, weil er das Haupt des Weibes ist [4]). In Bezug auf die Frau, welche sagt, daß ihr Mann ihr die eheliche Pflicht nicht geleistet habe, hat Georgius beigestimmt.

21. Wenn Leute wegen einer Fehde in ein anderes Land fliehen und ihre Weiber entlassen, so sollen weder jene Männer noch diese Weiber eine andere Ehe eingehen [5]). [Georgius hat beigestimmt.]

22. Von der Blutschande. Hat ein Mann mit seiner Mutter oder mit seiner Pathe von der Taufe oder der Firmung her oder mit der Mutter und Tochter zugleich oder mit zwei Schwestern

---

1) Vgl. Capitular von Vermeria (753), Zusatz, §. 4. Regino, l. c., l. II, c. 219. Decreti P. II, caus. 35, q. 1, c. 9.

2) Im vorhergehenden Kapitel.

3) Vgl. Capitular von Vermeria, Zusatz, §. 5. Regino, l. c., l. II, c. 220.

4) Vgl. Regino, l. c., l. II, c. 244; Decreti P. II, caus. 33, q. 1, c. 3.

5) Vgl. Capitular von Vermeria, Zusatz, §. 6. Capitular. l. V, c. 8.

oder mit der Tochter des Bruders oder der Schwester oder mit der Enkelin oder mit der Tochter des Bruders oder der Schwester seiner Frau oder mit der Schwester des Vaters oder der Mutter Blutschande begangen, so soll er dieser Verbrechen wegen sein Vermögen verlieren, wenn er solches hat, und will er keine Genugthuung geben, so soll Niemand ihn aufnehmen oder ihm Speise reichen; thut es aber Jemand, so soll er dem Könige, unserm Herrn, sechzig Solidus erlegen, bis jener Mann selbst seine Sache in Ordnung gebracht hat; besitzt er kein Geld, so soll er, wenn er ein Freier ist, bis zur Genugthuung in den Kerker geschickt werden; ist er ein Knecht oder ein Freigelassener, so soll er eine tüchtige Tracht Prügel erhalten, und läßt sein Herr zu, daß er sich noch fernerhin eines solchen Vergehens schuldig macht, so soll der Herr selbst dem Könige sechzig Solidus erlegen [1]).

23. Begeht einer der Geistlichen dieses Verbrechen, so soll er, wenn er eine angesehene Person ist, seine Würde verlieren; geringere sollen Schläge erhalten und in den Kerker gebracht werden [2]).

24. In Bezug auf die Priester und Geistlichen verordnen wir, daß der Erzdiakon des Bischofs im Vereine mit dem Grafen sie zur Synode auffordern soll; verschmäht einer, Folge zu leisten, so soll der Graf ihn bestrafen lassen, so daß der Priester oder sein Vertheidiger vierzig Solidus zu erlegen hat und doch zur Synode kommen muß; auch der Bischof soll den Priester oder den Geistlichen nach der Vorschrift des Kirchenrechts verurtheilen lassen und dieser vierzig Solidus erlegen. Und wenn Jemand mit Gewalt einen Priester oder Geistlichen oder einen Blutschänder vorenthält, so soll der Graf die gegen Bürgschaft gestellte Person nebst einem Abgeordneten des Bischofs vor den König kommen lassen und der König, unser Herr, mag die Strafe bestimmen, damit die andern zurechtgewiesen werden [3]).

---

1) Vgl. Capitular von Vermeria, Zusatz, §. 7. Capitular. l. V, c. 9.
2) Vgl. Capitular. l. V, c. 10.
3) Vgl. Capitular. l. V, c. 11. 12.

10.

Synode zu Attiniacum im Jahre 765 [1]).

(Fragment.)

Inhalt: Uebereinkunft der Bischöfe und Aebte, wie es bei ihrem Absterben mit dem Gottesdienste für ihre Seelen gehalten werden soll. Unterschriften der anwesenden Bischöfe und Aebte.

Namen der Bischöfe und Aebte, welche nach dem Reichsorte Attiniacum in Sachen der Religion und des Seelenheils berufen waren und in der Synodalversammlung außer andern heilsamen und weisen Bestimmungen durch gemeinsamen Beschluß aller auch folgende angenommen haben. Von Allen, deren Namen sich in dem hier unten folgenden Verzeichnisse eingeschrieben finden, soll, sobald einer von ihnen aus dieser Welt geschieden sein wird, jeder andere selbst zehn Psalter singen und durch seine Priester hundert besondere Messen singen lassen. Jeder Bischof aber selbst soll für seinen Theil dreißig Messen singen, wenn er nicht durch Krankheit oder irgend ein Hinderniß abgehalten wird; in diesem Falle soll er einen andern Bischof ersuchen, sie für ihn zu singen. Die Aebte aber, welche nicht Bischöfe sind, sollen die Bischöfe ersuchen, daß sie statt ihrer dreißig Messen lesen, durch ihre Priester aber hundert Messen und durch ihre Mönche hundert Psalter singen lassen.

Hrodegangus, Bischof der Stadt Metz. Eddo, Bischof der Stadt Straßburg. Lullo, Bischof der Stadt Mainz. Lupus, Bischof der Stadt Sens. Baldeberhtus, Bischof der Stadt Basel. Wulframnus, Bischof der Stadt Meaux. Remedius, ernannter Bischof der Stadt Rouen. Maurinus, Bischof der Stadt Evreux.

---

1) Leider haben sich von den Verhandlungen der von Pippin im Jahre 765 nach Attiniacum (Attigny an der Aisne) berufenen großen Synode nur die Unterschriften der Bischöfe und Aebte erhalten und zwar in einer einzigen, dem achten Jahrhunderte angehörenden vaticanischen Handschrift, aus welcher sie zuerst von Labbe (Concil. Tom. VI, p. 1702) und dann von Pertz (Monument. Germ. hist. Leg. Tom. I, p. 29 sq.) herausgegeben wurden.

Genbaudus, Bischof der Stadt Laon. Hildigangus, Bischof der Stadt Soissons. Athalfridus, Bischof der Stadt Noyon. Megingozus, Bischof der Stadt Würzburg. Williharius, Bischof aus dem Kloster des heiligen Mauritius [1]). Folcricus, Bischof der Stadt Tongern. Theodulfus, Bischof aus dem Kloster Laubici [2]). Hiddo, Bischof der Stadt Autun. Hippolitus, Bischof aus dem Kloster Eogendi [3]). Jakob, Bischof aus dem Kloster Gamundias [4]). Gaucilenus, Bischof der Stadt Mans. Johannes, Bischof der Stadt Constanz. Willibaldus, Bischof aus dem Kloster Achistadt [5]). Madalfeus, Bischof der Stadt Verdun. Harifeus, Bischof der Stadt Besançon. Leodeningus, Bischof der Stadt Bayeux. Eusebius, Bischof der Stadt Tours. Tello, Bischof der Stadt Göradiddo [6]). Mauriolus, Bischof der Stadt Angers. Fulradus, Abt aus dem Kloster des heiligen Dionysius [7]). Lantfridus, Abt zu St. Germanus [8]). Johannes, Abt zu St. Flodoaldus [9]). Druhtgangus, Abt von Jumièges. Withlecus, Abt von Fontenelle. Witmarus, Abt von Centula [10]). Leodharius, Abt von Corbie. Manase, Abt von Flavigny. Asinarius, Abt von Novalese [11]). Waldo, Abt von St. Johannes [12]).

---

1) Saint-Maurice an der Rhone in der Schweiz, Kanton Wallis.

2) Laubacum, Laubiae, Lobbes im Hennegau bei Charleroy.

3) S. Eugendi, Oyen de Joux oder St. Claude in Hochburgund (jetzt Departement des Jura).

4) Oder Gamundium, Althornbach bei Zweibrücken.

5) Eichstädt in Baiern in Mittelfranken.

6) Chur in der Schweiz; vgl. Mabillon, Annal. ord. S. Benedicti, l. XXIV, c. 2.

7) St. Denis am Croult, nicht weit vom rechten Ufer der Seine.

8) St. Germain en Laye im Bezirke von Versailles.

9) Oder St. Chlodwald, nicht weit von Paris.

10) Saint Ricquier in der Picardie (jetzt Departement der Somme).

11) Am Fuße des Cenis in Sardinien, Provinz Susa.

12) Moutiers S. Jean in Burgund (jetzt Departement der Côte d'or, Bezirk Semur.

Fabigaudus, Abt von Busbrunn [1]). Godobertus, Abt von Rebay [2]). Athalbertus, Abt von Fabarias [3]). Widradus, Abt zu St. Columba [4]). Ebarsindus, Abt von Aldaha [5]). Geraus, Abt von Riviella [6]). Regingarius, Abt von Uticum [7]).

11.

Capitular des Königs Pippin aus einem unbestimmten Jahre [8]).

Inhalt: §. 1. Von der Blutschande. §. 2. Von den zur Kirche gehörenden Leuten. §. 3. Daß der Erzdiakon die Priester und Geistlichen zu der Synode einberufen soll. §. 4. Von Denjenigen, welche auf Befehl des Königs kirchliches Eigenthum in Besitz haben. §. 5. Daß Diejenigen, welche Dörfer oder Kirchen in Besitz haben, das Wachs und

---

1) Oder Bucsbrunn, nicht näher bekannt.

2) Im Departement der Seine und Marne, Bezirk Coulommiers.

3) Pfävers in der Schweiz, im Kanton St. Gallen.

4) Sainte Colombe bei Sens.

5) Oberalteich in Niederbaiern.

6) Schreibfehler statt Nigella, Nesle-la-Rechoste; vgl. Mabillon, l. c., l. XXIV, c. 3.

7) Saint Evroult (Departement der Orne, Bezirk Argentau).

8) Am besten ist dieses Capitular, welches man auch in den Sammlungen der Concilien und der Gesetze der Franken findet, von Pertz (Monument. Germ. hist. Leg. Tom. I, p. 30 sq.) nach einer Handschrift des zehnten Jahrhunderts herausgegeben. Die früheren Herausgeber (Goldast und Baluze) glauben, es sei auf einem Reichstage in Metz im J. 755 oder 756 erlassen, Andere (wie Sirmond) setzen es in das J. 753, keine dieser Meinungen stützt sich aber auf einen ausreichenden Grund. Pertz meint, man dürfe es vielleicht der Reichsversammlung zu Attigny (765) zuschreiben; da aber noch viele andere Versammlungen stattfanden, über welche wir keine näheren Nachrichten besitzen, so führen wohl alle Muthmaßungen schon deßhalb nicht zum Ziele, weil sämmtliche Bestimmungen auch in andern Capitularien vorkommen. Die Uebersetzung behält die alte Eintheilung bei; die in Klammern eingeschlossenen Nummern bezeichnen die Anordnung der neuen Ausgabe bei Pertz.

die andern Steuern an die Mutterkirche der Stadt geben sollen, wie es bisher Gewohnheit war. §. 6. Von den Zöllen und wo sie nicht erhoben werden dürfen. §. 7. Von der Münze. §. 8. Von der Erhaltung der Freiheiten. §. 9. Von der Rechtsprechung. §. 10. Von den zur Kirche gehörenden Leuten, welche nach dem Palaste kommen, um Beschwerde zu führen.

Es beginnen die in einer andern Synode unter dem Könige Pippin, unserm Herrn, festgesetzten Kapitel.

1. Von der Blutschande. Hat ein Mann in folgenden Fällen, nämlich mit einer Gott geweihten Frau, oder mit seiner Gevatterin, oder mit der geistlichen Pathe von der Taufe oder der Firmung her, oder mit der Mutter und Tochter zugleich, oder mit zwei Schwestern, oder mit der Tochter des Bruders, oder der Tochter der Schwester, oder mit der Enkelin oder mit der Tochter des Bruders oder der Schwester seiner Frau, oder mit der Schwester des Vaters oder der Mutter Blutschande begangen, so soll er dieser Verbrechen wegen sein Vermögen verlieren, wenn er solches hat, und will er keine Genugthuung geben, so soll Niemand ihn aufnehmen oder ihm Speise reichen; thut es aber Jemand, so soll er dem Könige, unserm Herrn, sechzig Solidus erlegen, bis jener Mann selbst seine Sache in Ordnung gebracht hat; besitzt er kein Geld, so soll er, wenn er ein Freier ist, bis zur Genugthuung in den Kerker geschickt werden; ist er ein Knecht oder ein Freigelassener, so soll er eine tüchtige Tracht Prügel erhalten, und läßt sein Herr zu, daß er sich noch fernerhin eines solchen Vergehens schuldig macht, so soll der Herr selbst dem Könige, unserm Herrn, sechzig Solidus erlegen.

2. Begeht einer der Geistlichen dieses Verbrechen, so soll er, wenn er eine angesehene Person ist, seine Würde verlieren, geringere sollen Schläge erhalten und in den Kerker eingesperrt werden.

3. In Bezug auf die Priester und Geistlichen verordnen wir, daß der Erzdiakon des Bischofs im Vereine mit dem Grafen sie zur Synode auffordern soll, und verschmäht einer, Folge zu leisten, so soll der Graf ihn bestrafen lassen, so daß der Priester oder sein Vertheidiger vierzig Solidus zu erlegen hat und doch

zur Synode kommen muß; auch der Bischof soll den Priester oder den Geistlichen nach der Vorschrift des Kirchenrechts verurtheilen lassen, die sechzig Solidus von dieser Sache aber sollen in den Säckel des Königs kommen. Und wenn Jemand mit Gewalt einen Priester oder einen Geistlichen oder einen Blutschänder vorenthält, so soll der Graf die gegen Bürgschaft gestellte Person nebst einem Abgeordneten des Bischofs vor den König kommen lassen und der König, unser Herr, mag die Strafe bestimmen, damit die andern zurechtgewiesen werden [1]).

[4. In Bezug auf jene Leute, welche auf Befehl des Königs, unsers Herrn, kirchliches Eigenthum im Besitze haben, wird verordnet, daß sie jene Kirchen, woher sie es haben, oder jene Häuser des Bisthums oder des Klosters, zu welchem diese nach ihrem Wissen gehören, zu unterhalten verbunden sind und auch die Steuern und den zehnten und neunten Theil davon geben sollen, wie wir zu Vernum ihnen vorgeschrieben haben [2]). Und thut Jemand dieß nicht, so soll er das Besitzthum selbst verlieren [3]).

5. In Bezug auf diejenigen, welche solche Dörfer oder solche Kirchen besitzen, verordnen wir, daß sie in derselben Weise, wie sie die Abgaben und das Wachs seit langer Zeit an das betreffende Bisthum gegeben haben, damit auch jetzt fortfahren sollen. Und thut Jemand dieß nicht, so soll er sechzig Solidus bezahlen.]

6. [4.] Was aber den Zoll betrifft, so geht unsere Verordnung dahin, daß Niemand von den Lebensmitteln und von den Fuhrwerken, die nicht zu einem Geschäfte gebraucht werden, Zoll erhebe, und eben so wenig von den Saumthieren, wohin sie auch gehen. Deßgleichen befehlen wir, daß ihr die Pilger,

---

1) Vgl. über Kap. 1—3 das Capitular von Compendium (757), §. 22—24.

2) In den jetzt vorhandenen Bestimmungen des Capitulars von Vernum findet sich diese Vorschrift nicht.

3) Diese und die folgende Bestimmung fehlen in der ältesten Handschrift, weßhalb sie Pertz ausgeschieden hat; vgl. Capitular. l. V, c. 13. 14.

welche um Gottes willen nach Rom oder an einen andern Ort gehen, weder bei irgend einer Gelegenheit an Brücken und an Schleußen und auf Fähren anhaltet, noch irgend einen Pilger seines Reisesackes wegen herumhudelt, noch irgend einen Zoll von ihm erhebt. Sollte aber Jemand dieß thun, so gewähren wir Jedem, der es beweisen kann, wer es auch sein mag, von den zu erlegenden sechzig Solidus dreißig und die andern sollen dem Säckel des Königs zukommen [1]).

7. [5.] Deßgleichen setzen wir in Bezug auf die Münze fest, daß nicht mehr als zweiundzwanzig Solidus auf das vollwichtige Pfund gehen sollen; von diesen zweiundzwanzig Solidus soll der Münzmeister einen Solidus erhalten, die übrigen soll er dem Herrn, welchem sie gehören, zurückgeben.

8. [6.] Die Freiheiten sollen erhalten werden.

9. [7.] Was die Rechtsprechung betrifft, so sollen alle Richter, öffentliche und kirchliche, Recht sprechen, und kommt Jemand wegen seiner Rechtssache nach dem Palaste, ohne sie vorher bei dem betreffenden Grafen an dem Gerichtsorte vor den Rathmännern vorgebracht zu haben, oder will er, nachdem seine Rechtssache an dem Gerichtsorte vor dem Grafen und den Rathmännern war, nicht annehmen, was ihm von Rechts wegen gesprochen worden ist, so soll er, wenn er wegen der Rechtssache selbst nach dem Palaste kommt, Schläge erhalten, und ist er eine höhere Person, so soll dieß von dem Gutdünken des Königs abhängen. Geht aber seine Einsprache dahin, daß ihm nicht nach dem Gesetze Recht gesprochen worden sei, so soll ihm erlaubt sein, wegen seiner Rechtssache nach dem Palaste zu kommen. Kann er jene überführen, daß sie ihm nicht nach dem Gesetze Recht gesprochen haben, so sollen jene ihm nach dem Gesetze Genugthuung geben, können aber der Graf oder die Rathmänner ihn überführen, daß sie ihm nach dem Gesetze Recht gesprochen haben, er es aber nicht habe annehmen wollen, so soll er diesen Genugthuung geben.

---

1) Die Bestimmungen 6 — 10 kommen auch in dem zu Compendium erlassenen Capitular (26—30) vor und man findet dort die nöthigen Erläuterungen.

10. Eben so sollen die Geistlichen, welche wegen ihrer Rechtssache nach dem Palaste kommen, um gegen ihren Vorgesetzten Beschwerde zu führen, wenn sie nicht ihrer Rechtssache wegen von ihrem Vorgesetzten geschickt worden sind, Schläge erhalten.

12.

Capitular des Königs Pippin vom Jahre 768 [1]).

Inhalt: §. 1. Von der Herstellung der verlassenen Kirchen. §. 2. Die Geistlichkeit soll nach ihrer Regel leben. §. 3. Sie soll in dem Besitze der ihr zukommenden Kirchengüter bleiben und das ihr Entzogene soll zurückerstattet werden. §. 4. Die Armen sollen nicht durch Abgaben gedrückt werden. §. 5. Die Lehensleute sollen ihr Lehen gut bewirthschaften. §. 6. Niemand soll auf der Reise von seines Gleichen mehr verlangen, als ihm gebührt. §. 7. Das Genommene soll er dreifach ersetzen. §. 8. Wer Beschwerde zu führen hat, soll freien Zutritt zu dem Könige haben. §. 9. Wie es mit streitigen Lehen gehalten werden soll. §. 10. Jeder soll nach dem Gesetze seines Landes leben. §. 11. Die Laien sollen über die in ihren Händen befindlichen Kirchengüter Verleihungsurkunden besitzen. §. 12. Niemand soll die im Einverständnisse mit den Angesehensten des Landes erlassenen Gesetze bestreiten.

Es beginnen die Bestimmungen, welche unser Vater Pippin guten Andenkens auf der Synode erlassen hat und welche auch wir von den Unterthanen beobachtet wissen wollen.

1. Jene Kirchen Gottes, welche verlassen sind, sollen sowohl von jenen Bischöfen und Aebten, als auch von jenen Laien, welche Einkommen davon ziehen, hergestellt werden.

---

1) Dieses zuerst von Pertz (Monument. Germ. hist. Leg. Tom. II, p. 13) aus einer Handschrift des neunten Jahrhunderts herausgegebene Capitular wurde, wie es scheint, von Pippin während seines letzten Regierungsjahres (768) mit besonderer Berücksichtigung des kürzlich eroberten Landes Aquitanien zu Saintes erlassen, aber erst von seinem Sohne Karl publicirt. — Bemerkt soll hier noch werden, daß die Capitularien Karlmanns und Pippins nach der von Pertz besorgten Ausgabe in Migne's Sammlung der lateinischen Kirchenväter (Vol. XCVI, p. 1501 — 1520) aufgenommen sind.

2. Die Bischöfe, Aebte und Aebtissinnen sollen nach ihrer heiligen Regel leben.

3. Was die Bischöfe, Aebte und Aebtissinnen oder die übrigen Priester von dem Vermögen der Kirchen zu ihrer Verwendung haben, sollen sie in ruhiger Ordnung besitzen, wie bereits auf unserer Synode [1]) festgesetzt wurde, und hat Jemand später etwas davon hinweggenommen, so soll er es vollständig zurückerstatten.

4. Man soll von armen Leuten nicht mehr erheben, als sie gesetzmäßig geben müssen.

5. Wer von uns ein Lehen besitzt, soll es durch seine Arbeit gut bewirthschaften; wer dieß nicht thun will, soll das Lehen abgeben und sich mit seinem eigenen Besitzthume befassen.

6. Wer auf der Reise entweder gegen den Feind oder nach der Reichsversammlung begriffen ist, soll von seines Gleichen nichts weiter nehmen, als er von demselben kaufen oder erbitten kann, mit Ausnahme des Grases, des Wassers und des Holzes; Niemand aber soll das Nachtlager untersagen, sobald die Zeit dazu gekommen ist.

7. Welcher Unterthan, während er in unserm Gefolge ist, seines Gleichen etwas entzieht oder gewaltsam nimmt, soll nach dem für ihn geltenden Gesetze das Dreifache vergüten.

8. Wenn ein Unterthan bei uns Beschwerde führen will, so soll er die Erlaubniß haben, zu uns zu kommen, und Niemand soll ihn mit Gewalt abhalten.

9. Was die Lehen betrifft, über welche Streit obwaltet, so wollen wir, daß Diejenigen sie behalten, welchen wir sie früher gegeben haben.

10. Alle Menschen sollen ihre Gesetze behalten, sowohl die Römer, als auch die Salier [2]), und wer aus einem andern Gebiete kommt, soll nach dem Gesetze seines Vaterlandes leben.

---

1) Zu Bourges (767), von wo aus Pippin gegen Waifar, den Herzog von Aquitanien, zu Feld zog.

2) Die ehemaligen Unterthanen der Römer, welche jetzt unter der Herrschaft der Franken stehen, und die Franken selbst.

11. Alle Laien und Weltlichen, welche Eigenthum der Kirche besitzen, sollen darüber Verleihungsurkunden erhalten.

12. Niemand soll das, worüber unsere Abgeordneten mit den Angesehensten des Vaterlandes zu unserm und der heiligen Kirche Frommen ein besseres Einverständniß erzielt haben, zu bestreiten wagen.

III.

R e d e n.

Erste Rede.

Von dem wahren Glauben.

1. Es ist, geliebteste Brüder! für Jeden, der zu dem Himmelreiche, welches uns von dem allmächtigen Gotte versprochen und bereitet ist, zu gelangen wünscht, nöthig, daß er den wahren und katholischen Glauben ohne irgend einen Zweifel festhalte, weil Niemand zu der ewigen Seligkeit gelangen kann, wenn er nicht Gott gefällt, und Niemand Gott anders gefallen kann, als nur durch den wahren Glauben. Der Glaube nämlich ist die Grundlage aller guten Werke, der Glaube ist der Anfang des menschlichen Heils, ohne ihn wird Niemand zu dem Ansehen der Söhne Gottes gelangen können, weil ohne denselben Keiner weder in dieser Welt die Gnade der Rechtfertigung erlangt, noch in der zukünftigen das ewige Leben besitzen wird. Es ist daher für jeden Menschen, hauptsächlich aber für den Prediger des christlichen Volkes und den Lehrer der Kirche Gottes nöthig, daß er den katholischen und apostolischen Glauben fleißig lerne. Wie soll Jemand lehren, der nicht gelernt hat, oder wie könnte Jemand ein Hirte sein, wenn er nicht die ihm anvertraute Heerde mit dem Brode des Lebens zu nähren versteht? Der Unwissende schäme sich nicht zu lernen, was er nicht weiß, und der Kundige säume nicht zu lehren, was er erkannt hat.

2. Der katholische Glaube besteht darin, daß wir an einen Gott, den allmächtigen Vater, und an seinen eingeborenen Sohn

unsern Herrn Jesus Christus und an den heiligen Geist glauben, an den Vater darum, weil er einen Sohn hat, an den Sohn darum, weil er einen Vater hat, und an den heiligen Geist, weil er von dem Vater und dem Sohne ausgeht. Der Vater ist also der Anfang der Gottheit, weil er, so wie er nie nicht Gott war, auch nie nicht Vater war; von ihm ist der Sohn geboren und von ihm ist der heilige Geist nicht geboren, weil er nicht Sohn ist, und auch nicht ungezeugt, weil er nicht Vater ist, und auch nicht gemacht, sondern er geht aus Gott dem Vater als Gott aus; der Vater ist ewig darum, weil er einen ewigen Sohn hat, dessen Vater ewig ist, der Sohn ist ewig darum, weil er mit dem Vater gleich ewig ist, der heilige Geist ist ewig, weil er mit dem Vater und dem Sohne gleich ewig ist. Dieser eine Gott, welcher die heilige Dreieinigkeit, Vater und Sohn und heiliger Geist ist, hat den Himmel und die Erde und das Meer und Alles, was in ihnen ist, erschaffen und lenkt Alles nach seinem Willen, und an diesen einen Gott müssen alle Christen, welche das ewige Leben zu erlangen wünschen, glauben. Ferner müssen wir die Vergebung aller Sünden in der heiligen Taufe fest glauben; auch ist es keinem Katholiken zweifelhaft, daß sogleich nach dem Ende dieses Lebens über die Guten und Bösen Gericht gehalten wird. Den Heiden, Gottlosen und Sündern, welche ihre Vergehen nicht beichten und nicht durch die Buße sühnen wollten, wird ewige Strafe werden; der Büßenden und Gerechten wird ewige Herrlichkeit warten. An der Auferstehung der Todten am jüngsten Tage dieser Welt darf kein Christ zweifeln, sondern wie Christus am dritten Tage von den Todten auferstanden ist, so müssen alle Menschen, gute und böse, am jüngsten Tage mit ihren eigenen Körpern auferstehen und zwar die Gottlosen zu ihrer Schmach und Strafe, die Gerechten aber zur ewigen Herrlichkeit.

Zweite Rede.

Vom Ursprunge des menschlichen Zustandes [1]).

1. Wir müssen, geliebteste Brüder! den Ursprung des menschlichen Zustandes wissen, um daraus die überaus große Barmherzigkeit unseres Schöpfers gegen uns zu erkennen. Er bildete unsere ersten Eltern, nämlich Adam und Eva, dessen Weib, aus Erdenstaub, brachte in sie einen vernünftigen und verständigen Geist, um damit ihren Schöpfer zu erkennen und zu loben, und setzte sie in die süßeste Glückseligkeit des Paradieses, um darin ohne Arbeit und Schmerz und ohne die Gefahr des Todes zu leben, bis sie in die ewige Glückseligkeit des himmlischen Reiches versetzt würden; auch befahl er ihnen, von der Frucht eines einzigen Baumes nicht zu essen, damit sie durch die Beobachtung eines einzigen Gebotes die ewige Herrlichkeit verdienen sollten, durch teuflischen Trug und Neid aber wurden sie verführt, von der ihnen verbotenen Frucht zu essen. Wegen dieser Schuld wurden sie auch herausgeworfen in das Elend dieser Erde, geriethen durch die Uebertretung des ersten Gebotes unter die Gewalt des Teufels und mußten, nachdem sie in Sünden geboren und in Mühseligkeiten gelebt, in den Schmerzen des Todes sterben [2]); auch konnte Niemand nach dem Ende dieses Lebens zu dem Glücke des Paradieses oder der Seligkeit des himmlischen Reiches gelangen, bis der allmächtige Gott seinen einzigen von einer Jungfrau geborenen Sohn in die Welt schickte, wie er lange vorher durch die Propheten [3]) den heiligen Vätern versprach und wie der selige Paulus, der Weltprediger, sagt: Als demnach die Fülle der Zeit kam, sandte Gott seinen Sohn in diese Welt, um die Sünde der ganzen Welt zu tilgen [4]). Als aber nach der Vorherbestimmung Gottes die Fülle der Zeit kam [5]), ward, wie wir

---

1) Von der Ursache des jetzigen Zustandes des Menschengeschlechtes, nämlich von dem Sündenfalle und von der Erlösung.

2) Genes. Kap. 2 und 3. — 3) Vgl. Is. 7, 14.

4) Vgl. I. Tim. 2, 7. II. Tim. 1, 11. — 5) Vgl. Gal. 4, 4.

in dem heiligen Evangelium [1]) lesen, der Engel Gabriel von Gott gesandt in eine Stadt in Galiläa, mit Namen Nazareth, zu einer Jungfrau, die mit einem Manne vom Hause Davids verlobt war, welcher Joseph hieß, und der Name der Jungfrau war Maria. Und der Engel kam zu ihr hinein und sprach: Gegrüßt seist du, voll der Gnaden, der Herr ist mit dir, du bist gebenedeit unter den Weibern! Da sie dieß hörte, erschrack sie über seine Rede und dachte nach, was das für ein Gruß sei. Und der Engel sprach zu ihr: Fürchte dich nicht, Maria; denn du hast Gnade gefunden bei Gott! Siehe, du wirst empfangen in deinem Leibe und einen Sohn gebären und du sollst seinen Namen Jesus heißen. Dieser wird groß sein und der Sohn des Allerhöchsten genannt werden; Gott, der Herr, wird ihm den Thron seines Vaters David geben und er wird herrschen im Hause Jakobs ewiglich und seines Reiches wird kein Ende sein. Maria aber sprach zu dem Engel: Wie wird dieß geschehen, da ich keinen Mann erkenne? Der Engel antwortete und sprach zu ihr: Der heilige Geist wird über dich kommen und die Kraft des Allerhöchsten dich überschatten; darum wird auch das Heilige, welches aus dir geboren werden soll, Sohn Gottes genannt werden. Und es war damals eine solche Zeit und ein solcher Friede in der Welt, daß die Herrschaft über den ganzen Erdkreis einer Stadt gehörte und es über diese Stadt und den ganzen Erdkreis nur einen Kaiser und Herrscher gab, Namens Augustus, welcher auch ein Ausschreiben in die Welt erließ, daß jeder Mensch sich nach seinem Vaterlande begeben und daselbst die Steuer für seinen Kopf bezahlen, jeder flüchtige Sklave aber zu seinem Herrn zurückkehren und jeder, für welchen sich kein Herr finde, getödtet werden solle, damit der Friede, welchen er auf dem ganzen Erdkreis befahl, nicht gestört werde [2]), und dieß geschah durch die

1) Luc. 1, 26 — 35.

2) Vgl. Luc. 2, 1. Orosius, Hist. l. VI, c. 22. Augustus schloß dreimal den Tempel des Janus, wodurch, so zu sagen, der ganzen Welt der gegenwärtige Segen eines allgemeinen Friedens angekündigt ward, denn auch durch äußere Ruhe sollte die Erscheinung des großen Friedefürsten (Js. 9, 5) ausgezeichnet werden; vgl. Fr. L. Gr. zu Stolberg, Geschichte der Religion Jesu Christi, Bd. V, S. 50.

Vorsehung Gottes, damit zu der Zeit, wenn jener, der den Menschen den wahren Frieden predigen und Alles, was im Himmel und auf der Erde ist, versöhnen sollte, geboren würde, Friede auf dem ganzen Erdkreise und Eintracht zwischen den englischen Würden und der menschlichen Natur sei. In dieser so friedlichen Zeit also und in dieser so heiteren Freude aller Völker überall wurde, wie die evangelische Geschichte erzählt [1]), in dem Stamme Juda und in Bethlehem, der Stadt Davids, aus Maria der Jungfrau der Sohn Gottes geboren und zwar nicht durch die Vereinigung mit einem Manne, sondern durch den einflößenden und den jungfräulichen Leib befruchtenden heiligen Geist, damit die jungfräuliche Reinheit bei der Geburt und nach der Geburt bleibe.

2. In derselben Nacht, als Gott, der Sohn Gottes, der Welt geboren wurde, waren, wie wir in dem Evangelium [2]) lesen, Hirten in derselben Gegend, die hüteten und Nachtwache hielten bei ihrer Heerde. Und siehe, ein Engel des Herrn stand vor ihnen und die Herrlichkeit Gottes umleuchtete sie, und sie fürchteten sich sehr. Der Engel aber sprach zu ihnen: Fürchtet euch nicht, denn siehe, ich verkündige euch eine große Freude, die allem Volke widerfahren wird, denn heute ist euch in der Stadt Davids der Heiland geboren worden, welcher Christus, der Herr ist. Und dieß soll euch zum Zeichen sein: ihr werdet ein Kind finden, in Windeln eingewickelt und in einer Krippe liegend. Und sogleich war bei dem Engel eine Menge himmlischer Heerschaaren, welche Gott lobten und sprachen: Ehre sei Gott in der Höh' und Friede den Menschen auf Erden, die eines guten Willens sind. Und die Hirten kamen und fanden ein Kind in Windeln eingewickelt und in einer Krippe liegend und Maria, seine Mutter, wie die Engel ihnen vorausgesagt hatten. Dieses Fest ist der Anfang unseres Heils und die Erlösung des menschlichen Geschlechts, wobei Gott durch die Barmherzigkeit des Herrn zu den Menschen herabstieg, damit die Menschen durch Gehorsam zu Gott hinaufsteigen könnten, weil sie des Ungehorsams wegen aus der Glückseligkeit des Paradieses vertrieben waren; und nicht

---

1) Matth. 2, 1. Luc. 2, 4—7. — 2) Luc. 2, 8—16.

nur diese Glückseligkeit stellte der aus der Jungfrau geborene Gott uns wieder her, sondern er eröffnete auch denen, die an ihn glauben und seine Gebote beobachten, die Pforten, verlieh, daß die, welche in den Sünden Söhne des Zornes und des Elendes waren, im Glauben und in der Liebe Söhne Gottes wurden, und zertrat und zerbrach jedes Joch der teuflischen Knechtschaft, so daß der Teufel fernerhin keine Gewalt mehr haben konnte über jeden Menschen, der die Gebote Gottes beobachten und sich vor den Sünden hüten wollte.

3. Diejenigen also, welche sich nicht scheuen zu sündigen und ihre Sünden nicht beichten oder durch die Buße sühnen wollen, sind Knechte des Teufels, diejenigen aber, welche sich vor den Sünden zu hüten oder ihre Sünden durch die Beichte und Buße zu tilgen suchen und sich freuen, nach den Geboten Gottes zu leben, sind Söhne der Liebe Gottes und Erben der ewigen Glückseligkeit. Darin nämlich besteht der große Vorzug, daß der irdische Mensch ein Sohn Gottes wird und dieser große Vorzug und diese große Freiheit muß durch gute Sitten fleißig gewahrt werden; auch will der höchste Vater, welcher der Gott Aller ist, nur gute, keusche, treue und seine Gebote beobachtende Söhne haben, und es gebührt sich, daß wir jenen mit vollkommener Hingebung lieben, welcher uns so sehr geliebt hat, welcher, da er der ewige Gott ist, zu unserm Heile geboren werden und Alles thun und leiden wollte, was in dem heiligen Evangelium zu lesen ist, und welcher in dem Angesichte des Volkes so wunderbar glänzte, daß in Wahrheit erkannt werden konnte, er selbst, welcher Mensch schien in der Gebrechlichkeit des Fleisches, sei Gott in der Macht der Gottheit, bei dessen Geburt die Engel, wie wir gehört haben, Gott lobten und sangen: Ehre sei Gott in der Höh' und Friede den Menschen auf Erden, die eines guten Willens sind [1]). Auch wir wollen mit den Engeln „Ehre sei Gott" singen und seine unaussprechliche Barmherzigkeit preisen, da er sich selbst erniedrigt hat, um uns zu erhöhen. Er ist Menschensohn geworden, um uns zu Söhnen Gottes zu machen; er kam in das Gebiet unserer Sterblichkeit, um uns in das Gebiet seiner

1) Luc. 2, 14.

Herrlichkeit zu erheben. Auch fügten die Engel mit lobsingender Stimme hinzu: Und Friede den Menschen auf Erden, die eines guten Willens sind; denn der wahre Friede besteht darin, daß wir mit gutem Willen dem allmächtigen Gotte unterthan sind und stets mehr seinem als unserm Willen folgen, weil sein Wille unser Heil ist. Reinigen wir uns von allem Unrechte des Leibes und der Seele; leben wir in Keuschheit und in der Liebe zu Gott und den Menschen, dienen wir mit Freude Gott in jeglichem guten Werke, in der Barmherzigkeit und in der Frömmigkeit, in der Gerechtigkeit, in der Geduld und in der Hoffnung auf die Güte Gottes, da wir auf das Zuverläßigste wissen, daß unser Herr uns alles Gute, was wir durch Almosen, durch Demuth und durch Gehorsam gegen seine Gebote vollbringen, in der ewigen Glückseligkeit vergelten wird.

Dritte Rede.

Von dem doppelten Wirken der Gerechtigkeit.

1. Die erste Gerechtigkeit ist, das Böse nicht zu thun, was der Teufel eingiebt, die zweite ist, das Gute zu thun, was der allmächtige Gott uns zu thun ermahnt, weil Gott das Heil unserer Seelen wünscht und, wie gesagt wird, will, daß alle Menschen selig werden [1]). Hören wir also, Geliebteste! worin das Böse besteht, welches der Teufel eingiebt, und sodann, worin das Gute besteht, welches wir nach dem Willen unsers Herrn und Gottes thun sollen, damit wir Kinder seiner Liebe und nicht Kinder des ewigen Verderbens seien. Die erste und schlimmste unter den Sünden ist der Stolz, durch welchen der Teufel, als er ein hochherrlicher Engel im Himmel war, fiel und sich mit allen seinen Gesellen des ewigen Verderbens schuldig machte. Die zweite war der Ungehorsam, durch welchen der erste Mensch des Paradieses verlustig ging, indem er, weil er das Gebot des allmächtigen Gottes nicht beobachtete, in diese Sterblichkeit versetzt und in der ganzen Nachkommenschaft seiner Söhne der ewigen

---

1) I. Tim. 2, 4.

Verdammniß schuldig wurde, wegen welcher Verdammniß, wie wir gesagt haben, der allmächtige Gott in die Welt kam, um sie von uns abzuwenden und uns von allem Elende zu befreien. Sodann verbietet uns unser Herr und Gott, dem Teufel zu gehorchen, weil dieser viele Theilnehmer an seinem Verderben zu haben wünscht und weil jene, welche durch Unzucht, Todtschlag, Ehebruch, Völlerei, falsches Zeugniß, Meineid, Ungerechtigkeit, Raub und Betrug den Willen des Teufels thun und Neid, Haß und Verläumdung gegen ihre Brüder üben, in ewiger Schmach mit dem Teufel und seinen Engeln zu dem nie erlöschenden Feuer verdammt werden, diejenigen aber, welche den Willen des allmächtigen Gottes thun und seinen Geboten gehorchen, in ewiger Herrlichkeit mit Christus und seinen heiligen Engeln herrschen werden.

2. Die göttlichen Gebote, durch deren Befolgung uns von dem allmächtigen Gotte die ewige Glückseligkeit verliehen wird, sind folgende. Voran steht die Liebe zu Gott und die Liebe zu den Menschen; wir sollen nämlich Gott aus ganzem Herzen, aus ganzer Seele und aus ganzem Gemüthe, das heißt [1]), mit allem unserm Verstande und allem unserm Willen lieben und stets seinen Willen und seine Gebote im Gedächtnisse haben und sollen die andern Menschen lieben, wie uns selbst [2]), und keinem Etwas thun, was wir nicht wollen, daß es ein anderer uns thue, und gegen andere so handeln, wie es unser Wille ist, daß andere gegen uns handeln [3]). Auch sollen wir barmherzig sein gegen die Armen und gegen die Unglücklichen und ihnen wohlthun nach unsern Kräften und ihren Bedürfnissen, und wenn Jemand gegen uns fehlt, so sollen wir ihm vergeben, damit uns Gott unsere Sünden vergiebt, weil wir so im Evangelium lesen und die Wahrheit selbst sagt: Wenn ihr den Menschen ihre Sünden vergebet, so wird euch euer himmlischer Vater auch euere Sünden vergeben [4]). Ferner sollen wir Demuth zeigen im Angesichte des Herrn, weil geschrieben steht: Demüthiget euch unter die gewaltige

---

1) Vgl. Matth. 22, 37. Marc. 12, 30.

2) Matth. 22, 39. Marc. 12, 31. — 3) Matth. 7, 12. Luc. 6, 31.

4) Matth. 6, 14.

Hand Gottes, daß er euch erhöhe zur Zeit der Heimsuchung [1]), und weil, wie wir gesagt haben, die Engel des Stolzes wegen vom Himmel herabstürzten, Gottes Gnade aber uns verlieh, durch Demuth zu den englischen Sitzen hinaufzusteigen. Sodann sollen wir Geduld üben, wie denn der Herr selbst gesagt hat: In euerer Geduld werdet ihr euere Seelen besitzen [2]), und sollen keinem Böses mit Bösem vergelten. Eben so sollen wir die Keuschheit unseres Körpers fleißig bewahren, weil, wie geschrieben steht [3]), der heilige Geist nicht in einem Leibe wohnt, welcher den Sünden dient. Ferner sollen wir keinen Diebstahl begehen, sondern von unserer gerechten Arbeit den Armen Almosen geben, damit diese für uns beten und Gott uns unsere Sünden verzeihe, weil, wie in der Weisheit zu lesen ist [4]), mancher mit seinem Reichthume sein Leben loskauft. Auch sollen wir den Lehrern der Kirche mit reinem Herzen und gutem Gewissen folgsam sein, die Kirchen Christi in Ehren halten und öfter zum Gebete kommen. Eben so sollen wir unsere Eltern ehren, da der Herr in dem Gesetze geboten hat: Ehre deinen Vater und deine Mutter [5]), aber auch die Eltern sollen ihre Kinder unterrichten in aller Keuschheit und in der Furcht Gottes und ihnen nicht beistimmen, wenn sie stehlen, Unzucht treiben, sich berauschen und sonst ungerecht handeln; die Weiber aber sollen ihre Männer fürchten und ehren und ihnen die Keuschheit bewahren; deßgleichen sollen auch die Männer ihre Weiber lieben und die Keuschheit, welche sie von ihnen verlangen, zuerst beobachten, damit diese an ihnen ein gutes Beispiel sehen. Die Armen aber und die Unglücklichen sollen sich freuen in ihrer Armuth und auf die Barmherzigkeit Gottes hoffen, welcher sagt: Selig sind die Armen im Geiste, denn ihrer ist das Himmelreich [6]); sie sollen leben in Keuschheit und im wahren Glauben und in der Hoffnung auf die ewige Vergeltung und geduldig ihr Unglück ertragen, damit ihnen der allmächtige Gott die ewige Seligkeit gewähre.

3. Die Priester aber und die Geistlichen der ganzen heiligen Kirche, welche im Dienste Gottes stehen müssen, sollen Tag

---

1) I. Petr. 5, 6. — 2) Luc. 21, 19. — 3) Weish. 1, 4.
4) Spr. 13, 8. — 5) Deut. 5, 16. — 6) Matth. 5, 3.

und Nacht, in jeder Weise und an jedem Orte untadelhaft vor den Laien leben, damit recht viele durch ihr gutes Beispiel belehrt werden; ihr Sinnen sei Tag und Nacht auf das Gesetz Gottes und den kirchlichen Dienst gerichtet; sie sollen keine Trunkenbolde, keine Geizhälse und keine Schwätzer bei Gelagen sein und nicht nach Reichthümern in dieser Welt streben, sondern sich einen ewigen Schatz im Himmelreiche bereiten. Sie sollen demnach allen Menschen das Beispiel einer guten Aufführung zeigen und das Volk Christi in der Wahrheit und im Glauben unterrichten, damit sie mit vielfachem Gewinne heiliger Seelen vor dem Angesichte unseres Herrn und Gottes erscheinen und vielfacher Belohnung würdig befunden werden.

4. Die Jüngeren und Untergeordneten sollen den Aelteren in aller geistlichen Lehre gehorsam sein und nichts ohne den Rath der Aelteren thun; sie sollen unterthänig sein in Demuth und Gehorsam, damit sie zur gelegenen Zeit ihres Alters würdig befunden werden, Christus, unserm Gotte, zu dienen, denn wie wird, wer in der Jugend nicht gelernt hat, was gut ist, es im Alter haben oder lehren können? Ueberall nämlich sollen Alle, mögen sie reich oder arm, älter oder jünger, Herrn oder Diener, Vorgesetzte oder Untergebene sein, Gott lieben und seine Gebote fleißig beobachten; sie sollen wahrhaftig in ihren Reden, gerecht in ihren Urtheilen, barmherzig in ihrer Frömmigkeit, sorgfältig in ihrem Dienste, demüthig in ihren Sitten, geduldig bei allen Widerwärtigkeiten sein, den wahren und katholischen Glauben fleißig lernen und im Glauben, in der Hoffnung und in der Liebe leben, die öffentlichen Fasten in Keuschheit halten und ihre Fasten durch Almosen zieren, indem sie, was sie sich entziehen, den Armen spenden. Auch sollen sie Gott, dem allmächtigen Herrn, ihre Zehnten getreulich geben, damit Gott der Herr ihren Arbeiten seinen Segen verleihe. Sie sollen öfter, hauptsächlich aber an festlichen Tagen, zur Kirche kommen und in der Kirche keine unnützen Reden führen, sondern dem Gebete mit zerknirschtem Herzen obliegen, wie es sich im Hause Gottes und im Angesichte des höchsten Königs geziemt; und hat Jemand gestrauchelt und ist in irgend eine Sünde gefallen, so soll er möglichst schnell durch die Beichte wieder aufstehen und sich durch die Buße

reinigen, weil Gott in seiner Barmherzigkeit stets bereit ist, dem Sünder zu verzeihen, wenn er sich dem Pfade der Gerechtigkeit zuwenden will, wie denn auch der Prophet sagt [1]): Ich will nicht den Tod des Sünders, sondern daß er sich bekehre und lebe, und an einer andern Stelle [2]) von dem letzten Willen und Wirken: An dem Tage, wo der Mensch sich bekehrt haben wird, wird er leben und nicht sterben. Der Neid des Teufels also verleitet uns zu sündigen, die Barmherzigkeit des Herrn aber, welche unser Heil wünscht, giebt die Mahnung, uns von der Sünde nach dem Wege der Gerechtigkeit zu wenden, damit wir der ewigen Herrlichkeit mit seinen Heiligen würdig befunden werden. Auch müssen wir auf das Bestimmteste wissen und glauben, daß alle unsere Werke und Gedanken an dem jüngsten Tage werden gerichtet werden. Die Sünder, welche ihre Sünden nicht lassen und nicht Gottes Geboten gehorchen wollen, werden ewige Qualen mit dem Teufel und seinen Engeln in dem nie erlöschenden Feuer erwarten, denen aber, welche sich mit ganzem Herzen zu dem allmächtigen Gotte bekehren, in der Liebe leben und Gottes Geboten gehorchen, wird ewige Herrlichkeit und Seligkeit und Freude mit Christus und seinen Heiligen zu Theil werden von Ewigkeit zu Ewigkeit.

Vierte Rede.

Von den acht evangelischen Seligkeiten.

1. Als unser Herr Jesus an einem gewissen Orte predigte und viele Kranke heilte [3]), kamen große Schaaren zu ihm und er bestieg einen erhabeneren Ort und fing an zu lehren, indem er sprach: Selig sind die Armen im Geiste, denn ihrer ist das Himmelreich. Selig sind die Sanftmüthigen, denn sie werden das Erdreich besitzen. Selig sind die Trauernden, denn sie werden getröstet werden. Selig sind, die Hunger und Durst haben nach

---

1) Vgl. Ezech. 33, 11. — 2) Vgl. ebend. V. 12.

3) Nach einer andern Handschrift lautet diese Stelle: als er mancherlei Krankheiten heilte, Aussätzige reinigte, Blinde sehend machte und Todte erweckte.

der Gerechtigkeit, denn sie werden gesättiget werden. Selig sind die Barmherzigen, denn sie werden Barmherzigkeit erlangen. Selig sind, die ein reines Herz haben, denn sie werden Gott anschauen. Selig sind die Friedsamen, denn sie werden Kinder Gottes genannt werden. Selig sind, die Verfolgung leiden um der Gerechtigkeit willen, denn ihrer ist das Himmelreich [1]). Der Herr versprach denen, welche seine Gebote beobachten, die Seligkeit des Himmelreichs und sagt [2]), indem er zuerst von der Demuth spricht: Selig sind die Armen im Geiste, denn ihrer ist das Himmelreich. Wenn er von den Armen im Geiste spricht, so dürfen wir nicht glauben, daß jene selig seien, welche die Noth und die Dürftigkeit arm macht, vielmehr sind nur jene wirklich selig, welche sich im Geiste demüthigen und obgleich sie Reichthümer besitzen, sich doch nicht im Stolze überheben, sondern in Demuth Gott preisen, der denen, welche auf ihn hoffen, stets wohl thut, indem die Demuth das Grundgesetz ist für alle Guten, denn ihrer ist das Himmelreich. Durch Stolz und Ungehorsam verlor der Mensch das Himmelreich und deßhalb müssen wir durch Demuth und Gehorsam das Reich Gottes erwerben.

2. Selig sind die Sanftmüthigen, denn sie werden das Erdreich besitzen [3]). Gott ist sanftmüthig gegen uns und verleiht uns alles Nothwendige, damit auch wir sanftmüthig und gütig gegen unsere Nächsten seien und ihnen alles Gute, was in unserm Vermögen steht, gern erweisen, wie denn der Herr selbst an einem andern Orte mahnt, indem er sagt: Lernet von mir, denn ich bin sanftmüthig und demüthig von Herzen; so werdet ihr Ruhe finden für euere Seelen [4]). Die Sanftmüthigen werden das Erdreich besitzen, aber nicht dieses vergängliche Erdreich, welches mit den Leichnamen der Todten angefüllt ist und oft durch Stolz unterdrückt und durch blutige Kriege [5]) besudelt wird, sondern die Sanftmüthigen werden jenes Erdreich haben, von dem ein Heiliger sagt: Ich glaube die Güter des Herrn zu schauen im Lande

---

1) Matth. 5, 3 — 10. — 2) Matth. 5, 3; vgl. Luc. 6, 20.
3) Matth. 5, 4; vgl. Ps. 36, 4.
4) Matth. 11, 29; vgl. Jer. 6, 16.
5) Nach andern Handschriften: durch das Blut Abels.

der Lebendigen [1]). Es ist dieß jenes Land, wo die Engel und die Seelen der Heiligen wohnen und ewige Freude ist und Glückseligkeit ohne Ende.

3. Selig sind die Trauernden, denn sie werden getröstet werden [2]). Selig sind die, welche in dieser Welt ihre Sünden beweinen, damit sie nicht bei den ewigen Strafen mit dem Teufel zu trauern brauchen. Besser ist es, hier eine kurze Zeit für seine Vergehen zu büßen und sich auf ewig mit den Heiligen zu freuen, als die kurzen Freuden dieser Welt unmäßig zu genießen und nach diesem Leben durch ewige Pein bestraft zu werden. Laßt uns also jenen ähnlich sein, zu welchen der Herr sagt: Ihr werdet traurig sein, aber euere Traurigkeit wird in Freude verwandelt werden [3]).

4. Selig sind, die Hunger und Durst haben nach der Gerechtigkeit, denn sie werden gesättiget werden [4]). Nicht Alle sind selig, welche Hunger und Durst haben, sondern jene allein sind selig, welche stets Hunger nach der Gerechtigkeit haben. Wir müssen aber so nach der Gerechtigkeit Hunger haben, daß wir nie glauben, hinreichend gerecht zu sein, sondern sollen stets Gott bitten, daß er unsere Verdienste im Guten mehre; denn wer glaubt, er besitze genug Gerechtigkeit, hat keinen Hunger nach der Gerechtigkeit, sondern überhebt sich im Stolze und wird alsbald fallen, der Demüthige aber wird fortwährend von Tugend zu Tugend schreiten und sich stets seines Fortschrittes zum Besseren freuen.

5. Selig sind die Barmherzigen, denn sie werden Barmherzigkeit erlangen [5]). Wir wünschen sehr, daß Gott uns, wenn wir Buße thun, unsere Vergehen erlasse, eben so sollen auch wir unsern Nächsten, wenn sie uns bitten, ihre Schuld erlassen, wie denn der Herr selbst sagt: Seid barmherzig, wie auch euer Vater im Himmel barmherzig ist [6]). Die Barmherzigen werden nämlich Barmherzigkeit erlangen, weil uns, wenn wir den Menschen ihre Fehler verzeihen, unser himmlischer Vater auch unsere Vergehen verzeihen wird.

---

1) Ps. 26, 13. — 2) Matth. 5, 5; vgl. Isa. 61, 1. 3. — 3) Joh. 16, 20.
4) Matth. 5, 6. — 5) Ebend. V. 7. — 6) Luc. 6, 36.

6. Selig sind, die ein reines Herz haben, denn sie werden Gott anschauen [1]). Ein reines Herz werden jene haben, welche die Bosheit, die List, den Neid und die Begierlichkeit gänzlich aus ihrem Herzen verbannen und ihr Gewissen durch die Liebe, die Keuschheit, die Gerechtigkeit und die übrigen heiligen Tugenden reinigen werden, denn Gott will nicht in einem durch Sünden besudelten Körper wohnen; deßhalb müssen wir auch uns von jedem Schmutze des Fleisches und des Geistes reinigen, damit Gott in unsern Herzen wohne und uns zu jedem guten Werke lenke; wenn wir nämlich unsere Sünden beichten, uns von denselben reinigen und nicht mehr in dieselben zurückfallen werden, so wird uns Gott von unsern Sünden reinigen, uns mit himmlischen Tugenden erfüllen und uns der himmlischen Seligkeit mit allen Heiligen würdig machen; suchen wir sie aber zu verheimlichen, so wird Gott sie enthüllen, wir mögen wollen oder nicht wollen. Auch ist es besser, einem einzigen Menschen seine Sünden zu beichten, als sie bei jenem schrecklichen Gerichte vor den drei Genossenschaften des Himmels, der Erde und der Hölle veröffentlicht zu sehen und für seine Sünden beschämt zu werden, und zwar nicht um Verzeihung derselben zu erhalten, sondern ewige Strafe dafür zu leiden.

7. Selig sind die Friedsamen, denn sie werden Kinder Gottes genannt werden [2]). Wir müssen in solcher Weise nach dem Frieden streben, daß wir zuerst zwischen Gott und uns selbst Frieden herstellen, indem wir befolgen, was er vorschreibt und das Böse, was Gott verhaßt ist, fliehen; sodann müssen wir zwischen unsern Nächsten, welche wir in Zwietracht mit einander leben sehen, Frieden stiften, denn des Friedens wegen werden wir Söhne Gottes genannt werden. Gottes Güte ist groß und die Gnade des Schöpfers unaussprechlich, denn wir werden Söhne Gottes genannt und sind nicht würdig, dessen Knechte zu sein. Bemühen wir uns also, daß wir selbst durch gute Werke verdienen, einer so großen Erbschaft würdig zu sein und trennen wir uns nicht selbst von einem so gütigen Vater, welcher

1) Matth. 5, 8; vgl. Ps. 23, 4.
2) Matth. 5, 9.

sich gewürdigt hat, uns des Looses seiner Söhne theilhaftig werden zu lassen.

8. Selig sind, die Verfolgung leiden um der Gerechtigkeit willen, denn ihrer ist das Himmelreich [1]). Christus, Gottes Sohn, hat für uns Schläge und Schmähungen ertragen und zuletzt sich sogar dem Tode für uns unterzogen, auch wir müssen also für seinen Namen jede Widerwärtigkeit geduldig ertragen, weil wir durch viele Trübsale, wenn wir sie der Gerechtigkeit wegen ertragen, in das Reich Gottes eingehen werden. Die Seligkeit ist uns demnach im Himmel bereitet, bereiten wir uns durch gute Werke auf dieselbe vor und eilen wir nach derselben mit ganzem Verlangen. Es erwarten uns alle heilige Engel im Himmel und freuen sich, daß wir zu ihnen kommen wollen. Loben wir also die Barmherzigkeit Gottes, sagen wir ihm in Allem Dank und flehen wir zu ihm, daß er, der uns zu erlösen sich gewürdigt hat, uns auch von allen Sünden reinige und uns bei allen Heiligen zu Genossen seines Reiches mache. Ihm sei Ehre und Ruhm von Ewigkeit zu Ewigkeit. Amen.

Fünfte Rede.

Von dem Glauben und den Werken der Liebe.

1. Ich ermahne euch, in euer Gedächtniß zurückzurufen, was ihr in der Taufe dem allmächtigen Gotte versprochen habt, vor Allem nämlich zu glauben an Einen allmächtigen Gott in der vollkommenen Dreieinigkeit, an Gott, den allmächtigen Vater, und an Jesus Christus, seinen Sohn, und an den heiligen Geist; da aber geschrieben steht, daß der Glaube ohne die Werke todt ist [2]), und da, wer Gott kennt, seine Gebote beobachten muß, so verkünden wir euch die Gebote Gottes, welche ihr beobachten und halten sollt. Du sollst Gott, welchen du bekannt hast, lieben aus ganzem Herzen, aus ganzem Gemüthe und aus allen Kräften [3]), sodann deinen Nächsten, wie dich selbst; an diesen beiden

---

1) Matth. 5, 10; vgl. I. Petr. 2, 19. 4, 44. 8, 14.

2) Jacob. 2, 20. — 3) Vgl. Marc. 12, 30. Matth. 22, 37.

Geboten hängen das ganze Gesetz und die Propheten [1]). Die Furcht des Herrn ist der Anfang der Weisheit [2]), die Vollendung aber ist die Liebe [3]), und damit ihr diese Liebe, welche Gott ist, erlangen könnet, haltet, wie der Apostel vorschreibt, mit Allen Frieden [4]), denn der Herr sagt: Liebet Frieden und Wahrheit [5]); übt Geduld, weil der Herr sagt: In euerer Geduld werdet ihr euere Seelen besitzen [6]); habt Barmherzigkeit, weil der Herr befiehlt: Seid barmherzig, weil auch euer Vater barmherzig ist [7]), und an einer andern Stelle: Selig sind die Barmherzigen, denn sie werden Barmherzigkeit erlangen [8]); seid gütig, weil der Apostel vorschreibt: Seid gütig gegen einander, barmherzig, vergebt einander, so wie auch Gott euch vergeben hat in Christo [9]); seid keusch, denn der Apostel sagt: Strebet nach Frieden und Keuschheit, ohne welche Niemand Gott schauen wird [10]); seid fleckenlos im Herzen und am Körper, weil der Herr sagt: Selig sind, die ein reines Herz haben, denn sie werden Gott anschauen [11]); bewahret eueren Gatten die Treue, weil der Herr sagt: Was Gott verbunden hat, soll der Mensch nicht trennen [12]); die Männer sollen keusch ihre Weiber lieben, denn der Apostel befiehlt: Männer, liebet euere Weiber, wie Christus die Kirche geliebt hat [13]); die Weiber sollen ihre Männer fürchten, weil Gott zu dem Weibe spricht: Du sollst unter der Gewalt des Mannes sein und er wird über dich herrschen alle Tage deines Lebens [14]); lehret euere Kinder, daß sie Gott fürchten sollen, und eben so euere Dienerschaft, damit nicht irgend etwas durch euere Nachläßigkeit Gott verloren gehe; auch ermahnet euere Nachbarn, daß sie Wohlthätigkeit üben sollen, denn es steht geschrieben: Wer den Sünder von seinem Irrwege zurückführt, wird dessen Seele vom Tode erretten und die Menge der Sünden bedecken [15]); führet die Zwistigen zur Eintracht zurück, denn selig sind die Füße, welche Frieden bringen; wer Rechtshändel anhört, urtheile gerecht, weil Gott

---

1) Matth. 22, 39. 40. — 2) Ps. 110, 10. — 3) Vgl. I. Tim. 1, 5.
4) Vgl. I. Thess. 5, 13. — 5) Zach. 8, 19. — 6) Luc. 21, 19.
7) Luc. 6, 36. — 8) Matth. 5, 7. — 9) Ephes. 4, 32.
10) Vgl. Hebr. 12, 14. — 11) Matth. 5, 8. — 12) Matth. 19, 6.
13) Ephes. 11, 25. — 14) Gen. 3, 16. — 15) Jac. 5, 20.

sagt: Gerecht sollst du richten deinen Nächsten [1]), und an einer andern Stelle: Mit welchem Urtheile ihr richtet, mit dem werdet ihr auch gerichtet werden [2]); nehmet keine Geschenke, weil sie nach dem Ausspruche Gottes die Augen der Weisen verblenden und die Worte der Gerechten verändern [3]), und weil der Herr sagt, daß nur jener in seinem Zelte, das heißt, in seinem Reiche wohnen werde, der nicht Geschenke nimmt gegen den Unschuldigen [4]).

2. Haltet den Tag des Herrn und eilt zur Kirche, weil Christus in derselben von den Todten auferstanden ist, um uns auch als Beispiel der Auferstehung zu dienen; betet daselbst und vermeidet sorgfältig müßige Reden und Geschwätz, weil geschrieben steht: Mein Haus ist ein Bethaus [5]); ihr sollt deßhalb daselbst beten und nicht Unnützes schwatzen. Gebt Almosen nach Kräften, denn wie das Wasser das Feuer löscht, so löscht das Almosen die Sünden [6]); seid gastfrei gegen einander, weil Gott bei dem Gerichte sagen wird: Ich war ein Fremdling und ihr habt mich beherbergt [7]), weßhalb auch manche dadurch, daß sie Engel gastlich aufnahmen, sich Wohlgefallen erwarben [8]); nehmt die Fremden auf und bedenkt, daß ihr in dieser Welt selbst Fremdlinge seid [9]); besucht die Kranken, weil auch der Herr sagen wird: Ich war krank und ihr habt mich besucht [10]); steht den Wittwen und Waisen bei, weil der Herr sagen wird: Was ihr einem dieser meiner geringsten Brüder gethan habt, das habt ihr mir gethan [11]); gebt den Kirchen den Zehnten, weil dieß der Herr vorschreibt, indem er sagt [12]): Gebet dem Kaiser, was des Kaisers ist, das heißt, Steuern und Abgaben, und Gott, was Gottes ist, das heißt, die Zehnten und die Erstlinge, und erfüllt alle Gelübde, die ihr gethan habt, da der Herr lehrt: Alles, was ihr wollet, daß euch die Leute thun, das sollt ihr ihnen thun, und was du nicht willst, daß dir geschehe, das thue auch keinem

1) Levit. 19, 15. — 2) Matth. 7, 2. — 3) Deut. 16, 19.
4) Ps. 14, 1. 5. — 5) Luc. 19, 46. — 6) Ecclesiast. 3, 33.
7) Matth. 25, 35. — 8) Abraham und Loth; vgl. Gen. 19, 1—16. 20, 1—23.
9) Vgl. I. Petr. 2, 11. — 10) Matth. 25, 36. — 11) Matth. 25, 40.
12) Matth. 22, 21.

Andern, denn das ist das Gesetz und die Propheten [1]); wenn ihr also diese Liebe gegen einander erfüllet, so werdet ihr alle Gebote erfüllen. Fürchtet überall Gott allein und ehret den König, denn es steht geschrieben: Es giebt keine Gewalt außer von Gott, und wer sich der Gewalt widersetzt, der widersetzt sich der Anordnung Gottes [2]); gehorcht deßhalb seinen gütigen Befehlen und unterschlagt nicht die gerechte Abgabe, wie denn auch der Apostel befiehlt: Gebet Steuer wem Steuer, Zoll wem Zoll gebühret. Ihr, die ihr leibliche Knechte seid, gehorcht euern Herrn, wie der Apostel befiehlt, nicht als Augendiener, um Menschen zu gefallen, sondern mit redlicher Treue und einfachem Herzen, und ihr Herrn thuet gegen euere Diener dasselbe, übt gegen sie Gerechtigkeit und Barmherzigkeit, denn ihr wisset, daß ihr Herr auch der eurige ist im Himmel [3]).

3. Das Gebet des Herrn behaltet im Gedächtnisse, denn darin ist kurz alle Nothdurft des gegenwärtigen und zukünftigen Lebens vollkommen enthalten und Christus hat es gelehrt, weßhalb es auch Gebet des Herrn heißt, und hat befohlen, daß wir so beten sollen [4]). Auch behaltet das Glaubensbekenntniß in euerm Sinne, denn es steht geschrieben: Ohne Glauben ist es unmöglich, Gott zu gefallen [5]). Deßhalb glaubet auch ihr, wie daselbst gesagt wird, selbst und überliefert diesen Glauben euern Kindern, so wie auch denen, welche ihr aus der Taufe hebt, weil ihr deßhalb für sie Bürgen seid, daß sie, was ihr sie lehrt, glauben sollen. Auch müßt ihr wissen, daß ihr nur einmal und nicht öfter getauft werden und daß ihr nur einmal und nicht öfter zur Firmung gehen dürft, weil auch die Apostel den Gläubigen nur einmal die Hände auflegten, damit diese den heiligen Geist empfingen.

4. Hauptsächlich beobachtet gern die gesetzlichen und allgemeinen Fasten, denn Gott wird durch die Enthaltsamkeit und die Almosen des Volks besänftigt und schonte die Niniviten, weil sie drei Tage fasteten [6]). Liebt die Gerechtigkeit, denn es

---

1) Matth. 7, 12. Luc. 6, 31. Tob. 4. 16. — 2) Röm. 13, 1. 2.
3) Vgl. Ephes. 6, 5 — 7. 9. — 4) Matth. 6, 9 — 13.
5) Hebr. 11, 6. — 6) Vgl. Jon. 3, 7 — 10.

steht geschrieben: Liebet die Gerechtigkeit, die ihr Richter seid auf Erden [1]). Gebt den Versuchungen des Teufels kein Gehör, sondern widerstehet, wie der Apostel vorschreibt, dem Teufel, und er wird von euch fliehen [2]). Empfanget im Abendmale den Leib und das Blut des Herrn zu den bestimmten Zeiten.

5. Dieß sind, meine geliebtesten Brüder! die Werke des Glaubens, welche von allen Christen gemeinsam festgehalten werden müssen, und wer sich an denselben in dieser Welt nicht betheiligen will, wird auch in der künftigen des Reiches Gottes nicht theilhaftig werden können. Auch wir sind demüthige und geringe Menschen, fühlen uns aber aus Liebe und Sorgfalt für euch bewogen, euch dieß im Einzelnen vorzustellen, damit keiner sich entschuldigen könne, indem er sagt: ich weiß nicht zwischen dem Guten und dem Bösen, zwischen dem Gerechten und Ungerechten zu unterscheiden, ich weiß nicht, was ich lassen und was ich thun soll. Jetzt also, weiche, wie geschrieben steht, vom Bösen und thue das Gute; suche den Frieden und jage ihm nach [3]). Thut ihr dieß, so wird der Herr Euch Verstand und Kraft stärken, daß ihr auch die höheren und größeren Gebote Gottes zu lernen und zu erfüllen vermöget, und er wird euch, wenn ihr in diesen Werken fortwährend bis ans Ende verharret, nicht nur euere Sünden vergeben, sondern euch auch gleichsam als seinen eigenen Söhnen das ewige und himmlische Reich zukommen lassen, damit ihr, wie der Apostel sagt, Erben seid, nämlich Erben Gottes und Miterben Christi [4]).

6. Ferner glaubet, daß Christus, Gottes Sohn, am Tage des Gerichtes kommen wird zu richten die Lebendigen und die Todten, wie er selbst, als er zum Himmel auffuhr, den Aposteln durch die Engel mittheilte, welche sprachen: Er wird eben so wiederkommen, wie ihr ihn sahet hingehen in den Himmel [5]); alsdann wird, wie der Prophet [6]) sagt, alles Fleisch das Heil Gottes sehen. Die Gottlosen werden es sehen, damit sie den

1) Weish. 1, 1. — 2) Jac. 4, 7. — 3) Ps. 33, 15.

4) Röm. 8, 17. — 5) Apostelg. 1, 10. 11.

6) Oder vielmehr Luc. 3, 6. Aehnliches findet sich jedoch Ps. 97, 3. Is. 52, 10.

fürchten, welchen sie verschmäht haben, sie werden sich aber nicht freuen, weil sie keine Freude an jenem hatten, wie denn geschrieben steht: Der Gottlose soll hinweggenommen werden, daß er die Herrlichkeit Gottes nicht sehe [1]). Alsdann werden die Gerechten von den Ungerechten, von welchen sie auf dieser Welt gedrückt wurden, geschieden werden, die Gottlosen, um in dem Kerker des Teufels mit ihm bestraft, die Gerechten, um in dem Reiche Gottes mit diesem verherrlicht zu werden. Die Gottlosen werden ihre Leiber wieder erhalten, um in denselben, weil sie mit ihnen sündigten, ewige Pein zu erleiden; die Rechtschaffenen werden ihre Leiber wieder erhalten, um in denselben, weil sie mit ihnen Gott getreulich dienten, von der Barmherzigkeit Gottes ihren Lohn zu empfangen. Alle werden alsdann auferstehen, wie denn auch der Apostel sagt: Wir werden zwar Alle auferstehen, aber wir werden nicht Alle verwandelt werden [2]), weil nur die Gerechten werden zur Herrlichkeit verwandelt werden; alsdann werden, wie die Wahrheit sagt, die Gottlosen in die ewige Pein gehen, die Gerechten aber in das ewige Leben [3]). Alsdann werden die Gerechten gleich der Sonne glänzen in dem Reiche ihres Vaters; sein wird dort Leben mit Gott ohne Furcht vor dem Tode, dort unabläßiges Licht und nie Finsterniß, dort Wohlergehen, das keine Krankheit trübt, dort unabläßige Sättigung für die, welche jetzt Hunger und Durst nach Gerechtigkeit haben, dort Glückseligkeit, welche keine Furcht unterbricht, dort Freude, welche keine Traurigkeit stört, dort ewige Herrlichkeit mit den Engeln und Erzengeln, mit den Patriarchen und Propheten, mit den Aposteln und Märtyrern, mit den Beichtigern und heiligen Jungfrauen, welche Christus überall, wohin er geht, folgen; dort wird Größeres und Besseres, Süßeres und Lieblicheres, Angenehmeres und Behaglicheres, als gesagt und gedacht werden kann, den Heiligen gewährt, weil, wie der Apostel sagt, kein Auge gesehen, kein Ohr gehört hat und in keines Menschen Herz gekommen ist, welche Freuden Gott denen bereitet hat, die ihn lieben [4]), und zu welchen euch Der, welcher euch geschaffen

1) Vgl. Is. 26, 10. — 2) I. Kor. 15, 51.
3) Matth. 25, 46. — 4) I. Kor. 2, 9.

hat, gelangen lassen wolle. Alles dieß, meine Söhne, alles dieß, geliebteste Brüder, was ich Sünder in Demuth euch vorgetragen habe, wolle auf heilsamere Weise zu euern Sinnen und zu euerm Herzen sprechen in ihrer Kraft die allmächtige Dreifaltigkeit, Vater, Sohn und heiliger Geist, welche lebt und regiert von Ewigkeit zu Ewigkeit. Amen.

Sechste Rede.

Von den Hauptsünden und den vorzüglichsten Geboten Gottes.

1. Höret und begreifet, Geliebteste! darin besteht das Wort des Glaubens, welches wir predigen, daß wir glauben an Gott, den allmächtigen Vater, und an Jesus Christus, seinen eingeborenen Sohn und an den heiligen Geist, an einen einzigen allmächtigen Gott in der Einheit und der Dreifaltigkeit, dreifaltig in den Personen und Namen und einzig in der Göttlichkeit der Hoheit und Macht; darin besteht das Wort des Glaubens, welches wir predigen, daß wir unterscheiden zwischen dem Guten und dem Bösen, zwischen dem Frommen und dem Gottlosen, zwischen der Gerechtigkeit und der Ungerechtigkeit, das heißt, zwischen den Hauptsünden und den hauptsächlichsten und vorzüglichsten Lehren und Geboten Gottes. Zu den Hauptsünden gehören folgende und vor allen die Gotteslästerung, welche in der Verehrung der Götzen besteht. Als Gotteslästerungen müssen aber gelten alle Opfer und Zeichendeutungen der Heiden, wie etwa die Opfer bei den Leichnamen oder auf den Gräbern derselben, oder die Wahrsagungen, oder die Abwehrmittel, oder was sie auf den Felsen oder an den Quellen oder an den Bäumen dem Jupiter oder dem Merkur oder andern Göttern der Heiden, welche alle böse Geister sind, opfern und viele andere Dinge, deren Aufzählung zu weit führen würde [1]), welche aber

1) Ueber alle diese hier aufgezählten Gotteslästerungen geben die Verhandlungen des Conciliums zu Liftinä (743) und die denselben beigefügten Bemerkungen näheren Aufschluß.

sämmtlich nach dem Urtheile der heiligen Väter als Gotteslästerungen von den Christen zu meiden und zu verabscheuen sind und als Hauptsünden betrachtet werden müssen. Todtschlag, Ehebruch und Unzucht, welche entweder mit der menschlichen Natur oder mit irgend einem Thiere oder von Männern mit Männern oder von Frauen mit Frauen in wilder Brunst für einander getrieben wird, sind ebenfalls Hauptsünden. Eben so müssen Diebstahl und Raub, falsches Zeugniß, Meineid, Verläumdung, Habsucht, Stolz, Neid, Haß, eitle Ruhmsucht und Trunkenheit ohne Zweifel als Hauptsünden angenommen werden. Diese sind es, welche die Menschen zum Untergange und ins Verderben bringen; dieß ist die Bosheit, welche der heilige Petrus abzuwerfen befiehlt, wenn er sagt: Das Wort ist das, welches im Evangelium euch verkündiget worden ist. Leget also ab alle Bosheit und allen Betrug [1]). Von solchen Dingen sagt der Apostel Paulus: Die, welche solches thun, sind des Todes würdig, und nicht allein, die solches thun, sondern auch, die denen Beifall geben, welche es thun [2]). Dieß sind Werke des Satans, welchen die Christen in der Taufe entsagt haben. Diese Werke wird der Satan am Tage unseres Dahinscheidens an uns suchen, und findet er sie, so nimmt er uns, als ihm verfallen, in Anspruch; nackt und weinend und jammernd werden wir sodann von ihm zu den Pforten der Hölle und zu den ewigen Strafen gezogen, wo der Tod fortwährend erduldet werden muß und nie durch den Tod das schlimme Leben enden wird, wo das in Schwefelflammen auflodernde Feuer und der Frost für die zitternden und jammernden Seelen unerträglich ist und nie aufhört; wo die Augen derjenigen, welche hier die Leuchte des Herrn, das heißt, das heilige Evangelium, mit den Augen des Herzens nicht sehen wollten, ewige Finsterniß ohne Licht erdulden, und wo die Ohren, welche hier die Vorschriften des Lebens im Evangelium Christi nicht hören wollten, nur Stöhnen und Seufzen hören werden, wo die, welche hier den hungernden und dürstenden Armen nicht Speise und Trank geben wollten, auf ewig hungern und dürsten, und wo von denen, welche hier nicht an ihren Tod denken wollten,

---

1) I. Petr. 1, 25. 2, 1. — 2) Röm. 1, 32.

stets der Tod gewünscht wird, ohne ihnen gewährt zu werden. Ueberhaupt wird dort jedes Uebel gefunden und nichts Gutes gesehen werden.

2. Die Gebote Gottes sind der wahre Glaube und ein unbeflecktes Leben, nämlich der wahre Glaube, welcher der katholische ist, wie wir ihn weiter oben erklärt haben, die Liebe Gottes, nach welcher wir Gott den Herrn aus ganzem Herzen, aus ganzer Seele und aus allen Kräften lieben sollen, und sodann unsern Nächsten wie uns selbst [1]), die Furcht des Herrn, denn es steht geschrieben: Die Furcht des Herrn ist der Anfang der Weisheit [2]), Friedfertigkeit, Wohlthätigkeit, Geduld, Demuth, Enthaltsamkeit, Bescheidenheit, Gerechtigkeit und Barmherzigkeit. Die Werke der Barmherzigkeit aber sind: dem Hungrigen Speise und dem Dürstenden Trank geben, den Nackten bekleiden, die Kranken und die im Kerker Eingeschlossenen besuchen und ihnen beistehen, die Gäste aufnehmen, die Todten begraben, gerecht urtheilen, die Gerechtigkeit preisen, die Ungerechtigkeit verabscheuen und nicht verüben, die Wittwen und Waisen unterstützen, die Fremden beherbergen, Almosen an die Armen austheilen, den Trübsal Leidenden Trost zusprechen, jedes Jahr den Zehnten geben, stets zu Gott an jedem Orte seiner Herrschaft beten, die Keuschheit bewahren, die Fasten gern halten, stets den Frieden lieben und Gott für Alles Dank sagen. Für die, welche dieß thun und erfüllen, ist das ewige Reich bereitet; zu ihnen wird der Erlöser der Welt am Tage des Gerichtes sprechen: Kommt, ihr Gesegnete meines Vaters, besitzet das Reich, welches seit Grundlegung der Welt euch bereitet ist [3]); alsdann werden die Gerechten leuchten wie die Sonne im Reiche ihres Vaters [4]), wo Licht ist ohne Finsterniß und Leben ohne Tod, wo ewiges Frohlocken und Freude ohne Ende ist, wo größere und bessere geistige Güter zu finden sind, als die menschliche Zunge auszudrücken vermag, denn es steht geschrieben: Kein Auge hat es gesehen, kein Ohr gehört und in keines Menschen Herz ist gekommen, was Gott denen bereitet hat, die ihn lieben [5]).

---

1) Vgl. Matth. 22, 37 — 39. — 2) Ps. 110, 10.
3) Matth. 25, 34. — 4) Ebend. 13, 43. — 5) I. Korinth. 2, 9.

Siebente Rede.

Von dem Glauben und der Liebe.

1. Vor Allem hat der Mensch zuerst zu untersuchen, was die wahre Wissenschaft und die wahre Weisheit sei, denn die Weisheit dieser Welt ist Thorheit bei Gott [1]). Die wahre Wissenschaft ist, sich dem Dienste des Teufels, welcher in den Sünden besteht, zu entziehen, und die vollkommene Weisheit ist, Gott verehren nach der Wahrheit seiner Gebote, und durch diese beiden wird das ewige Leben erworben, wie denn der Psalmist sagt: Weiche vom Bösen und thue das Gute [2]). Auch reicht es für Niemand hin, daß er das Böse nicht thue, wenn er nicht auch das Gute thut, oder daß er das Gute thue, wenn er nicht auch das Böse unterläßt. Jeder also, der auf diese Art weise ist, wird ohne Zweifel selig sein in Ewigkeit. Es giebt keine bessere Weisheit, als die, durch welche Gott nach dem Maße des menschlichen Geistes begriffen und gefürchtet und durch welche an sein ewiges Gericht geglaubt wird, und was ist auch gerechter, als Gott lieben und seine Gebote beobachten, da wir von ihm aus nichts erschaffen und von der Knechtschaft des Teufels befreit worden sind und da er uns alles Gute, was wir besitzen, verliehen hat? Deßhalb soll Jeder auf das Eifrigste das Gute, welches er begonnen hat, zu vollbringen trachten, damit er von dem Herrn den ewigen Lohn zu empfangen verdiene. Gott muß aus allen Kräften geliebt werden, weil er Alle beschützt, welche ihm Leib und Seele mit gutem Willen und aufrichtiger Liebe unterwerfen. Jedes Geschöpf ist zwar dem alleinigen Gotte und seinem Herrn, es mag wollen oder nicht wollen, unterworfen, und wir werden nur ermahnt, mit ganzem Willen Gott, unserm Herrn, zu dienen.

2. Voraus geht der Glaube, welcher die Seele Gott unterwirft, weil die Erkenntniß der Gottheit und die Wissenschaft der Wahrheit durch den katholischen Glauben erlernt werden muß,

---

1) I. Korinth. 3, 19. — 2) Ps. 33, 15.

denn ohne Glauben ist es unmöglich, Gott zu gefallen [1]). Wahrhaft glückselig ist, wer dadurch, daß er recht glaubt, tugendhaft lebt, und dadurch, daß er tugendhaft lebt, den rechten Glauben bewahrt. Wie also der Glaube ohne gute Werke vergeblich ist, so nützen die guten Werke nichts ohne wahren Glauben. Der katholische Glaube besteht darin, daß wir an Einen Gott, allmächtigen Vater, und an seinen eingeborenen Sohn unsern Herrn Jesus Christus und an den heiligen Geist, das heißt, an Einen Gott, an die ewige Dreifaltigkeit Einer Wesenheit, glauben, an Gott, aus welchem Alles, durch welchen Alles und in welchem Alles ist.

3. Unter den Geboten aber nimmt die Liebe Gottes die erste Stelle ein; sie muß deßhalb erworben und festgehalten werden, weil, wie der Apostel Paulus bezeugt, ohne ihre Vollkommenheit nichts Gott gefallen kann [2]); weßhalb auch der Herr, als er von einem Schriftgelehrten gefragt wurde, welches das größte Gebot sei, antwortete: Du sollst den Herrn, deinen Gott, lieben aus deinem ganzen Herzen und aus deiner ganzen Seele und aus deinem ganzen Gemüthe, und sodann hinzufügte: Das andere ist diesem gleich: du sollst deinen Nächsten lieben wie dich selbst. An diesen zwei Geboten hängen das ganze Gesetz und die Propheten [3]). Wenn er aber sagt: aus ganzem Herzen, aus ganzer Seele und aus ganzem Gemüthe, so heißt dieß, Gott muß mit ganzem Verstande, mit ganzem Willen und mit jedem Gedanken geliebt werden. Die Liebe Gottes besteht aber gänzlich in der Beobachtung seiner Gebote, wie er denn auch anderwärts sagt: Wenn mich Jemand liebt, so wird er mein Wort halten [4]). Weßhalb auch die Wahrheit selbst an einer andern Stelle spricht: Daran werden Alle erkennen, daß ihr meine Jünger seid, wenn ihr euch lieb habt unter einander [5]); deßgleichen der Apostel: Die Liebe ist die Erfüllung des Gesetzes [6]), und eben so der Evangelist Joannes: Wir haben dieses Gebot von Gott, daß, wer Gott liebet, auch seinen Bruder liebe [7]).

1) Hebr. 11, 6. — 2) Vgl. Röm. 13, 10.
3) Matth. 22, 37 — 40. — 4) Joh. 14, 23. — 5) Ebend. 13, 35.
6) Röm. 13, 10. — 7) I. Joh. 4, 21.

4. Sollte vielleicht irgend Jemand fragen, wer der Nächste sei, so mag er wissen, daß jeder Christ mit Recht Nächster genannt werden kann, wie wir alle in der Taufe als Gottes Söhne geheiligt werden, damit wir geistig Brüder seien in vollkommener Liebe. Die geistige Abstammung ist edler, als die fleischliche, und von ihr sagt im Evangelium die Wahrheit selbst: Wenn Jemand nicht wiedergeboren wird aus dem Wasser und heiligen Geiste, so kann er in das Reich Gottes nicht eingehen [1]). Der Mensch lerne, worin die Gebote Gottes bestehen, und beobachte sie, so weit er vermag, und er wird so erkennen, daß er die Liebe Gottes besitzt. Niemand also soll, wenn er von einer auch noch so großen Sündenlast niedergedrückt ist, an der Güte der göttlichen Gnade verzweifeln, sondern in der Bedrängniß jedes Trübsals sich hoffnungsvoll bei der höchsten Güte Trost suchen, weil ohne Zweifel alle Hoffnung und alles Heil auf Gott allein beruht; wer aber Gott den Herrn getreulich liebt und unaufhörlich verehrt und seine Gebote beharrlich erfüllt, wird würdig befunden werden, die ewige Herrlichkeit mit den Engeln für immer zu besitzen und das Himmelreich wird sich ihm für seine Verdienste aufthun. Es steht also eben so, wie Allen die Seligkeit des Reiches Gottes auf gleiche Weise verkündigt ist, jedem Geschlechte, jedem Alter und jeder Person auf gleiche Weise je nach dem Werthe seiner Verdienste der Eingang zu dem Reiche Gottes offen, wo kein Unterschied gemacht wird, ob Jemand auf der Erde Laie oder Geistlicher, reich oder arm, jünger oder älter, Diener oder Herr gewesen ist, sondern wo Jeder nach dem Verdienste des guten Werkes mit der ewigen Herrlichkeit gekrönt werden wird.

1) Joh. 3, 5.

Achte Rede.

Wie man hier leben soll und wie das zukünftige Leben beschaffen ist.

Denken wir, geliebteste Brüder! stets daran, wie wir in dem gegenwärtigen Leben leben sollen und wie wir nach dem Ende dieses Lebens leben werden. Die Menschen können wahrlich nicht zu Grunde gehen, wie die der Vernunft entbehrenden Thiere, sondern jeder Mensch hat eine ewige Seele, welche nach dem, was sie Gutes oder Böses im Körper vollbracht hat, gerichtet werden wird, denn es gereicht Jedem zum Heile, den Geboten Gottes zu gehorchen und stets mit aller Anstrengung seinen Willen zu thun, da er will, daß alle Menschen selig werden und Niemand zu Grund gehe [1]). Deßhalb setzte er nach dem Sacramente der Taufe die zweite Reinigung durch die Buße, damit das Böse, welches wir nach der Abwaschung durch die Taufe verüben, durch das Heilmittel der Buße getilgt werde, und damit wir, die wir vorher in bösen Handlungen begriffen waren, später nach der Bekehrung in guten Werken leben, weil es nicht genügt, daß wir nur das Böse lassen, wenn wir nicht alsbald auch das Gute thun, was uns anbefohlen ist, indem der Prophet sagt: Weiche vom Bösen und thue das Gute [2]), denn das Böse des Stolzes muß mit dem Guten der Demuth vertauscht werden, damit wir, die wir durch den Stolz Anhänger des Teufels waren, durch die Demuth Nachfolger Christi werden. Durch den Stolz sind die englischen Gewalten von der himmlischen Herrlichkeit herabgestürzt, durch die Demuth Christi aber wird das menschliche Geschlecht zu der himmlischen Herrlichkeit berufen. Der Anfang aller Sünde ist der Stolz, durch welchen der Mensch verschmäht, den Geboten seines Gottes zu gehorchen. Daher kam der Fall des ersten Menschen, indem dieser verschmähte, dem Gebote seines Schöpfers zu gehorchen. Und so wie jener erste Mensch wegen seines Ungehorsams aus den Freuden des Para-

1) Vgl. I. Tim. 2, 4. — 2) Ps. 33, 15.

dieses herausgeworfen wurde, so vermögen wir durch den Gehorsam gegen die Gebote Gottes zu dem ewigen Leben zu gelangen, indem der Herr in dem Evangelium zu Einem, der ihn fragt, wie er das ewige Leben erlangen könne, spricht: Willst du zum Leben eingehen, so halte die Gebote [1]), und unter diesen Geboten des Herrn ist das größte und gerechteste: Du sollst den Herrn, deinen Gott, lieben aus deinem ganzen Herzen, aus deiner ganzen Seele und aus allen deinen Kräften; das andere aber ist diesem gleich: Du sollst deinen Nächsten lieben wie dich selbst [2]), wodurch gesagt werden soll, daß du keinem Andern thun sollst, was du von einem Andern nicht gethan haben willst [3]), was schon selbst die Natur des Menschen lehrt, weil kein Mensch will, daß ihm ein Anderer schade. Er darf deßhalb auch keinem Andern schaden und so wie wir verlangen, daß uns Andere in unsern Nöthen beistehen, eben so müssen wir auch Andern in ihren Nöthen nach dem Vermögen unserer Kräfte beistehen und gütig und barmherzig sein gegen alle Menschen, so wie gegen uns gütig und barmherzig ist Gott der Vater, welcher seine Sonne aufgehen läßt über Gute und Böse [4]) und zur Befruchtung der Samen unserer Erde Regen geben wird, damit die Erde sprosse und Frucht bringe, wodurch das Leben unserer Sterblichkeit erhalten wird. Es ist daher nöthig, ihn zu lieben und seinen Geboten zu gehorchen, damit wir durch seine Güte gegen alle Widerwärtigkeiten geschützt werden und durch ihn Ueberfluß an ewigen Gütern zu erlangen vermögen, denn seine Güte verläßt uns nie, wenn wir nicht von seinem Willen abweichen, und sein Wille ist unser Heil, unser Glück und unsere ewige Seligkeit. Fliehen wir deßhalb mit aller Kraft die Vergehen und Laster, welche uns der Teufel anräth, und üben wir das Gute, welches Gott selbst uns zu thun befahl, nämlich Liebe zu Gott und zu dem Nächsten, wie wir bereits gesagt haben, und Güte und Barmherzigkeit gegen die Unglücklichen. Seien wir nicht geizig, um einzusammeln und aufzubewahren, sondern gütig im Spenden, weil mancher mit seinem Reichthume sein Leben los-

---

1) Matth. 19, 16. 17. — 2) Ebend. 22, 37—39.
3) Vgl. Tob. 4, 16. — 4) Matth. 5, 45.

kauft [1]) und Christus die Gaben, welche den Armen gespendet werden, vergelten wird, denn wie das Wasser das Feuer löscht, so löscht das Almosen die Sünde [2]). Eben so können durch Fasten, durch Gebet, durch Enthaltsamkeit von fleischlichen Lüsten und durch die Beichte und Buße alle Sünden getilgt werden; keiner aber bleibe unbesorgt in seinen Sünden liegen, weil Niemand seinen letzten Tag voraus wissen kann, sondern Jeder erhebe sich durch die Beichte und Buße und kehre zurück zu seinem Gotte und Herrn, weil dieser gütig ist im Verzeihen, wenn wir nicht zögern werden, Buße zu thun. Seien wir keusch und nüchtern an unserm Körper, indem wir Unzucht und andere körperliche Unreinigkeiten fliehen und alle unerlaubte Ergötzungen von uns ferne halten. Reinigen wir unsere Herzen und Körper vor dem Angesichte unseres Herrn und Gottes, damit wir würdig sind, dem heiligen Geiste als Wohnung zu dienen. Lasse sich keiner von euch Diebstahl und Raub, falsches Zeugniß, Meineid, Todschlag und ähnliche Verbrechen zu Schulden kommen, keiner hege gegen den Andern Neid oder Feindschaft oder geheimen Groll, sondern verkehre friedlich mit Allen, da der Herr sagt: Selig sind die Friedsamen, denn sie werden Kinder Gottes genannt werden [3]). Vor Schmaußerei und Völlerei, vor unnützen Worten und schändlichen Reden hütet euch in jeder Weise, weil, wie der Apostel sagt, Säufer das Reich Gottes nicht besitzen werden [4]). Wollet euch mit Zeichendeutereien, Zaubereien und Binden [5]) weder befassen, noch an sie glauben, denn sie sind Aeußerungen des Teufels und nicht Lehren des Herrn, dagegen eilt zur Kirche Christi und sucht daselbst Gesundheit für euere Körper und Heil für euere Seelen; denn Heil und Leben von uns Allen steht in der Gewalt des allmächtigen Gottes, dessen Güte nie die auf ihn Hoffenden verläßt; hoffen und glauben wir deßhalb, daß durch seine Güte uns alles Gute zukommt. Seien wir geduldig und vergelten Niemand Böses mit Bösem, sondern verzeihen wir Denen, die gegen uns fehlen, damit die göttliche Barmher-

1) Spr. Salom. 13, 8. — 2) Ecclesiast. 3, 33.

3) Matth. 5, 8. — 4) I. Korinth. 6, 10.

5) Vgl. Nr. 51 und die Verhandlungen des Conciliums zu Liftinä (743).

zigkeit sich würdige, uns unsere Vergehen zu verzeihen, wie wir in dem Gebete des Herrn zu sprechen pflegen. Haben wir stets und überall Gott vor Augen, und wenn wir uns fürchten, vor dem Menschen zu sündigen, um wie viel mehr müssen wir es vor den Augen Gottes, welcher Alles, was wir denken, sprechen oder thun, auf das Genaueste sieht. Ihn haben wir in unserm Leben allenthalben als Zeugen, ihn haben wir nach diesem Leben als Richter, erfüllen wir daher stets mit ganzer Liebe und mit ganzer Kraft seinen Willen, damit er sich würdige, uns die ewige Herrlichkeit mit seinen Heiligen zu verleihen, und damit wir, während die Gottlosen für ihre Sünden und Laster mit dem Teufel den ewigen Flammen überliefert werden, würdig erscheinen, durch die Barmherzigkeit der göttlichen Gnade für die guten Werke mit Christus und den Schaaren der Engel in die Freuden der ewigen Seligkeit einzugehen.

Neunte Rede.

Welche Handlungen mit allem Eifer zu vermeiden und welche mit aller Kraftanstrengung zu vollbringen sind.

1. Wir müssen, Geliebteste! den Zustand des gegenwärtigen Lebens betrachten, wir müssen betrachten, welche Handlungen wir mit allem Eifer zu vermeiden und welche wir mit der ganzen Anstrengung unserer Kräfte zu vollbringen haben. Bei Allem, was hier gethan werden kann, müssen wir stets darauf bedacht sein, wie wir dem Teufel, unserm Verführer, widerstehen und wie wir Jesus, unserm Gott und Erlöser, gefallen mögen. Wir gefallen diesem aber dadurch, daß wir das, was er befohlen hat, thun und das, was er untersagt hat, verabscheuen. Er gebietet uns aber, keine Sünden und Ungerechtigkeiten zu begehen und die begangenen durch das Heilmittel der Buße möglichst schnell wieder gut zu machen; er befiehlt demnach, daß wir rechtschaffen und fromm leben und das Ewige suchen und daß Jeder seinem Amte und seiner Bestimmung fleißig obliege, damit er nicht überflüßig oder weniger nützlich an seiner Stelle erscheine. Es wohnt nämlich

in dem Körper nur eine einzige Seele, worin das Leben besteht, aber an ihm sind viele Glieder, welche sich durch verschiedene Obliegenheiten unterscheiden; eben so giebt es in der Kirche nur einen einzigen Glauben, welcher überall durch die Liebe wirken soll, aber verschiedene Würden, welche ihre eigenen Verrichtungen haben; denn der Stand der Vorgesetzten ist ein anderer als jener der Untergebenen, der Stand der Reichen ein anderer als jener der Armen, der Stand der Alten ein anderer als jener der Jungen und jede Person hat ihre eigenen Vorschriften, wie jedes Glied am Körper seine eigene Obliegenheit hat. Die Bischöfe nämlich haben die Obliegenheit, das Schlechte zu verbieten, die Schwachmüthigen zu trösten und die Frechen zu strafen; sodann muß die königliche Würde den Völkern Furcht und Verehrung einflößen, weil es keine Gewalt giebt, außer von Gott [1]); deßgleichen sollen alle Machthaber und Richter [2]), welche dem Könige anhängen, gläubig, demüthig und barmherzig sein, sollen nach der Gerechtigkeit und nicht nach den Geschenken richten, die Wittwen, Waisen und Armen vertheidigen, ihren Bischöfen unterthan sein, Niemand durch Gewalt unterdrücken und nicht nach ungerechten Reichthümern haschen, sondern eher das Ihrige den Dürftigen geben, als fremdes Gut an sich reißen.

2. Deßgleichen sind im Volke Einige weise und Andere einfältig. Pflicht der Weisen ist es, das Gute, was sie wissen, auch in der That zu üben und Andern zu predigen. Was nützt es dem Wanderer, den Weg zu kennen, wenn er ihn nicht einschlagen will? Jener aber, welcher den Weg Gottes kennt und ihn einschlägt und Andere darauf führt, gleicht dem Himmelsgewölbe, welches mit vielen Gestirnen leuchtet. Wer Viele erbaut, wird durch den Lohn Vieler verherrlicht; die Mächtigen sollen also Gott stets vor Augen haben und wenn sie auch den Menschen nicht fürchten, doch Gott scheuen und die ihnen verliehene Gewalt zur Ehre Gottes und zum Heile ihrer Seelen genießen. Diejenigen aber, welche einfältig und ungelehrt sind, sollen demüthig

---

1) Röm. 13, 1.

2) Judices; in andern Handschriften findet sich die Lesart divites (Reiche), welche aber weniger dem Sinne entspricht.

von den Weisen lernen, weil der, welcher nicht erkennt, auch nicht erkannt werden wird [1]), und sie sollen ja nicht glauben, sich bei dem strengen Richter durch Unwissenheit entschuldigen zu können; dieser zieht das Verborgene eines Jeden in Betracht [2]).

3. Es giebt drei Abstufungen bei dem menschlichen Geschlechte; es giebt nämlich Einige, welche genau wissen, und thun, was sie wissen; diese sind die besten unter den Menschen und Gott am nächsten. Auf der zweiten Stufe stehen die Menschen, welche das Gute aus sich nicht wissen, es jedoch von den genau Wissenden lernen, und was sie gelernt haben, erfüllen wollen, und das Leben dieser Menschen ist in der Kirche von Nutzen; das Leben desjenigen aber, der das Gute, welches er nicht kennt, zu lernen verschmäht, ist Allen unnütz und den Meisten schädlich. Wer also das Gute weiß, soll es thun, und wer es nicht weiß, soll es lernen, damit sowohl jener sich über sein Wissen freue, als auch dieser durch seinen Fleiß voranschreite. — Sodann sind in der Kirche Einige reich und Andere arm. Den Armen ist vorgeschrieben, demüthig zu sein, auf Gott zu hoffen, welcher sagt: Selig sind die Armen im Geiste [3]), und sie sollen die besseren Reichthümer um so inniger lieben, weil ihnen diese irdischen fehlen. Den Reichen ist vorgeschrieben, von dem Ihrigen zu geben und nicht fremdes Gut an sich zu reißen, und die Armen zu speisen und zu bekleiden, denn da die Reichen wegen des Ueberflusses an Reichthümern in Speise und Kleidung kein Maß halten, so soll die Erquickung der Armen die Sünden, welche ihnen der Ueberfluß zuzog, abwaschen, weil, wie das Wasser das Feuer löscht, so das Almosen die Sünden löscht [4]). Der Reiche, welcher die Reichthümer schont, schont die Seele nicht, oder gegen wen ist der freigebig, der gegen sich selbst zäh ist? Möge doch Jeder bedenken, um welchen Preis er von dem irdischen Feuer, wenn er auch nur einen einzigen Tag zu brennen genöthigt wäre, sich loszukaufen suchen würde, um wie viel heftiger ist aber das Feuer des Gerichtes? Das Feuer der Hölle ist überdieß ewig. Wer also Reichthümer besitzt, komme der Strenge des Richters

1) I. Korinth. 14, 38. — 2) Vgl. Röm. 2, 16.
3) Matth. 5, 3. — 4) Ecclesiast. 3, 33.

zuvor und erbarme sich der Armen, damit sich Gott, welcher sich, wie gesagt, des Armen erbarmt, auch seiner erbarme; er wuchere für den Herrn und dieser wird es ihm vergelten. Den Greisen aber geziemt es, gottesfürchtig und in ihren Sitten eingezogen zu sein, ihre grauen Haare durch Mäßigkeit zu schmücken und stets an den Eintritt in das andere Leben zu denken. Für die Jünglinge ist es schicklich, sich des Gehorsams und der Unterwürfigkeit gegen die Aelteren zu befleißigen, damit sie in dem Hause Gottes stets Fortschritte machen, damit sie besser und besser werden und damit sie nicht durch eitle Ergötzungen und schädliche Begierden in die Schlingen der bösen Geister gerathen, sondern sich keusch und unbefleckt zum reiferen Alter bringen.

4. Den Eltern ist auch vorgeschrieben, daß sie ihre Kinder in der Furcht Gottes unterrichten; denn was nützt es dem Vater, wenn er einen zu den ewigen Qualen bestimmten Sohn hat? Deßhalb sollen die Väter ihre Söhne recht fleißig in den Lehren der Frömmigkeit unterrichten, damit sie dieselben hier und in der künftigen Welt als gesegnete Erben sehen [1]); aber auch die Kinder sollen ihren Eltern gehorchen, denn auch Christus war, wie wir lesen [2]), seinen Eltern unterthan. Die Männer sollen ihre Weiber lieben in Keuschheit und mit reinem Gewissen und ihnen als dem schwächeren Gefäße in der Furcht Gottes die gebührende Ehre erweisen, die Weiber aber sollen in Furcht und Treue ihren Männern unterthan sein und wissen, daß die Unterwürfigkeit des Weibes unter den Mann von Gott angeordnet ist [3]). Es giebt aber auch andere Gebote, welche in der Kirche jeder Würde, jedem Alter und jedem Geschlechte gelten, wie unter andern, daß man Gott den Herrn lieben soll aus ganzem Herzen, aus ganzem Gemüthe und aus allen Kräften und den Nächsten wie sich selbst [4]), und daß keiner einem Andern thun soll, was er nicht will, daß ihm von einem Andern widerfahre [5]). Nöthig ist Allen auch die Geduld, das Gefühl des Mitleids, die Fülle der Barmherzigkeit, die Strenge der Gerechtigkeit, die Reinheit des Glaubens, die Festigkeit der Hoffnung, die Inständigkeit des

1) Vgl. I. Petr. 3, 9. — 2) Luc. 2, 51. — 3) Vgl. Gen. 3, 16.
4) Matth. 22, 37—39. — 5) Vgl. Tob. 4, 16.

Gebetes und die Sanftheit der Sitten. Durch diese und ähnliche Opfer nämlich wird die göttliche Gnade verdient, denn diese Lehren des Heiles schicken sich für Alle und müssen als für Alle nöthig betrachtet werden. Durch diese Schritte wird die Reise nach oben vollbracht und mit diesen Schlüsseln die Thüre des himmlischen Vaterlandes geöffnet. Auf dieser Bahn haben alle Heiligen den Lauf des gegenwärtigen Lebens vollbracht und Alle, welche nun mit Christus herrschen, sind auf diesen Pfaden zu ihm gelangt; auch ist dieser Weg nicht mühsam, sondern sehr ruhmvoll, er wird in kurzer Frist zurückgelegt, aber mit ewiger Freude und Herrlichkeit belohnt. Wer aber nicht aufhört, auf diesem Wege fortzuwandeln, wird der Glückseligkeit der Engel theilhaftig und genießt den ewigen Anblick des allmächtigen Herrn und Gottes, der da lebt und regiert von Ewigkeit zu Ewigkeit. Amen.

Zehnte Rede.

Von der Menschwerdung des Sohnes Gottes und von der Erlösung des menschlichen Geschlechts.

1. Der allmächtige Gott schuf den ersten Menschen im Paradiese nach seinem Bilde und Gleichniß [1]) und wollte, daß er ewig lebe; als aber der Urvater des menschlichen Geschlechtes in Folge seiner Schuld aus den Freuden des Paradieses verstoßen wurde und der Sorge dieses Elendes und der Blindheit, an welcher wir leiden, anheimfiel, konnte er die Freuden des himmlischen Vaterlandes, welche er früher geschaut hatte, nicht mehr sehen. Im Paradiese nämlich war der Mensch gewohnt, der Ansprache Gottes zu genießen und durch die Reinheit des Herzens und die Erhabenheit der Anschauung unter den Geistern der seligen Engel zu weilen. Diese Ergötzungen verlor der Mensch damals, als er im Paradiese sündigte. Nachdem der erste Mensch gefallen war, wurde er Allem, was er mit dem Lichte des Geistes geschaut hatte, entrückt und wir, die wir aus seinem Fleische in

1) Gen. 1, 26.

der Blindheit dieses Elendes geboren sind, hörten zwar, daß es ein himmlisches Vaterland gebe, hörten, daß die Engel Gottes Bewohner desselben seien, und hörten, daß die Geister der vollkommenen Gerechten diesen Engeln beigesellt werden, da aber alle fleischliche Menschen dieses Unsichtbare nicht durch die Erfahrung zu fassen vermögen, so zweifeln sie, ob das, was sie mit den körperlichen Augen nicht sehen, wirklich bestehe. Wenn sie hören, daß das Höchste auch unsichtbar ist, so hegen sie, weil sie nur das sichtbare Niedrigste, worin sie geboren sind, kennen, Mißtrauen gegen die Wahrheit des Unsichtbaren, und so geschah es, daß der Schöpfer des Unsichtbaren und des Sichtbaren, der Eingeborene des Vaters, zur Erlösung des menschlichen Geschlechtes kam und der Eingeborene des Vaters Fleisch wurde, um uns zu dem Glauben zu führen. O wie groß ist die Güte unseres Gottes, welcher uns schuf und befreite und viele Schmähungen und Verhöhnungen in Worten von den treulosen Juden erduldete, damit wir uns nach seinem Beispiele in der wahren Geduld üben möchten; er empfing die Backenstreiche der ihn Mißhandelnden, um die Seelen der Gläubigen aus den Schlingen des Teufels zu befreien; er verbarg nicht vor den ihn anspeienden Treulosen das Gesicht, um uns mit dem Wasser des Heils abzuwaschen; er ertrug schweigend die Schläge, um uns von den ewigen Strafen zu erretten; er erduldete die Maulschellen, um uns ewige Ehre unter den Chören der Engel zu Theil werden zu lassen; er nahm bei seinem Durste die Bitterkeit der Galle an, um uns mit der ewigen Süßigkeit zu berauschen; das Leben selbst kam bis zum Tode, um den Todten das Leben zu bereiten. Warum hält man es also für hart, daß der Mensch für seine Bosheiten von Gott Schläge ertragen soll, wenn Gott von den Menschen so viel Böses für seine Wohlthaten ertrug? Wie kann Jemand mit gesundem Verstande über seine Züchtigung unwillig sein, da er selbst, der doch hier ohne Sünde lebte, von hier nicht ohne Züchtigung abging? Alles dieß und noch viel Anderes ertrug unser Erlöser für unser Heil und wir müssen aus Liebe zu ihm alle Laster und bösen Begierden lassen, weil er uns so sehr liebte, daß er für uns sein heiliges Blut vergoß. Wandeln wir also, geliebteste Brüder! auf dem schwierigen und rauhen

Wege des Erlösers, lassen wir uns durch die Liebe zum Irdischen nicht überwältigen, nicht vom Stolze aufblasen, nicht vom Zorne zerfleischen, nicht von der Ueppigkeit beflecken, nicht vom Neide verzehren. Aus Liebe zu uns, geliebteste Brüder! unterlag unser Erlöser, lernen wir aus Liebe zu ihm uns selbst überwinden; thun wir dieß vollständig, so entgehen wir nicht nur den drohenden Strafen, sondern werden durch die den Märtyrern zukommende Herrlichkeit belohnt.

2. Da wir also, geliebteste Brüder! diese Hoffnung haben, so müssen wir uns reinigen von allem Unrathe des Fleisches und des Geistes und sollen, was böse und schmutzig ist, weder mit dem Leibe thun, noch mit dem Geiste denken, wie es den Heiligen ziemt, damit wir bei der künftigen Auferstehung zur Herrlichkeit und nicht zur Strafe zu gehen verdienen, denn ein Theil wird auferstehen, um von Gott die himmlischen Belohnungen zu erlangen, ein anderer aber, um mit dem Teufel ewige Qualen zu leiden, denn der Herr sagt im Evangelium von den Missethätern und Ungerechten: Alsdann werden die Gottlosen in das ewige Feuer, die Gerechten aber in das ewige Leben gehen [1]). Prägt euch also, geliebteste Brüder! diese Auferstehung, welche durch die apostolischen und göttlichen Worte bekräftigt ist, auf das Festeste ein. Bedenkt, daß unser Herr Jesus Christus, welcher von den Todten auferstanden ist und in seiner Unsterblichkeit zur Rechten des Vaters sitzt, sich würdigt, uns zu der gleichen Belohnung der Auferstehung zu berufen. Zeigt euch also würdig, daß euch jene himmlische und ewige Herrlichkeit verliehen wird, welche ihr nur dann erlangen könnt, wenn ihr euch in Allem heilig bewährt. Enthaltet euch aller bösen Werke, des Hasses, der Feindschaft, der Trunkenheit, der Unzucht, des Diebstahles und des Meineids, weil Gott alle diese und ähnliche Laster haßt und die, welche sich dieselben zu Schulden kommen lassen, in der Zukunft bestrafen wird. Seid also gütig, barmherzig, demüthig und schamhaft und thut stets das, was Gott an seinen Heiligen liebt, damit ihr mit seinen Heiligen zum ewigen Leben gelanget durch Jesus Christus, unsern Herrn, welcher sich würdigen wolle, uns

---

1) Matth. 25, 46.

in Allem zu beschützen und mit seiner Gnade beizustehen. Ihm sei Ehre mit dem Vater und dem heiligen Geiste von Ewigkeit zu Ewigkeit.

Elfte Rede.

Von den beiden von Gott bestimmten Reichen.

Gott hat zwei Reiche bestimmt, nämlich das der gegenwärtigen und das der zukünftigen Welt, und für beide eine Zeit anberaumt, und angeordnet, den Tag seines Gerichtes, welchen er selbst bestimmt hat, zu erwarten, an welchem eine Sichtung aller Dinge und Seelen vorgenommen werden soll, damit die Gottlosen für ihre Sünden dem ewigen Feuer übergeben werden, Diejenigen aber, welche nach dem Willen ihres Schöpfers und Gottes gelebt haben, für ihre guten Werke, nachdem sie den Segen empfangen, im klarsten Lichte strahlend in das ewige Leben eingehen und die ewigen Wohlthaten unaussprechlicher Güter empfangen. Jetzt, Brüder, sind bereits die Tage der heiligen und geistigen Reinigung der Seele da, an welchen einige Anstrengung des Körpers stattfindet, aber der Seele Gewinn erwächst, wie denn auch der Apostel sagt: Jetzt ist die gnadenreiche Zeit, siehe, jetzt ist der Tag des Heils [1]). Streben wir also, uns für Gott allein frei zu machen, verlassen wir die vorübergehenden Schätze der Welt und hängen wir Gott, dem gütigen Vater, an, indem der Psalmist mahnt und sagt: Macht euch frei und schauet, denn ich bin der Herr [2]). Sich für den Herrn frei machen heißt also, seinem Lobe obliegen, die Last der Sünden durch die Buße abwerfen und sich zu Gott, dem Schöpfer, bekehren. Wollet die schlechten Christen nicht nachahmen, denn es giebt deren, was noch schlimmer ist, welche nach der Taufe viele Laster und Sünden begehen und das Heilmittel der Buße nicht suchen, sondern durch alle Felder der Laster mit verhängten Zügeln der Sünden über die Abhänge der Ueppigkeit der Hölle zustürzen und ohne jede Reue oder Besserung des Lebens zu dem Altare zu gehen

---

1) II. Korinth. 6, 2. — 2) Vgl. Ps. 45, 7.

und an dem Abendmale Theil zu nehmen wagen; ihr aber, die ihr getauft seid, hütet euch, solche Leute nachzuahmen, damit ihr nicht, wenn ihr sie etwa nachahmen wollt, mit ihnen durch die ewige Strafe verloren geht. Bewahrt in euch das Gnadenmittel der Taufe, flieht die Trunkenheit gleich dem Abgrunde der Hölle, fürchtet den Stolz, den Neid und die Eitelkeit gleich dem Schwerte des Teufels. Wollet nicht verläumden, denn es steht geschrieben: Wer seinen Bruder verläumdet, wird aus dem Lande der Lebendigen vertilgt werden [1]; wollet nicht lästern, weil, wie geschrieben steht, auch die Lästerer das Reich Gottes nicht besitzen werden [2]; wollet kein falsches Zeugniß geben, weil geschrieben steht: Ein falscher Zeuge bleibt nicht ungestraft [3]; wollet nicht lügen, denn es steht geschrieben: Ein Mund, der lüget, tödtet die Seele [4]; wollet keinen Haß gegen einander hegen, denn es steht geschrieben: Wer seinen Bruder haßt, ist ein Menschenmörder [5], weil Jeder, welcher diese Bosheit hegt, das Gnadenmittel der Taufe verliert. Wollet in keinem Sinne einen Diebstahl begehen; wollet keinen Betrug verüben und meidet falsche Wagen und doppeltes Gewicht gleich tödtlichem Gifte. Kommt häufig zur Kirche und erweist euern Priestern Ehrfurcht und Liebe. Gebt von euerm Besitzthume den Zehnten und spendet nach euern Kräften Almosen. Nehmt keine Geschenke gegen Unschuldige an, sondern achtet, so oft ihr Rechtshändel anhört, auf Gott und erlaßt ein gerechtes Urtheil, damit ihr nicht etwa, indem ihr auf ungerechte Weise Geld erwerben wollt, der ewigen Strafe anheimfallt. Wer auf das Heil seiner Seele eifrig bedacht ist, fliehe, so viel er vermag, Alles, wodurch sie Schaden leidet. Wer nämlich nur an dieses Leben denkt, gleicht den unvernünftigen Thieren, denn was verlangen die Thiere anderes, als zu essen, zu trinken und zu schlafen? Eben so verhält es sich mit dem, der mehr auf sein Fleisch als auf seine Seele bedacht ist und der mehr den Fraß und die Ueppigkeit liebt als die Keuschheit und die Gerechtigkeit. Ihr müßt wissen, Geliebteste! daß wir deßhalb Christen geworden sind, um stets auf das künftige Leben und

---

1) Vgl. I. Jac. 4, 11. — 2) I. Korinth. 6, 10. — 3) Spr. Sal. 19, 9.
4) Weish. 1, 11. — 5) I. Joh. 3, 15.

die ewige Seligkeit bedacht zu sein und mehr für unsere Seele als für unsern Körper zu arbeiten, weil sich unser Fleisch nur wenige Jahre in der Welt befindet, unsere Seele aber, wenn wir recht handeln, ohne Ende im Himmel herrschen wird. Unterziehen wir uns also der Buße, Brüder! damit wir verdienen, bei Gott Verzeihung für unsere Sünden zu finden. Thun wir ihm Abbitte, weil wir ihn erzürnt haben; demüthigen wir uns, damit er uns erhöhe, weinen wir, damit er uns mit Freude erfülle, trauern wir, damit er uns tröste, werfen wir von uns die böse Gewohnheit und ziehen wir gleich einem Kleide die Tugend des Geistes an, besonders wir, die wir uns eines englischen Wandels würdig gemacht haben [1]), damit wir verdienen zur Gemeinschaft der Engel, wo das Böse nicht mehr zu unsern Ohren dringt, zu gelangen und jene glückselige und erwünschte Stimme zu hören, welche uns zuruft: Wohlan, du guter und getreuer Knecht, geh' ein in die Freude deines Herrn [2]). Dieß gebe unser Herr Jesus Christus, welcher lebt und regiert von Ewigkeit zu Ewigkeit. Amen.

Zwölfte Rede.

Ermahnung über die vierzigtägige Fastenzeit.

1. Wir sind, geliebteste Brüder! dazu bestellt, euch den Weg eueres Heils zu zeigen, in so weit die göttliche Gnade sich würdigt, uns Einsicht zu verleihen. Wir ersuchen euch deßhalb, ihr wollet euch bemühen, die Gebote des Herrn mit aufmerksamem Sinne und frommer Ergebenheit fleißig zu jeder Stunde zu erfüllen, damit ihr in der göttlichen Liebe befestigt und durch keinerlei Versuchung von ihr getrennt werdet, sondern, indem ihr stets, was gut ist, thut, an Hoffnung durch die Kraft des heiligen Geistes überreich seid [3]), und damit ihr durch dessen Gnade den Glauben, welchen ihr empfangen habt, und die Taufe zu

---

1) Durch die Beichte und den Empfang des Abendmals, welchem wohl die gegenwärtige Rede als Ermahnung folgte.

2) Matth. 25, 21. — 3) Vgl. Röm. 15, 13.

bewahren vermöget vor dem Angesichte des höchsten Gottes und unseres Erlösers Jesus Christus, weil wir geschaffen sind zum Lobe des heiligen Namens Dessen, der uns geliebt und uns gewaschen hat von unsern Sünden mit seinem Blute [1]), und weil er den Tod für uns erduldet, um durch seinen Tod dem die Macht zu nehmen, der des Todes Gewalt hatte, nämlich dem Teufel [2]), und, indem er das menschliche Geschlecht seiner Macht entriß, den Gläubigen das Himmelreich öffnete, wo die Getreuen das ewige Leben genießen, indem sie die größte Frucht des ewigen Lebens besitzen. Die größte Frucht ist der alleinige Gott, der Spender des ewigen Lebens; laßt uns deßhalb unsern alleinigen Gott und Herrn anbeten und ihm allein dienen, damit er sich würdige, uns mit der herrlichsten Frucht zu belohnen. Fliehen wir Alles, was der Gewalt des Teufels unterliegt, damit wir, gestärkt durch die göttliche Kraft, den Sieg davon tragen gegen die alten Ränke desselben.

2. Wir müssen, geliebteste Brüder! stets die Barmherzigkeit unseres Herrn und Erlösers Jesus Christus mit aller Demuth preisen und uns mit frommem Vorsatze seinem Befehle unterwerfen, besonders aber mit gutem Willen und aufrichtiger Liebe in diesen heiligen Tagen, welche jetzt beginnen, unsere Seele und unsern Leib durch Fasten, Beten und Almosengeben der göttlichen Majestät empfehlen, weil unser Herr Jesus Christus, als er zu den Menschen kam, vierzig Tage und vierzig Nächte fastete und durchaus keine Speise zu sich nahm. Auch wir wollen uns, so viel wir können, bemühen, in der jährlichen Fastenzeit unser Fleisch durch Enthaltsamkeit abzutödten, weil es uns Noth thut, daß wir uns der unerlaubten Gedanken, Worte und Werke enthalten, indem wir nach den himmlischen und geistlichen Vorschriften leben. Durch das mosaische Gesetz ist dem ganzen Volke vorgeschrieben, den Zehnten und die Erstlinge Gott dem Herrn darzubringen [3]); eben so müssen wir den Anfang unseres Willens und die Vollendung unserer Werke der Gnade Gottes darbringen und an unserm Leibe den Zehnten der Tage des Jahres jetzt in dieser heiligsten Zeit entrichten, weil dieß die Tage sind,

---

1) Offenb. 1, 5. — 2) Hebr. 2, 14. — 3) Vgl. Exod. 22, 29.

welche dazu bestimmt wurden, um an ihnen Gott den Zehnten unseres Fleisches zu geben. Von dem gegenwärtigen Tage nämlich, geliebteste Brüder! sind, wie ihr wißt, bis zu den Ostern zweiundvierzig Tage [1]), an sechsunddreißig derselben fasten wir, an sechs aber, nämlich an den Sonntagen, genießen wir in Fröhlichkeit unsere Nahrung; da aber das Jahr dreihundertundsechzig Tage zählt [2]), so läßt sich die ganze Zeit des Jahres durch die Zahl von sechsunddreißig Tagen in zehn Theile theilen. An diesen Tagen müssen wir nach der Kirche kommen und mit reinem Herzen und keuschem Körper im Angesichte der göttlichen Majestät demüthig den Ertrag unserer Werke darbringen, indem wir zu dem allmächtigen Gotte flehen, daß er sich würdige, uns zu verzeihen, daß wir das ganze Jahr hindurch nachläßiger, als es unsere Pflicht war, gelebt haben. Beeilen wir uns also, geliebteste Brüder! indem wir dieß klug und getreulich überlegen, unsere Zuflucht zu den Heilmitteln der Buße zu nehmen und uns durch Keuschheit und durch die Werke der Gerechtigkeit und Barmherzigkeit bei Gott die ewigen Belohnungen zu erwerben. Wir sollen um so fleißiger diese Tage mit guten Handlungen hinbringen, weil die Fasten, wenn sie aus Liebe zu Gott und nicht aus eitler Ruhmsucht gehalten werden, bei Gott große Nachsicht gegen unsere Sünden erwirken.

3. Das Fasten ist nur dann vollkommen und vernünftig, wenn unser Körper fastet, die Seele betet und das Gebet durch das Fasten leichter zum Himmel dringt, denn alsdann wird der Mensch geistig und kommt mit den Engeln in Verbindung; weil wir auf diese Weise die Laster niederkämpfen, das Fleisch demüthigen und die Versuchungen des Teufels überwinden. Wollet euere Seele nicht vernachläßigen, sondern laßt eben so, wie ihr euerm Fleische, damit es nicht schwach wird, täglich Speise bietet, gute Werke die tägliche Nahrung eueres Sinnes sein. Der Körper

---

1) Zu der Zeit des Bonifacius wurden nämlich die vier Tage vor dem ersten Sonntage in der Fasten noch nicht als Fasttage betrachtet.

2) Damit soll keineswegs gesagt werden, daß das Jahr nur 360 Tage zähle, sondern es werden hier nur die 36 × 10 Tage genommen, von welchen der Zehnte gegeben werden kann, der Rest von 5 Tagen wird nicht gezählt.

wird durch die Speise erhalten, der Geist durch das fromme Werk genährt; verweigert, was ihr dem sterblichen Fleische gewährt, der ewig lebenden Seele nicht. Das Leben des Körpers ist die Seele, das Leben der Seele ist Gott und wie der Körper todt ist ohne die Seele, so ist die Seele todt ohne Gott. Halten wir daher unsern Heiland Jesus Christus durch gute Werke im Herzen, damit er sich würdige, unsere Seele und unsern Körper zu erhalten. Es geziemt Jedem, Gott, unsern Herrn, aus ganzem Herzen, aus ganzem Gemüthe und mit aller Kraft zu lieben und den Nächsten wie sich selbst [1]), und Keiner thue dem Andern, was er nicht will, daß ihm geschehe [2]). Seht deßhalb zu, Geliebteste! daß ihr euere Herzen reiniget und euere Körper kasteiet, damit ihr für würdig gehalten werdet, den heiligen Geist zu empfangen, dessen nicht sterbliche, sondern ewige geistige Wohnung ihr seid, wenn ihr recht glaubt und gut handelt.

4. Wachet, Brüder! in jedem guten Werke, behaltet im Gedächtnisse, was ihr bei der Verkündigung eueres Heils gehört habt, und thut, was geboten ist. Habt Christus im Herzen und das Zeichen des heiligen Kreuzes an der Stirne. Wir haben viele unsichtbare Feinde, welche unsern Wandel zu stören sich bemühen und die Schlingen ihrer Nachstellung auf unsere Wege legen, um uns, wenn wir uns in schädliche Lüste verstricken lassen, den Gang des Lebens abzuschneiden. Gegen diese bewaffnet euch mit dem Zeichen des Kreuzes Christi, denn die bösen Geister, unsere Feinde, fliehen und fürchten dieses, weil sie durch dieses Zeichen verdammt, wir aber durch dasselbe befreit worden sind. Lassen wir dieses jedem Werke vorausgehen; dieses schütze uns, während wir schlafen, und waffne uns, während wir wachen, damit uns der nachstellende Feind, während wir schlafen oder wachen, nicht in irgend einer Beziehung schaden könne, denn auch unser König, das heißt, Jesus Christus, wird uns, wenn er uns bei jeder Betrübniß oder Furcht zu seinem Banner unsere Zuflucht nehmen sieht, sogleich mit der Rechten seiner Macht zum Lobe und zur Ehre seines heiligen Namens aus jeder Widerwärtigkeit erretten und uns beschützen, denn gelobt und verehrt muß

1) Vgl. Matth. 22, 37—39. — 2) Vgl. Tob. 4, 16.

werden der wahre Gott, welcher die auf ihn Hoffenden schirmt; zu ihm, geliebteste Brüder! laßt uns flehen, daß er uns hier beschützen und zum ewigen Leben führen wolle.

Dreizehnte Rede.

Warum auf die vierzigtägigen Fasten mehr zu achten ist als auf die übrigen Fasten.

Wir sollen, geliebteste Brüder! stets zu jeder Zeit uns demüthigen und Gott unserm Herrn dienen, besonders aber in diesen heiligen Tagen der vierzigtägigen Fasten, und wir theilen euch mit, daß wir auf diese heiligen Fasten deßhalb mehr als auf die übrigen Fasten achten müssen, weil unser Erlöser, als er zu den Menschen kam, vierzig Tage und vierzig Nächte fastete und durchaus keine Speise zu sich nahm. Reinigen wir auch uns, in so weit wir es mit Gottes Hülfe vermögen, durch Enthaltsamkeit von unsern Sünden. Ihr wißt, daß von dem gegenwärtigen Tage bis zu den Freuden der Osterfeier sechs Wochen kommen, welche aus zweiundvierzig Tagen bestehen, von denen jedoch, da an den sechs Sonntagen die Enthaltsamkeit nicht geboten ist, nicht mehr als sechsunddreißig Tage für die Enthaltsamkeit übrig bleiben; da aber das Jahr dreihundertundsechzig Tage zählt [1]) und wir uns sechsunddreißig Tage hindurch kasteien, so geben wir Gott gleichsam den Zehnten unseres Jahres, indem wir, die wir während des verliehenen Jahres uns selbst gelebt haben, in dem zehnten Theile desselben durch die Enthaltsamkeit unserm Schöpfer dienstbar sind. Beeilet euch also, geliebteste Brüder! eben so wie euch durch das Gesetz geboten ist, den Zehnten euerer Habseligkeiten zu geben, auch den Zehnten der Tage darzubringen. Jeder soll, in so weit die Kraft ausreicht, sein Fleisch abmergeln und die Begierde desselben niederhalten, damit wir für das Fleisch, welches uns in seiner Ausgelassenheit zur Schuld hinzieht, durch Niederhaltung desselben wieder Verzeihung erlangen und damit wir, die wir durch die Sünde

1) Vgl. die Bemerkung zu der vorhergehenden Rede.

gefallen sind, durch die Verzeihung wieder aufstehen und stets thun, was gut ist, weil der Apostel sagt: Jeder empfängt, was er Gutes thut, vom Herrn zurück [1]). Thut deßhalb, Brüder! was ihr Gutes zu thun vermöget, thut es ohne Traurigkeit, weil geschrieben steht: Einen freudigen Geber liebet Gott [2]). Jeder aber strebe jede böse Handlung zu meiden und enthalte sich nicht nur der Unzucht, welcher zu fröhnen stets verboten ist, sondern auch des erlaubten ehelichen Umgangs [3]) in diesen vierzig Tagen; eben so meide er müssige Scherze und unnütze und schändliche Worte und sinne Tag und Nacht darauf, alle seine Mühe zum Lobe unseres Herrn Jesus Christus auf heilige Gebete und Wachen, auf Almosen und auf den Besuch der Kirche zu verwenden, und kommt er zur Kirche, so bitte er den allmächtigen Gott, daß dieser seinen Weg nach seinem Willen leite und sich würdige, ihm seine Sünden zu verzeihen; auch höre er gern das Wort Gottes und hindere keinen Andern daran, weil der Herr uns mahnt und sagt: Bittet, so wird euch gegeben werden, suchet, so werdet ihr finden, klopfet an, so wird euch aufgethan werden [4]). Laßt uns auch diese heilige Fasten nach dem Willen Gottes halten, weil das Fasten eine heilige Sache und ein himmlisches Werk ist und Jeder, der es heilig vollbringt, mit Gott vereinigt und geistig gemacht wird, denn dadurch werden die Laster niedergekämpft, das Fleisch gedemüthigt und die Versuchungen des Teufels überwunden. Fliehen wir also alle Laster, Unzucht, Uneinigkeit, Feindschaft, Streit, Mißgunst, Zorn, Zank, Zwietracht, Todtschlag, Neid, Trunkenheit und Fraß und behalten wir Liebe und Freude, Friede und Langmuth, Geduld und Güte, Bescheidenheit und Enthaltsamkeit, damit wir mit guten Werken ausgerüstet die Versuchungen des Teufels zu überwinden, in der Furcht Gottes zu wachsen und jetzt und immer seinen Willen zu thun vermögen, da wir zu jeder Stunde geschmückt und glänzend sein müssen, besonders aber in diesen vierzig Tagen, weil

---

1) Ephes. 12, 8. — 2) II. Korinth. 9, 7.

3) In der früheren frömmeren Zeit wurden sogar Diejenigen, welche dieser Vorschrift Folge zu leisten unterließen, auf Ostern nicht zum Abendmale zugelassen.

4) Luc. 11, 9.

wir, wie weiter oben gesagt wurde, in diesen Gott den Zehnten unseres Jahres geben sollen. Geliebteste Brüder! reinigen wir stets Leib und Seele, damit wir in der Stunde unseres Hinscheidens Gottes würdig befunden werden und an dem Tage des Gerichtes, wenn unser Herr Jesus Christus in seiner Herrlichkeit mit seinen Engeln gekommen sein wird, zu dem ewigen Leben zu gelangen und dort für immer selig zu leben verdienen, wo gewisse Sicherheit, sichere Ruhe, ruhige Ergötzung, glückselige Ewigkeit, ewige Glückseligkeit und vollkommene Liebe und keine Furcht ist, wo es ewiges Heil in Fülle giebt und die Wahrheit herrscht, wo Niemand betrügt und Niemand betrogen wird, wo alle Güter unser Herr Jesus Christus ausmacht, welcher mit dem Vater und dem heiligen Geiste lebt und regiert, Gott von Ewigkeit zu Ewigkeit. Er wolle uns verleihen, daß wir zu jenem Leben und zu jener Glückseligkeit gelangen. Amen.

Vierzehnte Rede.

Am Tage des Osterfestes.

1. Dank sei Gott, unserm Erlöser, welcher uns wohlbehalten zu der Feier des heutigen Tages, des Sonntages des Osterfestes, gelangen ließ. Heute wird in der ganzen Welt in den heiligen Kirchen Christi die Auferstehung unseres Herrn und Erlösers Jesus Christus gefeiert. Deßhalb geziemt es sich, geliebteste Brüder! daß wir Etwas über ein so großes Fest sprechen. Es ist aber Jesus Christus im Fleische erschienen, hat sich nach seinem Willen gewürdigt zu sterben, ist durch seine Macht auferstanden und hat uns durch sein Beispiel gezeigt, was er uns als Belohnung versprochen hat. Er ist allein zur bestimmten Zeit gestorben und doch keineswegs allein auferstanden; denn es steht geschrieben: Viele Leiber der Heiligen, die entschlafen waren, standen auf [1]. Hier erfahren wir also, daß mit Gott Menschen auferstanden sind, und zweifeln nicht, daß dieß reine Menschen waren. Sind wir also Glieder unseres Erlösers, so dürfen wir an uns voraus-

1) Matth. 27, 52.

setzen, was, wie wir wissen, am Haupte, welches Christus Jesus ist, vollbracht wurde. Dieser ist nämlich, wie der Apostel Paulus sagt, unserer Sünden wegen gestorben und um unserer Rechtfertigung willen auferstanden [1]. O große Gnade unseres Erlösers, des eingeborenen Sohnes Gottes, und unseres Herrn und Heilandes Jesus Christus, welcher in diese Welt gekommen ist, die Sünder selig zu machen [2], weil alle Menschen vor der Ankunft des Heilands durch die Erbsünde der ersten Uebertretung Adams und seines Weibes Eva schuldig waren [3].

2. Ihr habt schon oft, geliebteste Brüder! gehört, wie unsere ersten Eltern das Gebot Gottes übertreten haben, und wir wollen jetzt nur kurz darüber sprechen. Sie waren nämlich in das Paradies eines so großen Glückes gesetzt, daß sie, wenn sie in dieser Seligkeit des Paradieses nur darauf geachtet hätten, sich der Frucht des verbotenen Baumes zu enthalten, stets des Todes und des Elendes ledig gewesen wären, denn es befahl ihnen Gott, der Herr, von der Frucht eines einzigen Baumes nicht zu essen, damit sie, wenn sie durch kein Gesetz gebunden würden, sich Alles für erlaubt halten und sich Gott ähnlich wähnen sollten; auch befand sich zwar das Paradies auf der Erde, in ihm herrschte aber, wie gesagt, eine so große Glückseligkeit, daß sie, wenn sie das Gebot Gottes beobachtet hätten, stets des Todes und des Elendes ledig gewesen sein würden, bis sie in das himmlische Reich versetzt worden wären; aber der alte Feind wollte aus Neid gegen eine so große Herrlichkeit des Menschen nicht, daß der Mensch eine so große Glückseligkeit genieße, welcher er durch seinen Stolz verlustig geworden, weil er, obgleich von Gott gut geschaffen, durch seinen Stolz vom Himmel herabgestürzt war; er hegte also Neid gegen die Herrlichkeit des Menschen, weil er seine eigene verloren hatte, versuchte das Weib durch die Schlange und rieth dem Weibe, von der Frucht jenes Baumes, deren Genuß ihnen der Herr verboten hatte, zu essen, indem er sprach: Wenn ihr von dem Baume esset, so werden euere Augen sich aufthun und ihr werdet wie die Götter werden, erkennend Gutes und

---

1) Röm. 4, 25. — 2) I. Tim. 1, 15.
3) Vgl. Röm. 5, 13. 14.

Böses [1]). Das Weib folgte dem Rathe, aß und gab dem Manne; auch dieser aß und darauf wurden nach der Sünde beide aus dem Paradiese in dieses elende Leben geworfen. Auch wurde jeder Mensch wegen dieser Uebertretung unter der Herrschaft des Todes gehalten und alle stiegen zu den Pforten der Hölle herab; zwar brannten die Gerechten daselbst nicht, sie befanden sich aber doch in der Hölle, wo sie in der Finsterniß und im Schatten des Todes saßen, und keiner unter den Menschen vermochte diese Verdammniß von sich abzuschütteln, sondern alle wurden in der Hölle festgehalten, bis unser Herr Jesus Christus sich würdigte, durch den Leib der unbefleckten Jungfrau Maria in der Welt geboren zu werden, damit er der Befreier der Menschen werde, so wie er ihr Schöpfer war; auch hat er in dem Fleische, welches er für das Heil von uns allen annahm, von dem treulosen Volke der Juden viele Unbilden erduldet, und zwar keineswegs, weil er sich nicht hätte rächen können, sondern um uns ein Beispiel der Geduld zu geben und zu lehren, Trübsale und Unbilden mit Gelassenheit zu ertragen. Er ertrug die Versuchungen des Teufels und überwand ihn durch seine Tugend; er konnte ihn durch seine Göttlichkeit in den Abgrund stürzen und erwiederte doch nur Worte der Sanftmuth. Er erduldete von den treulosen Juden viele Schimpfworte und überdieß Schläge, Speichel, Backenstreiche, die Dornenkrone und viele Verletzungen, sträubte sich nicht, als man ihn nach allem Diesem und vielem Anderm auf das Kreuz legte, daß sein Körper von Nägeln durchbohrt wurde, duldete den Tod, indem er seinen Geist aufgab, legte ohne Nothwendigkeit und nur nach seinem eigenen Willen sein Fleisch in das Grab, stieg in die Hölle hinab, fesselte den Fürsten des Todes, das heißt, den Teufel, zerbrach die eisernen Riegel der Pforten der Hölle, brachte alle Gerechte, indem er sie von da fortnahm, in die frühere Freiheit zurück und zeigte uns, die wir an ihn glauben, indem er vom Tode auferstand, das Licht des ewigen Heils.

3. Diese Herrlichkeit seiner Auferstehung, welche wir jedes Jahr von neuem preisen, feiern wir heute. Freuen wir uns also, Geliebteste! frohlocken wir, weil an diesem heiligen Feste unser

---

1) Genes. 3, 5.

Erlöser durch seine Auferstehung uns das unsterbliche Leben gezeigt hat und es uns auch durch seine Gnade geben wird, wenn wir von den Lastern zu den Tugenden übergehen wollen. Reinigen wir uns deßhalb von aller Missethat und dienen wir unserm Gotte und Herrn Jesus Christus, weil dieser für uns sein heiliges Blut vergoß, um uns von aller Missethat zu erlösen. Leben wir daher in dieser Welt heilig, gerecht und fromm und ziehen nichts der Liebe Gottes vor, welcher uns so sehr geliebt hat, daß er, wie wir gesagt haben, selbst für uns starb. Jetzt aber, geliebteste Brüder! laßt uns fröhlich seine Auferstehung feiern und bereiten wir uns mit reinem Herzen und keuschem Körper für ihn vor, damit wir durch diese österlichen Feste, welche wir hier feiern, zu den himmlischen zu gelangen und dort stets mit den heiligen Engeln und allen Gerechten selig zu leben verdienen, wie denn der Herr selbst sagt: Alsdann werden die Gerechten leuchten wie die Sonne im Reiche ihres Vaters [1]). Zu jener ewigen Freude wolle uns zu führen sich würdigen unser Herr Jesus Christus, der uns erschaffen hat und welcher regiert mit dem Vater in der Einheit des heiligen Geistes, Gott von Ewigkeit zu Ewigkeit. Amen.

Fünfzehnte Rede.

Von der Abschwörung in der Taufe.

1. Höret, Brüder! und wollet recht eifrig überlegen, was ihr in der Taufe abgeschworen habt. Ihr habt nämlich dem Teufel abgeschworen und allen seinen Werken und allem seinem Gepränge. Was versteht man also unter den Werken des Teufels? Werke des Teufels sind der Stolz, die Abgötterei, der Neid, der Todtschlag, die Verläumdung, die Lüge, der Meineid, der Haß, die Unzucht, der Ehebruch, jede Befleckung, der Diebstahl, das falsche Zeugniß, der Raub, die Freßsucht, die Völlerei, Schandreden, die Zwietracht, der Zorn, die Giftmischerei, die Befragung der Zauberer und Loosdeuter, der Glaube an Hexen und Wer-

1) Matth. 13, 43.

wölfe [1]), die Abtreibung der Leibesfrucht, der Ungehorsam gegen die Obern und die Anwendung der Abwehrmittel [2]). Diese und andere ähnliche Uebelthaten sind Werke des Teufels, allen diesen habt ihr in der Taufe entsagt, und alle, welche sich derselben schuldig machen, sind, wie der Apostel sagt, des Todes würdig und werden das Reich Gottes nicht erlangen [3]). Weil wir aber wegen der Barmherzigkeit Gottes glauben, daß ihr allen oben genannten Sünden im Herzen und in der That entsagen wollt, damit ihr Verzeihung zu erlangen verdient, so ermahne ich Euch, geliebteste Brüder! an das zu denken, was ihr dem allmächtigen Gotte versprochen habt.

2. Zuerst nämlich habt ihr versprochen, zu glauben an einen allmächtigen Gott in der vollkommenen Dreifaltigkeit, den allmächtigen Gott und seinen Sohn Jesus Christus und an den heiligen Geist.

3. Die Gebote Gottes, welche ihr erfüllen und beobachten sollt, sind folgende. Ihr sollt Gott, welchen ihr bekannt habt, lieben aus ganzem Herzen, aus ganzem Gemüthe und mit aller Kraft, sodann euern Nächsten, wie euch selbst; an allen diesen Geboten hängen das ganze Gesetz und die Propheten [4]). Seid geduldig, seid barmherzig, gütig, keusch und fleckenlos, lehret euere Söhne und euer Gesinde Gott fürchten; versöhnt die Zwieträchtigen und wer Rechtshändel anhört, urtheile gerecht und nehme keine Geschenke, weil Geschenke selbst die Weisen blind machen.

4. Haltet den Tag des Herrn und kommt zur Kirche und zwar um daselbst zu beten und nicht um zu schwatzen. Gebt Almosen nach Kräften, denn wie das Wasser das Feuer löscht, so löscht das Almosen die Sünden [5]). Nehmt wechselseitig die Fremden gastfreundlich auf, besucht die Kranken, leistet den Wittwen und Waisen Beistand, gebt den Kirchen den Zehnten und thut keinem Andern, was ihr nicht wollt, daß euch widerfahre [6]).

---

1) Ficti lupi, in Wölfe verwandelte Menschen, welche nach dem Aberglauben der Alten großes Unheil verursachen und insbesondere nach jungem Blute lüstern sind; vgl. J. Grimm, Deutsche Mythologie, Bd. II, S. 1048 ff.

2) Phylacteria, Amulette jeder Art. — 3) Gal. 5, 21.

4) Matth. 22, 37 ff. — 5) Ecclesiast. 3, 33. — 6) Tob. 4, 16.

Fürchtet allenthalben Gott allein. Ihr Knechte, seid euern Herrn unterthan und ihr Herrn übt Gerechtigkeit gegen euere Knechte. Behaltet das Gebet des Herrn und das Glaubensbekenntniß in euerm Gedächtnisse und überliefert es euern Söhnen und Pathen, für welche ihr in der Taufe Bürgen geworden seid. Haltet gern die Fasten, liebt die Gerechtigkeit, widerstehet dem Teufel und nehmt zu den vorgeschriebenen Zeiten das Abendmal. Diese und ähnliche Werke befahl Gott zu thun und zu beobachten.

5. Glaubt an die Ankunft Christi, an die Auferstehung des Fleisches und an das Gericht über alle Menschen. Hier werden diese geschieden, die gottlosen zum ewigen Feuer, die gerechten aber zum ewigen Leben. Hier ist Leben mit Gott ohne Tod, Licht ohne Finsterniß, Wohlergehen ohne Krankheit, Sättigung ohne Hunger, Glückseligkeit ohne Furcht, Freude ohne Traurigkeit. Hier ist ewige Herrlichkeit, hier werden die Gerechten strahlen wie die Sonne, denn kein Auge hat gesehen, kein Ohr hat gehört und in keines Menschen Herz ist gekommen, was Gott denen bereitet hat, die ihn lieben [1]).

6. Ferner ermahne ich euch, geliebteste Brüder! enthaltet euch, weil die Zeit der Geburt des Herrn herannaht, aller Ueppigkeit und aller Unzucht, aller Unreinigkeit und aller bösen Werke. Verscheucht den Zorn, den Haß und den Neid gleich Gift aus euern Herzen. Beobachtet die Keuschheit auch bei euern eigenen Weibern; schmückt euch mit guten Werken; vertheilt Almosen an die Armen Christi; ladet die Armen oft zu besseren Mahlzeiten ein; haltet mit allen Frieden und versöhnt die Zwieträchtigen. Erfüllt ihr dieß mit dem Beistande Christi getreulich, so könnt ihr in dieser Welt mit Zuversicht zu dem Altare des Herrn herantreten und in der künftigen glücklich zur ewigen Glückseligkeit gelangen.

---

1) I. Korinth. 2, 9.

IV.

Leben

des

heiligen Livinus.

Vorwort.

Bonifacius, der sündige Mensch und Knecht der Knechte unsers Herrn Jesus Christus, sämmtlichen unter der Obhut der heiligen und untheilbaren Dreieinigkeit in der höchsten Glückseligkeit auf einen festen Felsen gegründeten Kirchen die Glorie der ewigen Glückseligkeit.

1. Der preiswürdige Triumph des glorreichen Leidens des seligsten Vaters und von Gott geliebten Oberhirten Livinus hat es zum Gebote gemacht, daß wir die heutige Festlichkeit unserer Freude im Prunke großer Verehrung feierlich begehen und zur Lösung unserer Gelübde anwenden, um das herrliche Lob der Verdienste eines so großen Vaters der Welt zu offenbaren [1]). Wir ermahnen dadurch zum innigen Mitjubel, indem uns die festliche Zeit des dahinrollenden Jahres selbst zu den Freuden dieser Andacht auffordert [2]), nämlich die Zeit, zu welcher dieser überaus siegreiche Streiter und ruhmvolle Märtyrer, nachdem er

---

1) Das Leben des heiligen Livinus ist für die Mönche des im Gebiete Aalst liegenden Klosters Hanthem, wo der Körper des Heiligen ruhte, geschrieben und an dem Tage, an welchem das Fest der Erinnerung an ihn jährlich gefeiert wurde, dedicirt, wie aus diesem fast bis zur Unverständlichkeit geschraubten Vorworte hervorgeht.

2) Das Fest der Erinnerung an den Märtyrertod des heiligen Livinus wurde am 12 November gefeiert.

unbezwingbar für das Bekenntniß der heiligen Dreieinigkeit gefochten und über die Drohungen der Verfolger, so wie auch über die Qualen schwerer Leiden triumphirt, aus der Bedrängniß dieser Welt mit der Triumphpalme des Kampfes frohlockend hinüberwanderte und zu dem Könige des Himmels gelangte, um mit dem Lorbeerkranze der verdienten Würde in der Versammlung der Märtyrer auf den Thron erhoben und durch gleiche Ehre verherrlicht zu werden und sich ihrer Genossenschaft in der Seligkeit des ewigen Friedens zu erfreuen. Die Vorzüge der großen Tugenden dieses Wettkämpfers Christi von so ausgezeichneter Heiligkeit, welche wir vor euerer Liebden entfalten, haben wir von drei seiner Schüler, welche sie uns erzählten, erfahren, nämlich von Foillanus, Helias und Kilianus [1]), welche, wie sie bekannten, im Drange frommer Liebe wegen der Hoffnung auf das ewige Leben allem Ihrigen entsagt hatten und bemüht waren, seinen Fußtapfen dicht zu folgen, durch seine Ermahnungen zu lernen und sich nach seinem Beispiele zu bilden. Dieselben haben uns auch, indem sie vor uns auf dem Boden knieend unsere Hände küßten, unter schmerzlichem Seufzen und unter Thränen gebeten, diese Vorzüge niederzuschreiben und den Nachkommen zur Aufbewahrung zu überliefern. Wir haben ihrem Begehren vielfachen Widerstand entgegengesetzt, weil wir die geringe Erfahrung unserer Wenigkeit fürchteten, aber allmälig ist die Gewalt der schuldigen Liebe durch die Sanftheit ihrer Entkräftung [2]), so wie auch durch die doppelschlagenden Flügel der doppelten Liebe [3]) in den Verschluß unserer ergebenen Brust gedrungen, und endlich hat jener Einfluß der brüderlichen Anhänglichkeit unsern seinen Kräften mißtrauenden Sinn zu der Kühnheit bewogen, sich unter Mitwirkung der Gnade des heiligen

---

1) Diese frommen Männer sind nicht näher bekannt, denn Foillanus darf nicht mit einem englischen Abte gleichen Namens, welcher im J. 653 starb, und Kilianus nicht mit dem fränkischen Apostel Kilianus, welcher im J. 689 den Märtyrertod erlitt, verwechselt werden, wie Mabillon in den Vorbemerkungen zu dieser Legende gethan hat.

2) Durch ihre allmälige unfühlbare Einwirkung.

3) Zu dem Heiligen selbst, so wie auch zu dessen Schülern.

Geistes dem schwierigen Versuche zu unterziehen. Wir haben uns deßhalb bemüht, der Liebe dieser Männer Genüge zu leisten und ihre Mittheilung für würdig geachtet, sie zum Lobe und zum Ruhme des frommen Vaters von Wort zu Wort nachzuerzählen.

Es beginnt das Leben.

2. Zu der Zeit also, als Colomagnus, der berühmte König der Schotten [1]), in den Tugenden der christlichen Religion als hochherrlicher Mann mächtig war und den Scepter des Reiches und das Steuer der fürstlichen Alleinherrschaft durch himmlische Fügung glücklich führte, lebte ein aus Schottland stammender Rathsherr, Namens Theagnius [2]), nicht nur höchst ausgezeichnet durch den ansehnlichen Stammbaum edler Herkunft, sondern auch der erste unter den Würdeträgern des Königs und die schönste Zierde aller Hofleute desselben, ein unermüdlich thätiger, in alle Geheimnisse des Königs eingeweihter und seiner von der höchsten Klugheit zeugenden Anordnungen wegen durch das redselige Gerücht weit und breit bekannter Mann. Zur Gemahlin hatte er Agalmia, die anmuthige, sowohl durch ihre Abkunft, als auch durch ihre Verdienste ausgezeichnete Tochter des Ephigenius, des hochberühmten Königs der Hiberner [3]). Durch die Fügung des Herrn in gleichem Geiste verbunden und mit den göttlichen Geboten ausgerüstet glänzten beide durch die Zierden einer wunderbaren Tugend. Und wie sie der Herr durch seine Gnade erleuchtet hatte, so würdigte er sich auch, sie durch eine entsprechende Herrlichkeit zu trösten.

3. Als sie in einer Sonntagsnacht auf ihrem nach königlichem Wohlbehagen ausgeschmückten Lager zusammen ausgestreckt ruhten und weder wachten noch vollständig schliefen, sahen sie,

---

1) Ueber diesen König Colomagnus (oder Calomagnus, wie Andere schreiben) der Schotten findet sich nirgends eine nähere Nachricht.

2) Die Geschichte kennt diesen Rathsherrn eben so wenig als den König, welchem er diente.

3) Auch diesen König von Irland und seine Tochter Agalmia (Agalinia oder Agalunia — wie bei Anderen der Name heißt) sucht man in der Geschichte dieser Insel vergebens.

wie eine in unbeschreiblichem Glanze himmlischer Herrlichkeit strahlende Taube von milchweißer Farbe vom Himmel herabkam, sich auf den Kopfpolster ihres Lagers niederließ und mit heiterm Antlitze auf sie schaute. Darauf beschattete sie beide durch Ausbreitung ihrer Flügel, träufelte aus ihrem honigfließenden Munde drei milchweiße und der reinsten Milch ähnliche Tröpflein in die seligen Lippen der von Gott geliebten Frau und erhob sich in die Lüfte, um zum Himmel zurückzukehren. Alsbald durchdrang ein dunstartiger Schimmer mit dem dichten Dufte einer wohlriechenden Süßigkeit den ganzen königlichen Palast und erhielt sich in unverminderten Strahlen bis zum Morgen. Das Kind aber, welches die selige Mutter zu dieser Zeit in ihrem Schoße trug und bereits von dem belebenden Hauche bestrahlt war, fing an, sich auf seinen beweglichen Gliedern zu erheben, und freute sich, wie ihr sicher glauben dürft, der Rücksicht des himmlischen Besuches.

4. Der großmüthige Herzog Theagnius und die ehrwürdige Frau Agalmia, durch die Seltenheit eines solchen Gesichtes in Erstaunen gesetzt, ließen darauf schon beim ersten Strahle der Morgenröthe den Herrn Menalchius, einen Bruder des Herzogs, welcher zu dieser Zeit die Verwaltung des Erzbisthums führte [1], einen erprobten und durch die Erhabenheit seines heiligen Wandels ausgezeichneten Mann, zu sich kommen und legten ihm genau die Umstände eines so großen Ereignisses dar. Dieser antwortete von seiner Seite, wie die Gnade des heiligen Geistes ihm eingab, indem er sprach: „Dieses von Gott enthüllte Gesicht giebt nicht nur uns Veranlassung zum Frohlocken sondern wird auch vielen Völkerstämmen zur Freude gereichen, denn es wird durch Gottes Schickung euch ein Knabe geboren werden, welcher, schon im Mutterleibe geheiligt und durch die geistige Milch erquickt, einst als Oberhirte eine Leuchte des Vaterlandes und der standhafteste Vertheidiger des göttlichen Gesetzes den Völkern Gottes auf dem Wege des ewigen Heiles sein wird.“ — Als der ehrwürdige Geburtstag herbeikam, an welchem die hochbe-

---

1) Auch über diesen Erzbischof Menalchius schweigt die Kirchengeschichte Englands.

rühmte und durch die himmlische Heimsuchung verherrlichte Mutter, die ihres Namens würdige Agalmia [1]), diese gesegnete Frucht zur Welt brachte, wurden sämmtliche Bewohner jener Gegend von der Freude einer so wunderbaren Behaglichkeit ergriffen und eine so allgemeine Heiterkeit glänzte bei dem hellsten Sonnenscheine bis zum Ablaufe eines Monates fort, daß Alle sich wunderten und eingestehen mußten, von einer so langen Dauer großer Freude und ununterbrochener Heiterkeit weder in den ältesten Büchern gelesen, noch durch die Mittheilungen der Urahnen gehört zu haben.

5. Zu derselben Zeit kam auch der selige Augustinus, ein Vater von ausgezeichneter Heiligkeit, der von dem apostolischen Oberhirten des römischen Stuhles gesandte erste Bischof der Engländer und eine überaus glänzende Leuchte der höchsten Wahrheit, in seinen Angelegenheiten, wie man sich denken kann, durch die Fügung der göttlichen Vorsehung zu dem oben erwähnten Könige Colomagnus und nahm verwundert Theil an der Freude über ein so seltenes Ereigniß [2]), denn alle hohe Beamten des Königs und das ganze königliche Haus sammt den Bürgern des Landes waren in einen wunderbaren Freudenjubel gerathen, wünschten sich in ihren Unterredungen wechselseitig zu der Verkündung des Geistes der Wahrheit Glück und sagten, indem sie dieselbe als untrüglich erkannten, ebenfalls voraus, daß dieses von Gott geliebte Kind das Licht der Völker und der höchste Schutzpatron der ganzen Gegend zu werden bestimmt sei. Der fromme König und die überaus gottesfürchtige Königin hoben es mit den ehrwürdigen Oberhirten Augustinus, dem Bischofe

---

1) Hergeleitet von ἄγαλμα (Schmuck, Zierde); der Verfasser dieser Biographie war also der griechischen Sprache nicht ganz unkundig. Die Bemerkung beweist zugleich, daß die von Mabillon hergestellte Lesart Agalmia die richtige und die von Serarius gegebene (Agalunia) falsch ist.

2) Augustinus, der Apostel der Angelsachsen, unternahm die Bekehrung dieses Volkes auf die Mahnung des Papstes Gregorius I. und begann im J. 597 in Kent sein Werk mit großem Erfolge. Da er längstens bis zum Jahre 608 lebte, so muß der Besuch am Hofe des Königs von Schottland etwa am Ende des sechsten oder am Anfange des siebenten Jahrhunderts stattgefunden haben.

der Anglen, und dem Erzbischofe Menalchius aus dem heiligen Borne der seligen Wiedergeburt und legten ihm den Namen Livinus bei nach dem Namen des Bruders seiner glorreichen Mutter Agalmia, des Erzbischofes der hibernischen Kirche [1]), welcher für den Namen Christi bei den Humbranern [2]) die Palme des Märtyrerthums erlangte. Sobald sie den Knaben aus dem Wasser emporgehoben hatten, nahmen sie mit allen Anwesenden in einem deutlichen Gesichte wahr, wie ein säulenförmiger Glanz, glänzender als die Strahlen der glänzenden Sonne, herabstieg und sich dem Haupte des gesegneten Knaben näherte und wie eine rechte Hand, schimmernder als das lauterste Gold, daraus hervorreichte und das Kindlein selbst dreimal mit dem Zeichen des heiligen Kreuzes bezeichnete, wobei sich vom Himmel die Worte hören ließen: Der von Gott und den Menschen Geliebte, dessen Andenken im Segen ist [3]). Nach diesem Spruche zog sich das göttliche Gesicht wieder zu den himmlischen Räumen zurück. Von den Herrlichkeiten solcher Wunder und himmlischer Geheimnisse entzückt, priesen der König und die Königin, so wie die ehrwürdigen Personen des göttlichen Geheimnisses [4]), nämlich die Oberhirten Augustinus und Menalchius, sammt den Uebrigen mit gleich eifriger Andacht unsern Herrn Christus in der Höhe.

6. Der auserwählte Knabe Gottes also, schon in seinem kindlichen Alter durch seine vernünftige Eingezogenheit ausgezeichnet und auch in seinem Aeußern das Bild der Tugend darstellend, war, obgleich die Kräfte eines so winzigen Körpers noch nicht ausreichten, täglich mehr bemüht, durch reife Sitten seine Aufnahme unter die Bewohner des Himmels zu verdienen, und strebte unabläßig, ihr Genosse und erwünschter Freund zu werden.

---

1) Ueber den Erzbischof Livinus findet sich nirgends eine nähere Nachricht.

2) Darunter können wohl nur die Bewohner des nördlich vom Humber gelegenen Landstriches, welcher die jetzigen Provinzen Lancaster, Cumberland, Westmoreland, Northumberland und York in sich begreift, verstanden werden. Statt Humbrani, wie Mabillon liest, steht in der Ausgabe des Serarius und den ihr folgenden Abdrücken Verbani; ein Volksstamm dieses Namens dürfte aber nicht leicht aufzufinden sein.

3) Vgl. Ecclesiast. 45, 1. — 4) Die Spender der Taufe.

Da er darnach schmachtete, die Seligkeit zu verdienen, so entsagte er im Hinblicke auf das Künftige dem Zeitlichen, und weil er fürchtete, durch die Gebrechlichkeit des Fleisches dem Standpunkte des tugendhaften Handelns entrückt zu werden, so stieg er, durch geistliche Unterstützung gekräftigt, durch das Streben nach Vollkommenheit immer höher und erstarkte darin auf wunderbare Weise.

7. Als nun der bereits ruhmwürdige Jüngling, nämlich der seligste Livinus, als tüchtiger, mit der Schamhaftigkeit der göttlichen Inbrunst behelmter, mit der Festigkeit des Glaubens geharnischter und durch die Würde des himmlischen Kriegsdienstes begeisterter Kämpfer Christi das Alter von neun Jahren überschritten hatte und, um durch ununterbrochene Tugendübung größere Verdienste zu erwerben, sich jetzt anschickte, als tapferer Zeichenträger des höchsten Königs gegen den grausamsten Tyrannen dieser Welt und seine Verderben bringenden Ränke siegreich zu kämpfen, begann auch seine Verherrlichung vor der Welt durch wunderbare Auszeichnungen. Als nämlich am heiligen Pfingsttage der oben genannte Theagnius mit dem ehrwürdigen Knaben und umgeben von den ihn begleitenden Edeln zu dem von ihm zur Ehre der heiligen Maria, der jungfräulichen Gottesgebärerin, Gott erbauten Kloster [1]) wandelte, um sich an dem Lobe Gottes zu erquicken und durch die Sacramente zu kräftigen, schleppten die Bewohner dieses Ortes zwei mit eisernen Ketten zusammengebundene Männer herbei, welche die alte Schlange erbärmlich ihres Verstandes beraubt und der menschlichen Gesellschaft entfremdet hatte. Auch hatte der eine derselben einen Mann und zwei Frauen umgebracht und der andere sein eigenes Weib und zwei Söhne in seinem Wahnsinne todt niedergestreckt. Als der ehrwürdige Knabe Livinus sie sah, sprach er zu seinem Vater und dessen Gefolge: „Geliebteste, ich bitte euch, erfleht mit mir die Gnade des allmächtigen Gottes, damit er durch euer Gebet nach der Wichtigkeit dieses Unternehmens die Rücksicht seiner Herrlichkeit walten lasse.“ Darauf betete er mit ausgebreiteten Händen und mit zum Himmel erhobenen Augen und sprach:

---

1) Die Lage dieses Klosters bestimmen zu wollen, wäre vergebliche Mühe.

„Gott, ewiger Vater, Du Hort der gläubig zu Dir Betenden, stehe als erhörender Erbarmer Deinen Dienern bei, willige in unsere aus frommer Brust kommenden Wünsche und lasse die Gnade Deines Sohnes dem durch die Schwere einer so gräulichen Hinfälligkeit entstellten Gebilde Deiner eigenen Schöpfung angedeihen, damit an ihm Dein Name verherrlicht und die Gunst Deiner so großen Güte jederzeit gerühmt werde." Während Alle sogleich Amen riefen, schritt der ehrwürdige Knabe, nämlich Livinus, der Zeichenträger der himmlischen Frömmigkeit, unverzagt voran, legte die Hände auf die Köpfe beider und sprach: „Im Namen des Vaters und des Sohnes und des heiligen Geistes weiche aller Einfluß der teuflischen Täuschung von euch, reiniget euch zum reinsten Gefäße des heiligen Glaubens und werdet zum Reiche des heiligen Geistes." Darauf sprudelte vor den Augen Aller ein mit dunkelm Blute gemischter, äußerst garstiger Rauch aus Mund und Nase derselben, woraus alsbald ein schwarzer Klumpen schmutziger Fliegen hervorquoll, welcher sich mit zischendem und verworrenem Geräusch in die Luft erhob und verschwand. Die so Gereinigten versah der himmlische Arzt mit dem Zeichen des heiligen Kreuzes und stärkte sie in der heiligen Beichte. Als sie mit zuversichtlicherem Geiste zur klareren Besinnung kamen, entsagten sie allem Ihrigen, fingen an, den Fußtapfen des seligen Knaben Livinus zu folgen und brachten ihre ganze übrige Lebenszeit im heiligen Verkehre mit einander zu. Der eine derselben hieß Helimas, der andere Symphronius und beide werden bei uns nach dem Beispiele ihres frommen Lehrers in dem Glauben der heiligen Dreifaltigkeit als Gottes würdige und ausgezeichnete Beichtiger und als Miterben des Reiches Jesu Christi betrachtet [1]).

8. Durch diese und andere göttliche Auszeichnungen in ruhmwürdigen Großthaten wollte also der allmächtige Gott den seligen Livinus, seinen geliebten Diener, vor der Welt verherrlichen und beschloß gnädigst, ihn durch ein augenscheinliches Zeichen seiner bevorzugenden Verfügung der hochheiligen Genossenschaft seiner Auserwählten, welche er schon vor Erschaffung der Welt zu

1) Näheres über diese frommen Männer findet man nirgends.

seinem ewigen Ruhme und zur Verkündigung des Lichtes seiner Wahrheit vorherbestimmt hat [1]), mittelst der Verdienste seiner Tugenden beizugesellen; aber auch der mit herrlichen Anlagen ausgerüstete, mit göttlichen Gaben geschmückte, durch den Geist der Demuth hervorleuchtende und durch die Betrachtung des künftigen Lebens unvergleichlich gehobene Jüngling bemühte sich aus allen Kräften mit Hülfe der himmlischen Gnade und durch seinen ihr stets gern folgenden Willen auf die höchste Stufe der Vollkommenheit emporzuschwingen. Die erste Anleitung in der zur Führung eines beschaulichen Lebens nöthigen kirchlichen Lehre erhielt er von dem seligen Priester Benignus, einem durch seine hohe Abstammung aus einem edeln schottischen Geschlechte, noch mehr aber durch den hohen Ruhm seiner heiligen Tugenden ausgezeichneten Manne [2]), welchen er sofort auch mit der Sanftmuth seines ergebenen Sinnes bat, sich mit seiner weiteren geistlichen Ausbildung zu befassen und ihn in den Sangweisen der Davidischen Psalmen, in der honigsüßen Lesung der Evangelien und in den sonstigen Uebungen des Gottesdienstes auf das Vollkommenste zu unterrichten, damit er, erquickt durch das Mahl der himmlischen Betrachtung, auf dem prächtigen Gefilde der paradiesischen Anmuth gleichsam festen Fuß fassen und auf den Stufen der Tugenden nach Ausrottung aller Fehler von Tag zu Tag der ewigen Herrlichkeit immer näher rücken könne. Und wie trefflich entfalteten sich die Kräfte seines durchdringenden Verstandes und seiner wunderbaren Anlagen, da ihm durch die mitwirkende Gnade des heiligen Geistes weder in der Wissenschaft von den göttlichen Dingen, noch in der Darstellung der Sittenlehre irgend etwas unverständlich blieb. Auf solche Schüler zielt jener ausgezeichnete Redner [3]), wenn er sagt: Kein Aufenthalt ist im Lernen, wenn der heilige Geist als Lehrer mitwirkt. Während so der von Gott geliebte Jüngling Livinus auf das Fleißigste den Studien oblag, wurde sein Lehrer Benignus von dieser Welt abgerufen, um in die ewigen Freuden einzugehen; nach

---

1) Vgl. Ephes. 1, 4.

2) Nähere Auskunft über diesen Benignus findet sich nicht.

3) Der heilige Gregorius, Homil. in Evangel. 30.

seinem Hinscheiden empfahl sein Schüler täglich durch Wachen und Beten mit wunderbarer Demuth und Frömmigkeit seine Seele dem Herrn.

9. Um diese Zeit erkrankte Salvia, die Amme des ehrwürdigen Jünglings Livinus, eine ehrbare Hausfrau, nach langem Siechthume ernstlich und ging rasch der verhängnißvollen Stunde entgegen. Sie fing bereits an, der Wucht des Todes zu erliegen, ihr Gesicht war schon durch die eingefallenen Wangen und durch überaus große Bläße entstellt und fast unkenntlich geworden, und die starren Augen betrachteten kraftlos die Umstehenden, konnten aber Niemand erkennen, da die Umnebelung des äußeren Gesichtes dieß nicht mehr zuließ. Nicht nur der vertraute Kreis der Mitbürger und die ihr mit aufrichtiger Liebe ergebene Hausgenossenschaft wurden von einer nicht zu bezwingenden Traurigkeit ergriffen, sondern auch der glorreiche Herzog und sein erlauchter Hof zeigten durch ihren ungeheuchelten tiefen Schmerz das innigste Mitgefühl. Als sie schon von dem Tode überwältigt schien und von den Wehklagenden völlig aufgegeben war, trat der heilige Jüngling Livinus, welchen man herbeigerufen hatte, noch zur rechten Zeit ein, eilte, in der Fülle seiner ruhmvollen Tugenden auf das Licht der himmlischen Erleuchtung vertrauend, mitten durch den Haufen der Trauernden an das Lager der geliebten Amme, welche bereits zu sterben anfing, und bemühte sich, da er wohl einsah, daß menschliche Hülfe nichts mehr auszurichten vermochte, mit frommer Sorgfalt himmlischen Trost zu spenden. So stand der von Gott geliebte und in der himmlischen Heilkunde erfahrene Jüngling Livinus bei dem fast entseelten Körper, die Augen und Hände nach dem Himmel gerichtet, das Gesicht mit Thränen übergossen, und betete, da er vor herbem Schmerze und ununterbrochenem Schluchzen nicht sprechen konnte, im Innern seines an herrlichen Verdiensten reichen Herzens. Kaum war sein Gebet beendigt, als die Entseelte wieder zu athmen und sich zu erholen anfing, sich erhob, mit emporgestreckten Händen Gott Dank sagte und sprach: „Als ich bereits von schwarzen Geistern durch unbekannte, unwegsame und düstere Gegenden geführt worden war und in eine mit Feuer und siedendem Schwefel angefüllte gräuliche Grube einge-

senkt werden sollte, erschien in himmlischer Klarheit strahlend der heilige Erzengel Michael mit den Patriarchen Abraham, Isaak und Jakob und dem heiligen Apostel Petrus und rief mit drohendem Blicke jenen abscheulichen Geistern zu: Beunruhigt diese Seele nicht länger und laßt sie los, denn Christus befiehlt, daß sie durch die Verdienste seines geliebten Livinus wieder in ihren Körper zurückkehre. Die bösen Geister entfernten sich bestürzt und der heilige Erzengel Michael, die heiligen Patriarchen und der heilige Apostel Petrus nahmen darauf meine Seele und brachten sie in meinen Körper zurück. Freuen wir uns also, daß wir für uns einen so eifrigen Fürsprecher gefunden haben, der von Gott mit dem Glanze der Keuschheit und Frömmigkeit geschmückt, den Engeln gleich gestellt, der Gemeinschaft mit den Patriarchen gewürdigt, den Aposteln beigesellt, zum Miterben der Märtyrer bestimmt und unter die Schaar der Heiligen aufgenommen worden ist“ [1]).

10. Dieses und viel Aehnliches äußerte sie in der Einfalt ihres Herzens und lebte, nachdem sie den Segen des seligen Vaters empfangen hatte, noch eine lange Reihe von Jahren vollkommen gesund. Da aber der vortreffliche Zögling im himmlischen Kriegsdienste, welcher durch so große Auszeichnungen bei dem Volke verherrlicht wurde, durch die immer höher steigende menschliche Gunst von dem Gipfel seiner Vollkommenheit herabgedrängt zu werden fürchtete und den reinen Spiegel seiner herrlichen Klarheit nicht durch die Schmeichelei verführerischer Lobsprüche getrübt sehen wollte, ging er sofort mit seinen schon öfter erwähnten drei Schülern Foillanus, Helias und Kilianus in eine Einöde, wo er zwischen Bäumen und Gesträuchen versteckt sich mit Kräutern und wildem Obste und dem spärlichen Genusse trüben Wassers, wie es seine Gewohnheit war, begnügte.

11. Alles, was er besaß und was er erwerben konnte, vertheilte er freudig und mit freigebiger Hand unter die Dürftigen. Er war nämlich ein erfahrener Schreiber [2]) und widmete sich

---

1) Der letzte Satz findet sich nicht in Mabillons Ausgabe.

2) Er schrieb Handschriften gesuchter Werke ab; dieses Geschäft scheint demnach damals in Schottland ein sehr einträgliches gewesen zu sein.

diesem Geschäfte mit dem größten Eifer, hauptsächlich in der Absicht, mit dem Verdienste die Mangel Leidenden und Armen zu erquicken; und um durch aufrichtige Einfalt zu zeigen, daß ihm die Welt und Alles, was darin ist, gekreuzigt sei [1]), ließ er oft von dem verdienten Lohne für die höchst werthvolle Arbeit seiner Hände einen Theil nach, weil er die Schuld der Habsucht auf sich zu laden fürchtete [2]). Der seinen Tugenden gespendete Beifall drang alsbald gleich dem mit honigsüßer Lieblichkeit sich weithin und reichlich verbreitenden angenehmen Dufte kostbarer Wohlgerüche in den Palast des oben genannten Königs Colomagnus zum unaussprechlichen Vergnügen desselben, verherrlichte durch den daraus erwachsenden hohen Ruhm den ganzen Umfang des schottischen Landes und erfüllte Aller Brust mit Freude. Der gottesfürchtige König bewunderte den so großer Lobsprüche würdigen Mann und freute sich mit frommem Herzen über Alles, was dieser so rühmlich vollbrachte. Er ließ sich ihn deßhalb auch mit allen Ehrenbezeugungen vorstellen, um ihm seine Wünsche vorzulegen, und sprach zu ihm mit demüthiger Bitte: „O seligster Vater, wir wissen, daß Du Dich als Vorbild aller Tugenden auszeichnest, wie uns das Beispiel Deiner guten Thaten zeigt; wir bitten Dich deßhalb aus der ganzen Fülle unseres Herzens, du wollest Dich würdigen, bei uns zu bleiben, an unsern königlichen Schätzen Theil zu nehmen und uns dafür Deine heilsamen Mahnungen und Deine evangelischen Lehren genießen lassen.“ Mit solchen Vorschlägen beunruhigten sowohl der glorreiche König als auch seine Edelleute und der ganze Hof täglich den Freund Gottes. Livinus, der Mann des Herrn, welcher mehr an das, was Gott gebührt, als an die Vortheile der Welt dachte, wandte aber seinen Sinn nicht ab von dem mit dem Himmel geschlossenen Bunde, indem er befürchtete, die heilige Richtung seines Geistes könne, wenn er dem Willen des Königs folge, bei irgend einer durch den nachstellenden bösen

---

1) Vgl. Galat. 6, 14.

2) Die zweite Hälfte dieses allerdings im Originale nicht völlig klaren Satzes fehlt in Mabillons Ausgabe, in welcher auch der folgende wortreiche und schwülstige Satz eine abweichende kürzere Fassung hat.

Feind veranlaßten verführerischen Gelegenheit befleckt und seiner gewohnten Nüchternheit entfremdet werden.

12. Während noch diese Sorgen schwer auf ihm lasteten, erschien ihm ein Engel des Herrn und richtete an ihn folgende trostreiche Worte, indem er ihn bei seinem Namen nannte und sprach: „Sei gegrüßt, Bruder Livinus, mache Dir keine Sorgen, denn es ist Zeit, daß Du Trost empfangest; entferne Dich von hier und gehe zu dem seligen Bischofe Augustinus, durch dessen Lehren und frommen Unterricht Du mit Gottes Beistand Dich wunderbar gehoben fühlen wirst" [1]). Nach diesen Worten verschwand die himmlische Erscheinung. Da der selige Livinus überzeugt war, daß dieß Alles durch Gottes Fügung geschehe, brannte er vor Begierde, dem Befehle des Engels zu gehorchen, und entfernte sich, nachdem er die Erlaubniß des Königs erlangt hatte, möglichst schnell aus dem Palaste. Als er auf der Reise, die er sogleich antrat, nach dem großen Meere, welches er durchschiffen mußte, eilte, kam ihm ein Jüngling mit leuchtendem Antlitze und schwebendem Gange entgegen und sprach zu dem Heiligen Gottes mit freundlicher Rede: „Zögere nicht, Bruder, mich hat der allmächtige Gott als Schützer Deines Lebens abgesendet und nie wird Dir meine Sorgfalt fehlen, ich werde Dir vielmehr auf allen Deinen Wegen und bei allen Deinen Werken als Schützer und Führer zur Seite sein. Ich kenne die Ursache Deiner Wanderschaft, laß uns dem Ziele derselben zueilen, denn Gott wird uns eine glückliche Reise verleihen."

13. Mit diesen Worten ging er voraus, der heilige Livinus folgte ihm mit seinen Schülern und Alle überschritten zugleich unter Begleitung der himmlischen Gnade trockenen Fußes das große Meer. Dem seligen Livinus aber und seinen schon öfter genannten Schülern, nämlich Foillanus, Helias und Kilianus [2]),

---

1) Der Verfasser dieser Biographie war in Bezug auf den heiligen Augustinus, den Apostel der Angelsachsen, schlecht unterrichtet, denn da dieser spätestens bis zum Jahre 608 lebte, so kann der heilige Livinus, der zu dieser Zeit noch ein Kind war, nicht zu ihm gekommen sein.

2) Wenn diese den heiligen Livinus schon auf seiner Reise zu dem heiligen Augustinus begleiteten, wie kann dann der heilige Bonifacius, welcher

schien es, so lange sie zu Fuß über die Gewässer des Meeres schritten, als ob sie durch ein mit dem üppigsten Rasen bedecktes und mit blühenden Rosen und Lilien und allen Arten der schönsten Frühlingsblumen prangendes Gefilde gingen. Als sie an das Ufer gekommen waren und wieder mit sicheren Schritten auf dem Boden wandelten, entfernte sich der Führer von ihnen und sie sahen, wie er von schneeweißem Lichtglanze umflossen zum Himmel aufstieg. Der Mann Gottes aber, welcher erkannte, daß er durch die Wirkung seiner Verdienste bei Gott so herrlich strahle, brachte, von demüthiger Furcht durchdrungen und zugleich auch von der Hoffnung auf den himmlischen Trost beseelt, mit seinen Schülern der göttlichen Gnade den schuldigen Dank dar.

14. Nachdem dieß auf gebührende Weise geschehen war, beschleunigte er seine Schritte und gelangte nach einer glücklichen Reise zu dem heiligen Bischofe Augustinus, welcher ihn, da er durch eine Offenbarung des heiligen Geistes seine Ankunft genau wußte und erkannte, daß der geliebte Diener des Herrn von Gott seiner Aufmerksamkeit empfohlen war, gütig aufnahm, ihn mit der Hingebung einer wunderbaren Liebe fünf Jahre und drei Monate unterhielt, in den Wissenschaften unterrichtete, ihn nach dem Versprechen des Engels sichtbar durch sein gottgefälliges Beispiel auf die höchste Stufe der Vollkommenheit brachte und durch die hochheilige Weihe zur Würde des heiligen Priesterthums erhob; auch schenkte der fromme Lehrer seinem geliebten Schüler am Tage seiner Weihe eine purpurne, mit Gold und Edelsteinen zierlich geschmückte Casel [1]), einen Chorrock [2]) und eine mit den kostbarsten Edelsteinen und mit glänzendem Golde durchwirkte Stola als Pfand ewiger Liebe.

15. Als alles dieß durch die Mitwirkung der liebevollen Gnade des heiligen Geistes würdig vollbracht war, kehrte Livinus, der ehrwürdige Priester Gottes, nachdem er den Segen seines

---

im J. 716 zum erstenmale nach Friesland kam, von ihnen den Stoff zu der vorliegenden Biographie erhalten haben?

1) Casula, der Ueberwurf, welchen der Priester vor dem Altare trägt.

2) Orarium; ein Mundtuch (vgl. Br. 115. Bd. I, S. 317) kann hier nicht wohl gemeint sein.

frommen Lehrers, des vortrefflichen und seligen Oberhirten Augustinus, erhalten hatte, sammt seinen Schülern unter dem Geleite des himmlischen Schutzes nach seinem Vaterlande zurück, wo er bei seiner Ankunft von dem regierenden Fürsten und von allen Bürgern mit großer Freude und mit Jubel begrüßt wurde. Inzwischen war der Erzbischof Menalchius, der Bruder des glorreichen Herzogs Theagnius, des Vaters des frommen Priesters Livinus, selig aus dieser Welt geschieden und sein Hingang hatte einen allgemeinen Schmerz erregt und Alle mit unsäglicher Traurigkeit erfüllt. Nach seinem Tode beschloßen der oben erwähnte König Colomagnus, die Gesammtheit seiner Edeln und Hofleute und das aus der ganzen Umgegend zusammenströmende Volk aus innigster Ueberzeugung einmüthig, den heiligen Priester Livinus als dem Würdigsten die erledigte Stelle zu übertragen [1]. Der König, welcher alle übrigen an Frömmigkeit übertraf, gab sogleich seine Zustimmung und stellte den frommen Mann nach dem Befehle des Herrn in der Hauptkirche des Erzbisthums drei- bis viermal mit der gebührenden Ehrenbezeugung vor; zu derselben Stunde aber, als er nach der Sitte, die Hirten der heiligen Kirche Gottes zu weihen, den bischöflichen Segen empfing, ließ sich in Gegenwart der übrigen Bischöfe, der Geistlichkeit und des gläubigen Volkes, um die Verdienste des seligen Oberhirten Livinus der Welt kund zu thun und ihn in dem gottesdienstlichen Amte zu bestätigen, eine Stimme von oben hören und rief Allen vernehmbar: „Sehet den Hohenpriester, welcher in seinen Tagen Gott gefallen hat und gerecht befunden wurde.“ Kaum hatte aber die Stimme diese göttlichen Worte gesprochen, als sich plötzlich auf dem Haupte des ehrwürdigen Bischofes Livinus eine aus glänzendem Golde und funkelnden Edelsteinen zusammengesetzte, von innen und außen mit frischen Blumen durchflochtene und mit Purpurrosen herrlich geschmückte Krone zeigte und die Umgebung mit süßen Wohlgerüchen erfüllte. Dadurch wurde

---

1) Nämlich das Bisthum zu Dumblane, einer sonst bedeutenden, jetzt aber zu einem Marktflecken herabgesunkenen Stadt am Allan in der heutigen Grafschaft Perth. Auch das Bisthum ist längst eingegangen und die Kathedrale liegt in Trümmern.

auch angedeutet, daß dieser fromme Oberhirte sich durch die Vergießung seines rosenrothen Blutes zum würdigen Märtyrer Christi emporschwingen, die Krone des himmlischen Reiches erlangen und durch sein Marterthum die ewige Glückseligkeit verdienen werde.

16. Nachdem also der glorreiche Oberhirte Livinus nach der Fügung des Herrn sein Amt mit demüthiger Ergebenheit angetreten hatte, bemühte er sich, von geistlicher Liebe entflammt, die seiner Sorgfalt anvertraute Heerde in dem Glauben, in der Hoffnung und in der Liebe, so wie in den übrigen Lehren des göttlichen Gebotes, ohne welche man nicht zu dem Vaterlande der ewigen Herrlichkeit gelangen kann, mit bescheidener und aufmerksamer Frömmigkeit zu unterrichten, sie zu ermahnen und zu bessern und sie mit der ewig frischen Nahrung des Wortes Gottes reichlich zu erquicken. Wie aber der himmlische Arzt die Seelen der Seinigen zu heilen bedacht war, eben so verschaffte er durch den Beistand der himmlischen Gnade vielen kranken Menschen ihre frühere körperliche Gesundheit wieder, wie er denn neben vielen anderen preiswürdigen Tugenden und Verdiensten nach seiner Erhebung zur erzbischöflichen Würde durch die Mitwirkung der göttlichen Güte folgende ausgezeichnete Wunder wirkte.

17. Ein Familienvater in Schottland, Namens Abdias, welcher gichtbrüchig und aussätzig zugleich und des Gebrauches seiner Glieder gänzlich beraubt war, befand sich bereits neun Jahre in diesem fast dem Tode gleichen Zustande. Er konnte weder die Zunge zum Sprechen bewegen, noch die Hände zum Munde führen, noch die Füße an sich ziehen, sondern lag völlig steif auf seinem Bette und hatte nichts Lebendiges und Bewegliches an sich, als den Mund und die Augen, durch deren Wink er sich kaum zur Erlangung der nöthigsten Bedürfnisse verständlich zu machen vermochte. Da nun der herrliche, auch in dieser Beziehung zu preisende Oberhirte Livinus in den Ställen seiner Schafe umherwanderte, um ihnen die Speise des ewigen Lebens zu reichen, führte ihn auf seiner Reise der Zufall auch in das Haus dieses Siechen. Bei seinem Eintritte erhob der Kranke sogleich sein Haupt, erhielt wieder die Gabe zu sprechen und rief,

da er die Genesung in sich fühlte, laut: „O wohl mir, o wohl mir, wer kehrt bei mir ein? Entweder Gott unser Herr, oder einer seiner Engel besucht uns.“ Der heilige Bischof aber blieb erstaunt stehen, da er nicht wußte, was der Herr zur Belohnung seiner Verdienste hier geschehen ließ, und sprach zu dem Siechen: „Warum schreist Du so, Bruder? Friede sei mit Dir; stehe auf und reiche mir ein wenig Wasser zum Trinken, denn ich bin sehr müde.“ Dieser erhob sich völlig gesund und erfüllte demüthig den Wunsch des Mannes Gottes; darauf sagte er mit ihm in der Freude über seine Genesung Gott Dank und verlebte den Rest seiner Tage in vollkommenem Wohlsein. Auf dieses rühmlichst vollbrachte ausgezeichnete und merkwürdige Wunder folgte bald ein noch weit merkwürdigeres.

18. Als der Mann Gottes eines Tages am Gestade des Meeres wandelte, geriethen durch ein plötzlich entstandenes Ungewitter einige Schiffer in große Gefahr, mit ihrer ganzen Ladung zu versinken; da er gewahrte, daß sie sich bereits in der äußersten Noth befanden, ging er, mit fester Zuversicht auf die gewohnte kräftige Unterstützung des heiligen Geistes gestützt, sicheren Trittes über das Meer in Eile zu ihnen hin, machte über sie das Zeichen des heiligen Kreuzes und sprach: „Habt Vertrauen auf den Herrn, denn der Herr verläßt die auf ihn Vertrauenden nicht.“ Bei diesen Worten legte sich der Sturm und es entstand eine große Stille; den Steuermann aber, welcher von dem Vordertheile des Schiffes [1]) herabgefallen war, hatte bereits das Meer durch seine Gewalt einen Bogenschuß weit mit sich fortgerissen; als der ehrwürdige Vater wahrnahm, daß er dem Sinken nahe war, eilte er auf den Fluthen zu ihm hin, zog ihn heraus und führte ihn auf das Trockene, während die Andern in dem unversehrten Schiffe nachfolgten und mit fröhlicher Stimme kräftig Gott, dem allmächtigen Herrn, Dank sangen, weil er sich gewürdigt hatte, sie durch ihren heiligen Bischof Livinus zu retten. Kann Jemand dieses Mannes Lob verschweigen, ohne stumm zu sein, kann Jemand verschmähen,

---

1) Wahrscheinlich ein Versehen des Verfassers; denn der Steuermann stand doch wohl auf dem Hintertheile des Schiffes.

seine Tugenden zu hören, ohne seine Liebe zu Christus zu verläugnen, da wir sehen, daß er nie etwas Anderes that, als was, wie wir lesen, Christus gelehrt hat?

19. Auch war er ein Liebhaber der Wahrheit, eine Blume der Demuth, eine Leuchte der Gerechtigkeit, ein Juwel der Keuschheit und ein Muster der Mäßigkeit. Er war unermüdlich in allen seinen Studien und strebte eifrig dahin, in sämmtlichen Tugenden ein Führer und Beispiel zu werden. Er lag eben so emsig dem Gebete ob, beobachtete streng Nachtwachen und Fasten, unterstützte großmüthig die Armen in ihren Nöthen, war stets in seiner Frömmigkeit darauf bedacht, Gäste und besonders Wanderer und Mönche freundlich aufzunehmen, wusch ihnen mit eigenen Händen die Füße, goß demüthig Wasser über ihre Hände, spendete ihnen auf das Freigebigste Speise und Trank und versah die Dürftigen reichlich mit Kleidern. Er selbst aber trug unter seinen purpurnen und mit Gold und Edelsteinen geschmückten bischöflichen Gewändern stets ein härenes Hemd und pflegte ganze Tage nur von in der Asche gebackenem und mit Asche gemischtem Brode und einem spärlichen Trunke Wasser zu leben. Eben so eifrig gab er sich der Betrachtung hin und besuchte emsig die Klöster und die Ruhestätten der Heiligen, um daselbst dem Gebete obzuliegen, die Psalmen zu singen und dem Meßopfer beizuwohnen. Wer könnte aber darthun, wie viele Kranke und Schwache durch den Schatten seines Körpers und durch die Berührung seiner Kleider oder auch nur durch das Anhören seiner fromme Ermahnungen ertheilenden Stimme gesund geworden sind? Auch war er gegen die Armen demüthig, gegen die Untergebenen sanft und gegen die Mächtigen freundlich, um Alle durch die Einfalt seiner Sitten und durch die Anmuth seiner Reden auf den Weg der himmlischen Freuden zu locken, denn er sah wohl ein, daß er den stolzen Nacken der durch weltliche Macht Hochstehenden nicht anders unter die Vollkommenheit der christlichen Religion beugen könne, als wenn er, durchdrungen von der apostolischen Lehre, durch die sanfteste Mahnung der wahren Frömmigkeit Allen Alles werde, um Alle zu gewinnen [1]). Den

---

1) Vgl. I. Korinth. 9, 19. 22.

Höheren kam er mit Ehrfurcht entgegen, die ihm Untergebenen pflegte er mit väterlicher Liebe, um durch die Freundlichkeit seiner Unterhaltung die Worte des Lebens leichter in Aller Herzen einzuprägen. Auch zeigte bei dem Manne Gottes Gesicht, Bewegung, Gestalt und die ganze körperliche Haltung das schönste Ebenmaß; er hatte schmächtige und feine Glieder, einen mäßig hohen Wuchs, einen großen Kopf, blonde, schlichte, zum Theil schon graue und nach der Stirne hin sehr dünne Haare, breite und ausgedehnte Ohren, lebhafte und, muntere Augen, struppige und graue Augenbrauen und graue Haare um die Schläfe und die Stirne, durch das häufige Fasten eingefallene, aber rothe und wunderbar liebliche Wangen, einen grauen Bart, schlanke und geschmeidige Finger und überhaupt an allen Gliedern nichts Ueberflüssiges. Wie sehr er sich aber durch äußere körperliche Schönheit auszeichnete, so strahlte er doch noch weit glänzender im Innern durch den in ihm wohnenden heiligen Geist.

20. Da er sich durch die stets wachsende Kraft seiner Tugenden zu einem Spiegel aller Heiligkeit emporschwang, so erwarb er sich sichtbar die Bevorzugung des Himmels in so hohem Grade, daß nicht nur die Eingeborenen Schottlands, sondern auch die britannischen und hibernischen und alle angrenzende Völker ringsum [1]) mit ihren Königen seinen sich immer weiter verbreitenden Ruhm bewunderten und von allen Seiten in wunderbarer Menge zu ihm herbeiströmten, um aus seinem Munde die Worte des Lebens zu hören. Er speiste als ein gütiger Vater Alle mit geistlicher Erquickung und stärkte sie durch seinen Segen; auch alle Kranke, Krüppelhafte und mit Schwächen Behaftete, welche zu ihm ihre Zuflucht nahmen, kehrten, durch seine Wohlthaten erleichtert und mit den erwünschten Kräften gestärkt, fröhlich in ihre Heimath zurück. Sein Geist überhob sich aber deßhalb doch keineswegs in stolzem Uebermuthe, sondern stützte sich, über alle Bewunderung erhaben, durch die Vorsicht der wahren Demuth auf die Grundveste der Sanftmüthigkeit, der Geduld, der Keuschheit, der Mäßigkeit, der Gerechtigkeit und der Liebe zu

1) Die Nachbarvölker Englands, Schottlands und Irlands dürften nur auf den ringsum liegenden Inseln oder auf dem Festlande zu suchen sein.

Gott und dem Nächsten, des Unterpfandes der ewigen Belohnung. Vor dem beifälligen Geschwätze der redseligen Menge fürchtete sich deßhalb der fromme Mann wie vor dem Schlunde eines feuerspeienden Drachen.

21. Immer auf das, was sich auf Gott bezieht, und nicht auf das, was die Welt angeht, bedacht, und im Bewußtsein, daß nur der Herr seinen Ruhm erhöhe, fing Livinus an, in ernstlicher Betrachtung zu überlegen, ob er nicht eine Schuld auf sich lade, wenn er das ihm anvertraute Talent nur an dem Orte seines Aufenthaltes wuchern lasse, während doch, wie er wohl wußte, noch viele Völker in der Blindheit ihres Irrthumes verstrickt waren und der Erleuchtung durch die Strahlen des göttlichen Lichtes harrten. Er gelangte alsbald zur Einsicht, daß es seiner würdiger sei, das in ihm durch die Fackel des heiligen Geistes angezündete Licht Christi auf den Leuchter zu stellen [1]), damit es weithin zum Heile möglichst Vieler strahle und diese zu den glänzenden Wohnungen des himmlischen Lebens führe. Nachdem er sich lange mit dieser Sorge gequält hatte, übertrug er endlich durch Gottes Fügung einem Erzdiakone heiligen Andenkens, Namens Silvanus [2]), die Obliegenheiten seines Amtes, damit die Schafe Christi nicht ohne Führer seien, während der Hirte selbst bei verschiedenen Nationen fremder Länder durch seine Predigten neue Heerden zu erwerben sich bemühte.

22. Nachdem er sehr viele Gegenden, wo er überall den Samen der göttlichen Frucht ausstreute, die bösen Geister aus den Besessenen austrieb und viele krankhafte Körper heilte, durchwandert hatte, kam er mit seinen Schülern zu einem Kloster, welches den uralten Namen Gandavum [3]) führte und von dem seligen Bischofe Amandus [4]) nach der Vertilgung der heidnischen

---

1) Vgl. Matth. 5, 15.

2) Wir wissen nichts weiter über diesen Bischof, als daß er sich durch seine Tugenden auszeichnete und daß die Kirche sein Andenken am 14 Mai feiert.

3) Gent. Die Uebersetzung folgt der Lesart avito vocabulo; nach der andern Lesart (a vico vocabulo) müßte sie lauten: welches seinen Namen von einem Dorfe (nämlich Gent) hatte.

4) Der heilige Amandus war Bischof zu Mastricht und starb im J. 684.

Götzentempel erbaut und zur Ehre des heiligen Apostels Petrus und der andern Apostel eingeweiht worden war [1]). Den daselbst vereinigten Mönchen hatte Amandus zur Aufrechthaltung der heiligen Regel Florbert, einen durch würdige Sitten ausgezeichneten und durch sein Beispiel in allen Tugenden zum Vorbilde dienenden Mann, als Abt vorgesetzt [2]) und von diesem, so wie auch von den übrigen Brüdern wurde Livinus nach der Pflicht der klösterlichen Liebe empfangen. Er fand daselbst auch Bavo, einen Mann von wunderbarer Heiligkeit und ausgezeichneten Bekenner Christi, welcher kürzlich eines sanften Todes im Herrn entschlafen und von dem seligen Bischofe Amandus, dem Abte Florbert und von den frommen Brüdern mit gebührender Ehrenbezeugung in dem Kloster des heiligen Petrus und der übrigen heiligen Apostel beerdigt worden war und bereits durch glorreiche Wunder glänzte [3]); er verweilte deßhalb dreißig Tage an diesem Orte, wachte betend an dem Grabe des heiligen Bavo und brachte Gott dem Herrn das Meßopfer dar.

23. Nach Ablauf dieser Tage ertheilte er den Brüdern des Klosters und dem frommen Volke des Ortes seinen bischöflichen Segen und bestärkte sie auf dem Wege der Wahrheit, brach dann, nachdem er aus dem Schatze des Klosters die nöthigen Reisekosten erhalten hatte, auf und eilte unter Gottes Beistand in das Brachentisische Gebiet [4]). Als der ehrwürdige Bischof es mit seinen

---

1) Der Bau dieses Klosters fällt nach Mabillon (Annal. ord. S. Benedicti, l. XII, c. 19) in das Jahr 631; später wurde es St. Bavokloster genannt. Karl V. ließ es niederreißen, um an dessen Stelle seine neue Citadelle (Zwing-Gent) zu erbauen.

2) Florbert starb nach Mabillon (Annal. ord. S. Benedicti, l. XIV, c. 52) bald nach dem Martertode des heiligen Livinus im J. 656.

3) Der Todestag des heiligen Bavo fällt nach der sichersten Annahme auf den 1 October 653, an welchem Tage die Kirche auch sein Andenken feiert. Livinus kam im Juli 653, also etwa drei Jahre nach Bavos Tod, in das Kloster Gent, wie Mabillon in einer Anmerkung zu dieser Stelle nachweist.

4) Terra Brachentisia (wie Mabillon schreibt), besser Brachbentisia, oder Brachbatensis pagus (in einer Urkunde Ludwigs des Frommen vom J. 819 in Miraei Opp. I, 19), Brabant. Gent lag unmittelbar auf der nördlichen Grenze dieses Gaues.

heilbringenden Schritten betrat, war er nicht wenig erstaunt über die höchst anmuthige, schöne, überaus ergötzliche, durch Gottes Güte von Milch und Honig überströmende, von einer Fülle von Früchten und Bäumen strotzende und mit einem Ueberflusse aller Güter reichlich gesegnete Gegend, so wie auch über die durch ihre Körpergestalt hervorragenden, mit zierlichen Kleidern geschmückten, durch ihre Sprache und ihre ernsten Sitten anziehenden, durch ihre Hochherzigkeit, Tapferkeit und Tauglichkeit zum königlichen Kriegsdienste ausgezeichneten und in der Kenntniß aller weltlichen Dinge wohlunterrichteten und geübten Bewohner [1]), welche aber, da sie sich nach den Worten des Psalmisten [2]) wie Pferd und Maulthier, die keinen Verstand haben, von dem Zaume und Gebisse des Satans lenken ließen, das Gesetz Gottes übertraten, sich durch Ehebruch, Raub, Diebstahl, Meineid und Todtschlag beschmutzten, wie Höllenhunde mit verderblicher Wuth über einander herfielen, sich wechselseitig listig betrogen und einander schonungslos mordeten. Da nun der zur Verkündigung des Evangeliums gerüstete Mann sah, daß sie von Tag zu Tag in ihren Handlungen schlimmer wurden, so suchte er durch Nachtwachen, Thränen und Gebete zu verhindern, daß der unersättliche Tartarus so würdige Leute mit seinem gierigen Schlunde verschlinge und ins Verderben ziehe, und durchwanderte unermüdlich und täglich ihre Städte, Dörfer und Burgen, um die Worte des Lebens in ihre Ohren zu träufeln; auch entgingen mit dem Beistande der göttlichen Gnade sehr viele durch seine Lehre den Schlingen des boshaften Verführers und erlangten das ewige Leben.

24. Während er in den verschiedenen Orten dieser Gegend umherging, um das Volk zu ermahnen, zu belehren und auf den Weg des Lebens zu führen, kam ihm, als er eines Tages ein Gehöft, das den alten Namen Holthem [3]) führt, besuchte,

---

1) Man möchte fast aus diesem so reichlich gespendeten Lobe schließen, daß der Verfasser dieser Biographie dem Volksstamme der Brabänter angehörte, obgleich dieses Lob durch die Aufzählung einer Reihe von Lastern wieder aufgehoben wird.

2) Vgl. Ps. 31, 9.

3) Jetzt St. Lievin-Hautem, ein Dorf im Bezirke von Oudenaarde.

ein vom Teufel besessener Mensch schreiend entgegen und rief: „O Diener Gottes Livinus, warum schadest Du uns und Dir? Siehe, Du bist in mein Reich eingedrungen und hast mich meiner Heeresmacht beraubt, warum verfolgst Du mich weiter? Wisse, daß ich, wenn Du mich von hier vertreibst, bewirken werde, daß Dir an diesem Orte große Schmach widerfährt.“ Der Diener der Wahrheit aber, auf den heiligen Geist vertrauend, streckte seine Hand aus, richtete gegen den Besessenen das Zeichen des heiligen Kreuzes und sprach: „Verstumme, du Verfolger aller Guten, weiche von diesem Geschöpfe Gottes und schade von nun an weder ihm noch einem andern Menschen.“ Der böse Geist entfernte sich ohne Verzug und alle Anwesenden sahen, wie er gleich einem mit schwarzem Blute vermischten Rauche aus dem Körper des Menschen davonfuhr. Dieser lag in Folge der schrecklichen Qual lange Zeit gleich einem Entseelten auf dem Boden und als er sich nach einer Stunde wieder erhob, sagte er mit dem seligen Manne Gottes dem Herrn Dank; darauf kehrte er gesund in seine Heimath zurück und rühmte mit unermüdlicher Stimme allem Volke die Tugend des heiligen Vaters, durch dessen Verdienste ihm die Befreiung zu Theil geworden war.

25. Als zwei höchst würdige und von einem edeln und berühmten Geschlechte abstammende Matronen, welche Schwestern waren, und von denen die eine Berta und die andere Chraphaildis [1]) hieß, von dem Ruhme des ausgezeichneten Oberhirten Kunde erhielten, nahmen sie ihn demüthig als Gast auf, um sich an seinen heiligen Gesprächen zu erbauen und in seinem Besuche durch die Gnade Gottes, welche sie in ihm wirken sahen, Trost zu finden. Chraphaildis, die Herrin des Hauses, hatte nämlich einen Sohn, Namens Ingelbert [2]), welcher durch eine Drüsengeschwulst bereits dreizehn Jahre und fünf Monate die Augen verloren hatte und das Licht des Himmels nicht schauen konnte; als aber der heilige Mann Gottes Livinus das Zeichen des heiligen Kreuzes über seine Augen machte, erhielt er durch die Mitwirkung der göttlichen Gnade die Sehkraft wieder. Da

---

1) Nach Mabillon; bei Serarius heißt diese Matrone Crapahildis.

2) So liest Mabillon; Serarius las in seiner Handschrift Pugelbert.

die Nachricht von dieser That sich alsbald nach allen Seiten hin verbreitete, strömte eine unzählbare Menge angesehener Männer und Frauen herbei, und brachte ihre Kranken mit sich, welche bei ihm himmlische Arznei und Heilung an Leib und Seele fanden.

26. Leider muß man aber bekennen, daß fast alle Eingeborene der ringsum liegenden Provinzen sich unbändig, wie wilde Thiere, benahmen, in der Erbitterung ihres Herzens gegen Gott ankämpften, die Wunder, welche sie durch die Diener Gottes in der Welt wirken sahen, als Trug bezeichneten, in ihrer Anmaßung das Gesetz Christi verachteten, seine Priester ermordeten und Alle, die sich bemühten, sie auf den Weg des Heils zu führen, entweder verjagten oder in ihrer unbarmherzigen Wuth eines grausamen Todes sterben ließen. Der unerschütterliche Kämpfer Christi suchte also, gerüstet mit den göttlichen Gesetzen, auf sie einzudringen und sie durch geschickte und eifrige Darlegung der evangelischen Wahrheit zu überzeugen; dabei sah er als Nacheiferer unsers Erlösers nirgends auf die Person, sondern behandelte Jeden nach dem sorgfältig untersuchten Werthe seiner Werke und strebte, als ein getreuer Arbeiter, den als Ertrag des göttlichen Samens geernteten Waizen in der Scheune seines Herrn zu bergen. Die Gläubigen ermahnte er, bei ihren guten Werken zu verharren, die im Herzen Verkehrten und Ungläubigen aber tadelte er, gestärkt durch den heiligen Geist, desto nachdrücklicher.

27. Als nun der göttliche Lehrer seinen Unterricht täglich mit größerem Ernste fortsetzte und den Gerechten die himmlischen Freuden verhieß, den Sündern aber mit den ewigen Strafen drohte, nahmen die Gläubigen seine heilsamen Ermahnungen mit frohem Herzen bereitwillig auf, die Ungläubigen aber widerstrebten hartnäckig und behaupteten, dieser Lehrer des Evangeliums sei ein Betrüger und Verführer, der nicht auf das Heil der Seelen bedacht sei, sondern aus Begierde nach irdischem Gewinne die Länder der Völker durchstreife; es erscheine deßhalb weit zuträglicher, ihn eine schmähliche Behandlung fühlen zu lassen, oder auszuweisen, oder schonungslos zu tödten, als seinen Lehren zu gehorchen. Sie verharrten auch hartnäckig in diesem

boshaften Irrthume, so daß Einige den heiligen Märtyrer Christi mit ihren bleiernen Panzerhandschuhen schlugen und Andere ihn unter endlosen wilden Schmähungen mit Knütteln prügelten. Einer von ihnen, Namens Walbert, fuhr, von teuflischer Wuth gestachelt, mit einer eisernen Zange dem Heiligen in den Mund, riß ihm die Zunge heraus, schleuderte sie vor den Augen alles Volkes hinweg und rief: „Seht, die Zunge dieses Verführers, welche durch ihr falsches Gerede unser Volk irre leitete, verdient nichts Anderes, als daß sie den Hunden zum Fraße vorgeworfen werde." Als er dieß in seiner Verkehrtheit zu thun beabsichtigte, ließ Gottes Zorn eine Flamme emporsteigen, welche den Missethäter und mit ihm sechzehn Männer, die zu diesem Verbrechen gerathen hatten, verbrannte, so daß man auch keine Asche von ihnen fand.

28. Der unerschütterliche Verkündiger Christi wurde jedoch nicht von Gott verlassen, sondern erhielt seine Zunge wieder, und lehrte fortan mit noch größerer Zuversicht die göttlichen Gesetze; aber auch der Haufen der Bösewichte ließ sich durch ihren Verlust nicht rühren oder abhalten, unabläßig gegen den heiligen Märtyrer Christi zu lärmen; sie schrieen einstimmig, er sei ein Gaukler und Zauberer, und behaupteten, Alles, was durch Gottes Fügung mit ihm vorgegangen war, sei nur Schein und Trug; einer von ihnen, welcher sich durch seine Grausamkeit vor den übrigen auszeichnete, erhob sogar bei einer solchen Gelegenheit seinen Arm, um den heiligen Märtyrer Christi mit verwegener Faust niederzuschmettern; er wurde aber durch die gerechte Strafe Gottes daran gehindert und blieb drei Tage lang starr und besinnungslos mit ausgestrecktem Arme stehen; als er wieder zur Besinnung kam, warf er sich dem heiligen Märtyrer zu Füßen und wurde durch dessen Vermittlung geheilt, der fromme Bischof aber sang unermüdlich dem Herrn Lob und Dank für die göttlichen Thaten, wodurch dieser ihn täglich verherrlichte, und bemühte sich aus allen Kräften seiner Seele, Gott, für den er den Tod zu leiden beschlossen hatte, mit der Palme des Marterthums ein angenehmes Opfer zu werden.

29. Als aber die Stunde seiner Belohnung herannahte, erschien ihm in der Nacht auf den Sonntag, welche er nach ge-

wohnter Weise betend durchwachte, von blendendem Lichte umflossen unser Herr Jesus Christus mit seinen Jüngern und sprach zu ihm: „Frohlocke, mein Geliebter, und arbeite unverdrossen; heute um die sechste Stunde werde ich Dich aufnehmen in mein Reich und Du wirst Dich von nun an mit mir und mit Deinen Brüdern freuen in Ewigkeit." Gestärkt durch dieses Gesicht und überzeugt, daß der Tag seiner Belohnung herannahe, rief der Krieger und Freund Christi, als der Morgen graute, die Gemeinde der Gläubigen, welche durch seine Lehre zum Christenthume bekehrt worden waren, zusammen, ermahnte sie, auf dem Wege der Wahrheit zu verharren und lehrte sie, was zum Reiche Gottes gehört. Nach der Beendigung seiner Rede segnete er Alle und warf sich vor ihnen auf die Kniee, um ihnen Dank zu sagen für die menschenfreundliche Liebe, womit sie ihn demüthig aufgenommen hatten; darauf küßte er weinend jeden Einzelnen und rührte Alle zu frommen Thränen. Nachdem er nun noch einmal Alle fromm in Christus gegrüßt hatte, brach er gegen ihren Willen auf und wollte mit seinen Schülern den Weg nach einem Dorfe, welches Escha [1]) hieß, einschlagen, um den Bewohnern desselben das Reich Gottes zu verkünden, oder daselbst die Erfüllung des Versprechens Christi zu erlangen.

30. Als Walbert und Meinzo [2]), zwei Brüder und wahre Schergen des Teufels, erfuhren, daß der geliebte Freund Gottes sich entferne, glaubten sie, er ergreife die Flucht, sammelten ihre ihnen an Wildheit gleichen Genossen und brachen in der Bosheit ihres Herzens in die höllischen Worte aus: „Dieser Gotteslästerer, welcher unser Gesetz entweiht und unser Volk verführt hat, jetzt aber einsieht, daß er bei uns durch seine Zauberkünste nichts mehr auszurichten vermag, schickt sich an, uns heimlich zu entwischen; er soll jedoch nicht so ungestraft davon kommen; laßt uns ihm eilig folgen, damit wir unsere Beleidigung an ihm rächen können." Ihre Mitschuldigen, Gott verhaßte Söhne der Finsterniß, getrieben von den bösen Geistern des Satans, ihres Vaters, fingen an, noch grausamer zu wüthen und in

---

1) Nach Mabillon Esca; ein nicht näher zu bestimmender Ort.

2) Serarius liest Menizo.

ihrer Ungerechtigkeit den heiligen Märtyrer Gottes mit noch ärgeren Schimpfwörtern zu überhäufen; Alle verschworen sich endlich, unschuldiges Blut zu vergießen, und von ihnen steht ohne Zweifel geschrieben: Ein offenes Grab ist ihr Rachen; mit ihren Zungen handeln sie trüglich; Natterngift ist unter ihren Lippen; ihr Mund ist voll von Fluch und Bitterkeit; schnell sind ihre Füße zum Blutvergießen [1]. Während zu derselben Zeit der unbesiegte Märtyrer Christi, Livinus, mit zum Himmel erhobenen Augen und Händen im Gebete versunken war und ihm der Kampf so nahe bevorstand, erschien ihm der heilige Geist in Gestalt einer schneeweißen Taube, ließ aus seinem honigsüßen Munde drei Tröpflein rosenrothen Blutes fallen und sprach: „Fürchte Dich nicht, Geliebtester, die Thüre des Lebens ist Dir geöffnet und die Stunde ist gekommen, in welcher Du eingehen sollst in die Freude Deines Herrn.“ Nach diesen Worten umflog er ihn dreimal und entschwand nach dem Himmel. Als nun der heilige Bischof noch eifriger dem Gebete oblag, kam einer seiner Schüler, Namens Foillanus, und sagte ihm: „Vater, ich höre Waffengeräusch und einen Haufen Fußgänger herannahen.“ Noch hatte er diese Worte nicht beendigt, als auch schon die Söhne der Bosheit, Walbert und sein Bruder Meinzo, gleich wüthenden Hunden mit ihren Genossen herankamen und mit drohenden Blicken auf den heiligen Märtyrer Gottes losgingen. Der tapfere Kämpfer Christi aber trat ihnen beherzt entgegen und sprach: „Warum kommet ihr, Brüder? Fühlet ihr Reue darüber, daß ihr bis jetzt im Irrthume waret, und suchet ihr Verzeihung, so wird euch Gott, wenn ihr fromm anklopfet, gnädig die Thüre seiner Barmherzigkeit öffnen, denn er selbst sagt: Bittet, so wird euch gegeben werden, suchet, so werdet ihr finden, klopfet an, so wird euch aufgethan werden [2].“ Als aber der selige Märtyrer Christi wahrnahm, daß sie mit ihrem verblendeten Geiste die himmlischen Mahnungen nicht zu verstehen vermochten, fuhr er fort: „Brüder, ich sehe wohl, daß ihr die Absicht habet, mich zu tödten, ich vertraue aber auf die Barmherzigkeit Gottes, welcher sagt: Fürchtet euch nicht vor Denen,

1) Ps. 13, 3. — 2) Luc. 11, 9.

welche den Leib tödten, aber die Seele nicht tödten können; sondern fürchtet vielmehr Denjenigen, der Leib und Seele ins Verderben der Hölle stürzen kann [1]). Ihr werdet mir zwar jetzt den irdischen Tod anthun, ich werde aber damit anfangen, für das himmlische Licht geboren zu werden, um mit Christus in Ewigkeit zu leben; ich bitte euch, haltet nur noch ein wenig ein, bis ich gebetet habe." Nachdem sie ihm Raum zum Beten gegeben hatten, betete er, von der Erde schwebend empor gehoben und von himmlischer Klarheit umflossen mit ausgebreiteten Händen und sprach: „Gott, der Du mich in dem Leibe meiner Mutter geheiligt und meine Geburt durch den Glanz Deiner Gnade verherrlicht hast und mein Führer warst auf dem Meere, erhöre, o Herr, Deinen Diener und wolle Diejenigen, welche mich Deines Namens wegen ungerecht verfolgen, nicht aus dem Buche des Lebens tilgen, sondern sie, nachdem sie mit meinem Blute gesättigt sind und durch die Gnade Deiner Barmherzigkeit erleuchtet Reue fühlen, unter die Zahl Deiner Auserwählten aufnehmen. Verleihe, o Herr, daß an dem Orte, wo sich meine Reliquien befinden, oder das Andenken an meinen Namen erhalten wird, stets die Ruhe und der Ueberfluß des Friedens herrschen und alle Güter in Fülle vorhanden seien; auch Alle, welche auf dem Meere oder auf anderen Gewässern, oder auf dem Lande, oder im Kerker, oder durch Krankheit, oder durch eine sonstige Bedrängniß sich in Noth befinden und meines Namens gedenken, erhöre, o Herr, damit sie in Wahrheit erkennen, daß Du getreu bist in Deinen Auserwählten und heilig in allen Deinen Werken [2]), und vergieb ihnen, wenn sie in Sünden gefallen sind und Dich durch mich anrufen, durch Deine Güte, damit sie preisen Deinen in Ewigkeit gebenedeiten Namen; besonders aber, o Herr, verleihe Denjenigen, welche den Tag meines Hinscheidens in frommem Andenken behalten, daß sie das ganze Jahr hindurch durch die beständige Gegenwart Deiner Gnade sicher seien, so daß weder Krankheit, noch ein anderes Ungemach sie drücke, sondern ihnen die Ruhe des Friedens, der Gesundheit und der Zufriedenheit zu Theil werde und sie dadurch

1) Matth. 10, 28. — 2) Vgl. Ps. 144, 13.

fröhlich zu dem Reiche Deines Ruhmes gelangen, der Du lebest und herrschest mit Deinem Sohne, unserm Herrn Jesus Christus, und mit dem heiligen Geiste von Ewigkeit zu Ewigkeit." Als seine Schüler und die umstehenden Gläubigen „Amen" antworteten, sprach eine von Gott ausgehende Stimme: „Wisse, mein Geliebter, daß Alles, um was Du in Deinem Wohlwollen gebeten, sicherlich Erhörung gefunden hat."

31. Darauf senkte sich der unerschütterliche Märtyrer Christi und herrliche Sieger Livinus, durch den göttlichen Beistand gestärkt, wieder zu seinen Verfolgern herab und sprach: „Geliebteste Brüder, hier stehe ich als Schlachtopfer meines Königs, der mich ruft, ich erwarte die Herrlichkeit, die er mir im Himmel bereitet hat, und schon stehen seine Engel da, mich zu empfangen. Seid tapfer, und wenn es euch bei meinem Leiden an Kräften gebricht, so ersetzet sie durch euere Grausamkeit. Diese meine Gefährten hier sind Schafe Christi, ich bitte für sie um Schonung; denn sie haben nie Jemand verletzt und sind unschuldig." Sodann küßte er diese mit den Worten: „Der allmächtige Gott behüte euch, Geliebteste, zum ewigen Leben," erhob seine Blicke zum Himmel und sprach: „Vater, in Deine Hände befehle ich meinen Geist; Du hast mich erlöset, o Herr, Gott der Wahrheit [1])." Unterdessen waren die erwähnten Brüder Walbert und Meinzo, die Schergen des Teufels, auf ihn eingedrungen und schlugen dem Lehrer ihres Heils, nachdem sie ihm viele Hiebe beigebracht hatten, zuletzt das Haupt ab; Alle sahen, wie seine Seele von den Engeln empfangen wurde und das Glück genoß, mit dem Glanze überirdischer Herrlichkeit in die himmlischen Räume hinaufzusteigen. Der selige Erzbischof und Märtyrer Christi, Livinus, litt aber am Tage vor den Idus des Novembers [2]) unter der Herrschaft unsers Herrn Jesus Christus, welcher will, daß alle Menschen selig werden und zur Erkenntniß der Wahrheit gelangen [3]),

---

1) Vgl. Luc. 23, 46. Ps. 30, 6.

2) Also am 12 November, an welchem Tage auch die Kirche sein Andenken feiert.

3) I. Timoth. 2, 4.

und welcher mit Gott dem Vater und dem heiligen Geiste lebt und regiert von Ewigkeit zu Ewigkeit.

32. Als die angesehenen Männer und Frauen, welche durch seine Lehre erleuchtet worden waren, diese That erfuhren, eilten sie jammernd und weinend herbei zu dem Leichname des Seligen. Unter ihnen befand sich auch die oben erwähnte Matrone Chraphaildis, welche den ehrwürdigen Mann gastlich aufgenommen und mit ihrem Reichthume unterstützt hatte, und trug ein noch mit dem Westerhemde bekleidetes [1]) Knäblein, das der heilige Märtyrer Livinus erst vor Kurzem aus der heiligen Taufe gehoben und dem er den Namen Brictius [2]) beigelegt hatte, auf ihren Armen mit sich. Sie brach vor allen Anderen in Thränen aus und behauptete laut, daß der selige Mann, der Erleuchter des Vaterlandes, unschuldig sei und gegen alles Recht einen so grausamen Tod erlitten habe. Walbert, der Scherge des Satans, sprang sogleich, vom Teufel gestachelt, auf sie los und spaltete ihr mit seiner Streitaxt das Haupt in der Mitte, so daß sie augenblicklich den Geist aufgab, das Kindlein aber schnitt er in drei Stücke und warf diese neben den Leichnam des seligen Märtyrers Livinus; man darf deßhalb zuversichtlich glauben, daß beide den Ruhm des Marterthums des ehrwürdigen Bischofs und Märtyrers Livinus theilen. Die Schüler nahmen den Leichnam ihres frommen Lehrers und die Stücke von dem Leichname des Kindleins und legten sie zusammen in ein auf Gottes Befehl von englischen Händen bereitetes Grabmal, Chraphaildis aber, die selige Märterin Christi, begruben sie besonders nahe bei dem Grabe des seligen Märtyrers Livinus [3]).

---

1) In Albis. Das noch in manchen Gegenden Deutschlands gebräuchliche Wort Westerhemd bezeichnet ein weißes, zierliches, mit Kreuzchen durchnähtes Hemd, worin die Kinder zur Taufe getragen und getauft werden.

2) Andere schreiben den Namen Bricius oder Brixius.

3) Die Gebeine des heiligen Livinus und des Knaben Brictius, welche beide, wie aus dem Schlusse dieser Biographie hervorgeht, zu Holthem (Hautem) von seinen Schülern begraben wurden, ließ Theodor, Bischof von Cambrai, im J. 842 aus ihrem Grabe in die Kirche von Holthem übertragen.

* *
*

Rede

am Feste der Uebertragung der Reliquien des heiligen Livinus in das St. Bavokloster zu Gent[1]).

1. Da wir heute[2]) das Fest der Ankunft des heiligen Märtyrers Livinus in Gent begehen, so müssen wir es durch Gottes würdige Lobgesänge und Hymnen verherrlichen und unsere Freude durch feierlichen Gottesdienst bezeugen. Thut, Brüder, was ihr thut, fromm, singet in rechter Weise Gott Psalmen mit Herz und Mund und feiert mit Ehrfurcht, was ihr feiert, denn die Ehrfurcht vor den Heiligen ist das Lob und der Ruhm des Erlösers Aller. Ihr habt bereits unsern schon im Mutterleibe geheiligten[3]) und auf Erden den ihn gläubig Anflehenden und fromm Ersuchenden als bereitwilligen Befreier verliehenen Heiligen genugsam kennen gelernt, suchen wir deßhalb emsig durch fromme Andacht seine Huld zu gewinnen. Die kostbare Uebertragung dieses Heiligen hat zwar schon viele Jahre vor uns stattgefunden, da aber das Gedächtniß des Gerechten und das Andenken an ihn immer und ewig währen und die Gerechtigkeit des Gerechten vor Gott nie in Vergessenheit geräth, so soll der Bericht vieler Gläubigen den Gegenstand unserer Rede bilden.

2. Der Begräbnißort des seligen Märtyrers Livinus wurde

---

1) In den Handschriften schließt sich an die vorgehende Biographie diese Rede an, welche die Uebertragung des Heiligen aus Holthem nach Gent in das St. Bavokloster im J. 1007 erzählt, und wir lassen sie der Vollständigkeit wegen deßhalb ebenfalls folgen. Der Verfasser dieser von J. Mabillon (in den Act. SS. Ordinis S. Benedicti, Saec. VI, P. I, p. 65 sqq.) aus einer Handschrift des Cisterzienserklosters zu Aulne herausgegebenen Rede ist nicht bekannt, lebte aber als Mönch im St. Bavokloster in der ersten Hälfte des zwölften Jahrhunderts, da er, wie aus §. 9 hervorgeht, nach dem Tode des Abtes Fulbert und vor der zweiten Uebertragung der Reliquien des heiligen Livinus, welche im J. 1171 stattfand, schrieb.

2) Nämlich am 28 Juni, an welchem jetzt noch das Fest gefeiert wird.

3) Vgl. die vorhergehende Biographie, §. 3.

alsbald durch vielfache Auszeichnung heilsamer Eigenschaften und durch seinen heilbringenden Geruch gleich einem fruchtbaren Acker, den Gott gesegnet hat und in welchem ein himmlischer Schatz aufbewahrt wird, weit und breit berühmt und von verschiedenen, ringsum von allen Seiten herbeiströmenden Völkern besucht. Eine Menge von Siechen erhielt daselbst ihre Gesundheit wieder, viele Leidende wurden an Stimme [1]) und Geist gestärkt und Alle lobten einstimmig Gott in der Höhe, denn Alle, so viele auch kamen, staunten, wenn sie das nach der Prophezeihung glorreiche Grab sahen, erzählten von Erstaunen erfüllt, wenn sie in die Heimath zurückkehrten, den Anderen, was sie gesehen und erfahren hatten, und verherrlichten so gemeinschaftlich Gott in seinem heiligen Märtyrer. Der höchste Oberhirte und einzige wahre Priester des wahren Tabernakels in Ewigkeit, welcher seinen geliebten Märtyrer dort oben im Himmel und hier unten auf Erden verherrlichen wollte, hob nämlich, wann und wie er wollte, weil er es konnte, den Körper desselben sammt dem Grabmale in die Höhe und ließ ihn über der Erde in der Luft schweben, um allen Sterblichen zu zeigen, daß sein ausgedienter Krieger, vor der Verwesung der Sterblichen sicher, die Unsterblichkeit erlangt habe und im himmlischen Reiche herrsche. Es glänzt also dieser Gerechte, wie geschrieben steht, gleich der Sonne am Himmel und gleich einem strahlenden Sterne am Firmamente, und während er vor Gott und dem Lamme ein neues Lied singt, wird auf Erden das Grabmal mit seinem Körper von seinen Genossen, den englischen Geistern, vor jedem Unfalle bewahrt, so daß selbst die Normannen und Dänen, als sie ganz Gallien mit Feuer und Schwert verwüsteten und das Dorf Holthem ringsum bis auf den Boden niederbrannten [2]), immer erschreckt vor jenem himmlischen Schreine zurückwichen. Sobald Theoderich, welcher zu

---

1) Die an den Sprachwerkzeugen Leidenden suchten Hülfe an dem Grabe des Heiligen, weil diesem die herausgerissene Zunge wunderbar wieder hergestellt worden war, wie die vorhergehende Biographie (S. 27) erzählt.

2) Die Normannen verheerten und plünderten Flandern im J. 836 und in den folgenden Jahren; vgl. G. Lautenschläger, die Einfälle der Normannen in Deutschland. Darmstadt, 1827. 8. S. 23.

dieser Zeit auf dem bischöflichen Stuhle zu Cameracum saß [1]) und zu dessen Diözese jener Ort gehörte, diese Wunderzeichen und übernatürliche Eigenschaften vernahm, machte er sich auf den Weg, um das Grab des Heiligen zu besuchen, und als er sah, daß die herrlichen und wunderbaren Dinge, welche Gott durch seinen Heiligen verrichtete, noch weit größer waren, als er in der Heimath vernommen hatte, und daß Gott in der Höhe seine Heiligen so mächtig aus der Tiefe der Erde emporhob, so predigte er dem Volke und übertrug auf die Bitten der Brüder zum heiligen Bavo [2]) die Reliquien der Heiligen Livinus und Brictius mit aller Ehrfurcht und Freude an einen angeseheneren Ort [3]), um sie daselbst anständig aufzustellen.

3. Der Ruf dieser herrlichen und neuen und durch ihre Neuheit wunderbaren Thaten durchlief fast die ganze Welt, dauerte eine lange Reihe von Jahren ununterbrochen fort und erregte noch unter der Regierung Heinrichs, welcher seinem Vater [4]), dem jüngeren Otto in der Herrschaft nachfolgte, in dessen Palast großes Erstaunen, weßhalb der König selbst und seine Edeln den in seinen Heiligen wunderbaren Gott priesen. Derselbe König rüstete sich in dieser Zeit zu einem Feldzuge nach dem Gebiete von Gent [5]) und verabredete mit den Seinigen den geheimen Plan, bei seiner Rückkehr den Körper eines so großen Märtyrers mit sich zu nehmen; was aber der himmlische König über seinen

---

1) Der Bischof Theoderich von Cameracum (Camerich, Cambrai), welcher ebenfalls als Heiliger verehrt wird, starb im J. 863.

2) Das St. Bavokloster in Gent.

3) Nämlich in die Kirche von Holthem; diese erste Uebertragung fand im Jahre 842 am 12 November statt.

4) Der Berichterstatter befindet sich hier in einem großen Irrthume, denn Heinrich II, welcher im J. 1002 Otto III. nachfolgte, war kein Sohn desselben.

5) In den Streitigkeiten zwischen dem Markgrafen Balduin Schönbart von Flandern und dem Herzoge Gottfried von Lothringen wurde der erste von dem Könige von Frankreich und der andere von Heinrich unterstützt. So ward besonders um Valenciennes und Gent, welche beide Orte der Graf Arnulf, ein naher Verwandter Heinrichs, besaß, in den Jahren 1006 und 1007 gekämpft, bis Balduin im letzten Jahre nach Aachen kam und Frieden suchte; vgl. H. Leo, Niederländische Geschichten (Halle, 1832. 8.), Bd. I, S. 16.

Märtyrer verfügt hatte, war völlig von dem Vorhaben verschieden, welches der irdische König mit den Seinigen auszuführen beabsichtigte. Dieser König kam, um mich kurz zu fassen, mit einer starken Kriegsmacht und gewaltigem Waffengetöß und brachte Verwirrung in das ganze Gebiet der Brachanter [1]) und die Umgegend; sein Heer, welches gleich den Heuschrecken in Aegypten in den Flecken, Dörfern und Burgen zerstreut war, verheerte Alles durch Brand und Plünderung, er selbst aber saß stolz in dem Dorfe des heiligen Livinus, wo er sein Lager aufgeschlagen hatte. Einige Leute seines Heeres, von dem Geiste der Bosheit getrieben, überfielen das Bethaus des Heiligen, erbrachen die Thüren und plünderten, was von den Bürgern dorthin in Sicherheit gebracht worden war. Adalbert, welcher zu dieser Zeit daselbst das Amt eines Priesters bekleidete und seine Untergebenen auf den Weg des Heils leitete, tadelte und schalt die Plünderer und mahnte sie, von ihrem sündhaften Beginnen abzustehen, vermochte aber nichts über sie; da sie also weder Gott noch seinem Heiligen die gebührende Ehre erwiesen, so wurden die in das Bethaus Eingedrungenen mit Blindheit geschlagen, außen in der Vorhalle aber verbreitete sich über Alle, wie über die verstockten Aegypter [2]), eine dichte Finsterniß, und auf diese Weise hielt unser Gott und König, der mächtigste aller Könige, von seinem Krieger die ihm zugedachte Schmach ab. Lärm und Verwirrung verbreiteten sich alsbald über das Lager und als dem Fürsten die Ursache der Bewegung zu Ohren kam, wurde er sehr unruhig und fürchtete, der Zorn des höchsten Königs werde über ihn und sein Heer hereinbrechen. Da er jetzt erkannt hatte, daß sein Herr und Gott als König der Himmel über ihm stehe, stieg er von seinem Throne herab, nahm, wie der König der Niniviten [3]), das Diadem von dem Haupte, demüthigte sich zuerst von Allen und ging zu dem Schreine des heiligen Märtyrers Livinus, um die Barmherzigkeit Gottes anzuflehen. Als er nun sah, von welcher jämmerlichen Strafe seine Kriegsleute getroffen waren, zitterte er vor Angst, bereute zitternd, warf sich, um Allen

1) Brabänter; vgl. die vorhergehende Biographie, §. 23.
2) Vgl. Exod. 10, 21 ff. — 3) Vgl. Jon. 3, 6.

ein Beispiel der Demuth zu geben, reumüthig in Sack und Asche vor dem Heiligen nieder und betete, wenn auch nicht mit Worten, doch durch die That, mit dem Propheten [1]) zu Gott: Mein Herr und Gott, allmächtiger König, Alles steht in Deiner Gewalt und Niemand kann Deinem Willen widerstehen; wenn Du uns also zu retten beschlossen hast, so werden wir befreit werden und nicht zu Grund gehen. O Herr, Du König der Könige, Du Gott unserer Väter, Du Vater der Barmherzigkeit und Du Gott alles Trostes, schenke uns Flehenden Dein Erbarmen, erbarme Dich Deines leidenden Volkes; möge es Deiner Güte und Deinem geliebten Märtyrer gefallen, die Unglücklichen zu befreien, denn sie haben schon Strafe genug gelitten. Alle Deine Werke übertrifft Deine Barmherzigkeit, wir bekennen deßhalb vor Deinem Antlitze unsere Schuld, strafe uns nicht in Deinem Gerichte und in Deinem Zorne, sondern lasse uns Deine gewohnte Gnade angedeihen; halte Deine schlagende Hand zurück und lasse das Schwert Deiner Rache nicht niederfallen, o Gott, der Du retten kannst, wen Du willst, und verderben kannst, wen Du richtest. Als der barmherzige Gott sah, daß der König sich vor ihm demüthigte, befreite er dessen Volk von aller Strafe und verherrlichte so seinen Heiligen vor dem Könige und seinem ganzen Heere. Das Volk, welches sich von einem so großen Strafgerichte befreit sah, dankte Gott und brachte demüthig dem heiligen Livinus viele Gaben dar, der König und die Edeln aber sangen, von geistlicher Freude erfüllt aus frommem Herzen: Ehre sei Gott in der Höhe!

4. Zu dieser Zeit war in dem Kloster des heiligen Bavo zu Gent Eremboldus Abt [2]), ein Mann würdigen Andenkens, welcher mehr auf das, was den Herrn angeht, als auf das, was die Welt betrifft, achtete und in großer Demuth und Gottesfurcht lebte. Er hegte den sehnlichen Wunsch, daß in seinen Tagen dem Orte, welchem er vorstand, irgend eine auszeichnende Gnade Gottes zu Theil werden möge, und erwartete unter be-

---

1) Vgl. Dan. 2, 38.

2) Er trat diese Würde im J. 1003 an und bekleidete sie mit großer Auszeichnung bis zu seinem Tode, der im J. 1017 erfolgte.

ständigem Schluchzen und Beten von dem heiligen Geiste eine Tröstung über diesen Wunsch. Obschon er alle seine Hoffnung und sein Verlangen dem Könige der Himmel anheim stellte, so hatte ihm doch die Ankunft des Königs Heinrich mit seinem Heere Schrecken eingeflößt, denn da der Begräbnißort des heiligen Livinus seit alter Zeit dem St. Bavokloster erblich angehörte, so fürchtete er, das Kloster könne des Vorrechtes, einen solchen Märtyrer zu besitzen, beraubt und der Ort Gent des besondern und gemeinschaftlichen Schutzes der heiligen Bavo und Livinus verlustig werden. Während er nun deßhalb ohne Aufhören seufzend zu Gott betete und des Nachts schlaflos Psalmen sang, erhielt er die Kunde von dem göttlichen Strafgerichte, welches das Heer des Königs getroffen, und von der wunderbaren Güte, welche der heilige Livinus gegen den König bewiesen hatte. Der Vater Eremboldus freute sich zwar über diese Zeichen, welche die Macht des höchsten Königs an seinem Krieger offenbarte, fürchtete aber immer noch, Heinrich möge, da er jetzt das Verdienst des seligen Livinus aus eigener Erfahrung kannte, in seinem Eifer die Reliquien des Heiligen mit sich nehmen. Es kam jedoch nicht so, denn der König verließ endlich diesen Ort, führte seine Heeresmacht nach Gent und kehrte, nachdem er mit dem Grafen Balduin Frieden geschlossen hatte, auf einem andern Wege zurück. Nach dem Abzuge des Königs aber wurde dem Abte plötzlich, wie man glaubt, vom Himmel der gute Vorsatz und der fromme, in seinen Folgen glückliche Gedanke eingegeben, ohne Verzug für die Uebertragung der Gebeine des heiligen Livinus zu sorgen, und er ließ sich sogar durch den Mangel an Geldmitteln nicht bewegen, das heilsame Geschäft aufzuschieben, denn er war in seinem Innern überzeugt, daß sich diese durch das Vertrauen, welches er auf Gott setzte, finden würden.

5. Durch diese Eingebung im Herrn gestärkt, zögerte der Abt nicht länger, sondern reiste, nachdem er den Rath der Brüder eingeholt, alsbald nach Holthem und warf sich daselbst nebst den Brüdern, die mit ihm gegangen waren, vor dem Schreine des heiligen Livinus zum Gebete nieder. Nachdem er einen Tag und eine Nacht wachend zugebracht und sich zuerst selbst auf dem Altare seines zerknirschten Herzens Gott geopfert hatte, brachte

er das heilsame Opfer zum Andenken Jesu Christi und zur Ehre seines Heiligen mit bußfertigem Herzen feierlich dar und empfing bei der Darbringung demüthig das Abendmal; so im Geiste mit Gott vereinigt, trat er unter fortwährendem Gebete in das Heiligthum ein, näherte sich dem Schreine des heiligen Livinus und des heiligen Brictius und eröffnete ihn zuversichtlich. Nach der Eröffnung aber zeigte er Allen ihre völlig unversehrten Reliquien, legte sie sodann mit aller Ehrfurcht und großer Freude wieder hinein und versiegelte sie sorgsam. O welch frommes Schauspiel, woran sich die Augen Aller, die ihm beiwohnten, weideten. O Livinus, o seliger Livinus, wie wurden die Herzen der Gläubigen bei Deiner Uebertragung mit Trost erfüllt, und wie Viele empfingen durch dieses himmlische Geschenk die Wohlthat der Gesundheit wieder; denn als man den himmlischen Schrein des heiligen Märtyrers öffnete, umfloß eine vom Himmel herabsteigende helle Wolke das Bethaus und die Vorhalle, und ein wunderbarer himmlischer Wohlgeruch verbreitete sich über alle Umstehenden; auch wurden die Herzen vieler Gläubigen erleuchtet und viele sieche Körper geheilt; alle Anwesenden aber freuten sich und priesen Gott in allen glorreichen Thaten, die hier durch seinen heiligen Märtyrer Livinus geschehen waren.

6. Nachdem nun das Verlangen des Abtes und seiner Begleiter erfüllt und Alles fröhlich vollbracht war, nahmen sie den himmlischen Schatz und schickten sich an, mit ihm heimzukehren. Sie verließen unter großem Jubel des Volkes und unter dem Gesange der Geistlichkeit das Bethaus und die Vorhalle, waren aber auf dem Wege noch nicht weit vorangeschritten, als die Träger des Schreines mit den Gebeinen des heiligen Livinus an einem Apfelbaume plötzlich wie angewurzelt stehen blieben. Hier bekam nämlich der wunderbare Märtyrer Gottes ein solches Gewicht, daß die Träger ihn nicht mehr auf den Armen zu halten vermochten, sondern, von Furcht und Schrecken betäubt, ihn kaum schnell genug und ohne Schaden zu nehmen auf den Boden niederlassen konnten, wo er einen Tag und eine Nacht unbeweglich stehen blieb, weßhalb jene Stelle jetzt noch der Apfelbaum des heiligen Livinus heißt. Alle standen bestürzt ringsum und staunten tief betrübt über diese wunderbare Er-

scheinung; der noch kurz vorher die Lüfte durchdringende fröhliche Psalmengesang verwandelte sich in Weinen und Klagetöne, womit sie jetzt die Barmherzigkeit Gottes und das Verdienst seines Livinus anriefen. Sie durchwachten die Nacht und den Tag im Gebete und in Thränen, und da sie wußten, daß der barmherzige Gott die Betrübten im Herzen und Demüthigen im Geiste tröstet, so riefen sie ihn noch inständiger an und wurden erhört; sie flehten in Traurigkeit und wurden getröstet, denn es konnte hier nicht länger Kummer und Trauer obwalten, wo alsbald die göttliche Erbarmung die Gnade des Trostes und ein Geschenk der Freude gewährte, ein Geschenk nämlich, welches Jahrhunderte hindurch Vielen von Nutzen sein sollte. Von der Gnade Gottes erleuchtet brachte nämlich der Abt die Theile der heiligen Reliquien zum Heile der Bürger an ihren früheren Ort zurück und schloß mit dem heiligen Livinus einen Vertrag, den er nebst den Mönchen und Laien öffentlich durch einen Eidschwur bekräftigte und nach welchem der Heilige jedes Jahr mit aller Ehrfurcht nach dem Orte seines Begräbnisses zurückgebracht werden sollte; als der Tag dieser jährlichen Betfahrt aber wurde der Vorabend vor dem Feste der Apostel Petrus und Paulus [1]), an welchem auch die glorreiche Uebertragung des Heiligen stattfand, festgesetzt. Nachdem der Abt dieses Versprechen gegeben hatte, hoben die Träger alsbald den Heiligen Gottes auf die Schultern und traten mit der leichten Last schnellen Schrittes ungehindert wieder die Reise an. Alle, welche vorher betrübt waren, wurden nun mit Freude erfüllt; vor Allen aber zeigte der Abt seine Freude in geistlichem Jubel und sang Gott einen Psalm und dem heiligen Märtyrer die Hymne: O heiliger Livinus, auserwählter Märtyrer Gottes, nimm gütig unser Gebet auf und führe uns auf den Weg des Heils und des Friedens; die Schaar der Vorausgehenden und Nachfolgenden aber rief, wie die Knaben der Hebräer [2]), zu dem Herrn: Hosanna in der Höhe; gebenedeit sei der Herr, der Gott Israels, welcher sein Volk heimgesucht und erlöst und heute seinen heiligen Märtyrer wunderbar verherrlicht hat!

---

1) Also der 28 Juni. — 2) Vgl. Marc. 11, 10. Joh. 12, 13.

7. Durch diese von Gott gewährten Wohlthaten erheitert, setzten sie zuversichtlicher unter der Leitung unsers Herrn und Gottes, welcher ihnen voranschritt, und an allen Orten, durch die sie kamen, Werke der Barmherzigkeit vollbrachte, ihre Reise fort und kamen, nachdem sie bei dem Dorfe, welches Thesla heißt, über die Schelde gegangen waren, nach Gent, wo sie, um auszuruhen, die Bahre mit dem Heiligen auf einem Berge niederstellten, welcher deßhalb jetzt noch den Namen des heiligen Livinus trägt. Das Gerücht war den Boten nach dem Kloster des heiligen Bavo vorausgeeilt und die anwesenden Brüder schmückten das Aeußere des Tempels und das Haus Gottes zum Empfange des herannahenden hohen Gastes. Es strömte ihm eine unzählbare Menge Volkes und eine lange Reihe von Geistlichen und von Mönchen aller Orden entgegen; als sie aber bei dem Zuge anlangten und man den Schrein des Heiligen von dem Boden aufheben wollte, haftete er zu Aller Erstaunen unbeweglich an dem Berge. Dieses wunderbare Ereigniß verbreitete sich bald unter dem Volke und in Aller Mund war schnell die merkwürdige Kunde, daß der heilige Märtyrer Gottes nicht von dem Boden aufgehoben werden könne. Die ganze Bevölkerung von Gent versammelte sich wie Ein Mann, um das himmlische Wunder zu schauen, und die ganze Gegend ringsum setzte sich in Bewegung, um Gott und in Gott das Verdienst seines heiligen Märtyrers zu preisen. Die Herzen Aller, zu welchen dieses Gerücht drang, wurden mit Freude und zugleich mit Furcht erfüllt und aus der Furcht entstand eine noch größere Achtung und Ehrerbietung gegen den heiligen Märtyrer; am meisten aber drückten den Geist des Abtes und der Mönche Sorge und Angst. Diese fassen indessen alsbald einen heilsamen Entschluß, ordnen Wachen bei der Bahre des Heiligen an und kehren in das Kloster zurück, um vor dem Herrn zu beichten und Buße zu thun und nachzudenken, wie eine mehr anständige und Gottes würdige Einholung zu veranstalten und der große Märtyrer Gottes auf diese Weise zu besänftigen sei. Sie fasteten, weinten, beteten, durchwachten Gott preisend die ganze Nacht, brachten am folgenden Tage das heilige Meßopfer dar und empfingen bei dem Opfer demüthig das Abendmal. So in dem Herrn gereinigt,

treten sie demüthig in das Allerheiligste, nehmen den heiligen Bavo, den edeln Herrn ihres Vaterlandes und großen Patron von ganz Flandern [1]), den heiligen Erzbischof Landoaldus [2]) und die Körper der heiligen Frauen Vinciana und Landrada [3]) und gehen so in aller Ehrfurcht und Frömmigkeit in einem feierlichen Aufzuge dem Freunde Gottes entgegen. Wie viel Tugend und Freude sich dabei offenbarte und wie viel Heil und Segen dem Volke daraus erwuchs, läßt sich nicht sagen; als aber der Zug zu dem erwähnten Berge gelangte, ließ sich, da ihm die Heiligen entgegen kamen, der heilige Märtyrer sogleich aufheben, als wolle er ihnen für die Begrüßung und den ergebenen Besuch seinen Dank abstatten. Die Heiligen schienen sich durch diese wechselseitige Begrüßung einander zu trösten und sich durch die körperliche Zusammenkunft im Geiste zu freuen, um dadurch anzudeuten, welches Verdienst die Liebe zu Gott und dem Nächsten hat und daß sie wahre und geliebte Söhne Gottes waren. Bei diesem Schauspiele standen Alle regungslos vor Erstaunen und riefen mit Herz und Mund flehentlich zum Himmel: Christus, Du Sohn des lebendigen Gottes, steh uns bei! und da sie von dem Nektar des himmlischen Thaues benetzt und von dem Dufte des süßesten Wohlgeruches angehaucht waren und es eine vollkommene Freude ist, die Gesellschaft der Heiligen zu genießen, so fanden sie Vergnügen daran, mit den Heiligen auf dem Berge zu verweilen. Gern möchte ich über die Größe der Gnade und der Ehre dieses Tages Betrachtungen anstellen, aber die Kräfte verlassen mich bei der Betrachtung, weil ich weder eine richtige

---

1) Von dem heiligen Bavo, welcher aus einer edeln Familie Brabants stammte, in seiner Jugend ein ausschweifendes Leben führte und sich nach seiner Bekehrung durch ungewöhnliche Frömmigkeit auszeichnete, war schon bei der vorhergehenden Biographie (§. 22) die Rede.

2) Er soll in der ersten Hälfte des siebenten Jahrhunderts Erzbischof von Utrecht gewesen sein.

3) Beide Frauen, welche vornehmen fränkischen Geschlechtern angehört haben sollen, wurden dem heiligen Amandus, Bischofe zu Mastricht, als Gehülfinnen bei der Bekehrung der Niederlande beigegeben und mit dem heiligen Landoaldus zu Wintershoven begraben, von da aber im J. 980 nach Gent in das St. Bavokloster übertragen.

Bezeichnung dieser wunderbaren und göttlichen Versammlung zu finden, noch eine entsprechende Schilderung derselben zu entwerfen vermag; mit der größten Zuversicht läßt sich aber annehmen, daß Christus der Herr dabei zugegen war, da er selbst in dem Evangelium sagt, daß er überall, wo Menschen in seinem Namen versammelt sind, mitten unter ihnen ist [1]). Weil aber Alles seine Zeit hat und jedes Ding unter der Sonne ein Ende haben muß, so trat, als der Abt das „Dich, Gott, loben wir" anstimmte, der glückliche Festzug mit den Heiligen fröhlich den Rückweg an, und die ganze Bevölkerung, welcher die himmlische Gnade zu Theil geworden war, begleitete ihn und erfüllte die Lüfte mit dem Rufe: „Herr, erbarme Dich unser!" So führen sie nach seiner Herberge, nämlich nach dem Kloster zu Gent, den heiligen Märtyrer Gottes, als einen zwar auf Erden neu aufgenommenen Gast, aber als einen von Gott schon von Ewigkeit her vorausbestimmten Mitbürger und Gefährten im Himmel. Die Körper der Heiligen werden mit gebührender Ehrfurcht wieder in dem Heiligthume niedergelegt und der himmlische Krieger und Freund Gottes Livinus bei ihnen eingeführt und ihnen an einer würdigen Stelle beigesellt. Die Gemeinde von Gent aber wurde seitdem stets von dieser Genossenschaft erleuchtet und erfreut sich fortwährend ihres Schutzes.

8. Diese Uebertragung fand statt unter dem römischen Kaiser Heinrich [2]), dem französischen Könige Robert [3]), dem Markgrafen Balduin [4]) und dem Genter Abte Eremboldus [5]) im eintausendundsiebenten Jahre der Menschwerdung des Herrn, dessen Reich, Macht und Herrschaft kein Ende haben. Der Abt Eremboldus aber, eines guten Andenkens würdig, schied, um nach unserer Ueberzeugung die Herrlichkeit eines glückseligeren Lebens zu erlangen, aus diesem irdischen Leben im zwanzigsten Jahre seiner Einsetzung, im elften nach der Ankunft des heiligen Livinus und im sechsten nach der Aufnahme des heiligen Macarius, nämlich im tausendundsiebenzehnten Jahre unsers Herrn.

1) Vgl. Matth. 18, 20.

2) Heinrich II. oder der Heilige (1002 — 1024).

3) Robert regierte von 997 — 1031.

4) Balduin der Schönbart (988 — 1036). — 5) Vgl. weiter oben §. 4.

9. Da mit Gottes Gnade durch die Verdienste und den Schutz der in Gent vereinigten Heiligen glückliche Zeiten folgten, so vernachläßigten die den Abt überlebenden Brüder das Fest, welches sie, wie oben erwähnt wurde, jährlich zu Ehren des heiligen Livinus zu feiern durch einen Eid versprochen hatten, und weil es besser ist, nichts zu geloben, als das Gelöbniß nicht zu halten, so wurden Alle, welche dabei betheiligt waren, durch vielfache Heimsuchung bestraft und durch schwere Leiden gezüchtigt, und zwar Dieser durch Kopfschmerz, Jener durch Blindheit, ein Anderer durch Krämpfe, ein Anderer durch Gliederschwäche und wieder ein Anderer mußte gelähmt bis zu dem Ende seines Lebens das Bett hüten. Nachdem diese Alle auf solche Weise hingeschieden waren, folgten ihnen Andere nach, welche sich derselben Nachläßigkeit schuldig machten. Nach dem Verlaufe vieler Jahre endlich, nämlich im tausendundneununddreißigsten Jahre der Menschwerdung unsers Herrn, wurde in demselben Kloster zu Gent Fulbert, löblichen Andenkens, zum Abte erwählt; dieser und die übrigen Brüder freuten sich sehr über die körperliche Gegenwart des heiligen Livinus und erbauten sich an den Wunderthaten, welche an dem Orte seines Begräbnisses geschahen, waren aber nicht wenig betrübt über die Strafen, welche ihre Vorgänger betroffen hatten. Sie faßten deßhalb alsbald einen heilsamen Vorsatz und beschlossen, das Gelübde, welches ihre Vorfahren gethan hatten, zu erfüllen, um nicht selbst auf dieselbe Weise, wie Jene, gezüchtigt zu werden. Seitdem wird nun jedes Jahr der heilige Livinus von den Geistlichen und Laien mit großer Ehrfurcht und Andacht an den Ort seines Begräbnisses getragen, wo den Gläubigen sehr viele Wohlthaten zu Theil werden zum Lobe und zum Ruhme des Namens unsers Herrn, der da lebt und regiert von Ewigkeit zu Ewigkeit. Amen [1]).

1) Als später, wie schon bei der vorhergehenden Biographie (S. 22) mitgetheilt wurde, das St. Bavokloster einer Citadelle weichen mußte, brachte man die in ihm aufbewahrten Reliquien in die Kathedrale, wo sie sich jetzt noch befinden.

V.

Bußbuch.

Bußbuch

nach der Anordnung des heiligen Bonifacius[1]).

1. Wie man eine Buße von sieben Jahren in einem Jahre, und eine von dreißig Tagen und Nächten in drei Tagen abbüßen kann. — Dieß geschieht durch Absingung der Psalmen. Man singe nämlich hundertundzwanzig Psalter in zwölf Monaten, und zwar singe man an einem Tage fünfzig Psalmen und bete fünf Vater unser, so daß auf drei Tage ein Psalter und fünfzehn[2]) Vater unser kommen; deßgleichen spreche man an einem Tage viermal: „Glückselig, die in Unschuld dahingehen“[3]) und sechsmal: „Erbarme Dich meiner, o Gott[4]),“ und fünf Vater unser, werfe sich siebenzigmal auf den Boden nieder und bete mit einer Kniebeugung[5]): Vater unser. Dieß thue man an einem Tage. Wer aber nicht so oft Psalmen singen und Vater unser beten will, werfe sich wiederholt, nämlich hundertmal, im Gebete

---

1) Nach Binterims Ausgabe, über welche man bei den literarischen Bemerkungen über die Werke des heiligen Bonifacius nähere Auskunft findet.

2) Binterim hat aus seiner Handschrift die unrichtige Zahl LXV aufgenommen, da doch die Ausgaben des schon früher bekannten Anfanges dieses Bußbuches bereits die richtige Lesart et XV darbieten.

3) Psalm 118, 1. — 4) Psalm 50, 3.

5) Nach der Lesart cum inflectione; in der andern Lesart cum injectione deutet man das Wort injectio durch Seufzer (gemitus, suspirium); vgl. Adelung, Glossarium manuale, s. h. v.

nieder und spreche: „Erbarme Dich meiner, o Gott," und „Vergib mir, Herr, meine Sünden [1])." Dieß thue er an einem Tage. Wer beichten will, thue es mit Thränen, weil die Thränen zwar nicht die Vergebung bedingen, aber verdienen. Sind seine Vergehen keine Todsünden, die er zuerst mit Thränen abwaschen muß, so bitte er den Priester, daß er für ihn eine Messe singe. Die Absingung einer Messe kann zwölf Tage ablösen; zehn Messen können vier Monate, zwanzig Messen acht Monate und dreißig Messen zwölf Monate ablösen, doch sollen die Büßenden, wenn die Beichtväter es wollen, mit Thränen ihre Gebete sprechen und Gott Dank sagen. Wer es versteht, soll in einer Woche dreihundert Psalmen knieend in der Kirche oder an einem andern Orte singen; wer die Psalmen nicht zu singen versteht und nicht fasten kann, soll, was er täglich zu sich nimmt, abwägen und die Hälfte als Almosen geben.

2. Folgende Hauptfeste soll jedes Jahr das ganze Volk feiern, nämlich die Geburt des Herrn vier Tage, die Octave nach der Geburt des Herrn [2]), die Erscheinung des Herrn, die Reinigung der heiligen Maria, die Ostern drei Tage, die Himmelfahrt des Herrn, die Pfingsten vier Tage, die Geburt des heiligen Johannes, den Todestag der heiligen Apostel Petrus und Paulus, die Himmelfahrt der heiligen Maria, den Todestag des heiligen Remigius, die Messe des heiligen Michael, das Fest aller Heiligen, den Todestag des heiligen Martinus, den Todestag des heiligen Andreas [3]). An allen diesen Feiertagen, mit Ausnahme des Festtages aller Apostel, so wie auch des Festes der Heiligen, welche in der betreffenden Provinz ruhen, oder deren Andenken daselbst gefeiert wird, sollen die Büßenden, so wie auch ihre Angehörigen, mögen sie Geistliche oder Laien

---

1) Psalm 24, 18. — 2) Die Beschneidung des Herrn.

3) Dieselben Feste werden auch in den Statuten des heiligen Bonifacius, §. 36 (vgl. weiter oben, S. 64), und in den Acten des Conciliums zu Mainz im J. 813, §. 36, angegeben, mit Ausnahme des Festes aller Heiligen, welches von einem späteren Abschreiber hinzugefügt wurde, da dieser Feiertag erst unter Ludwig dem Frommen und dem Papste Gregorius IV. um das J. 836 in Deutschland Eingang fand.

sein, Almosen spenden, vor Allem aber sollen sie Völlerei und Ueberfüllung des Bauches vermeiden und bedenken, daß der Apostel sagt: Möget ihr essen oder trinken oder etwas Anderes thun, so thuet Alles zur Ehre Gottes [1]). Nur dann also, wenn dieses erfüllt wird, ist die Buße genügend.

3. Wie sich die Diener Gottes in Bezug auf die Buße für Blutschande und Kirchenfrevel zu verhalten haben. Wer sich nämlich mit der Mutter und der Tochter, mit zwei Schwestern, mit dem Weibe seines Vaters oder Bruders, oder des Vetters oder Oheims, oder mit der Tochter dieses Weibes oder ihres Bruders oder mit der Enkelin vergeht [2]), so wie Alle, welche in der zweiten und dritten Generation verbunden sind [3]), sollen von dem Priester ermahnt werden, sich der Scheidung zu unterziehen, und er soll ihnen vorstellen, daß dieß nur wegen der noch frischen Pflanzung des Christenthums und durch die Milde der Kirche geschehe [4]). Sie sollen sieben Jahre Buße thun und zwar in der schon weiter oben [5]) anempfohlenen Weise; an den Sonntagen aber ist das ganze Jahr hindurch keine Buße zu thun.

4. Es beginnen die bei der Anhörung der Beichte nöthigen Fragen. Zuerst frage ihn, ob er das Gebet des Herrn und das Glaubensbekenntniß auswendig weiß, und wenn er es weiß, so sprich zu ihm: Willst du deine Beichte ablegen? Antwortet er: Ich will, so frage ihn, ob er schon gebeichtet habe [6]), und dann sollst du ihn fragen, ob er etwas in böser Absicht, oder durch

---

1) I. Korinth. 10, 31.

2) Vgl. das Capitular Pippins vom J. 757, §. 22 (weiter oben, S. 94), und das undatirte Capitular Pippins, §. 1 (weiter oben, S. 99).

3) Vgl. das Capitular der Kirchenversammlung zu Vermeria im J. 753, §. 1 (weiter oben, S. 72).

4) Weil eigentlich die Ehen bis zum siebenten Grade verboten waren (vgl. Br. 25, Bd. I, S. 69). Ist diese im Originale sehr unklare Stelle (proponat novellam plantationem et humilitatem ecclesiae) richtig aufgefaßt, so dürfte sie darauf hindeuten, daß das Bußbuch in die erste Zeit der Wirksamkeit des heiligen Bonifacius fällt, als noch eine mildere Praxis galt (vgl. Br. 24, Bd. I, S. 62).

5) Im §. 1 nämlich.

6) Die Stelle ist im Originale dunkel und scheint verstümmelt zu sein.

Diebstahl, oder auf unrechtliche Weise besitze? Gesteht er ein, daß dieß der Fall sei, so belehre ihn, daß er keine Lossprechung von den anderen Sünden erhalten könne, wenn er nicht das ungerechte Gut zurückgebe oder von sich entferne. Hat er dieß gethan, so frage ihn, ob er Groll gegen irgend einen Menschen hege. Gesteht er es ein, so schärfe ihm den Ausspruch ein, daß kein Heilmittel bei einer Wunde nützt, so lange noch das Eisen in ihr steckt, und daß die Buße ihm eben so wenig nütze. Ist dieß geschehen, so frage ihn, ob er ein Flüchtling sei, denn diesem ist erlaubt, vorher [1]) Buße zu thun.

5. Hast du einen Todtschlag durch Zufall oder auf Befehl deines Herrn oder in offenem Kampfe begangen oder begehen wollen und nicht gekonnt? — Sieben Jahre.

Hast du einen Meineid begangen entweder aus Habsucht oder gezwungen oder nothgedrungen oder zur Erhaltung des Lebens deiner Eltern oder unwissend, oder hast du Andere wissentlich zu einem Meineide verleitet? — Drei Jahre.

Hast du dir durch Diebstahl oder Einbruch vierfüßige Thiere oder eine größere Sache, welche fünfzig oder hundert Solidus werth ist, angeeignet? — Fünf Jahre.

Hast du Ehebruch begangen mit einem fremden Weibe oder mit einer Verlobten, oder hast du eine Jungfrau oder eine Nonne oder Gottgeweihte geschändet? — Fünf Jahre.

Hast du deinem Weibe oder deiner Magd von hinten beigewohnt? [2]) — Vierzig Tage [3]).

Hast du Unzucht verübt nach Art der Sodomiten entweder mit deinem Bruder oder mit deiner Mutter oder mit einem Thiere oder auf irgend eine andere Weise? — Sieben Jahre.

---

1) Ehe er das ungerechte Gut zurückgegeben hat? Oder sollte diese unklare Stelle anders zu verstehen sein?

2) Hier ist wohl nicht die Beiwohnung more canino zu verstehen, sondern das Vergehen, welches von den Pönitentialbüchern concubitus inter femora oder de interfemore genannt wurde; diese Ausschweifung scheint in jener Zeit sehr häufig gewesen zu sein.

3) Dieß ist, wie aus andern Pönitentialbüchern hervorgeht, die richtige Lesart; die Lesarten Ann. XL und Dies LX in Binterims beiden Abdrücken sind offenbar Druckfehler.

Hast du aus Habsucht, wissend oder unwissend, falsches Zeugniß gegeben ..... [1])

Hast du einen Menschen so geschlagen, daß Blut aus ihm floß oder Knochen verletzt wurden? — Ein Jahr.

Hast du irgend ein Glied aus Zorn verstümmelt? — Drei Jahre.

6. Hast du deinen Bruder gehaßt, so mußt du eben so lange bei Brod und Wasser Buße thun, als du in diesem Hasse gelebt hast.

Hast du dem Kirchendienste etwas entzogen? [2]) ....

Hast du einen Menschen aus Neid bei seinem Vorgesetzten oder bei seines Gleichen verkleinert? — Vierzig Tage.

Hast du an einem Sonntage deinem Weibe beigewohnt? [3]) — Drei Tage.

Hast du ein Grab des Diebstahles wegen verletzt? — Drei Jahre.

Hast du dir irgend eine Nachläßigkeit beim Meßopfer zu Schulden kommen lassen? — Vierzig Tage.

Hast du dein eigenes oder ein fremdes Kind so gedrückt, daß es sterben mußte? [4]) — Sieben Jahre.

Hast du irgend ein Zaubermittel oder Kräuter getrunken, um keine Kinder zu bekommen, oder aus einer andern Ursache, oder hast du ein solches Mittel einem Andern gegeben, oder hast du einen Menschen durch ein Gericht tödten wollen, oder hast du von dem Blute und dem Samen deines Mannes ge-

---

1) Die beiden Handschriften sind hier unvollständig.

2) Geräthschaften der Kirche gestohlen. Vasa altaris, pallas vel sindonem, heißt es in einem Pönitentiale (bei Martene und Durand, Collectio vet. script. Tom. VII, p. 34), nach welchem ein solcher Dieb wie ein Jude behandelt werden soll. Die Strafbestimmung fehlt in den beiden Handschriften des vorliegenden Pönitentials.

3) Diese ist wohl die richtige Deutung der Worte: nubisti die dominico; obgleich man auch Heirathen am Sonntage nicht gerne sah; vgl. A. J. Binterim, Denkwürdigkeiten der christkatholischen Kirche, Bd. V, Thl. 3, S. 432.

4) Durch Unvorsichtigkeit oder Nachläßigkeit oder durch allzudichtes Einhüllen (incaute aut vestimentorum pondere). Vgl. Binterims Bemerkung zu dieser Stelle.

kostet, um bei ihm größere Liebe gegen dich zu erwecken, oder hast du Salböl [1]) getrunken? — Fünf Jahre.

Hast du Wucher getrieben? — Drei Jahre.

Hast du Geschäfte für Andere nachläßig oder absichtlich schlecht geführt? — Drei Jahre.

7. Hast du dich der Gotteslästerung schuldig gemacht, das heißt, hast du die sogenannten Vogelschauer, Zeichendeuter und Looszieher in Anspruch genommen, Gelübde an Bäumen oder an Quellen oder an Schranken [2]) gethan oder auf irgend eine andere Weise das Loos befragt [3]) oder eine Fehlgeburt verursacht? [4]) — Fünf Jahre.

Hast du einen Raub an einer Jungfrau oder an einer Wittwe begangen? — Drei Jahre.

Hast du der Kirche Geld auf unrechtliche Weise entzogen? [5]) — Drei Jahre.

Hast du irgendwie an dem heidnischen Unfuge, den man am 1 Januar, als Hirsch oder als altes Weib verkleidet, zu verüben pflegt, Theil genommen? [6]) — Drei Jahre.

Hast du einen Sklaven oder einen andern christlichen Menschen auf irgend eine Weise in die Gefangenschaft geführt oder geliefert? — Fünf Jahre.

Hast du das Haus oder die Scheune eines Andern in Brand gesteckt? — Drei Jahre.

---

1) Da das geweihte Salböl (Chrisma) von der Kirche zu heiligen Zwecken gebraucht wurde, so meinte das abergläubische Volk, seine Wirksamkeit müsse sich auch bei unerlaubtem und sündhaftem Gebrauche zu unlauteren Absichten bewähren. Die Zaubertränke reichen übrigens bis in das höchste Alterthum hinauf und ihre Zubereitung greift in Heilkunst und Giftmischerei ein.

2) In quadrivio (auf einem Kreuzwege), setzen andere Pönitentiale hinzu.

3) Von allen diesen Dingen war schon in dem weiter oben mitgetheilten Verzeichnisse der abergläubischen und heidnischen Gebräuche, §. 11, 13, 14 (S. 16, 18, 20) die Rede.

4) Diese Worte scheinen nicht hieher zu gehören; überhaupt liegt die ganze Stelle sehr im Argen.

5) Auch dieser Satz ist im Originale unklar.

6) Trotz aller Verbote hat sich dieser heidnische Unfug, welcher jetzt am Fasching getrieben wird, erhalten.

Hast du dich in Folge von Trunkenheit oder Ueberladung des Magens erbrochen? — Vierzig Tage.

Hast du einen Menschen gezwungen, sich zu berauschen, und hast du dieß aus Haß gethan? — Hundert Tage.

8. Hast du das Blut irgend eines Thieres [1]) oder eines Menschen getrunken oder davon gegessen? — Drei Jahre.

Hast du von verrecktem oder durch wilde Thiere zerrissenem Viehe gegessen? — Vierzig Tage.

Hast du von der Flüssigkeit genossen, worin eine todte Maus oder ein todtes Wiesel gefunden wird? [2]) — Vierzig Tage.

Hast du das in der Kirche angesagte oder von den Oberen vorgeschriebene Fasten, oder die Vierteljahresfasttage, oder die vierzigtägigen Fasten nicht gehalten? — Ein Jahr.

Die Weiber, welche ihr Kind nach der Geburt tödten. — Zehn Jahre.

Geschieht dieß nach der Empfängniß. — Vier Jahre.

Hast du während der monatlichen Reinigung die Kirche betreten oder deinem Manne beigewohnt? — Vierzig Tage.

Wer seinen Sohn auf ein Dach oder in einen Ofen setzt, um ihn gesund zu machen [3]). — Fünf Jahre.

Deßgleichen wer Körner verbrennt [4]), wo ein Mensch gestorben ist. — Fünf Jahre.

Wenn Jemand ein Kind aus Nachläßigkeit ohne Taufe sterben läßt. — Drei Jahre.

Wenn du deinem Nächsten geflucht hast, wenn du in deinen Worten meineidig, wenn du mißgünstig gewesen bist, wenn du

1) In nicht gekochtem Zustande, oder eines Thieres, welches nicht geschlachtet, sondern erschlagen oder erstickt ist.

2) Dieser Trank war vermuthlich nicht nur deßhalb verboten, weil Maus und Wiesel als unreine Thiere galten, sondern auch, weil an einen solchen Trank abergläubische Gebräuche geknüpft waren. Daß Maus und Wiesel in der Magie eine nicht unbedeutende Rolle spielen, ist bekannt; vgl. Binterim, Denkwürdigkeiten der christkathol. Kirche, Bd. II, Thl. 2, S. 583. J. Grimm, Deutsche Mythologie, Bd. II, S. 1036. 1044.

3) Man wandte dieses Mittel vorzugsweise gegen das Fieber an.

4) Als Opfer nämlich.

Jemand verkleinert, angeklagt oder verläumdet, wenn du eine Gotteslästerung verübt, falsches Zeugniß gegeben, eine Lüge gesagt, Haß in dir getragen, Unzucht getrieben oder andere Sünden begangen hast, welche hier nicht alle aufgezählt werden können....

9. Frage. Erkennst du dich als schuldig, daß du nach der Taufe in Gedanken, Worten und Werken gesündigt hast, und versprichst du, deine früheren Fehler zu verbessern, dich künftig vor denselben zu hüten und an die Dreifaltigkeit zu glauben?

Antwort. Ich verspreche es.

Frage. Hast du dein Glaubensbekenntniß abgelegt und deine Sünden dem Herrn und dem Priester gebeichtet, damit dir deine Sünden erlassen werden; glaubst du dieß?

Antwort. Ich glaube es.

Frage. Hast du den ernstlichen Vorsatz, Alles, was du gegen die Gebote Gottes gethan hast, künftig zu vermeiden?

Antwort. Ich habe diesen Vorsatz.

Frage. Weßhalb hast du gebeichtet? Willst du Lossprechung erhalten? Willst du deinen Vorsatz getreulich halten, allen Erfindungen des Teufels entsagen und an die Dreifaltigkeit glauben?

Antwort. Ich will es.

Alsdann sprich zu ihm: Der Herr sei dein Helfer und Beschützer und verleihe dir Verzeihung deiner Sünden. Sodann lege ihm nach dem Maße seiner Vergehen Buße auf [1]).

---

1) Nach diesem Pönitentiale theilt Binterim aus derselben Handschrift eine Bußordnung und eine altdeutsche Beichtformel mit, welche aber Bonifacius nicht angehören.

VI.

Leben
des
heiligen Bonifacius.

1.

Willibalds
Leben des heiligen Bonifacius.[1])

Es beginnt das Leben oder Leiden des seligsten Märtyrers und Erzbischofes Bonifacius.

(Einleitung.)

1. Den heiligen Herren und wahrhaft in Christus geliebtesten Genossen in der Bischofswürde, Lull [2]) und Megingoz [3]), Willibald [4]), der, wenn auch unwürdige, Priester im Herrn [5]).

---

1) Die Uebersetzung folgt im Allgemeinen der von G. H. Pertz besorgten Ausgabe in dessen Monument. German. historica; Scriptt. Tom. II, p. 331 — 353.

2) Erzbischof von Mainz (753 — 786).

3) Bischof von Würzburg (757 — 785).

4) Willibald, nicht Bischof von Eichstädt (745 — 781), sondern ein einfacher Mönch, wie in den literarischen Bemerkungen über die Biographien des heiligen Bonifacius nachgewiesen werden wird.

5) Die Uebersetzung schließt sich der von Mabillon herrührenden Eintheilung in Kapitel und Paragraphen an; da aber die Biographie sehr häufig

Nachdem ich das Vorhaben und zugleich den Wunsch Euerer frommen Väterlichkeit vernommen, bin ich, nicht im Vertrauen auf die Kenntniß des wissenschaftlichen Verfahrens, sondern um Euerer Heiligkeit die schuldige Pflicht des Gehorsams zu erweisen, gern willfährig gewesen und habe das schwierige Werk, welches Ihr mir aufgetragen, mit geringen Kräften begonnen und bis an den Schluß zum Ziele der Vollendung geführt; doch bitte ich Euch, Ihr wollet, wenn Etwas anders, als Euer Wille es verlangte, ausgefallen ist, dieß in Rücksicht auf das Unvermögen meiner Schwäche und auf die Erhabenheit des auferlegten Werkes mit nachsichtigem Geiste hinnehmen, da hier für mich vor Allem die Ehrfurcht als Maßstab dienen muß, indem ich dem Befehle Euerer Hoheit die Leistung des Gehorsams nicht verweigere, wie denn auch, wenn ich etwas Würdiges und unsern Zeiten Ersprießliches zu Stande gebracht habe, dieß jedenfalls der göttlichen Gnade und dem Verlangen Eueres Befehles zuzuschreiben ist, da zuweilen der fromme Wille des Verlangenden auch die das Licht putzende Hand [1]) nachahmt und durch die Gewalt seines Druckes auch die in noch so geringem Maße vorräthige Süßigkeit der verlangten Wissenschaft ausbeutet und durch Mittheilung derselben den Hungrigen erquickt. (2.) Euere Heiligkeit hat nämlich beschlossen, einen Unwissenden den Unterrichteten und einen weniger Fähigen den Weisen gleichzustellen und vorzuziehen, und was Ihr gewiß ohne Anstrengung von Euerer Seite in weiser Rede hättet darlegen können, mir als einem Unwissenden aufzubürden. Meine Bitte geht also dahin, das Flehen Eueres beständigen Gebetes möge Den erleuchten, welchen die Wucht Eueres Befehles niederdrückt, und der Wille Euerer entgegenkommenden Liebe möge den in dem Dunkel der Trägheit betäubt liegenden Geist gleichsam aus dem Schlafe erwecken, damit er die lebendige Mittheilung der Nachrichten für das, wozu er durch Euer Drängen berufen ist, besser festzuhalten vermag.

---

auch nach der Ausgabe der Bollandisten angeführt wird, so wurde die von ihnen beliebte Eintheilung in Klammern beigefügt.

1) Die das Licht putzt und dadurch wieder zu hellem Scheine bringt; der Vergleich ist keinenfalls sehr glücklich gewählt.

2. Ihr habt mich nämlich angetrieben, nach dem Vorbilde Derjenigen, deren Keuschheit des Lebens oder Heiligkeit der Sitten anerkannt heilige Väter in zierlich gesetzten Worten dem Papiere anvertraut und uns so überliefert haben, das Leben des heiligen Märtyrers Bonifacius nach dem Verlangen gottesfürchtiger und rechtgläubiger Männer, zu welchen in Tusciens Provinzen oder in Galliens Marken, oder an Germaniens Pforten, oder auch an Britanniens Grenzen sein Ruf und der Glanz seiner Wunder gedrungen ist, so wie ich es von seinen lange bei ihm weilenden Schülern oder aus Euerem Munde vernehmen würde, mit möglichst großer Sorgfalt nach Anfang, Mitte und Ende niederzuschreiben. (3.) Und wie nach der Tilgung der Schuld der ersten Sünde und bei dem hereinbrechenden Strahle des wahren Lichtes Hegesippus [1]), welcher, wie man sagt, unter Anacletus [2]) nach Rom kam, fünf Bücher kirchlicher Begebenheiten zum Frommen der Leser veröffentlicht haben soll, wie ferner Eusebius von Cäsarea [3]), der gepriesenste der Geschichtschreiber, mit seinem Gehülfen, dem Märtyrer Pamphilus [4]), die Geschichte seiner und der vorausgehenden Zeiten in wunderbar beredter Sprache verfaßte und in zahllosen Büchern herausgab, und wie endlich Gregorius [5]) seligen Andenkens, ein in den verschiedenen Zweigen der Gelehrsamkeit gründlich unterrichteter Mann, der auf der glorreichen Höhe des apostolischen Stuhles saß, das Leben der seligen Bekenner mit wunderbarer Handhabung der dialektischen

---

1) Der älteste Kirchenhistoriker; er starb im J. 180; von seiner Kirchengeschichte in fünf Büchern sind nur noch sehr wenige Bruchstücke vorhanden.

2) Er saß vom J. 83 bis zum J. 96 auf dem päpstlichen Stuhle; unter ihm kann also Hegesippus nicht nach Rom gekommen sein und es findet hier wohl eine Verwechslung mit dem Papste Anicetus (150 — 161) statt.

3) Geboren in Palästina im J. 264 und Bischof zu Cäsarea (315 — 340). Seine Kirchengeschichte, welche in zehn Büchern die Geschichte der christlichen Kirche von Christus bis zum J. 324 umfaßt, ist noch vorhanden und allgemein bekannt.

4) Pamphilus, welcher während der Christenverfolgung unter dem Kaiser Maximin im J. 309 den Martertod erlitt, war der innigste Freund des Eusebius, keineswegs aber Mithelfer an der Kirchengeschichte desselben.

5) Papst Gregorius I. oder der Große (590 — 604).

Weise und mit logischem Scharfsinne in vier Büchern verfaßte, welche, in die Bibliotheken der Kirchen eingereiht, bis jetzt der Nachwelt ein würdiges Erzeugniß der Wissenschaft darbieten [1]), so soll ich nach Euerem Verlangen das Leben des seligen Mannes, seine erhabenen Tugenden, den Eifer seiner Frömmigkeit und die Stärke seiner Entsagung dem gegenwärtigen und den darauf folgenden Jahrhunderten darlegen. (4.) Obschon ich nun einsehe, daß ich mich bei der Darstellung des Verlaufes so großer Dinge als einen unbedeutenden und geringen Schriftsteller zeigen werde, so will ich doch, da der Wille Euerer Wohlgewogenheit es so verlangt, nicht auf den Uebermuth eigener Anmaßung, sondern auf die Zustimmung der Rechtgläubigen gestützt, das Werk unternehmen, jedoch keineswegs um durch die Schreibart meiner Wenigkeit die Verbreitung des eigenen Ruhmes zu suchen, sondern um durch die Erzählung eines so wichtigen Ereignisses den Lesern ein ersprießliches Beispiel aufzustellen, indem Jeder durch solche Muster unterrichtet und durch die Fortschritte in der eigenen Vervollkommnung zum Bessern hingeleitet wird.

Das Buch vom heiligen Erzbischofe Bonifacius nimmt seinen Anfang.

Erstes Kapitel.

Wie er sich in seiner Kindheit dem Dienste Gottes widmete.

3. (5.) Wir wollen also versuchen, das herrliche und wahrhaft selige Leben des heiligen Oberhirten Bonifacius und seine hauptsächlich durch die Nachahmung der Heiligen geheiligten Sitten, obgleich uns das Dunkel des Wissens dabei hinderlich

---

1) Das noch vorhandene Werk führt den Titel: Dialogorum libri IV de vita et miraculis patrum italicorum et de aeternitate animi. Man hat an der Aechtheit dieser Schrift gezweifelt, die Aeußerung Willibalds spricht für dieselbe.

ist, so wie wir Alles durch die Erzählung gottesfürchtiger Männer, welche das, was sie im täglichen Gespräche und im beständigen, unmittelbaren frommen Umgange mit ihm hörten und sahen, den Nachkommen als Beispiel überlieferten, vernommen haben, in den dünnen Zettel dieses Werkchens einzuweben, die spärlichen Nachrichten in das einfache Gewand der Geschichte kleiden und im Zusammenhange zu entwickeln und vom Anfange bis zum Ende mit aller möglichen Sorgfalt die Heiligkeit seiner göttlichen Beschauung zu enthüllen. Nachdem er nämlich in der ersten Anmuth des kindlichen Alters mit der gewöhnlichen Sorgfalt mütterlicher Aufmerksamkeit entwöhnt und erzogen war [1]), wurde er wirklich von seinem Vater zum Nachtheile der seinen übrigen Söhnen schuldigen Liebe mit großem Vergnügen bevorzugt [2]). Da er aber bereits alles Vergängliche seinem Geiste unterworfen und sich gewöhnt hatte, mehr an das Ewige als an das Gegenwärtige zu denken, so ging schon, als er vier bis fünf Jahre alt war, sein Streben dahin, sich dem Dienste Gottes zu unterziehen, so daß er fortwährend sein ganzes Trachten nach dem klösterlichen Leben hinlenkte und sich täglich aus allen Kräften seiner Seele nach demselben sehnte. Wenn aber, wie es in jenen Gegenden Sitte ist, einige Priester oder Geistliche des Predigens wegen zu dem Volke oder den Laien kamen und auch das Dorf und das Haus des erwähnten Familienvaters besuchten [3]), so fing er, so weit die schüchternen Kräfte seiner Kindheit ausreichten, alsbald an, mit ihnen im Gespräche über göttliche Dinge zu verhandeln und sie zu fragen, was ihm und seiner Schwachheit künftig von Nutzen sein könne.

---

1) Bonifacius wurde im J. 680 zu Crediodum (Kirton) in Devonshire, etwa sechs Meilen von Exeter, geboren.

2) Die Namen der Eltern des heiligen Bonifacius sind unbekannt, und die Behauptung späterer Schriftsteller, daß er aus königlichem Geblüte stamme, beruht nur auf unsicheren Sagen; daß er aber einer angesehenen Familie angehörte, beweist die sorgfältige Erziehung, welche er erhielt.

3) Das Land war also damals noch nicht in Diözesen eingetheilt, sondern die Geistlichen, welche in Klöstern oder im Hause des Bischofs wohnten, machten von Zeit zu Zeit Rundreisen, um den Gottesdienst zu halten; vgl. J. Ch. A. Seiters, Bonifacius, der Apostel der Deutschen, S. 30.

4. (6.) **Und nachdem er auf diese Weise lange Zeit täglich** in geistiger Betrachtung über die himmlischen Dinge nachgedacht, sich ganz in die Zukunft hineingelebt und sich zu dem Ueberirdischen erhoben hatte, offenbarte er endlich auch dem Vater, was er im Sinne trug, und bat ihn, seinem Wunsche zu willfahren. Der Vater war, als er dieß vernahm, nicht wenig erstaunt und bewirkte auf der einen Seite durch heftige Scheltworte und Drohungen, daß er ihn nicht verließ, während er ihn auf der andern durch schmeichelndes Zureden zur Besorgung weltlicher Geschäfte anspornte, um ihn dem zeitlichen Gewinne der vergänglichen Erbschaft unterthan zu machen und ihn einst nach seinem Tode als Hüter oder auch als Erbe seines irdischen Vermögens zu hinterlassen. So suchte er, indem er sich der betrügerischen List der menschlichen Schlauheit bediente, durch eine Fülle von Worten das zarte Gemüth von der Ausführung des gefaßten Vorsatzes abzulenken, und stellte ihm mit vielfachen Schmeichelreden vor, daß dieses thätige Leben seiner Jugend weit erträglicher sein würde, als das beschauliche Leben unter der klösterlichen Zucht, um ihn auch auf diese Weise an der Verwirklichung dieses Vorhabens zu hindern und zur Behaglichkeit des weltlichen Wohllebens zu verleiten. Je mehr aber der schon in seinem Knabenalter von Gott erfüllte Mann von seinem Vater zurückgehalten wurde, desto schneller entfaltete sich die Kraft seines Geistes und desto ängstlicher wurde sein Verlangen, sich den himmlischen Schatz zu erwerben und sich dem Studium der heiligen Wissenschaft zu widmen. Und es geschah auf wunderbare Weise, wie die göttliche Barmherzigkeit stets zu wirken pflegt, daß Gott in seiner Vorsehung seinem Streiter im schwächlichen Alter sowohl Trost in der begonnenen Sache als auch Stärkung seines ängstlichen Willens und eine plötzliche Sinnesänderung des widerstrebenden Vaters verlieh, so daß im Verlaufe einer und derselben Zeit den Vater eine schnelle Krankheit, welche ihn plötzlich an den Rand des Grabes brachte, beschlich und der während einer langen Zwischenzeit zurückgedrängte fromme Vorsatz des Knaben desto schneller heranreifte und nach der Reife durch den Beistand seines Herrn und Gottes erfüllt und ausgeführt wurde.

5. (7.) Nachdem nämlich durch den wunderbaren Beschluß der göttlichen Fügung den leiblichen Vater des heiligen Mannes ein arges Siechthum befallen hatte, legte dieser alsbald die frühere Hartnäckigkeit seines Sinnes ab, schickte, nachdem er die Verwandten zu Rath gezogen, aus freiem Willen, aber doch von dem Herrn dazu bewogen, den Knaben in das Kloster, welches nach dem ihm von den Vorfahren beigelegten Namen Adescancastre heißt [1]), und empfahl ihn durch seine getreuen Sendboten bei der Uebergabe dem gläubigen Manne Wulfhard [2]), welcher Abt jenes Klosters war. Diesen redete der Knabe, obgleich er noch sehr jung war [3]), in Gegenwart der um ihn stehenden Freunde verständig an und bemerkte ihm, nachdem er sein Gesuch geziemend, wie er von den Eltern gelehrt worden war, vorgebracht hatte, daß er schon lange Zeit Verlangen getragen habe, sich der klösterlichen Regel zu unterwerfen, worauf der Vater des Klosters, nachdem er mit den Brüdern Berathung gepflogen und, wie es die Vorschrift des Mönchslebens verlangt, ihren Segen empfangen hatte, ihm sogleich seine Zustimmung und Aufnahme gewährte. So folgte der Mann Gottes, nachdem er seines leiblichen Vaters beraubt war, seinem an Vatersstatt angenommenen Erlöser und beeiferte sich, indem er den irdischen Vortheilen der Welt entsagte, fortan den Lohn der ewigen Erbschaft zu erwerben, so daß er nach dem untrüglichen Ausspruche der Wahrheit, weil er Vater und Mutter und Aecker und Anderes, was von dieser Welt ist, verließ, Hundertfältiges dafür empfing und des ewigen Lebens theilhaftig wurde [4]).

---

1) Das jetzige Exeter, etwa sechs Meilen von Kirton, dem Geburtsorte des heiligen Bonifacius.

2) Nach anderer Schreibart Wolfhart; Näheres über ihn ist nicht bekannt.

3) Bonifacius war zu dieser Zeit etwa sechs Jahre alt; seine Aufnahme in das Kloster fällt also ungefähr in das Jahr 686.

4) Vgl. Matth. 19, 29.

Zweites Kapitel.

Wie er vor Allem die Verlockungen der Jugend überwand und an allem Guten festhielt.

6. (8.) Nachdem nun die einleitende Abtheilung unserer Darstellung, worin wir kurz vorgetragen haben, wie er sich schon am Anfange seiner Lehrzeit der Heiligkeit beflis, somit, wenn auch nur flüchtig, abgethan und der Grundstein des Werkes gelegt ist, mag jetzt die Höhe des Baues allmälig zum Gipfel emporsteigen. — Nachdem also die sieben Jahre der Kindheit vorüber waren, machte sich mit der herannahenden Anmuth des Knabenalters in ihm auch eine wunderbare Kraft der Wissenschaft geltend, indem er, wie die nachfolgenden Urkunden dieses Werkes beweisen, durch den Einfluß der himmlischen Gnade mit einem wunderbaren und unaussprechlichen Ernste des Geistes begabt, und indem er sich nach dem von den vorhergehenden Heiligen gegebenen Beispiele den Vorschriften der ehrwürdigen Väter unterwarf, mit der Reinheit vieler Tugenden bevorzugt und geschmückt wurde. Auch wurde er so sehr vom göttlichen Geiste entflammt, und der Eifer, womit er sich dem ersten Unterrichte unterzog, war so groß, daß mit jedem Zuwachse von einzelnen Minuten, Stunden und Jahresläufen auch in ihm der Beistand des himmlischen Beschützers und die Zunahme an göttlichen Gaben sich mehrte, und je weiter er in der Schule der geistlichen Lehre voranschritt, um so mehr spornten ihn, wie glaubhafte Männer, welche mit ihm im vertrauten Umgange lebten, der Wahrheit gemäß bezeugt haben, seine täglichen Studien durch ununterbrochenes Nachdenken über den wissenschaftlichen Unterricht bei Tag und bei Nacht zum Voranschreiten nach der ewigen Glückseligkeit und schützten ihn wunderbar gegen die feindlichen Nachstellungen der teuflischen Einflüsterung, welche unter den Sterblichen die zarte Blüthe der Jugend gleichsam mit einem gewissen Dunkel einer nebelichten Blindheit zu umhüllen pflegen, so daß auch durch die Sorgfalt seiner täglichen Aufmerksamkeit und durch die fortwährende Erforschung der göttlichen Gesetze in ihm die verlockenden Reizungen

der Jugend und die vor Allem stachelnden Triebe der fleischlichen Begierden mit dem Beistande seines Gottes und Herrn größtentheils beschwichtigt und mehr und mehr zur gemeinsamen Wissenschaft der Völker [1]) hingedrängt wurden, deren Erlernung er in einem nicht sehr langen Zeitraume nach der bischöflichen Bestimmung der kirchlichen Vorschrift begann, fortsetzte und vollendete. (9.) So beobachtete er mit Verachtung des eiteln Tandes dieser Welt in seiner Kindheit unter der sanften Leitung des oben erwähnten Vaters gehörig und regelmäßig die Vorschrift des klösterlichen Lebens viele Jahre hindurch, bis die Leichtfertigkeit der Knabenjahre ihr Ende erreichte und ihn bei dem Eintritte des mannbaren Alters der heftiger entbrennende Eifer seines Geistes anfeuerte, wegen des ihm noch mangelnden höheren Unterrichtes mit der Einwilligung und auf den Rath seiner getreuen Mitbrüder und des Klostervaters auch die benachbarten Klöster zu besuchen.

7. Und da er nun mit Mund und Herz durch unaufhörliches und dringendes Gebet die Zustimmung des Allmächtigen herbeiflehte, kam er endlich durch die ihn von oben herab erleuchtende göttliche Gnade zu dem Kloster, welches bis jetzt Nhutscelle heißt [2]), und wählte, von dem geistigen Drange nach Wissen getrieben, den Unterricht des Abtes Wynberht [3]) seligen Andenkens, welcher das erwähnte Kloster nach der Ordensregel würdevoll regierte, und die Genossenschaft der mit ihm im Herrn lebenden Brüder. (10.) Auf diese Weise in die Gesellschaft der Diener Gottes aufgenommen unterzog er sich dem seinem Gotte und Herrn gebührenden Dienste, der mühsamen Beharrlichkeit in den Nachtwachen und der Erlernung des göttlichen Gesetzes mit außerordentlicher Anstrengung seines Nachdenkens, weßhalb er sich alsbald sowohl durch die tiefste Kenntniß der heiligen Schrift, durch seine Gewandtheit in der grammatischen Kunst [4]) und durch

1) Der Religionswissenschaft nämlich.

2) Und in Southamptonshire in der Diözese Winchester lag.

3) Oder Winbert; er war der zweite Abt des Klosters Nhutscelle und ein sehr gelehrter Mann; er starb im J. 718. Vgl. Br. 12 (Bd. I, S. 27).

4) Dadurch wird also die schon an und für sich lächerliche Behauptung, daß Bonifacius der lateinischen Sprache nicht mächtig gewesen sei und ein spä-

seine Fertigkeit im gediegenen Baue wohlklingender Verse [1]), als auch in der einfachen Darstellung der Geschichte und in der dreifachen Auslegung des geistlichen Verständnisses [2]) auszeichnete und durch seine Erfahrung im Vortrage rühmlich glänzte, so daß er zuletzt, weil er vorher nicht verschmäht hatte, ein Schüler Untergebener zu sein, für Andere Lehrer der väterlichen Ueberlieferungen und Inhaber des Lehramtes wurde.

8. Es zeigt sich nämlich in dem heiligen Wandel gewöhnlich, daß über den Andern zu stehen sich fürchtet, wer Andern unterthan zu sein sich geweigert hat, weil er die Pflicht des rechten Gehorsams, welche er den durch höhere Anordnung Vorgesetzten nicht gebührend leisten will, auch nicht gegen die Untergebenen zu üben vermag. Er aber beobachtete dieselbe gegen alle mit ihm in Gemeinschaft Lebende und insbesondere gegen den Abt, welchem er sich nach der Vorschrift der Ordensregel mit klösterlichem Gehorsame unterwarf, in solcher Weise, daß er unabläßig bei der täglichen Handarbeit und der vorgeschriebenen Verrichtung seiner Obliegenheiten [3]) nach der streng bestimmten Form der richtigen Satzung des seligen Vaters Benedictus beharrte und Allen das Beispiel eines frommen Lebens in Wort und Wandel und in Glauben und Keuschheit darbot, um Alle an seinen Früchten Theil nehmen zu lassen und selbst an dem ewigen Lohne Aller seinen Antheil zu haben. (11.) Gott aber, welcher allein das Verborgene weiß, kannte auch durch sein in das Innerste dringende Auge die Vorzüglichkeit seiner Demuth und Liebe, wodurch er alle Genossen mit emsiger Sorgfalt an sich gezogen hatte, so daß er von ihnen mit Ehrfurcht und Liebe zugleich behandelt wurde und sie ihm, den sie durch die göttliche

---

terer Schriftsteller seine ursprünglich deutsch geschriebenen Briefe in dieselbe übertragen habe, hinreichend widerlegt.

1) Proben dieser Fertigkeit findet man in der vorliegenden Sammlung seiner Werke.

2) Des buchstäblichen, allegorischen und mystischen Sinnes der heiligen Bücher.

3) In den Klöstern, welche der Regel des heiligen Benedict folgten, war bekanntlich die Zeit zwischen körperlicher Arbeit und geistiger Thätigkeit getheilt.

Fügung als Gefährten besaßen, mit der von dem Apostel gebotenen wechselseitgen Hochachtung [1]) gleich einem Vater entgegenkamen. Seine Leutseligkeit gegen die Brüder war so groß und die himmlische Wissenschaft erreichte bei ihm eine solche Tiefe, daß durch den immer wachsenden Ruf seiner heiligen Lehre der Ruhm derselben in den Klöstern sowohl der Männer, als auch der Jungfrauen Christi Vielen auf das Klarste einleuchtete [2]). Die Männer strömten daher, durch die Kraft ihres Geschlechtes bestärkt und durch den Drang nach Unterricht angespornt, in großer Menge zu ihm und tranken den heilsamen Born des Wissens, indem sie die zahlreichen Bücher der Schrift mit Bedacht durchlasen, die Frauen aber, denen wegen der ihrem Geschlechte beiwohnenden Schwäche die Erlaubniß des beständigen Wanderns nicht gewährt war, ließen den mit so hoher Weisheit ausgerüsteten und von dem Geiste der göttlichen Liebe durchdrungenen Mann zu sich bescheiden, vertieften sich, indem sie mit ihm Seite für Seite durchgingen, eifrig in die himmlische Forschung und sannen unabläßig über die Geheimnisse der Sacramente und die Tiefe der Mysterien nach. Auf diese Weise erhob ihn die Gnade von oben so sehr, daß er nach dem Beispiele des vortrefflichen Predigers und dem Ausspruche des Lehrers der Heiden „festhielt an dem Vorbilde der heilsamen Worte im Glauben und in der Liebe in Christo Jesu" [3]) und „sorgfältig strebte, sich selbst Gott zu erweisen als einen bewährten Arbeiter, der sich nicht schämt und das Wort der Wahrheit recht behandelt [4])."

---

1) Vgl. Joh. 13, 34. 15, 12.

2) Dieser in seinem Vaterlande und unter seinen Ordensbrüdern gewonnene Ruf, sagt Seiters, a. a. O. S. 34, kam ihm später trefflich zu Statten, denn als er in Deutschland schon viele Tausende für das Reich Christi gewonnen hatte und er allein den Unterricht und die Leitung der neugestifteten Gemeinden nicht mehr zu besorgen im Stande war, gelang es ihm leicht, neue Mitarbeiter aus seinem Vaterlande nach sich zu ziehen.

3) Vgl. II. Timoth. 1, 13. — 4) Ebend. 2, 15.

Drittes Kapitel.

Wie er das Wort der Lehre Allen spendete und wie er dasselbe nicht vor dem festgesetzten Alter aus eigener Willkür sich anmaßte.

9. (12.) Unsere bis jetzt auf die allgemeine Beschaffenheit der täglichen Betrachtung und die fortwährende Beobachtung der Enthaltsamkeit gerichtete Darstellung schlägt demnach einen andern Weg ein, um stufenweise die erhabenen Werke dieses heiligen Mannes bequemer und in der kurzen Fassung weniger Worte zu erörtern und die von dem ehrwürdigen Bonifacius befolgte Lebensrichtung nach genauer Untersuchung zu verfolgen, damit er uns sowohl in der Festhaltung an dem richtigen Maße ein Muster für die Ewigkeit und eine untrügliche Richtschnur in der apostolischen Gelehrsamkeit werde, weil er nach dem Vorbilde der Heiligen auf dem steilen Pfade der himmlischen Erkenntniß glücklich emporstieg und den Völkern, denen er als Führer voranschritt, die Thüre unseres Herrn und Gottes, in welche die Gerechten eingehen werden, bei seinem Eingange öffnete und weil er von seiner Kindheit an bis zu seinem hinfälligen Greisenalter die Weisheit der früheren Väter eifrig nachahmte, indem er nicht nur die mit dem Griffel der Heiligkeit niedergeschriebenen Worte der Propheten und Apostel und die den Schriftzeichen anvertraute glorreiche Leidensgeschichte der Märtyrer, sondern auch die evangelische Ueberlieferung unseres Herrn und Gottes täglich seinem Gedächtnisse einprägte und stets, wie der Apostel [1]) vorschreibt, mochte er essen, oder trinken, oder etwas Anderes thun, Gott mit Herz und Mund den Preis seines Ruhmes und eine Fülle frommen Jubels darbrachte, nach dem Ausspruche des Psalmisten, welcher sagt [2]): „Ich will den Herrn preisen zu aller Zeit; immer soll sein Lob in meinem Munde sein.“ — Er entbrannte nämlich von solcher Sehnsucht nach der Schrift, daß er sich immer mehr mit seinem ganzen Streben der Nachahmung und Anhörung

---

1) I. Korinth. 10, 31. — 2) Psalm 33, 2.

derselben hingab; auch trug er selbst, was zur Belehrung der Völker geschrieben ist, den Völkern mit wunderbar fließender Beredtsamkeit und äußerst sorgsamer Anführung von Gleichnissen in wirksamer Predigt vor, und die Unterscheidung des richtigen Maßes wohnte ihm in solchem Grade bei, daß dem Ernste des Tadels nie die Milde und der Milde nie der Ernst der Belehrung fehlte, und riß ihn der Eifer des Ernstes hin, so mäßigte ihn die Milde der Liebe. (13.) Er zeigte deßhalb gegen Reiche und Mächtige und gegen Freie und Knechte in der heiligen Ermahnung gleiche Strenge, so daß er weder die Reichen durch Schmeichelei für sich einzunehmen suchte, noch die Knechte und Freien durch Härte abschreckte, sondern nach dem Apostel [1]) Allen Alles ward, um Alle zu gewinnen. Auch riß er die Berechtigung zur himmlischen Lehre weder nach seiner Willkür vor der Zeit an sich, noch erwarb er sie unrechtmäßig als Beute seiner Hartnäckigkeit, sondern empfing sie, nachdem er in der heiligen Demuth immer vollkommener und dreißig oder noch mehr Jahre alt geworden war, unterstützt durch die Wahl seiner Lehrer und Genossen, nach der Vorschrift des canonischen Gesetzes [2]) und gelangte zur Würde des priesterlichen Amtes, wobei ihm mancherlei Geschenke reichlich zuflossen, so daß er durch Almosen und Werke der Barmherzigkeit, in so weit er es bei der vorgeschriebenen und klösterlichen Einschränkung vermochte, in Wort und That gern zu dienen bereit war. Dabei übte er sich auch noch zu jeder Stunde vor der nächtlichen Zeit der Vigilien emsig in der unermüdlichen Anstrengung des Gebetes. Seine Geduld beschlich kein Zorn, seine Langmuth erschütterte keine Wuth, seine Keuschheit gefährdete keine Begierde und seine Enthaltsamkeit unterbrach keine Schlemmerei, vielmehr bezwang er sich durch die vollständige Nüchternheit des Fastens, so daß er weder Wein noch starkes Getränk

---

1) I. Korinth. 9, 22.

2) Nach dem angelsächsischen Rechte sollte vor dem dreißigsten Lebensjahre, in welchem Christus sein öffentliches Lehramt begonnen hatte, die Priesterweihe nicht ertheilt werden; es wurden jedoch aus mancherlei Rücksichten stets Ausnahmen von dieser Regel gemacht; vgl. Seiters, a. a. O. S. 35.

trank und also die Väter des alten und neuen Testamentes nachahmte [1]) und mit dem vortrefflichen Lehrer der Völker sagen konnte: „Ich züchtige meinen Leib und bringe ihn in die Dienstbarkeit, damit ich nicht etwa, nachdem ich Andern gepredigt habe, selbst verworfen werde [2]).“

Viertes Kapitel.

Wie er von allen Großen nach Kent entsendet wurde und wie er darauf nach Friesland kam.

10. (14.) Nachdem nun in dem Vorhergehenden die einzelnen Beweise von den erhabenen Tugenden dieses heiligen Mannes zusammengestellt sind, glauben wir keineswegs mit Stillschweigen übergehen zu dürfen, was nun folgt und was wir der Erzählung zuverläßiger Männer entnommen haben, sondern wollen uns vielmehr bemühen, durch die klare Entwickelung unseres Berichtes darzuthun, mit welcher beharrlichen Anstrengung seiner Kräfte er an den begonnenen guten Werken festhielt und zugleich seinen Geist in hastiger Eile zu andern anspornte. Während er nämlich durch die oben aufgeführten Tugenden seinen Geist immer mehr bezähmte und sich von Tag zu Tag auf der erwähnten Stufe des Priesterthums zu höheren Aeußerungen des Guten emporschwang, war zu der Zeit, als der König In über die Westsachsen [3]) herrschte, durch irgend eine neu entstandene Unruhe eine plötzliche Verlegenheit eingetreten [4]) und es wurde sogleich von den Würdeträgern der Kirche im Einverständnisse mit dem oben genannten Könige eine Synodalversammlung der Diener

---

1) Vgl. Num. 6, 2. Luc. 1, 15. — 2) I. Korinth. 9, 27.

3) Der Bewohner von Wessex.

4) Die Ursache dieser Wirren wird nirgends näher angegeben; wahrscheinlich wurden sie durch die gleichzeitige Erledigung nnd Wiederbesetzung mehrerer Bisthümer veranlaßt; keinenfalls aber läßt sich die Behauptung, daß der Synode die Aufgabe gestellt gewesen sei, die von In oder Ina, König von Wessex (688 — 725), gegebenen Gesetze zu bestätigen, auf annehmbare Gründe stützen. Vgl. Seiters, S. 36 f.

Gottes berufen. Als bald darauf Alle zusammenkamen [1]), begann zwischen den priesterlichen Graden des geistlichen Standes eine klug eingeleitete sehr heilsame Erörterung der diesen neuen Zwiespalt betreffenden Frage, und nachdem ein weiser Beschluß gefaßt worden war, sprachen sich die Gläubigen im Herrn dahin aus, man möge Gesandte an den Erzbischof der Stadt Cantuaria [2]), Namens Berchtwald, schicken, damit man es ihnen nicht als Anmaßung oder Verwegenheit auslege, wenn sie etwas ohne den Rath eines so bedeutenden Oberhirten unternähmen. Als der ganze Rath und die gesammte Geistlichkeit dieser mit so großer Umsicht getroffenen Uebereinkunft beistimmten, richtete der König sogleich das Wort an alle Diener Christi und fragte sie, wem sie die Ausführung der erwähnten Gesandtschaft übertragen wollten. (15.) Darauf beschieden alsbald der ehrwürdige Vater in Christus, welcher dem oben genannten Kloster [3]) vorstand, Namens Wynberht, ferner Wintra [4]), der über das Kloster gesetzt war, welches Tyssesburg [5]) heißt, und Beorwald [6]), der unter göttlicher Leitung die Abtei regiert, welche mit ihrem alten Namen Glestingaburg [7]) heißt, so wie auch noch viele andere den heiligen Vorsatz theilende Väter unsern heiligen Mann zu sich und führten ihn dem Könige vor. Der König machte ihn mit dem Auftrage und mit dem Zwecke der Botschaft bekannt und entsendete ihn, nachdem er ihm ein Gefolge beigesellt hatte, in Frieden. Er gelangte auch mit der ihm durch die Vollmacht der Oberen übertragenen Botschaft nach einer glücklichen Reise nach Kent [8]) und trug dem mit dem Schmucke des Oberhirtenamtes begabten Erzbischofe Alles der Reihe nach geschickt vor; nachdem er auf diese Weise eine beifällige Antwort erhalten

1) Die Synode fand wahrscheinlich im J. 710 statt.

2) Canterbury; Berchtwald saß auf diesem erzbischöflichen Sitze vom J. 693 bis zum J. 731 und stand bei seinen Zeitgenossen in sehr hohem Ansehen.

3) Nämlich dem Kloster Nhutscelle.

4) Näheres ist über ihn nicht bekannt.

5) Wahrscheinlich in dem Flecken Tisbury in Wiltsshire.

6) Oder Beerwald, welcher im J. 705 zum Abte erwählt wurde.

7) Glastonbury in Somersettshire.

8) In den Handschriften Caent und Gent.

hatte, kehrte er nach nicht vielen Tagen in sein Vaterland zurück, überbrachte gewissenhaft dem vorher erwähnten Könige und den oben genannten diesem zur Seite stehenden Dienern Gottes die beifällige Antwort des ehrwürdigen Erzbischofes und bereitete Allen eine große Freude. Auf diese Weise wurde fortan durch das wunderbare Wohlwollen der göttlichen Fügung sein Name verbreitet und sowohl bei den weltlichen Würden, als auch bei allen Rangstufen des kirchlichen Amtes berühmt, so daß er von jetzt mit später immer mehr wachsendem Ansehen ihren Synodalverhandlungen beiwohnte.

11. (16.) Weil aber ein Gott geweihter Sinn weder durch menschliche Gunstbezeugungen erhoben, noch durch Lobsprüche aufgerichtet wird, so hatte er bereits begonnen, aufmerksamer nach vielem Andern mit emsiger Sorgfalt hinzueilen, den Umgang mit seinen Eltern und Verwandten zu meiden und mehr nach fremden als der väterlichen Erbschaft angehörenden Orten der Erde zu verlangen. Als er nun auf diese Weise längere Zeit mit sich auf das Sorgfältigste zu Rath gegangen war, ob er Vaterland und Eltern verlassen solle, zog er endlich den oben erwähnten Vater seligen Andenkens [1]) zu Rath, legte ihm alle vorher in seinem Innern verborgene Geheimnisse offen dar und bestürmte mit überaus dringenden Bitten den Sinn des heiligen Mannes, seinem Wunsche beizustimmen. Dieser war anfangs starr vor Verwunderung und untersagte allerdings dem Verlangenden und Flehenden vorerst die ersehnte Reise, um den Eifer des gefaßten Vorsatzes abzukühlen. Als aber endlich durch die bewältigende Vorsehung des allmächtigen Gottes auch die Rede des Bittenden ihre Wirkung äußerte, erhielt er die Einwilligung des Abtes und seiner mit ihm unter der klösterlichen Regel lebenden Brüder zu dem Plane der erwünschten Reise, welchen er anfänglich entworfen und durch die Fügung seines Herrn und Gottes durchgesetzt hatte, so vollkommen, daß sie ihm auch gern den Trost des irdischen Aufwandes gewährten [2]) und mit großer Bewegung des Herzens unter Vergießung reichlicher Thränen längere

---

1) Nämlich seinen Abt Wynberht.

2) Ihm die Reisekosten spendeten.

Zeit flehentliche Gebete für ihn an den Herrn richteten. (17.) Da er nun, durch die geistige Rüstung gestärkt und durch die weltliche Unterstützung ermuthigt, an Hülfsmitteln für beiderlei Lebensweisen keineswegs Mangel litt, brach er, nachdem er sich noch zwei oder drei Brüder, deren körperlicher und geistlicher Beistand ihm nöthig war, beigesellt hatte, auf [1]) und gelangte nach der Durchwanderung unermeßlicher Länderstrecken, voll Freude über das glückliche Geleite der Brüder, an einen Ort, wo sich ein Markt für Handelsgegenstände befand und der bis auf den heutigen Tag nach der alten Benennung der Anglen und Sachsen Lundenwich [2]) heißt. Nach einem nicht langen Aufenthalte daselbst bestieg er als ein gewiß neuer Gefährte der Seeleute mit der Einwilligung des Eigenthümers unverdrossen ein Schiff und gelangte, nachdem er das Fahrgeld entrichtet hatte, mit günstigem Winde nach Dorstat [3]), wo er während eines kurzen Aufenthaltes Tag und Nacht seinem Gotte und Herrn den gebührenden Dank darbrachte. Weil aber ein gewaltiger Andrang der Heiden bevorstand und ein zwischen Karl, dem Fürsten und glorreichen Herzoge der Franken, und Radbod, dem Könige der Friesen, entstandener Zwist die Völker auf beiden Seiten in Bewegung setzte [4]), und da ferner ein großer Theil der Kirchen Christi, welche früher in Friesland unter der Herrschaft der Franken standen, durch die unabläßige Verfolgung Radbods und die bereits vollbrachte Vertreibung der Diener Gottes verwüstet

---

1) Im Frühlinge des Jahres 716. — 2) Das jetzige London.

3) In Friesland; der am Leck liegende Ort heißt jetzt Wik to Duerstede.

4) Schon Pippin hatte mehrere Feldzüge unternommen, um die Friesen zu unterjochen, der Friede war aber durch die Vermählung Grimoalds, eines Sohnes Pippins, mit Teutsinde, der Tochter Radbods, wieder hergestellt worden. Nach dem Tode Grimoalds und Pippins (714) begannen jedoch die Feindseligkeiten von Neuem und Radbod betrachtete die im fränkischen Reiche über die Erbfolge ausgebrochenen Zwistigkeiten als eine günstige Gelegenheit, sich von den Franken gänzlich loszumachen und das von diesen in seinem Lande eingeführte Christenthum zu vertilgen. Er drang auch mit seinem Heere bis Köln vor, wurde aber auf seinem Rückzuge im März des Jahres 716 von Karl Martel bei Stablo überfallen und geschlagen. Grade in dieser bewegten Zeit kam Bonifacius nach Friesland.

und zerstört und leider auch die Verehrung der Götzen durch die Erbauung ihnen geweihter Tempel wieder hergestellt war, so begab sich der Mann Gottes, welcher die Bosheit dieses verkehrten Treibens durchschaute, nach Trehct [1]) und sprach hier den König Radbod, nachdem er einige Tage auf dessen Ankunft gewartet hatte, an, um von diesem zu erfahren, ob es ihm später freistehe, an irgend einem Orte der vielen von Dämmen umgebenen Gegenden, welche ihm zu Gesicht gekommen waren, zu predigen [2]), denn er hatte sich im Geiste vorgenommen, wenn bei irgend einem Theile dieses Volkes das Evangelium Eingang finden könne, den Samen des Wortes Gottes zu spenden, was auch nach dem Ablaufe vieler Jahre das glorreiche Zeugniß seines Marterthums bestätigte [3]).

12. (18.) Da es aber für die Heiligen, sobald sie sehen, daß zur Zeit ihre Arbeit in keiner Weise den Trieb eines geistigen Keimes fördert, eine besondere Pflicht ist, nach andern Orten, wo eine ergiebige Frucht ihrer Arbeit zu erwarten ist, fortzuwandern, weil man einen Ort vergebens bewohnt, wo die Frucht der Heiligkeit fehlt, so verließ auch der heilige Mann, nachdem er einige Zeit das unfruchtbare Land der Friesen bewohnt hatte und darüber der Sommer und ein Theil des Herbstes verstrichen war, die noch des Thaues der himmlischen Befruchtung entbehrenden Gefilde, wanderte mit seinen oben genannten Reisegefährten nach dem heimathlichen Boden, wo er sich in die Verborgenheit seines Klosters zurückzog und da ihn die frohlockenden Brüder liebevoll empfingen, auch den Winter des nächsten Jahres zubrachte [4]), um dem apostolischen Aus-

---

1) Jetzt Utrecht genannt.

2) Bonifacius hatte also unter den obwaltenden Verhältnissen seinen Vorsatz, den Friesen das Christenthum zu predigen, vorerst aufgegeben. Auf seine Frage, ob es ihm später vergönnt sei, das Evangelium zu verkündigen, scheint ihm Radbod keine bestimmte Antwort gegeben zu haben; er verweilte deßhalb, da ihm der Aufenthalt nicht verwehrt wurde, noch einige Zeit in Friesland, um die Bewohner und ihren Charakter näher kennen zu lernen.

3) Vgl. weiter unten Kap. 11.

4) Das heißt, er brachte nach seiner Heimkehr zwei Winter in seinem Kloster zu, also den Winter von 716 auf 717 und den Winter von 717 auf 718.

spruche des Lehrers der Völker nachzuahmen, welcher sagt: „Denn ich bin Willens, den Winter über daselbst zu bleiben [1])."

Fünftes Kapitel.

Wie lange Zeit er hier verweilte und wie er darauf mit Empfehlungsbriefen seines Bischofes nach Rom gelangte.

13. (19.). Nachdem die Tugenden des Mannes von uns bereits zum Theile erörtert sind, bringen wir auch die späteren Thaten desselben, so wie wir die Ereignisse durch die Erzählung der Berichterstatter vernommen haben, zur allgemeinen Kenntniß, damit der Pfad seines Lebens und seiner Sitten Denen, welche dem Beispiele seines heiligen Wandels nachstreben, für immer offen stehe. Nachdem er also von der großen Gefahr der Reise erlöst und dem weiten Abgrunde des Meeres entronnen war, und nachdem er sich nach seiner Zurückkunft wieder dem Umgange mit seinen Brüdern gewidmet und sodann viele Tage in ihrer Genossenschaft verlebt hatte, wurde er zuletzt noch von einer schweren Betrübniß des Geistes ergriffen und von einer neuen Traurigkeit der Seele niedergebeugt, als er wahrnahm, daß die bereits alten Glieder seines Lehrers schwach wurden und dieser bei dem rasch zunehmenden Siechthume in der Mitte der ihn umgebenden Mönche zitternd und wankend seinem letzten Tage entgegen ging, und als er ihn endlich die Bürde des Körpers ablegen und vor den traurigen Augen der betrübten Mönche den letzten Athemzug aushauchen sah [2]). Da nun wohl häufig in den Herzen der Heiligen das fromme Mitgefühl, wodurch sie eine Zeit lang ernstlich betrübt zu sein pflegen, sich ganz besonders äußert, sie sich jedoch der apostolischen Vorschrift getreu [3]) immer wieder im Herrn trösten, so trat er freundlich zu den Brüdern, ermahnte sie, der väterlichen Lehre eingedenk, in geist-

1) Br. des heiligen Paulus an Titus 3, 12.
2) Am Ende des Jahres 717 oder am Anfange des folgenden Jahres.
3) Vgl. I. Theff. 4, 17. 5, 11.

lichen Unterredungen, die Einrichtung der klösterlichen Regel und die Vorschrift der kirchlichen Bestimmung unabläßig zu beobachten, und gab ihnen den Rath, sich der Leitung irgend eines geistlichen Vaters zu unterwerfen. Darauf drangen Alle einmüthig mit einstimmigem Zurufe in den heiligen Mann, welcher zu dieser Zeit noch Wynfrid hieß, und baten ihn insgesammt, das Hirtenamt eines Abtes über sie auf sich zu nehmen; da er aber schon fertig und bereit zu seiner Bestimmung war und die Aussichten im Vaterlande verschmähte, so legte er alsbald die Führung des Oberbefehles nieder, entschuldigte sich mit ernstlicher Entschiedenheit und entsagte ablehnend dem ganzen Vortheile der Erbschaft [1]).

14. (20.) Als aber die Winterszeit vorüber und die glühende Hitze des Sommers eingetreten war, erwachte auch in ihm das frühere Vorhaben des vergangenen Jahres und er bemühte sich mit aller Sorgfalt, die aufgegebene Reise von neuem anzutreten. Er hegte jetzt auch die Absicht, mit Empfehlungsbriefen, welche er von dem Wächter des Volkes Gottes, Daniel [2]), erhalten hatte, nach Rom zu den Schwellen der Apostel zu gelangen; ihm war jedoch einige Zeit die Noth der ihres Vaters beraubten und widerstrebenden Brüder hinderlich, auch hielt ihn die Liebe der Jammernden, so wie das Mitleid mit den doppelt Trauernden immer noch zurück, so daß er von großer Seelenangst gequält wurde und nicht wußte, nach welcher Seite er sich wenden sollte; denn auf der einen Seite war es ihm bange, daß die seiner Leitung anvertraute Heerde, wenn er scheide, ohne die Aufsicht eines wachsamen Hirten den Bissen der Wölfe preisgegeben werde, auf der andern Seite aber fürchtete er, die zur Reise nach der Fremde günstige Herbstzeit möge vorübergehen. Da jedoch der allmächtige Gott, in gewohnter Gnade seiner Barmherzigkeit

---

1) Der Verfasser spricht in seiner gezierten Sprache nicht klar, doch scheint aus seiner Bemerkung hervorzugehen, daß Bonifacius einige Zeit die Stelle eines Abtes versah, wie auch Seiters (a. a. O. S. 76) annimmt.

2) Daniel war Bischof von Winchester (705—731) und zu seinem Sprengel gehörte auch das Kloster Nhuscelle, weßhalb sich Bonifacius an ihn zu wenden hatte; der Apostel der Deutschen blieb auch später mit diesem Bischofe, dessen Rath er sehr hochschätzte, im Briefwechsel.

nicht uneingedenk, seinen durch so große Seelenqual verwirrten Diener dem bangen Schmerze entreißen und der Heerde für eine ihr angenehme Leitung sorgen wollte, so bewog er den schon genannten Oberhirten, in seinem Innern über die Brüder nachzudenken und dieser Kirche einen Mann von gutem Gemüthe, Namens Stephanus [1]), vorzusetzen, und leitete den heiligen Mann, welcher die weite Pilgerreise unternehmen wollte, unversehrt nach dem Orte seiner Bestimmung. (21.) Dieser brach nämlich, nachdem er den Brüdern Lebewohl gesagt hatte, sogleich auf [2]) und kam durch weite Länderstrecken nach Wunsch an den Ort, welcher, wie schon oben gesagt wurde, Lundenwich heißt, wo er eilig an Bord eines Schnellschiffes stieg und die unbekannten Wege des Meeres zu versuchen anfing. Da unter dem Jubel der Seeleute die ungeheuern Segel durch den wehenden Nordwest schwollen, so bekamen sie bei günstigem Winde und einer glücklichen Fahrt schnell und jeder Gefahr eines Schiffbruches überhoben, die Mündung des Flusses, welcher Cuent heißt [3]), zu Gesicht und gelangten wohlbehalten an das feste Land; zu Cuentawich [4]) aber warteten sie, bis sich die nachkommende Menge der Gefährten gesammelt hatte [5]). Nachdem Alle beisammen waren, reisten sie, da die Winterkälte herannahte, jeden Tag weiter und besuchten betend viele Kirchen der Heiligen, um mit Hülfe des Hochthronenden sicherer über die Schneekuppen der Alpen zu kommen, einem milderen Benehmen der Langobarden zu begegnen und der boshaften Wildheit des Soldatenstolzes zu entgehen [6]). Nachdem durch den schützenden Beistand der Heiligen und durch die Fügung ihres Herrn und Gottes die ganze Schaar der Reisegenossen, welche sich im Gefolge des heiligen Mannes

---

1) Nähere Nachrichten finden sich über ihn nicht.

2) Im Herbste des Jahres 718.

3) Die Cache, ein in den Kanal fallendes Flüßchen.

4) Etaples, jetzt ein unbedeutendes Städtchen an der Mündung der Cache.

5) Die Reisenden aus dem nordwestlichen Europa, welche nach Rom zu pilgern gedachten, versammelten sich also zu einer bestimmten Zeit an diesem Orte, um den weiten Weg in Gesellschaft sicherer zurückzulegen.

6) An den Grenzen waren überall Soldaten als Wache aufgestellt.

befanden, die Schwelle des seligen Apostels Petrus glücklich erreicht hatte, brachten sie sogleich Christus für ihre Rettung unendlichen Dank dar und begaben sich mit großer Freude in die Kirche des seligen Apostelfürsten Petrus, um Verzeihung ihrer Sünden zu erbitten, wobei sehr viele von ihnen verschiedene Gaben opferten. (22.) Nach Verlauf nicht vieler Tage aber erlangte der heilige Mann bei dem ehrwürdigen Inhaber des apostolischen Stuhles, dem Papste Gregorius seligen Andenkens [1]), welcher der zweite nach dem ersten [2]) und der nächste vor dem letzten [3]) ist und auch nach der gewöhnlichen Ausdrucksweise der Römer der jüngere heißt, Gehör, offenbarte ihm der Reihe nach den ganzen Beweggrund seiner Reise und seiner Ankunft und entdeckte ihm, mit welcher Sehnsucht er lange Zeit darnach geschmachtet habe. Nachdem der heilige Papst ihn mit heiterem Antlitze und zulächelnden Augen angeschaut hatte, fragte er ihn sogleich, ob er Empfehlungsbriefe von seinem Bischofe mitgebracht habe. Er aber, auf diese Weise aufgefordert, entfaltete sein Gewand, zog sowohl das nach der Sitte eingewickelte Schreiben [4]) als auch den Empfehlungsbrief [5]) hervor und überreichte sie dem bewunderungswürdigen Manne heiligen Andenkens, von welchem er nach der Annahme der Briefe alsbald einen Wink erhielt, abzutreten. Der apostolische Papst aber hielt, nachdem er den Brief gelesen und den Inhalt des Empfehlungsschreibens geprüft hatte, fortan mit ihm in täglicher Unterhaltung eifrige Zwiegespräche, bis die zur Reise und Heimkehr günstige Sommerzeit herannahte.

---

1) Gregorius II. (715 — 731). — 2) Gregorius I. (590 — 604).

3) Gregorius III. (731 — 741).

4) Das Schreiben des Bischofes Daniel an den Papst, welches versiegelt war; es wurde bis jetzt nicht wieder aufgefunden und ist wahrscheinlich nicht mehr vorhanden.

5) Den offenen Empfehlungsbrief an alle Christen, Könige und Bischöfe, der ihm gleichsam als Reisepaß dienen und ihm überall gastliche Aufnahme bereiten sollte. Man findet ihn im ersten Bande, S. 3.

Sechstes Kapitel.

Wie er im Auftrage des Papstes von Rom zurückkehrte; was er in Thüringen, Franken und Friesland durch seine Predigt ausrichtete und was sich zwischen ihm und dem Erzbischofe Willibrord zutrug.

15. (23.) Als aber der Monat Nisan, welcher dem April entspricht, vorüber war, und die Pforten des Jari, der auch Mai heißt, bereits offen standen, wurde er, nachdem er auch den Segen und ein Schreiben [1]) des apostolischen Stuhles verlangt und erhalten hatte, von dem seligsten Papste entsendet, die äusserst wilden Völker Germaniens zu besuchen und zu sehen, ob die unangebauten Ackerfelder der Herzen, wenn man sie mit der Pflugschar des Evangeliums pflüge, den Samen der Predigt aufzunehmen geneigt seien. Er trat deßhalb [2]), nachdem er eine große Menge Reliquien gesammelt hatte, nebst seinen Mitknechten den Rückweg nach den Grenzen Italiens an, sprach bei Liutprand, dem überaus gütigen Könige der Langobarden [3]), den er mit Friedensgaben begrüßte, vor, und ließ, da er von ihm ehrenvoll empfangen wurde, seine von der Reise ermüdeten Glieder ausruhen [4]); auf diese Weise belohnt, wanderte er weiter durch gebirgige und ebene Länderstrecken, stieg über die steilen Gipfel der Alpen, erreichte die unbekannten und an Germanien stoßenden Grenzen der Baguarier [5]) und drang dem Auftrage des apostolischen Stuhles gemäß spähend nach Thüringen vor [6]), ähnlich

1) Mitgetheilt im ersten Bande, S. 4.

2) Nach dem 15 Mai 719, von welchem Tage der Brief des Papstes datirt ist.

3) Liutprand (oder nach anderer Schreibart Liodobrand) herrschte über die Langobarden vom J. 712 bis zum J. 743.

4) Zu Pavia nämlich, wo Liutprand sein Hoflager hatte.

5) In Baiern hielt er sich nicht auf, weil dort schon christliche Fürsten regierten und nichts die Entwickelung des christlichen Lebens hinderte.

6) Sowohl der Papst, als auch Bonifacius, sagt Seiters (a. a. O. S. 84),

der überaus klugen Biene, welche, um zu saugen, die Fluren der Gefilde umkreist, mit ihren gefiederten Flügeln die zahlreiche Fülle der duftenden Kräuter durchschwirrt, mit kostendem Rüssel untersucht, wo die honigträufelnde Süßigkeit des Nektars verborgen liegt, diese, während sie alle Bitterkeit des tödtlichen Saftes verschmäht, nach ihrem Stocke bringt und so gleichsam nach dem Ausspruche des apostolischen Grundsatzes Alles prüft und was gut ist, behält [1]).

16. (24.) Der heilige Mann Gottes richtete also in Thüringen [2]) nach dem ihm von dem apostolischen Oberhirten eingeprägten Auftrage in geistlichen Worten seine Ansprache an die Stammältesten und Vornehmsten der christlichen Gemeinde und des ganzen Volkes und rief sie auf den rechten Weg der Erkenntniß und zum Lichte der Einsicht zurück, welches sie schon lange vorher, und zwar größtentheils von schlechten Lehrern verführt, verloren hatten; eben so brachte er auch die Oberhirten und Priester, von denen wohl manche sich in der frommen Verehrung des allmächtigen Gottes eifrig zeigten, andere aber durch den Schmutz der Ausschweifung befleckt, die Strenge der Keuschheit, welche sie als Diener der heiligen Altäre beobachten sollten, vernachläßigt hatten, durch evangelische Belehrungen, so weit er es vermochte, von der Verderbniß der Bosheit wieder auf den rechten Pfad der canonischen Vorschrift [3]), ermahnte und unter-

---

kannten die um diese Zeit in den deutschen Gauen obwaltenden Zustände noch viel zu wenig, als daß er einen bestimmten Wirkungskreis sich im voraus hätte wählen, oder ein solcher ihm hätte angewiesen werden können. Nichts war also natürlicher und nothwendiger, als daß er sich allererst von der Lage der Dinge, von der Bildung und von der Bildungsfähigkeit der einzelnen Stämme zu unterrichten suchte.

1) Vgl. I. Thessal. 5, 21.

2) Bonifacius und sein Biograph verstehen unter Thüringen noch das ganze weite Land, welches sich nördlich von Baiern bis an die Grenzen der Sachsen erstreckte und westlich die Franken hatte, nach Osten aber durch die Saale von den wendischen Soraben getrennt war.

3) Die christliche Religion hatte also schon lange vor Bonifacius in Thüringen Eingang gefunden, war aber allmälig durch das noch vorherrschende Heidenthum und durch die Unwissenheit und Rohheit des größten Theiles der

richtete sie und begab sich dann mit den ihn begleitenden Brüdern nach Franken [1]). Als er hier den Tod Radbods, des Königs der Friesen, vernahm [2]), bestieg er, von hoher Freude entzückt, sogleich ein Fahrzeug auf dem Bette des Flusses [3]) und gelangte mit dem Wunsche, daß auch Friesland das Wort Gottes annehmen möge, zu den von der himmlischen Lehre noch unberührten Gegenden, wo er, da jetzt die Verfolgung des grimmigen Königs Radbod aufgehört hatte, den Samen des himmlischen Unterrichtes spendete und, nachdem er den Mangel an dem Worte Gottes gehoben, die in heidnischem Aberglauben darbende Menge mit der Nahrung der ewigen Lehre erquickte. (25.) Da nun dem Sinnen des Verlangenden der von selbst eingetretene Erfolg der That entsprach, das erwünschte Licht der verheißenen Lehre durch die Fügung unseres Herrn und Gottes leuchtete und die Herrschaft des glorreichen Herzogs Karl über die Friesen befestigt war [4]), so ertönte jetzt die Posaune des himmlischen Wortes und es erscholl bei der vermittelnden Fruchtbarkeit des Thaues von oben die Stimme der Prediger. Auch war bereits durch den ehrwürdigen Mann Gottes Willibrord [5]) und seine Gehülfen die christliche Lehre verbreitet; weil aber der heilige Diener Gottes sah, daß die Ernte zwar groß, der Ar-

---

eingeborenen Priester und Geistlichen wieder verkümmert. Da überdieß in Folge innerer Zwistigkeiten die zu dieser Zeit noch gänzlich heidnischen Sachsen das Land in Besitz genommen hatten, so verließ Bonifacius, welcher alsbald einsah, daß er unter diesen ungünstigen Umständen nichts ausrichten konnte, nach kurzem Aufenthalte Thüringen.

1) Und zwar nach dem rheinischen Franken, denn das spätere östliche Franken war jetzt noch unter dem Namen Thüringen begriffen; vgl. Seiters, a. a. O. S. 107.

2) Radbod starb im J. 719. — 3) Des Rheines nämlich

4) Karl Martel hatte durch den Sieg über die Friesen bei Stablo (716) den südlichen Theil ihres Landes der fränkischen Herrschaft unterworfen.

5) Willibrord war bereits im J. 690 aus England herübergekommen, um die Friesen zu bekehren und wurde darin von Pippin unterstützt, welcher ihn auch, als er im J. 694 einen Theil des südlichen Frieslandes erobert hatte, nach Rom schickte und zum Erzbischofe von Utrecht weihen ließ. Willibrord starb im J. 739; die Kirche feiert sein Andenken am 7 November.

beiter aber nur wenige waren [1]), so blieb er drei Jahre lang [2]) ununterbrochen ebenfalls Gehülfe des Erzbischofes Willibrord und erwarb, da er in Christus rastlos thätig war und unter dem Beistande des erwähnten Bischofes die Götzentempel zerstörte und christliche Bethäuser erbaute, dem Herrn eine nicht geringe Menge Volkes.

17. (26.) Da aber dieser Oberhirte alt geworden war und von der Last seiner vielen Lebensjahre niedergedrückt wurde [3]), so beschloß er auf den Rath seiner versammelten Schüler, sich nach einer Stütze in dem für sein Greisenalter zu schwierigen Dienst umzusehen und aus der kleinen Schaar einen zuverläßigen Mann auszuwählen, der einer so bedeutenden Gemeinde vorstehen könne; er rief daher den erwähnten Gefährten zu sich und ermahnte ihn mit heilsamer Belehrung, die Würde des bischöflichen Amtes zu übernehmen und ihm bei der Leitung des Volkes Gottes Beistand zu leisten. Dieser wies jedoch sogleich in Demuth den Antrag zurück, bemerkte, daß er des bischöflichen Ranges keineswegs würdig sei und bat, man möge ihm, da er sich noch in den Jünglingsjahren befände, die Bürde eines so wichtigen Amtes nicht auflegen; zugleich gab er die Versicherung, er werde sich, da er das von dem canonischen Rechte vorgeschriebene Alter von fünfzig Jahren [4]) noch nicht vollständig erreicht habe [5]), durch jeden nur möglichen Vorwand der Entschuldigung von der Erhabenheit dieser Würde fern halten. Der in so heiligem Rufe stehende Oberhirte tadelte ihn deßhalb mit sanften Worten, ermunterte ihn mit emsiger Sorgfalt zur Annahme dieser Stelle und hob hauptsächlich die überaus große Armuth des untergebenen Volkes hervor. Da Jener aber auch nach dieser Zurechtweisung sich nicht bereit erklärte, die Würde dieses hohen Amtes anzunehmen, so entstand durch die lange Fortdauer des

---

1) Luc. 10, 2. — 2) Nämlich 720 bis 722.

3) Willibrord war zu dieser Zeit achtzig Jahre alt.

4) Fromme Priester weigerten sich, gestützt auf das Gesetz der Leviten (Num. 8, 15), die bischöfliche Würde vor dem fünfzigsten Jahre anzunehmen; ein kirchliches Gesetz, welches diese Vorschrift giebt, ist aber nicht vorhanden.

5) Bonifacius war zu dieser Zeit etwa zweiundvierzig Jahre alt.

Zwiegespräches zwischen ihnen ein geistlicher Wettkampf und es zeigte sich ein sich in Einklang auflösender Zwiespalt einer schönen Meinungsverschiedenheit. (27.) Dieser nämlich lehnte, von seiner großen Demuth zurückgehalten, die Würde einer so hohen Ehrenstelle ab, Jener aber, von dem Verlangen nach dem frommsten Gewinne durchdrungen, sann nur auf das Heil der Seelen. Nachdem sie auf diese Weise in ihrem Gespräche wechselseitig schon verschiedene Reden vorgebracht hatten, ergriff der heilige Diener Gottes, welcher sich gleichsam in eine geistliche Rennbahn gestellt sah, gradezu das Wort der Entschuldigung und sprach: „O heiligster Bischof und Vorkämpfer im geistlichen Kampfe, ich habe von dem seligen Papste Gregorius heiligen Andenkens einen Auftrag an die deutschen Völker mitgebracht, und obgleich ich mit dem Amte eines Legaten des apostolischen Stuhles in den westlichen Ländern der Barbaren bekleidet bin, so habe ich mich doch gerne der Herrschaft Deines Befehles gefügt und mich nach dem Gutdünken des eigenen Willens gebunden ohne Vorwissen der erhabenen Gebieter, deren Dienstbarkeit ich durch ein abgelegtes Gelübde bis auf den heutigen Tag verpflichtet und unterthan bin, weßhalb ich ohne Befragung des apostolischen Stuhles und ohne Ertheilung seines ausdrücklichen Befehls den Rang einer so erhabenen Stellung nicht anzunehmen wage.“ Außerdem unterstützte er aber auch noch mit andern Worten die vernünftige Bitte seines Gesuches. „Ich bitte Dich also,“ schloß er, „lasse mich, der ich mich durch die Fesseln des eigenen Gelübdes gebunden habe, in die Länder meiner Bestimmung ziehen, nach welchen ich ursprünglich von dem apostolischen Stuhle gesendet bin.“ Als der Mann Gottes den Grund eines so entschiedenen Entschlusses vernahm, gab er ihm, nachdem er ihm seinen Segen ertheilt hatte, die Erlaubniß zu gehen; dieser machte sich auch sogleich auf den Weg und kam an den Ort, welcher Amanaburg heißt [1],

---

1) Man versteht darunter gewöhnlich das jetzige Amöneburg an der Ohm in Hessen; da es aber durchaus nicht wahrscheinlich ist, daß Bonifacius sogleich mitten in das Land der noch heidnischen Hessen hineingegangen sei und daselbst ein Kloster angelegt habe, so dürfte die Stadt Hamelburg (auch Hamanaburg genannt) an der fränkischen Saale, woselbst der Erzbischof Willibrord

„genährt," wie der Apostel sagt [1]), „mit den Worten des Glaubens und der guten Lehre, welche er erlangt hatte."

Siebentes Kapitel.

Wie er die Völker der Sachsen und Hessen bekehrte und Botschaft über seine Thaten nach Rom sandte und wie er bald darauf dorthin berufen wurde und sich mit dem Papste unterredete.

18. (III, 28.) Da wir die Beweise der Tugend dieses heiligen Mannes und die Beharrlichkeit seiner Arbeit im Herrn vom Anfange an von Stufe zu Stufe verfolgt haben, so können wir die späteren Beispiele seiner guten Werke in mehr einfacher und gedrängter Fassung ins Gedächtniß zurückrufen. Nachdem er also bei den Friesen dem Herrn vieles Volk gewonnen hatte und Viele, welche von ihm geistlichen Unterricht genossen, durch die hereinbrechenden Strahlen des wahren Lichtes zur Erkenntniß der Wahrheit gelangt waren, begab er sich, um zu predigen, unter dem Beistande des Herrn nach andern Gegenden Deutschlands und erlangte mit Gottes Hülfe den oben genannten Ort [2]), welchem zwei Brüder, Dettic und Deorulf [3]), vorstanden. Diese brachte er von der gotteslästerlichen Achtung vor den Götzen, womit sie unter irgend einem Namen des Christenthums bösen Mißbrauch trieben [4]), ab, bewog eine sehr große Menge Volkes,

---

durch Schenkungen bereits viele Güter besaß, gemeint sein, wie Seiters (a. a. O. S. 117 ff.) mit annehmbaren Gründen dargethan hat.

1) I. Timoth. 4, 6.

2) Das heißt, er wurde ihm abgetreten, um ein Kloster darauf zu erbauen; vgl. Seiters, a. a. O. S. 121.

3) Ueber diese beiden Brüder, welche nach der verschiedenen Schreibart der Handschriften auch Dietich und Dierolf oder Dierorolf heißen, findet man keine nähere Auskunft.

4) Das Christenthum war also hier schon früher gepredigt worden, aber wieder verkümmert; bei den Hessen aber hatte bis jetzt das Christenthum noch keinen Eingang gefunden.

welcher durch ihn der Weg der rechten Erkenntniß eröffnet wurde, den Gräuel der Irrthümer abzulegen und den sündhaften Aberglauben des Heidenthumes aufzugeben, und errichtete, nachdem er eine Schaar von Dienern Gottes zusammengebracht hatte, ein Klostergebäude. (29.) Eben so befreite er auch an den Grenzen der Sachsen das noch von den heidnischen Gebräuchen irre geleitete Volk der Hessen durch die Verkündigung der evangelischen Gebote aus der Gefangenschaft des bösen Geistes, und nachdem er viele Tausende von Menschen von dem uralten Heidenthume gereinigt und getauft hatte,

19. sendete er einen geeigneten Boten und zuverläßigen Träger seines Briefes, Namens Bynnan, nach Rom, offenbarte, freilich nur durch die Mittheilung des stummen Buchstabens, dem ehrwürdigen Vater und Oberhirten auf dem apostolischen Stuhle Alles, was durch die Gnade des Herrn um ihn her geschehen war, der Reihe nach und meldete ihm, daß eine große Menge von Menschen durch die Erleuchtung des göttlichen Geistes das Sacrament der Wiedergeburt empfangen habe. Dabei schrieb er aber auch Mehreres über Dinge, welche zu dem täglichen Bedürfnisse der Kirche Gottes und zur Förderung des Volkes gehören, und fragte den apostolischen Stuhl um Rath [1]). Nachdem der erwähnte Bote sich an dem genannten Orte einige Tage aufgehalten und, als bereits die zur Rückkehr bestimmte Zeit bevorstand, von dem erwähnten Oberhirten auf dem apostolischen Stuhle eine seine Botschaft erwidernde Antwort erhalten hatte, trat er sogleich den Heimweg an und überbrachte nach Verlauf nicht langer Zeit seinem Gebieter das von dem apostolischen Stuhle ausgefertigte Schreiben.

20. (30.) Als der heilige Mann die überbrachten Briefe gelesen hatte und er daraus vielfach ersah, daß er nach Rom eingeladen sei, suchte er eilig das Gebot des Gehorsams im

---

1) Der Verlust dieses Briefes, welcher gewiß manchen Aufschluß über die damaligen Verhältnisse des deutschen Volkes geben würde, ist sehr zu bedauern; auch die vielleicht weniger wichtige Antwort des Papstes wurde bis jetzt nicht wieder aufgefunden.

höchsten Grade zu erfüllen [1]). Unter dem Schutze eines Haufens Bewaffneter und umringt von einer Schaar von Brüdern überschritt er unverweilt die äußersten Marken der Franken und Burgunder und, nachdem er über die Höhen der Alpen gestiegen war, die von den Soldaten bewachten Grenzen [2]), brachte, als er die Mauern der Stadt Rom erblickte, dem Hochthronenden sogleich die gebührende Danksagung dar und stärkte sich, als er bald darauf die Kirche des seligen Petrus besuchte, durch eifriges Gebet. Nachdem er seinen müden Gliedern einige Ruhe gegönnt hatte, meldete man sogleich dem seligen Gregorius, dem Oberhirten auf dem apostolischen Stuhle, daß dieser Diener Gottes angekommen sei; er wurde auch sehr wohlwollend aufgenommen und in die Fremdenherberge [3]) geführt. Als nun ein schicklicher Tag zu ihrer Unterredung kam und der glorreiche Oberhirte auf dem heiligen Stuhle sich in die Kirche des seligen Apostels Petrus begab, wurde auch der Diener Gottes sogleich dahin eingeladen, und nachdem sie einander mit wenigen und freundlichen Worten begrüßt hatten, befragte ihn sofort der apostolische Oberhirte über das Glaubensbekenntniß und über die Ueberlieferung des kirchlichen Glaubens [4]). Der Mann Gottes antwortete ihm darauf demüthig und sprach: „Apostolischer Herr, ich fühle, daß ich als Fremdling in der bei euch üblichen Sprache unerfahren bin [5]), und bitte daher, Du wollest mir Muße und

---

1) Bonifacius trat seine zweite Reise nach Rom im Spätsommer des Jahres 723 an.

2) Des lombardischen Reiches; vgl. weiter oben §. 15.

3) Welche für die Gäste des apostolischen Stuhles bestimmt war.

4) Es ist sehr überflüssig, zu untersuchen, ob der Papst das nicänische oder das athanasische Glaubensbekenntniß gemeint habe; denn er schrieb offenbar weder das eine noch das andere vor, sondern überließ Bonifacius die Wahl, welches Symbolum er darlegen und nach welcher Glaubensregel er es entwickeln wolle; vgl. Seiters, a. a. O. S. 131.

5) Man hat aus diesen Worten folgern wollen, Bonifacius habe die lateinische Sprache nicht verstanden; dieser will jedoch nur sagen, daß er sich der Wichtigkeit der Sache wegen lieber schriftlich äußern wolle, weil er sich nicht zutraue, im mündlichen Vortrage sogleich die richtigen dogmatischen Ausdrücke zu finden.

Zeit gestatten, meinen Glauben niederzuschreiben, damit so nur der stumme Buchstabe meinen Glauben gebührend kund gebe." Jener gestattete ihm auch dieß sogleich und befahl ihm, diese Schrift alsbald vorzulegen. (31.) Als er nach Ablauf einiger Zeit das mit feiner Anwendung der Beredsamkeit niedergeschriebene Bekenntniß der heiligen Dreifaltigkeit überbracht und dem erwähnten Oberhirten zugestellt hatte, wartete er nichtsdestoweniger noch einige Tage, und als er darauf wieder eingeladen und in den Lateran geführt wurde, warf er sich sogleich demüthig mit dem Antlitze vor den Füßen des apostolischen Oberhirten nieder und bat um dessen Segen. Dieser hob ihn alsbald vom Boden auf, gab das Schreiben, worin sich die reine und unverfälschte Wahrheit des Glaubens offenbarte, dem Diener Gottes, indem er ihn niedersitzen ließ, zurück und ermahnte ihn während seiner heilsamen Belehrung, ohne Unterlaß diese Glaubensfestigkeit unversehrt zu bewahren und sie nach dem Vermögen seiner Kräfte Andern eindringlich zu predigen. Auch noch vieles Andere über das Streben nach Heiligkeit und die Wahrheit des Glaubens zog er fragend in Erwägung, so daß sie fast den ganzen Tag zusammen in diesem Zwiegespräche zubrachten, und zuletzt fragte er noch, wie die Völker, welche vorher auf dem Abwege der Missethat wandelten, die Beweise des Glaubens durch seine Predigt aufnähmen.

21. (32.) Und als er die Ueberzeugung gewonnen hatte, daß Jener bereits eine sehr große Menge Volkes von der Verehrung der bösen Geister zur Gemeinschaft der heiligen Kirche gebracht habe, eröffnete er ihm, daß er ihm den Rang eines Bischofes ertheilen und ihn über die Völker setzen wolle, welche bis jetzt der Sorgfalt eines Hirten entbehrten und nach dem Ausspruche unseres Herrn und Gottes dalagen, wie Schafe, die keinen Hirten haben [1]). Da er dem so hohen, auf dem apostolischen Stuhle sitzenden Oberhirten nicht zu widersprechen wagte, so willigte er ein und gehorchte, worauf der höchste Oberhirte heiligen Ansehens den Tag der Weihe bestimmte, nämlich den

1) Vgl. Ezech. 34, 5.

Tag vor den Kalenden des Dezembers [1]). Als nun der hochheilige Tag des Festes, welcher zugleich der Geburtstag des heiligen Andreas und der Tag der festgesetzten Weihe war, anbrach, legte der heilige Oberhirte auf dem apostolischen Stuhle ihm die Würde eines Bischofes und den Namen, welcher Bonifacius heißt [2]), bei, fertigte ihm eine Urkunde [3]) aus mit den heiligsten Rechten der kirchlichen Verfassung, wie sie durch die bischöflichen Versammlungen festgestellt sind, befahl, daß dieses bischöfliche Lehramt und die übertragene Würde ihm unangetastet verbleiben und die untergebenen Völker nach diesen Vorschriften unterrichtet werden sollten, gewährte ferner auch von jetzt an für alle Zukunft sowohl ihm, als auch allen ihm Untergebenen die Gemeinschaft mit dem heiligen Stuhle [4]) und stellte den mit der Bischofswürde ausgerüsteten Mann durch seine heiligste Zuschrift unter den Schutz und die Gewogenheit der Herrschaft des glorreichen Herzogs Karl [5]).

---

1) Den 30 November, auf welchen Tag das Fest des heiligen Andreas fällt. Daß die Weihe im J. 723 stattfand, unterliegt keinem Zweifel.

2) Die Meinung mancher Gelehrten, daß Bonifacius schon weit früher diesen Namen getragen habe, entbehrt der genügenden Begründung, am wenigsten beweisen die sehr verdächtigen, diesen Namen enthaltenden Ueberschriften einiger vor der Weihe geschriebenen Briefe, wie schon im ersten Bande bemerkt wurde.

3) Libellus. Manche wollen darunter ein Buch verstehen und glauben, es sei identisch mit einem in der Dombibliothek zu Würzburg befindlichen und von angelsächsischer Hand geschriebenen Manuscripte, welches die Satzungen der Apostel und die Beschlüsse der ersten Concilien enthält!

4) D. h. die Brüderschaft, vgl. über diese Brüderschaften, welche später weit häufiger wurden, Br. 25 und 89 und Seiters, a. a. O. S. 140 ff.

5) Dieser noch vorhandene Empfehlungsbrief ist der fünfte im ersten Bande.

Achtes Kapitel.

Wie er auf seiner Zurückreise von Rom zu Karl, dem Herzoge der Franken, kam, und wie er bei den Hessen und darauf in Thüringen durch seine Predigt wirkte. Von den Tyrannen und der entarteten Religion in diesem Lande. Von den Boten, die er wieder nach Rom schickte, und von zweien Klösterlein, die er erbaute.

22. (33.) Nachdem er auf weiten Ummwegen das Gebiet gewaltiger Völker besucht hatte, gelangte er endlich zu dem erwähnten Fürsten der Franken und wurde von demselben ehrerbietig aufgenommen [1]); er überreichte das Schreiben des erwähnten römischen Oberhirten und des apostolischen Stuhles dem Herzoge Karl, stellte sich unter die Herrschaft und den Schutz desselben und kehrte mit der Einwilligung des Herzogs Karl nach den Gegenden des Hessenlandes, bis zu welchen er schon vorher vorgedrungen war, zurück [2]). Zu dieser Zeit aber empfingen viele bereits dem katholischen Glauben unterworfene und durch die Gnade des siebenfachen Geistes [3]) gestärkte Hessen die Handauflegung [4]), andere jedoch, welche noch nicht stark im Geiste waren, weigerten sich, die Zeugnisse des unverfälschten Glaubens vollständig anzunehmen [5]); denn manche opferten verstohlen oder sogar ungescheut in Gehölzen und an Quellen, andere befaßten

---

1) Karl Martel hatte sich um diese Zeit bereits durch seine Tapferkeit und seine Siege nicht nur bei den Franken, sondern auch bei den angrenzenden Völkern große Achtung erworben.

2) Dieß geschah etwa um die Mitte des Jahres 724.

3) Vgl. Isai. 11, 2. — 4) Das Sacrament der Firmung.

5) D. h. Viele hatten zwar äußerlich das Christenthum angenommen, waren jedoch von dem Geiste desselben noch so wenig durchdrungen, daß sie neben dem christlichen Gottesdienste auch die heidnischen Gebräuche beizubehalten können glaubten.

sich heimlich oder auch öffentlich mit Vorherverkündigungen und Wahrsagungen und mit Zaubereien und Beschwörungen und wieder andere dachten auf Vogelschau und Zeichendeutung und beobachteten verschiedene Opfergebräuche; andere jedoch, welchen ein gesunderer Sinn beiwohnte, hatten alles Entheiligende des Heidenthums abgelegt und verübten nichts von diesen Dingen. (34.) Auf deren Antrieb und Rath versuchte er an einem Orte, Namens Gäsmera[1]), einen Baum von erstaunlicher Größe, der nach einer alten Benennung der Heiden Jupiterseiche[2]) hieß, mit dem Beistande der Diener Gottes zu fällen. Als er, durch die Standhaftigkeit seines Sinnes ermuthigt, den Baum zu fällen begann, war eine große Menge von Heiden zugegen, welche den Feind ihrer Götter im Innern auf das eifrigste verwünschten; als jedoch nur erst ein mäßiger Theil des Baumes durchhauen war, wurde plötzlich die ungeheuere Masse der Eiche durch einen göttlichen Sturm von oben herab geschüttelt und stürzte mit der abgebrochenen Krone der Aeste nieder; auch borst sie gleichsam durch die Fügung des höchsten Willens in vier Theile und es zeigten sich ohne die Mitwirkung der dabeistehenden Brüder vier Stämme von ungeheuerer Größe und gleicher Länge. Da die Heiden, welche vorher Verwünschungen ausgestoßen hatten, dieß sahen, legten sie die frühere Lästerung ab und zollten dafür gläubig dem Herrn Preis.

23. Darauf aber erbaute der heiligste Bischof, nachdem er mit den Brüdern Rath gepflogen hatte, aus dem Stoffe des oben genannten Baumes ein hölzernes Bethaus, weihte es zu Ehren des heiligen Apostels Petrus (35.) und wanderte, nachdem er Alles, was wir oben erwähnt haben, erfüllt und durch den Beistand des höchsten Willens vollbracht hatte, nach Thü-

---

1) Geismar, ein Dorf im Amte Gudensberg, nicht weit von Fritzlar. Auf dem linken Ufer der Edder zwischen den Dörfern Geismar und Ungedanken erhebt sich ein spitziger Berg, der auf seinem Gipfel eine ringförmige, durch viele aufgehäufte Steine erkennbare Umwallung trägt; hier soll die heilige Eiche gestanden haben; vgl. Seiters, a. a. O. S. 156.

2) Der Biograph hat hier offenbar den deutschen Gott Thor oder Thunar in den römischen Jupiter verwandelt; man könnte deßhalb auch Jovis robur durch Thunarseiche oder Donnereiche übersetzen.

ringen [1]), wo er die Stammältesten und die Fürsten des Volkes ansprach und sie, nachdem sie die Blindheit der Unwissenheit aufgegeben, wiederholt zu der schon längst angenommenen Religion des Christenthums bekehrte. Als nämlich, nachdem die Herrschaft ihrer eigenen Könige ihr Ende erreicht hatte [2]), eine große Menge ihrer Grafen unter der gefährlichen Regierung Theotbalds und Hedenes [3]), welche über sie die traurige, mehr feindlich verwüstende als schirmende Gewalt eines tyrannischen Herzogthums übten, entweder von diesen durch leiblichen Tod beseitigt oder durch feindliche Hinwegführung in Gefangenschaft gerathen war, wurde der noch zurückbleibende Rest des Volkes so sehr in mannigfaltiges Unheil verstrickt, daß es sich der Herrschaft der Sachsen unterwarf [4]). Als aber die Regierung der frommen Herzoge ein Ende nahm, hörte daselbst auch der Eifer für die Religion des Christenthums auf und falsche Brüder schlichen sich ein, welche das Volk irre leiteten und unter dem Namen der Religion der ketzerischen Verkehrtheit einen sehr großen Anhang verschafften. Zu diesen gehörten Trohtwine, Berthere, Eanbercht und Hunraed [5]), Hurer und Ehebrecher, die nach dem Apostel der Herr richtete. Diese erregten den heftigsten Streit gegen den Mann Gottes, sie wurden aber durch die wahrhafte Entgegnung seines Wortes beschämt und entgingen dem ihnen

---

1) Wahrscheinlich noch in demselben Jahre 724, in welchem er die Jupiterseiche umgestürzt hatte.

2) Das thüringische Königreich hatte mit der Besiegung des Königs Hermanfried durch die Franken und Sachsen im J. 530 aufgehört.

3) Gotzbert oder (wie ihn der Biograph hier in gräcisirender Form nennt) Theotbald und sein Sohn Heden, welche unter fränkischer Oberherrschaft regierten, wollten in ihrem Lande das Christenthum mit Gewalt einführen und hatten dadurch eine Revolution verursacht, welche sie Herrschaft und Leben kostete. Bonifacius fand deßhalb, als er nach Thüringen kam, keinen Herzog, sondern nur Häuptlinge; eine nähere Schilderung der thüringischen Zustände gibt Seiters, a. a. O. S. 101 ff.

4) Die Sachsen ergriffen sogleich begierig diese Gelegenheit, um Besitz von Thüringen zu nehmen; die herzogliche Familie wurde verjagt und ihrer Herrschaft für immer ein Ende gemacht.

5) Ueber alle diese Leute findet sich keine nähere Nachricht.

gebührenden Spruche der Vergeltung nicht [1]). (36.) Als nun die erneuerte Lauterkeit des Glaubens wieder bei dem Volke leuchtete und die Gemeinde aus der gewaltigen Schlinge des Irrthumes erlöst war, hielt er nach Vertreibung der Freunde des bösen Feindes und der oben genannten gefährlichen Führer des Volkes mit nur wenigen Schnittern eine reiche Ernte, obgleich er anfangs die große Dürftigkeit und Gebrechlichkeit dieser Welt erfahren mußte und nur unter dem Drucke großer Bedrängnisse und Trübsale den Samen des Wortes Gottes ausstreuen konnte.

24. Als aber die Menge der Gläubigen allmälig anwuchs und sich somit die Reihe der Prediger vermehrte, so wurden auch, um die Lehre seiner Predigt vielfach vernehmen zu lassen, alsbald Kirchen hergestellt und an einem Orte, welcher Orthorp heißt, nachdem man eine Gesellschaft von Dienern Gottes und überaus heiligen Männern versammelt hatte, ein Kloster erbaut [2]), worin diese nach apostolischer Sitte mit ihren eigenen Händen durch emsige Arbeit ihre Nahrung und Kleidung erwarben. (37.) Auf diese Weise verbreitete sich die Kunde von seiner heiligen Predigt und drang so schnell nach allen Seiten hin, daß sein Ruhm bald in dem größten Theile Europas widerhallte und aus Britannien her allmälig eine sehr große Menge sowohl von Lehrern als auch Abschreibern [3]) und in andern Künsten unterrichteten Männern herbeiströmte und sich um ihn sammelte. Die meisten derselben unterwarfen sich nämlich der von ihm aufgestellten Regel und brachten an sehr vielen Orten das Volk von der Schmach des irrigen Heidenthums ab, indem sie sich theils in dem Lande der Hessen und theils in Thüringen unter das

---

1) Sie geriethen allmälig in Verachtung und wurden verjagt.

2) Das Kloster Orthorp (Ohrdruf), um welches sich bald ein Dorf und dann eine Stadt bildete, wurde jedenfalls zwischen den Jahren 724 und 727 gegründet.

3) Tam lectorum, quam etiam scriptorum. Offenbar will Willibald nicht, wie man die Stelle gewöhnlich deutet, von im Lesen und Schreiben geübten Männern sprechen, sondern von solchen, welche Unterricht ertheilten und sich mit dem Abschreiben der nöthigen Bücher beschäftigten.

Volk zerstreuten und diesem in den Gauen und Dörfern das Wort Gottes predigten.

25. Als nun unter beiden Völkern eine ungeheuere Menge, nachdem viele Tausende von Menschen getauft waren, die Sacramente des Glaubens empfangen hatte, unterdessen aber der Papst auf dem apostolischen Stuhle, Gregor der zweite seligen Andenkens, gestorben war und bereits Gregor der jüngere auf dem erwähnten Sitze des erhabenen apostolischen Thrones saß[1]), kamen die Abgesandten des Bonifacius wiederum nach Rom[2]), um den heiligen Oberhirten auf dem apostolischen Stuhle ihre Huldigung darzubringen und die Erneuerung des Freundschaftsbündnisses, welches sein Vorgänger gnädigst mit dem heiligen Bonifacius und seinen Gefährten geschlossen hatte, nachzusuchen, zugleich aber gaben sie ihm dessen ergebene und demüthige Unterwerfung unter den apostolischen Stuhl für die Zukunft kund und baten, wie sie beauftragt waren, er möge den in Ergebenheit Unterworfenen an der Genossenschaft und Gemeinschaft[3]) des heiligen Oberhirten und des ganzen apostolischen Stuhles Theil nehmen lassen. (38.) Der heilige Papst auf dem apostolischen Stuhle gab sogleich eine huldvolle Antwort, gewährte seine und des apostolischen Stuhles Genossenschaft und Freundschaft sowohl dem heiligen Bonifacius als auch den Untergebenen desselben und schickte nach Ertheilung des erzbischöflichen Palliums die Gesandten mit Geschenken und verschiedenen Reliquien der Heiligen ehrenvoll in die Heimath zurück.

26. Als die Boten anlangten und die beifälligen Antworten des apostolischen Mannes überbrachten, wurde Bonifacius durch die Anerkennung seiner Ergebenheit von Seiten des apostolischen Stuhles freudig überrascht und gestärkt und errichtete, durch den Beistand der göttlichen Barmherzigkeit angeregt, dem Herrn zwei Kirchen,

---

1) Gregor II. starb am 11 Februar 731 und Gregor III. bestieg am 18 März desselben Jahres den päpstlichen Stuhl.

2) Nämlich im J. 732.

3) Bruderschaft; vgl. weiter oben §. 21 und im ersten Bande Br. 25, S. 70.

nämlich eine zu Frideslare [1]), welche er zu Ehren des heiligen Apostelfürsten Petrus weihte, und eine andere zu Hamanaburg [2]), welche er dem heiligen Erzengel Michael widmete. Mit den beiden Kirchen verband er auch zwei Klösterlein und versah dieselben mit einer nicht geringen Anzahl von Dienern Gottes, so daß darin bis auf heutigen Tag unserm Gott und Herrn Ehre und Preis und Dank demüthig gezollt wird. (39.) Nachdem alles dieß gehörig zu Stande gebracht war, begab er sich zur Zeit des Herzogs Hugobert in das Land der Baguarier [3]), übte bei ihnen auf das Emsigste das Amt der Predigt, reiste umher, um eine große Anzahl von Kirchen zu besichtigen, und war mit einem so gewaltigen Eifer göttlichen Muthes ausgerüstet, daß er einen in ketzerischer Verkehrtheit befangenen Abtrünnigen, Namens Eremwulf [4]) nach der Vorschrift der kirchlichen Satzungen verdammte und ausstieß und das Volk von dem verkehrten Götzendienste seiner Irrlehre zurückbrachte, worauf er wieder zu den Brüdern wanderte [5]), welchen er die Verwaltung seines Sprengels [6]) überlassen hatte, denn er trug nach dem Ausspruche des Apostels Verlangen, zu den Brüdern zu kommen [7]).

---

1) Das jetzige Fritzlar; das daselbst erbaute Kloster gelangte später durch die Frömmigkeit und Gelehrsamkeit seiner Mönche zu hohem Ruhme.

2) Amöneburg an der Ohm (Amena) in Oberhessen. Das hier erbaute Kloster ging im zwölften Jahrhunderte ein.

3) Der Herzog Hugobert oder Hucbert herrschte von 729 bis 739 über Baiern, Bonifacius kam etwa um das J. 736 in dieses Land.

4) Näheres über seine Ketzerei wird nirgends berichtet.

5) Im J. 737 oder zu Anfang des folgenden Jahres.

6) In Hessen und Thüringen.

7) Vgl. Röm. 15, 23.

Neuntes Kapitel.

Von seiner dritten Reise nach Rom und wie er auf dem Rückwege bei Odilo, dem Herzoge der Bajoarier, auf dessen Einladung verweilte und bei den Bajoariern vier Bisthümer errichtete und wie er auf den Kirchenversammlungen, welche in Franken unter den Herzogen Karlomann und Pippin gehalten wurden, die rechtgläubige Religion wieder herstellte.

27. (40.) Somit haben wir die Beweise von den Verdiensten dieses Mannes etwas sorgfältiger hervorgehoben, um in kurzer Rede darzuthun, wie genau er sich auf allen Stufen seines Alters unabläßig nach der Vorschrift der Religion richtete, wie es denn der hergebrachte Gebrauch der Heiligen ist, daß sie sich täglich durch die Beispiele Anderer zu Besserem emporschwingen und bei ihnen mit der abnehmenden Zahl ihrer Tage die Tugend der innigsten Liebe zunimmt. Als jetzt eine nicht geringe Anzahl von Kirchen in Hessen und Thüringen erbaut war und jeder einzelnen ein besonderer Wächter vorstand, begab er sich wegen der innigen Gemeinschaft mit dem heiligen apostolischen Oberhirten und der ganzen Geistlichkeit unter der Begleitung einer Schaar seiner Schüler nach Rom [1]), um heilsame Unterredung mit dem apostolischen Vater zu pflegen und sich, da er bereits im Alter vorgerückt war [2]), der Fürbitte der Heiligen zu empfehlen. Als er aber nach der ungeheuer weiten Reise dem apostolischen Herrn, dem Nachfolger des jüngeren Gregorius [3]), vorgestellt wurde, ward er von diesem gütig aufgenommen und ihm von Allen, sowohl Römern als Fremdlingen, mit so großer Verehrung begegnet, daß Viele zu seiner heilsamen Lehre herbeiströmten, denn

1) Im Herbste des Jahres 738.

2) Bonifacius war jetzt achtundfünfzig Jahre alt.

3) D. h. Gregorius III.

eine große Menge von Franken, Baguariern [1]) und aus Britannien gekommenen Sachsen, so wie auch von Leuten aus andern Ländern drängte sich eifrig zu seinem Unterrichte.

28. (41.) Nachdem er nicht den geringsten Theil des Jahres [2]) in diesen Gegenden verweilt und wallfahrend und betend die Reliquien der Heiligen besucht hatte, trat er nach seiner Verabschiedung von dem ehrwürdigen Manne und Oberhirten auf dem apostolischen Stuhle, mit Geschenken und Reliquien der Heiligen ehrenvoll bereichert, den Rückweg an, gönnte, als er auf der Reise durch Italien in die Mauern der ticenischen Stadt [3]) kam, bei Liodbrand, dem ehrenwerthen Könige der Langobarden [4]), seinen vom Alter matten Gliedern einige Ruhe und besuchte dann nach dem Aufbruche daselbst nicht nur auf die Einladung Odilos, des Herzogs von Baiern [5]), sondern auch freiwillig die Bewohner dieses Landes, bei welchen er viele Tage verweilte, indem er das Wort Gottes predigte und auslegte, die Sacramente des wahren Glaubens und der wahren Religion wieder herstellte und die Zerstörer der Kirchen und Verderber des Volkes verscheuchte. Einige derselben hatten sich schon längst die bischöfliche Würde fälschlich beigelegt, Andere sich das Amt des Priesterthums angemaßt [6]) und wieder Andere diese und sonstige unzählige Dinge ersonnen und das Volk größtentheils verführt. (42.) Der schon von seiner Kindheit an Gott geweihte Mann, welcher die seinem Herrn zugefügte Schmach nicht ertragen konnte, riß den oben genannten Herzog und das ganze Volk von der verkehrten Lehre des ketzerischen Irrthums und von der unzüch-

1) Die Uebersetzung behält absichtlich den alten Namen der Baiern, so wie auch anderer Volksstämme bei.

2) Bis zum Spätsommer des Jahres 739.

3) Pavia am Ticinus (Tessino). — 4) Vgl. weiter oben, §. 14.

5) Odilo, ein Sohn Theodos II. und Oheim der an Karl Martel vermählten Sunehilde, war Hugobert (vgl. §. 26) im J. 739 nachgefolgt und beschäftigte sich eifrig mit der kirchlichen Organisation seines Landes, weßhalb er auch Bonifacius zu sich berief.

6) Die Verwirrung muß sehr groß gewesen sein, da nur der einzige Vivilo, von dem weiter unten die Rede sein wird, seine Ordination nachweisen konnte.

tigen Täuschung der Priester los, theilte mit Zustimmung Odilos, des Herzogs der Baguarier, das Land in vier Sprengel und setzte über alle vier Bischöfe, welche er nach ertheilter Weihe zu ihrer bischöflichen Würde beförderte. Der erste derselben, Namens Johannes, erhielt den bischöflichen Sitz der Kirche in der Stadt, welche Saltzburg heißt [1]), der zweite, welchem das Oberaufseheramt an der Kirche zu Freisingen zu Theil wurde, hieß Erembercht [2]), der dritte, welcher sich dem Hirtenamte eines Wächters an der Kirche zu Regensburg unterzog, Gaibald [3]), der vierte, welcher die Würde der heiligen Obhut über die Kirche zu Passau [4]) erlangte, Vivilo. Als nun nach der Befestigung der Ordnung des Christenthums Alles regelmäßig von Statten ging und die Rechte der kirchlichen Satzungen bei den Baguariern wieder hergestellt waren, trat er den Rückweg zu den eigenen Kirchen an, übernahm wieder die Leitung des ihm anvertrauten Volkes und wahrte, indem er die Ställe der Heerden beaufsichtigte und für Wachen sorgte, die Schafe vor den schändlichen Bissen der Wölfe.

29. (43.) Und nachdem das zeitliche Reich des Herzogs Karl geendet hatte [5]) und die Herrschaft seiner Söhne Karlomann und Pippin befestigt war, wurde mit dem Beistande unseres Herrn und Gottes und durch die Vermittlung des heiligen Erzbischofes Bonifacius das Vermächtniß der christlichen Religion befestigt, die Synodaleinrichtung bei den Franken nach der An-

---

1) Das Bisthum Salzburg war schon im J. 696 gestiftet, hatte aber zu der Zeit, als Bonifacius nach Baiern kam, keinen rechtmäßigen Bischof; im J. 798 wurde es zum Erzbisthume erhoben; Johannes soll der siebente Bischof gewesen sein.

2) Das Bisthum Freisingen wurde im J. 718 von dem heiligen Corbinian gestiftet, welcher im J. 730 starb. Erembercht war ein Bruder Corbinians.

3) Regensburg ist ebenfalls ein altes Bisthum und Gaibald soll der zehnte Bischof gewesen sein.

4) Das Bisthum Passau wurde von Bonifacius gestiftet und Vivilo, dem Bischofe von Lorch, nach der gänzlichen Zerstörung dieser Stadt durch die Hunnen (im J. 738) übergeben.

5) Karl Martel starb am 15 October 741 in seinem fünfzigsten Lebensjahre.

gabe der rechtgläubigen Väter umgestaltet, Alles nach der Vorschrift der Kirchengesetze verbessert und ausgeglichen, die ungebührliche Gemeinschaft der Laien mit Beischläferinnen auf die Ermahnung des heiligen Mannes wenigstens zum Theile aufgehoben und die unerlaubte Verbindung der Geistlichen mit Weibern aufgelöst und getrennt; in den oben genannten Herzogen entbrannte aber durch die Lehre des heiligen Bonifacius eine solche Gluth der göttlichen Liebe, daß sie das Volk in vielen Stücken von der verkehrten Beobachtung eingewurzelter Gewohnheiten befreiten, worin es durch seinen eigenen Willen verstrickt und wozu es durch die Einflüsterung der Ketzer verleitet war, so daß es das Recht auf die ewige Erbschaft verloren hatte; denn durch die Zunft der Ketzer war das Licht der geistlichen Lehre schon so sehr erstickt, daß die dunkle Finsterniß des ketzerischen Truges bereits auf einem großen Theile des Volkes lagerte. Besonders aber hatten Aeldeberdht und Clemens [1]), von der Begierde nach irdischen Reichthümern verleitet, mit unabläßigem Eifer das Volk von dem Wege der Wahrheit abgelenkt; sie wurden jedoch von dem heiligen Erzbischofe Bonifacius mit der Einwilligung der glorreichen Herzoge Karlomann und Pippin aus der Gemeinschaft der Kirche ausgestoßen und nach dem Apostel „dem Satan übergeben zum Verderben des Fleisches, damit der Geist gerettet werde am Tage des Herrn“ [2]).

Zehntes Kapitel.

Wie er das Recht, Kirchenversammlungen zu berufen, noch öfter in Franken ausübte und sich dann nach Friesland begab, um das Christenthum zu predigen.

30. (44.) Als nämlich die Bischöfe, Priester, Diakonen und Geistliche jedes kirchlichen Ranges, welche der Herzog Karlomann

1) Ueber die Irrlehren des Aeldeberdht (oder Aldebert) und des Clemens findet man Näheres in den weiter oben (S. 44 ff.) mitgetheilten Acten des Conciliums zu Rom und im ersten Bande, Nr. 59 und 67.

2) Vgl. I. Korinth. 5, 5.

rühmlichen Andenkens unter der Gewalt seiner Herrschaft hatte berufen lassen [1]), zusammengekommen waren, wurde die fünfte Synodalversammlung [2]) gehalten, auf welcher Bonifacius, jetzt durch die Zustimmung und Verleihung Karlomanns Erzbischof der Stadt Mainz [3]), als zum erstenmale von dem heiligen und ehrwürdigen Oberhirten des apostolischen Stuhles Gregorius dem jüngeren und zweiten nach dem ersten, und Gregorius, dem jüngeren nach dem zweiten und dem dritten nach dem ersten, dem hochverehrten Manne, geschickter Legat der römischen Kirche und des apostolischen Stuhles, zur heilsamen Förderung der himmlischen Lehre an den zahlreichen kirchlichen Gesetzen der vier ersten Hauptsynoden festzuhalten mahnte; und wie zu Nicäa [4]), als der Kaiser Constantinus über das Weltreich herrschte, die Falschheit der arianischen Gotteslästerung [5]) vernichtet wurde, wie unter der Herrschaft des älteren Theodosius die Versammlung von hundertundfünfzig Vätern zu Constantinopel [6]) einen gewissen Macedonius [7]), welcher die Gottheit des heiligen Geistes läugnete, verdammte, wie ferner ein Verein von zweihundert Bischöfen, die sich unter dem jüngeren Theodosius in der Stadt Ephesus versammelten [8]), den Nestorius [9]), welcher zwei Personen in

---

1) Der Biograph betrachtet Karlomann, den älteren Sohn Karl Martels, als den eigentlichen Erben des Reiches und Pippin nur als Mitregenten (vgl. §. 32), obgleich der letztere das Concilium zu Soissons, welches hier gemeint ist, im J. 744 zusammenrief, wie aus den weiter oben (S. 40—44) mitgetheilten Acten desselben hervorgeht. Der Irrthum ist um so verzeihlicher, da Willibald bekannt war, daß sich Karlomann vorzugsweise um die kirchlichen Angelegenheiten bekümmerte und eifriger als sein Bruder darauf bedacht war, die Reinheit der christlichen Lehre zu sichern. Vgl. Seiters, a. a. O. S. 412.

2) Willibald bezeichnet (freilich unrichtig) die Synode zu Soissons als das fünfte allgemeine Concilium, wie aus dem Folgenden hervorgeht; vgl. Seiters, a. a. O. S. 411 f.

3) Bonifacius übernahm um das J. 743 die Verwaltung des Bisthums Mainz.

4) Im Jahre 325.

5) Arius, Priester zu Alexandria, lehrte, daß der Sohn nicht von Ewigkeit aus dem Wesen des Vaters, sondern in der Zeit gezeugt und also geringer als der Vater sei.

6) Im Jahre 381. — 7) Bischof zu Constantinopel.

8) Im Jahre 431. — 9) Patriarch von Constantinopel.

Christus annahm [1]), durch einen gerechten Bannfluch aus der katholischen Kirche ausstieß und wie endlich die auf der Synode zu Chalcedon [2]) versammelten sechshundertunddreißig Priester den Eutyches, einen Abt in der Stadt Constantinopel [3]), und seinen Vertheidiger Dioscurus [4]), welche sich durch die Einheitslehre gegen den katholischen Glauben auflehnten [5]), nach der feststehenden Ansicht der Väter mit dem Banne belegten, so sollten jetzt auch in Franken, nachdem jede Verkehrtheit der Ketzer gründlich ausgerottet und die Verschwörung der Gottlosen vernichtet war, die Fortschritte des göttlichen Gesetzes gefördert und die Synodalsatzungen der allgemeinen Concilien angenommen werden; (45.) auch sollte nach der festen Bestimmung der ursprünglichen Satzung eine Synodalversammlung des geistlichen Rathes der Bischöfe statt finden [6]), welche aber wegen der täglichen Kriegsbesorgnisse und wegen des drohenden Aufstandes der ringsum lagernden barbarischen Völker, wodurch die fremden Räuber auswärtiger Stämme in ihrer Wuth Franken zu Grund zu richten trachteten [7]), entweder gar nicht zu Stand kam oder so gänzlich in Vergessenheit gerieth, daß sie völlig aus dem Gedächtnisse der gegenwärtigen Jahrhunderte verschwand und in keiner Weise mehr etwas davon bekannt ist, weil auch die wieder gewonnene Welt ihrer Natur nach täglich wenigstens den Schaden ihrer Abnahme erleidet und, wenn sie nicht in allen Stücken erneuert wird, durch ihren Verlust dahinschwindet und keuchend dem vorausbestimmten Ende zueilt. Ist daher irgend etwas auf der Pilgerschaft dieses sterblichen Lebens zum gemeinsamen Frommen der Schwachen dieser Welt

1) Er trennte die beiden Naturen (die göttliche und die menschliche) in Christus.

2) Im Jahre 451.

3) Archimandrit eines Klosters bei Constantinopel.

4) Patriarch von Alexandrien.

5) Sie erkannten keine zwei Naturen in Christus, sondern nach der Menschwerdung nur eine Natur und zwar die des fleischgewordenen Gottes.

6) Nämlich jedes Jahr, wie aus den Beschlüssen des ersten deutschen Conciliums (§. 1. weiter oben, S. 5) hervorgeht.

7) Die fortwährenden Kriege der Franken mit den angrenzenden Völkern sind aus der Geschichte hinlänglich bekannt.

von den geistlichen Obern heilsam befunden worden, so muß es, wäre es auch schon dem menschlichen Geiste eingeprägt, doch von den Rechtgläubigen mit unerschütterlicher Festigkeit beobachtet und mit hartnäckiger Unwandelbarkeit des Geistes festgehalten werden, damit es nicht entweder der menschlichen Vergessenheit anheimfalle oder auf Eingebung des Teufels durch den verführerischen Reiz der weltlichen Ergötzlichkeit verhindert werde. Aus diesem Grunde und von der Sorge dieser angelegentlichsten Bekümmerniß getrieben, bemühte sich der heilige Oberhirte des Herrn das Volk der verderblichen Verführung der ränkevollen Schlange zu entreißen und drängte unabläßig den Herzog Karlomann die obenerwähnte Synodalversammlung zu berufen, damit sowohl den Zeitgenossen, als auch den Nachkommen die Weisheit der geistlichen Wissenschaft kund werde und sich, nachdem die Ueberlistung der Seelen aufgehört, die Erkenntniß des Christenthums einpräge.

31. (46.) Während er auf diese Weise jedem Range den Spiegel des rechten kirchlichen Verfahrens als Muster eines frommen Wandels vorhielt und für Alle zur deutlichen Spur der Wahrheit wurde, faßte er, gedrückt durch sein hohes Greisenalter, einen für sich und seine Schwäche heilsamen Entschluß und trug, damit sowohl noch während seines Lebens, als auch nach seinem Tode die Gemeinde keinesfalls der heilbringenden Wirksamkeit der Hirten entbehre, nach der Vorschrift der kirchlichen Verfügung, Vorsorge für das Hirtenamt über die Völker, indem er Willibald und Burghard, zwei Männer von redlichem Streben, zur bischöflichen Würde beförderte und unter sie die ihm im Binnenlande der östlichen Franken und an den Grenzen der Baguarier anvertrauten Kirchen durch seine Uebertragung vertheilte, und zwar bestimmte er Willibald als den Sprengel seiner Verwaltung den Ort, welcher den Namen Hägsted[1]) führt, Burghard aber verlieh er das Amt seiner Würde an dem Orte, welcher Wirzaburg

1) Eichstädt. Willibald stammte aus England und wurde, nachdem er eine Reise in das Morgenland gemacht hatte, Mönch in der berühmten Benedictinerabtei auf Monte Casino; von hier beschied ihn Bonifacius nach Deutschland, weihte ihn im J. 741 zum Bischofe ohne bestimmten Sitz und übertrug ihm im J. 745 das neugegründete Bisthum Eichstädt.

heißt [1]), und übergab seiner Leitung die Kirchen an den Grenzen der Franken, Sachsen und Slaven, wodurch er bis zu dem glorreichen Tage seines Hinscheidens den Völkerstämmen den engen Pfad zum himmlischen Reiche ununterbrochen offen hielt.

32. (47.) Als aber Pippin, der glückliche Nachfolger seines oben genannten Bruders, die Alleinherrschaft über die Franken antrat [2]) und, nachdem der Aufruhr der Völker einigermaßen gestillt war [3]), zum Könige erhoben wurde [4]), begann er die dem Herrn geleisteten Gelübde gewissenhaft zu erfüllen, die Synodalbeschlüsse alsbald wieder in Kraft zu setzen und die von seinem Bruder nach der Mahnung des heiligen Bonifacius getreulich in Angriff genommenen kirchlichen Einrichtungen auszuführen, zugleich aber auch diesen durch seinen Umgang und seine Hochachtung auszuzeichnen und seinen Geboten im Herrn zu gehorchen. Weil aber der heilige Mann, durch körperliche Schwäche gehindert, nicht mehr die Sitzungen der Kirchenversammlungen an allen Orten besuchen konnte, beschloß er jetzt auf den Antrag und den Rath des glorreichen Königs über die obenerwähnte Heerde einen Stellvertreter zu setzen; er bestimmte deßhalb seinen durch geistige Befähigung ausgezeichneten Schüler Lul zur Unterweisung einer so zahlreichen Gemeinde, indem er ihn zur bischöflichen Würde beförderte und ihm die Weihe ertheilte [5]), und fesselte an die Erbschaft, welche er in Christus durch unermüdliche Anstrengung erworben hatte, den, der auf seiner Wanderschaft sein getreuer Gefährte und allenthalben Zeuge sowohl seines Leidens als auch seiner Tröstung war [6]).

---

1) Burghard war aus England herübergekommen und wurde bereits im J. 741 von Bonifacius zum Bischofe von Würzburg geweiht.

2) Im J. 747, nachdem Karlmann in den geistlichen Stand getreten war.

3) Der Biograph deutet hier auf die in den Jahren 748 und 749 mit den Sachsen, Baiern und Alemannen geführten Kriege hin.

4) Dieß geschah im J. 752.

5) Wahrscheinlich im J. 753.

6) Lul (oder Lullus), welcher ebenfalls aus England herübergekommen war, wird von den Zeitgenossen als einer der eifrigsten und tüchtigsten Schüler des Apostels der Deutschen gepriesen und scheint sein unzertrennlicher Begleiter gewesen zu sein.

Elftes Kapitel.

Von dem Leiden des heiligen Bonifacius.

33. (IV. 48.) Da aber der Herr seinen Diener, den heiligen Bonifacius, der Versuchung dieser Welt entziehen und von den Trübsalen des zeitlichen Lebens erlösen wollte, wurde zu dieser Zeit auch durch die Fügung des Herrn beschlossen, daß er sammt den mit ihm wandernden Dienern Gottes nach Friesland, welches er einst zwar mit dem Körper, aber nie mit dem Geiste verlassen hatte, gehen sollte, um da, wo er zuerst bei dem Antritte seiner Laufbahn als Glaubensprediger mit der Steigerung seines Lohnes begonnen hatte, auch bei dem Austritte aus der Welt den Ertrag der Vergeltung zu empfangen [1]). Durch eine wunderbare, gleichsam prophetische Vorherverkündigung sagte er dem oben erwähnten Bischofe Lul den näher rückenden Tag seines Hinscheidens voraus und deutete ihm an, durch welches Ende er alsbald diese Welt verlassen werde, denn nachdem er ihm der Reihe nach über die Kirchenbauten und über die Belehrung des Volkes Weisung ertheilt hatte, sprach er zu ihm: „Mich drängt das Verlangen, die beschlossene Reise zu unternehmen, und ich kann meinen Vorsatz, diese ersehnte Wanderschaft anzutreten, nicht widerrufen, denn der Tag meiner Auflösung steht bevor, die Zeit meines Hinscheidens naht heran [2]) und in Kurzem werde ich nach Ablegung dieser körperlichen Hülle eingehen zum Siegesziele der ewigen Vergeltung. Du aber, mein theuerster Sohn, führe den von mir in Thüringen begonnenen Bau der Kirchen zum Ziele der Vollendung und halte mit allem Eifer das Volk zurück von dem Abwege des Irrthums, vollende auch den Bau des schon angefangenen Gotteshauses an der Fulda [3]) und bringe dorthin meinen im

---

1) Bonifacius begab sich in den letzten Jahren seines Lebens wiederholt nach Friesland; die letzte Reise trat er aber im J. 754 an; vgl. Seiters, a. a. O. S. 532 und 546.

2) Vgl. II. Tim. 4, 6. Luc. 21, 8.

3) Das Kloster Fulda wurde bereits im J. 744 gegründet und mit dem nöthigen Besitzthume versehen; der Bau der Kirche aber wurde erst später begonnen.

Laufe vieler Jahre gealterten Körper [1])." Nachdem er diese Mahnungen gegeben und noch weitere Worte dieser Art hinzugefügt hatte, sprach er zuletzt: „Mein Sohn, sorge mit Deiner klugen Umsicht für Alles, was zu unserm Gebrauche auf dieser Reise zusammengepackt werden muß, lege aber auch das linnene Tuch, in welches mein abgelebter Körper eingehüllt werden soll, in meine Bücherkiste."

34. (49.) Als aber der oben genannte Oberhirte die Seufzer eines so großen Kummers nicht zurückzuhalten vermochte und sogleich seine Thränen fließen ließ, brach der heilige Bonifacius die Unterredung ab und beschäftigte sich wieder mit andern Dingen, gab jedoch keineswegs die beschlossene Reise auf, sondern bestieg nach Verlauf nicht vieler Tage mit den von ihm ausgewählten Begleitern ein Schiff und suchte, auf dem Bette des Rheinstromes vordringend, während der Nacht Zuflucht in den Hafenplätzen, bis er zu den wasserreichen Gefilden der Friesen gelangte und wohlbehalten über den See kam, welcher in ihrer Sprache Aelmere heißt [2]) und dessen noch nicht von dem göttlichen Keime befruchteten Ufer er forschend umkreiste. Nachdem er also den gefahrvollen Zufällen auf Flüssen, auf dem Meere und auf großen Gewässern entgangen war, begab er sich, bereits außer Gefahr, wieder in Gefahr, indem er das heidnische Volk der Friesen besuchte, deren Gebiet durch die dazwischen befindlichen Gewässer in viele Gaue geschieden wird, welche jedoch, obgleich sie verschiedene Namen tragen, die Eigenthümlichkeit eines einzigen Volkes verrathen. Da es jedoch zu weit führen würde, sie der Reihe nach aufzuzählen, so wollen wir uns bemühen, nur die Namen derjenigen zu ermitteln, welche in dem Verlaufe unserer Erzählung wirklich vorkommen, damit Ort und Name zugleich die von uns gepriesene Heiligkeit des seligen Mannes kund geben und darthun, durch welches Ende er diese Welt verließ.

35. (50.) Er predigte also auf seiner Wanderung durch ganz

---

1) Diesen Wunsch spricht Bonifacius auch in einem Briefe an den Papst Zacharias (Br. 86. Bd. I. S. 247) aus.

2) Jetzt Zuydersee. Seiters (a. a. O. S. 539) vermuthet, daß Bonifacius von der Yssel in der Nähe der heutigen Stadt Kampen ans Land gestiegen sei.

Friesland, nachdem er den Götzendienst unterdrückt und dem weltlichen Treiben des Heidenthums ein Ende gemacht, emsig das Wort des Herrn und erbaute an der Stelle der zerstörten Götzentempel mit gewaltigem Eifer Kirchen. Auch taufte er jetzt viele tausend Menschen, sowohl Männer und Frauen als auch Kinder, mit seinem Genossen, dem Mitbischofe [1]) Eoban [2]), den er zur Unterstützung der Schwäche seines Greisenalters in dem ihm bei den Friesen übertragenen Bisthume in der Stadt, welche Trehct heißt [3]), zu seinem Stellvertreter ernannte, so wie auch mit den Priestern und Diakonen, von denen die, welche Wintrung, Walthere und Aethelhere hießen, den priesterlichen Pflichten oblagen, Hamund, Scirbald und Bosa zum Levitendienste bestimmt waren, und Waccar, Gundäcar, Illehere und Hathowulf als Mönche der Klosterregel folgten [4]). Alle streuten im Vereine mit dem heiligen Bonifacius den Samen des ewigen Lebens unter das Volk aus und gaben ihm mit dem Beistande Gottes eine solche Verbreitung, daß ihnen, weil sie nach der Vorschrift der apostolischen Lehre ein Herz und eine Seele waren [5]), auch dieselbe Palme des Marterthums und dieselbe Belohnung des Triumphes zu Theil wurde.

36. (51.) Nachdem also, wie wir schon gesagt haben, das Licht des Glaubens bereits in Friesland leuchtete und das glückselige Ende dieses Lebens für den Heiligen herannahte, schlug er jetzt, nur von der gewöhnlichen Anzahl seiner Diener umgeben, seine Zelte an dem Ufer des Flusses auf, welcher Bordne [6]) heißt

---

1) Oder Chorbischofe (chorepiscopus); die Lesart coepiscopus (Mitbischof) dürfte übrigens vorzuziehen sein.

2) Er war ebenfalls aus England herübergekommen, um Bonifacius in seinem Bekehrungswerke zu unterstützen.

3) Bonifacius hatte im Jahre 753 die Verwaltung des Bisthums Trecht (Utrecht), auf welches auch der Bischof von Köln Anspruch machte, mit Genehmigung des Papstes übernommen; vgl. Br. 105.

4) Alle dieser Männer sind uns nicht näher bekannt, mit Ausnahme Aethelheres (Adalars), welcher der erste Bischof von Erfurt gewesen sein soll. Die Namen werden von den verschiedenen Biographen des heiligen Bonifacius verschieden geschrieben.

5) Vgl. Apostelg. 4, 32.

6) Das Flüßchen Bordau, welches die Umgegend von Dockum bewässert.

und die Grenzen der Stämme berührt, die in der Landessprache den Namen Ostor- und Westerraeche[1]) führen. Weil nämlich von ihm das Fest der Handauflegung und der Firmung der Neubekehrten und kürzlich vom Bischofe Getauften dem Volke angesagt worden war, so hatte sich dieses weit und breit zerstreut und Jeder war nach Hause zurückgekehrt, um sich nach dem ausgesprochenen Willen des heiligen Bischofs an dem zu ihrer Firmung bestimmten Tage insgesammt wieder einzufinden. Als aber der festgesetzte Tag herbeigekommen war und nach Aufgang der Sonne bereits die Morgenröthe des Lichtes anbrach, hatten sich auch schon statt der Freunde Feinde und statt der neuen Anhänger des Glaubens neue Schergen eingefunden und eine große Menge mit Speeren und Schilden bewaffneter Feinde war bereits mit geschwungenen Waffen in das Lager eingedrungen. Alsbald aber stürzen auch auf der andern Seite die Knechte aus dem Lager herbei und bemühen sich in dem nun von beiden Seiten beginnenden Kampfe die Heiligen und späteren Märtyrer gegen das unsinnige Heer des wüthenden Volkes zu vertheidigen. (52.) Sobald jedoch der Mann Gottes den Lärm des andringenden Haufens vernahm, trat er, nachdem er die Schaar der Geistlichen zu sich berufen und die Reliquien der Heiligen, welche er unabläßig mit sich zu führen pflegte, ergriffen hatte, aus dem Zelte und untersagte sogleich den Knechten die Fortsetzung des Kampfes, indem er tadelnd zu ihnen sprach: „Laßt ab, Kinder, vom Streite, gebt auf den abwehrenden Kampf, da wir durch den Ausspruch der Schrift richtig belehrt werden, nicht Böses mit Bösem, sondern sogar Böses mit Gutem zu vergelten[2]), denn der schon lange ersehnte Tag ist jetzt da und die Zeit unserer Auflösung naht von selbst[3]). Seid also stark im Herrn und nehmet die Gnade seiner Schickung dankbar auf; hofft auf ihn und er wird euere Seelen befreien.“ Aber auch zu den dabei stehenden Priestern, Diakonen und andern dem Dienste Gottes geweihten Männern geringeren Ranges sprach er mahnend mit

1) Diese beiden Gaue heißen jetzt noch Oster- und Wester-go.

2) Vgl. II. Theff. 5, 15.

3) Vgl. II. Tim. 4, 6.

väterlicher Stimme: „Männer und Brüder, seid stark im Geiste und fürchtet euch nicht vor denen, die den Leib tödten, aber die Seele, welche ohne Ende fortdauert, nicht tödten können [1]); freuet euch vielmehr im Herrn und werfet auf ihn den Anker euerer Hoffnung, weil er unverzüglich euch den Lohn der ewigen Vergeltung reichen und euch im himmlischen Palaste euern Sitz bei den überirdischen Bürgern, den Engeln, anweisen wird. Lasset euch nicht von der eiteln Ergötzlichkeit dieser Welt fesseln, findet kein Gefallen an den nichtigen Schmeicheleien der Heiden, sondern ertraget standhaft den schnellen Augenblick des Todes, damit ihr mit Christus herrschen könnet in Ewigkeit."

37. (53.) Während er noch auf solche Weise durch mahnende Belehrung seine Schüler zur Erringung der Märtyrerkrone anfeuerte, stürzte plötzlich der wüthende Haufe der Heiden mit Schwertern und allem möglichen Kriegsgeräthe über sie her und zerfleischte die Körper der Heiligen durch beglückenden Mord, und nachdem die Rotte der Gottlosen sich an dem sterblichen Fleische der Gerechten vergriffen hatte, warf sie sich siegestrunken auf die ihnen zur Verdammniß dienende Beute, plünderte das Lager und bemächtigte sich räuberisch der fremden Habe. Auch die Kisten, worin viele Bücher aufbewahrt waren, und die Kapseln mit den Reliquien trugen sie in der Meinung, sich mit einer großen Menge von Gold und Silber bereichert zu haben, davon zu den Schiffen, worin sich die täglichen Lebensmittel der Geistlichen und der Diener befanden; hier zogen sie einen noch vorhandenen Rest des zu demselben Bedarfe gehörenden Weines, nachdem sie den Verschluß der Gefäße, so gut es ging, entfernt hatten, hervor und begannen, da ihnen die gekostete Flüssigkeit sogleich behagte, die lüsterne Gier des Schlundes zu stillen und den von Wein triefenden Bauch zu berauschen, endlich aber schickten sie sich durch die wunderbare Fügung Gottes an, über den ihnen als Beute zugefallenen Raub zu verhandeln und zu berathen, wie das noch nicht gesehene Gold und Silber unter sie vertheilt werden sollte. Als sie sich nun umständlicher über den Werth so großer Schätze besprachen, entstand allmälig ein beleidigender

1) Vgl. Matth. 10, 28.

Wortwechsel, welcher alsbald in so feindliche Zwietracht ausartete, daß die unsinnige Rotte sich in ihrer wahnsinnigen Wuth in zwei Parteien theilte und zuletzt die Waffen, womit sie vorher die heiligen Märtyrer umgebracht hatte, im Kampfe grausam gegen sich selbst kehrte. (54.) Nachdem auf diese Weise der größte Theil der wahnsinnigen Rotte niedergestreckt war und die Ueberlebenden die Gegner, welche ihrer Begierde nach dem ersehnten Schatze hinderlich waren, auf dem Boden liegen sahen, eilten sie jubelnd nach dem zum Schaden ihrer Seelen und ihres Lebens erlangten Gewinne und gewahrten, nachdem sie die Bücherkisten erbrochen hatten, statt des Goldes nur Bände und statt des Silbers Schriften der göttlichen Weisheit. Da sie sich auf diese Weise des kostbaren Schatzes an Gold und Silber beraubt sahen, streuten sie die Handschriften, welche sie vorfanden, theils auf dem flachen Felde umher, theils entledigten sie sich derselben dadurch, daß sie dieselben in das Röhricht der Sümpfe trugen oder an verschiedenen andern Orten verbargen [1]); sie wurden aber sowohl durch die Gnade des allmächtigen Gottes, als auch durch die Fürbitte des heiligen Oberhirten und Märtyrers Bonifacius später nach Verlauf eines langen Zeitraumes unverletzt und unversehrt wieder gefunden und von den einzelnen Findern in das Haus, wo sie bis jetzt zum Heile der Seelen dienen [2]), zurückgeschickt. Die Schergen aber kehrten betrübt über den Verlust des vermeinten Reichthums nach Hause zurück und erlitten nach einer Frist von drei Tagen nicht nur einen weit größeren Schaden an ihrem häuslichen Besitzthume, sondern büßten auch ihr Leben ein, indem ihnen mit dem Tode vergolten wurde [3]), denn der allmächtige

---

1) Weil sie, wie es scheint, eine abergläubische Furcht vor den mit unverständlichen Zeichen wunderbar beschriebenen und verzierten Büchern hatten. Seiters, a. a. O. S. 548.

2) Sie wurden also schon damals mit frommer Verehrung und als kostbare Reliquien betrachtet. Der Biograph nennt zwar nicht den Ort, wo sie sich zu seiner Zeit befanden, meint aber doch wohl das Kloster Fulda, wo bekanntlich drei derselben seit den ältesten Zeiten aufbewahrt wurden. Jetzt befinden sie sich in der Dombibliothek zu Fulda. Auch in Dokkum soll noch eines dieser Bücher vorhanden sein.

3) Wie in dem folgenden Kapitel erzählt wird.

Schöpfer und Erlöser der Welt wollte sich an seinen Feinden rächen, sie in dem Eifer seiner gewohnten Barmherzigkeit wegen des für ihn vergossenen Blutes der Heiligen bestrafen und, durch die neue Wuth der jüngsten Bosheit bewogen, den Götzendienern seinen lange verhaltenen Zorn öffentlich kund geben.

Zwölftes Kapitel.

Von der Uebertragung des heiligen Körpers in das Kloster zu Fulda.

38. (55.) Als die Kunde von dem unvermutheten zeitlichen Ende der heiligen Märtyrer die Gauen und Dörfer und das ganze Land durchflog, zogen die Christen, sobald sie den körperlichen Tod der Märtyrer erfuhren, mit einem unverzüglich gesammelten überaus großen Kriegsheere als rasche Vollstrecker der alsbald erfolgenden Rache nach den Grenzen der Nachbarn, fielen nach Ablauf der obengenannten Zahl von Tagen [1]) selbst wohlbehalten, aber als schonungslose Gäste in das Gebiet der Ungläubigen ein und brachten den ihnen von der andern Seite entgegen rückenden Heiden eine gewaltige Niederlage [2]) bei. Da die Heiden dem ersten Andrange des christlichen Volkes nicht zu widerstehen vermochten und die Flucht ergriffen, so erlitten sie einen großen Verlust und büßten, da sie den Rücken kehrten, das Leben sammt ihrer häuslichen Habe und ihren Erben ein, weßhalb die Christen mit einer Beute, welche nur aus den Weibern und Kindern der Götzendiener, so wie aus den Knechten und Mägden derselben bestand, in ihre Heimath zurückkehrten. Und so geschah es auf wunderbare Weise, daß die noch übrigen heidnischen Bewohner, durch das zeitliche Unglück entmuthigt und durch das Licht des Glaubens erleuchtet, bereitwilliger den ewigen Qualen auswichen und das Bekenntniß der Lehre des genannten

1) Nach drei Tagen nämlich.

2) Vielleicht führte der weiter unten (§. 40.) genannte Statthalter des Königs Pippin das Heer an. Andere schreiben mit weniger Wahrscheinlichkeit die Züchtigung der Mörder dem friesischen Fürsten Wittekind zu.

Oberhirten, welches sie bei seinem Leben verschmäht hatten, nach seinem Tode, durch die über sie gekommene göttliche Züchtigung erschreckt, annahmen [1]). (56.) Die Leichname des seligen Bischofs und der übrigen Märtyrer wurden nach wenigen Tagen bei günstigem Winde glücklich über den See, welcher Aelmere heißt, nach der oben erwähnten Stadt, welche den Namen Trehct führt, gebracht und daselbst beigesetzt und begraben, bis die durch den Bischof Lullus, den Nachfolger dieses heiligen Oberhirten und Märtyrers Christi, von Mainz mit einem Schiffe abgeschickten frommen und gläubigen Brüder im Herrn ankamen, um den Leichnam des seligen Mannes nach dem Kloster zu führen, das er bei seinem Leben erbaut hatte und das an dem Ufer des Flusses liegt, welcher Fulda heißt. Unter diesen befand sich ein Mann, der ein durch ungewöhnliche Heiligkeit, Keuschheit und Enthaltsamkeit ausgezeichnetes Leben führte, Namens Haddo [2]); er war der Leiter der Fahrt und seiner Begleitung und ihm hatte insbesondere neben den mit ihm reisenden Brüdern der oben erwähnte Oberhirte die Besorgung dieser Botschaft und die Herbeiführung des heiligen Körpers übertragen, damit dem Manne von heiligem Ansehen größere Ehrerbietung gezollt und das Zeugniß der Mehrzahl über das, was sie zu hören und zu sehen Gelegenheit hätten, noch mehr bekräftigt würde. (57.) Als nun die ehrwürdigen Brüder einer so heiligen Genossenschaft nach der oben erwähnten Stadt gelangten, kam ihnen nur eine geringe Menge Volkes, welche sich versammelt hatte, entgegen und sie hörten, wie von dem Befehlshaber der Stadt nach einem von dem glorreichen Könige Pippin ausgehenden Beschlusse ein Verbot bekannt gemacht und verfügt wurde, daß der Körper des genannten Bischofs nicht von dannen gebracht werden solle [3]); da aber die Kraft des Allmächtigen mehr vermag, als die der

---

1) Friesland bekannte sich von dieser Zeit an zum christlichen Glauben und die letzten Spuren des Heidenthums verschwanden schnell.

2) Näheres findet sich über ihn nicht.

3) Diese Angabe war, wie andere Biographen bemerken, nur erdichtet und Pippin soll ausdrücklich den Befehl gegeben haben, die Leiche nach Mainz zu bringen.

Menschen, so wurde alsbald von allen Anwesenden ein mehr nach englischer als nach menschlicher Erkenntniß vollbrachtes seltsames und denkwürdiges Wunder vernommen und ohne Zuthun einer menschlichen Hand setzte sich die Glocke der Kirche in Bewegung, um das Zeichen zur Hinwegbringung des heiligen Körpers zu geben [1]), so daß Alle von plötzlicher Furcht ergriffen in der größten Angst erstaunt dastanden, und laut erklärten, man müsse den Körper dieses Gerechten ausliefern. Auf diese Weise wurde der Körper sogleich ausgeliefert, von den vorher erwähnten Brüdern ehrerbietig mit Psalmen und Hymnen abgeholt und ohne Anstrengung der Ruderer am dreißigsten Tage nach seinem Tode nach der oben genannten Stadt Mainz geführt; (58.) durch die wunderbare Vorsehung des allmächtigen Gottes aber traf es sich, daß ohne vorausgegangene Feststellung einer bestimmten Zeit an einem und demselben Tage sowohl die Gesandten, welche den heiligen Körper brachten, als auch viele gläubige Männer und Frauen weit und breit aus entfernten Gegenden zu der Todtenfeier eines so ausgezeichneten Mannes eintrafen. Aber auch der Nachfolger in seiner erhabenen Würde im Herrn, der oben erwähnte Oberhirte, welcher sich zu dieser Zeit in dem königlichen Palaste befand [2]), gelangte, ohne an diesen Beweggrund zu denken und ohne von der Ankunft des heiligen Körpers zu wissen, zu einer und derselben Stunde und fast in demselben Augenblicke nach der vorher erwähnten Stadt, und wie schwer auch auf allen von auswärts Kommenden und selbst auf den Bürgern dieser Stadt der trauernde Schmerz lastete, so war doch die frohlockende Freude noch größer, und wie sehr sie auch bei dem Hinblicke auf den zeitlichen Tod des Körpers ihres Oberhirten seinen Verlust im Fleische betrauerten, so waren sie doch überzeugt, daß er ihnen und den Ihrigen in der Zukunft ein Fürsprecher sein werde.

39. Sie brachten ihn also, da dieser doppelte Grund

---

1) Nach einem andern Berichte war der Leichnam des heiligen Bonifacius, als ihn die Bewohner von Utrecht in ihre Kirche tragen wollten, nicht von der Stelle zu bringen.

2) Um die nöthigen Befehle zur Ueberbringung des Leichnams des heiligen Bonifacius von Utrecht nach dem Kloster Fulda zu erwirken.

obwaltete, im Vereine mit den Priestern und Diakonen und den Geistlichen jedes Ranges an den Ort, welchen er bei seinem Leben voraus bestimmt hatte, bestatteten ihn, nachdem sie ihn in einen in der Kirche zu diesem Zwecke neu hergerichteten Sarkophag gelegt hatten, dem Gebrauche gemäß [1]), traten dann, nachdem alles dieß vollbracht war, den Rückweg an und gelangten, durch die Kraft des Glaubens gestärkt, in ihre Heimath. (59.) An dem Orte aber, wo sie den heiligen Körper beigesetzt hatten, strömten fortan die göttlichen Wohlthaten über und wer mit irgend einer Krankheit behaftet an diesen Ort kam, erhielt durch die Fürbitte des heiligen Mannes Heilmittel sowohl für den Körper als auch für die Seele. Manche, die schon am ganzen Körper abgestorben und fast durchaus leblos und nahe daran waren, den letzten Athemzug auszuhauchen, erlangten ihre Gesundheit wieder, Andere, deren Augen an Erblindung litten, erhielten ihr Gesicht zurück und wieder Andere, welche, von den Schlingen des Teufels umstrickt, den Verstand verloren hatten und wahnsinnig geworden waren, wurden ihres gesunden Sinnes wieder theilhaftig und priesen nach der Wiedererlangung ihres früheren Wohlseins lobsingend Gott, der sich würdigte, seinen mit so großen Gaben geschmückten Diener in den gegenwärtigen und in den zukünftigen Zeiten zu bereichern und zu ehren und ihn durch glänzende Entfaltung offenbarer Wunder nach zurückgelegtem vierzigsten Jahre seiner Pilgerschaft [2]) zu verherrlichen, welches Jahr mit dem siebenhundert und fünfundfünfzigsten Jahre [3]) nach der Menschwerdung des Herrn und mit der achten Indiction zusammenfällt. Er saß auf dem bischöflichen Stuhle sechsunddreißig Jahre [4]), sechs Monate und sechs Tage und wanderte auf die oben mit-

---

1) Wo sich jetzt der Haupteingang in den Dom befindet.

2) Bonifacius kam bekanntlich im Jahre 716 zuerst nach Friesland.

3) Andere Quellen geben das Jahr 754 an, aber offenbar unrichtig, wie Seiters, a. a. O. S. 545 ff., durch triftige Gründe dargethan hat.

4) Nur einunddreißig Jahre, da Bonifacius am 30 November 723 die bischöfliche Würde erlangte, man müßte denn diese vom Jahre 718 an, in welchem er nach Rom ging, rechnen. Es kann sich aber auch leicht ein Schreibfehler in die Handschriften der Biographie Willibalds eingeschlichen haben.

getheilte Weise am Tage der Nonen des Juni[1]), mit dem Triumphe des Marterthums belohnt, zu dem Herrn, welchem Ehre und Ruhm sei von Ewigkeit zu Ewigkeit. Amen.

Dreizehntes Kapitel[2]).

Wie an dem Orte, wo das Blut der Märtyrer vergossen wurde, bei der Besichtigung des Kirchenbaues ein lebendiger Quell zum Vorscheine kam.

40. (60.) Nachdem wir also die Thaten, durch welche der selige Mann sich als Kind und Knabe, als Jüngling und Mann und auch als Greis auszeichnete, aufgezählt haben, gehen wir zu dem über, was nach der Erreichung des Zieles dieser Welt und dem glücklichen Verlaufe dieses Lebens, um die Heiligkeit des Wandels des seligen Mannes den Sterblichen darzuthun, durch den Beistand des Herrn vollbracht wurde, und erinnern an ein denkwürdiges und den Völkern als Beispiel aufzustellendes Wunder, welches dem glorreichen Könige Pippin von Berichterstattern, welche selbst bei diesem Wunder zugegen waren, mitgetheilt wurde und durch den ehrwürdigen Mann, den Bischof Lull, auch zu unserer Kenntniß gelangte. Aus dem Munde desselben vernahmen wir, daß an der Stelle, wo einst das kostbare Blut des heiligen Märtyrers vergossen wurde, nach dem Beschlusse der Gemeinde und eines sehr großen Theiles des Volkes der Friesen wegen der ungeheueren Ueberschwemmungen durch die Ebbe und Fluth, welche in abwechselnder Folge den Andrang und das Zurückweichen des Ozeans und die Verminderung und das Anwachsen der Gewässer verursachen, der Bau eines hohen Erdaufwurfes von Grund aus aufgeführt werden sollte, auf welchem sie dann, wie es auch später geschah, eine Kirche zu erbauen und zugleich eine Wohnung für die Diener Gottes zu errichten gedachten. Während sie nun das Werk des erwähnten

---

1) Also am 5 Juni, an welchem Tage auch die Kirche sein Andenken feiert.

2) Dieser Schluß der Biographie findet sich nicht in allen Handschriften, scheint aber doch Willibald anzugehören.

Hügels aufführten und der Bau sich allmälig seiner Vollendung näherte, stritten die Eingeborenen und Bewohner des Ortes unter sich auch über den Mangel an süßem Wasser, welcher in ganz Friesland sowohl den Menschen als auch den Thieren den größten Nachtheil bringt. Da stieg endlich durch die Barmherzigkeit Gottes ein Mann, Namens Abba, welcher nach dem Geheise des glorreichen Königs Pippin das Amt des Oberbefehls über den Gau und jenen Ort bekleidete und mit der Leitung des Werkes betraut war, mit seinen Gefährten zu Pferd, um den Erdaufwurf zu besichtigen; bereits hatte er den Hügel umritten, als plötzlich das Roß eines Reisigen, welches mit den Füßen auf den Boden stampfte, unversehens niederstürzend einbrach und sich, während die Vorderfüße feststeckten, wälzte, bis Andere, welche beweglicher und gewandter waren, eiligst von ihren Rossen herabstiegen und das in den Boden gesunkene Pferd herauszogen. Plötzlich aber zeigte sich den Anwesenden ein erstaunliches und des Anschauens würdiges Wunder, indem ein gegen die Natur dieses Landes äußerst klarer Quell von wunderbar lieblichem und süßem Geschmacke hervorbrach und durch unbekannte Gänge dringend fortfloß, so daß er bald als ein sehr bedeutender Bach erschien. Ueber dieses Wunder staunend kehrten Alle frohlockend und munter nach Haus zurück und verbreiteten unter dem Volke, was sie gesehen.

2.

Nachtrag

zu der vorhergehenden Biographie,

von einem Priester der Mainzer Kirche [1]).

Erstes Kapitel.

Von der Absetzung der Bischöfe Gewelib und Aldebert.

1. Zu den Zeiten des verehrungswürdigen Karl, welcher der Aeltere genannt wird [2]), und seines Bruders Pippin lebte ein Bischof, Namens Gerold, der nach Raobard [3]) der heiligen Kirche des Mainzer Stuhles vorstand. Zu dieser Zeit beunruhigten die Sachsen das Land der Thüringer [4]), so daß diese

---

1) Nach der von G. H. Pertz besorgten Ausgabe in den Monument. Germ. historic. Script. Tom. II. p. 354 — 357.

2) Der Biograph befindet sich hier in einem großen Irrthume, wenn nicht, was doch wahrscheinlicher ist, sich durch einen späteren Abschreiber dieser Fehler in die Handschriften eingeschlichen hat. Mit Pippin herrschte bekanntlich Karlmann und dieser wäre dann hier in Bezug auf Karlmann, Karls des Großen Bruder und Mitherrscher, welcher im J. 771 starb, der Aeltere genannt.

3) Andere Historiker nennen ihn Rigbertus oder Sigebertus.

4) Die Sachsen waren im Jahre 743 in Thüringen eingefallen.

von freien Stücken den Entschluß faßten, ihre Zuflucht zu dem oben genannten Karl zu nehmen, um sich durch seinen Beistand zu schützen. Dieser nahm sie bereitwillig auf, entließ sie mit reichen Geschenken und ging mit sich zu Rath. So kam es, daß der erwähnte Fürst mit einem Heere gegen die Sachsen auszog [1]) und zugleich der Bischof Gerold, welcher mit den Seinigen Karl Hülfe leistete und auf den Feind losging, dem Treffen beiwohnte. Als nun, um mich kurz zu fassen, die Heere gegen einander kämpften, wurde der ehrwürdige Bischof Gerold von dem auf ihn herabfallenden Hagel von Wurfspießen getroffen und erlag. Zu derselben Zeit lebte in dem Palaste des Königs ein daselbst sehr beliebter Mann, Namens Gewelib [2]), welcher als der Sohn des oben erwähnten Bischofs galt und nach dem Tode seines Vaters dieselbe Kirche zu regieren übernahm [3]). Er hielt, wie man behauptet, in seinem Lebenswandel zwar auf ehrbare Sitten, ergötzte sich jedoch gern mit Falken und Hunden [4]). Um aber sorgfältiger nachzuforschen und den Namen des Mannes, welcher seinen Vorgänger getödtet hatte, zu ermitteln, zog er, als das Heer sich bald darauf [5]) wieder sammelte, mit dem verehrungswürdigen Karl gegen dieselben Sachsen, bei welchen sein Vater umgekommen war, und als die beiden Heere an dem Ufer des Flusses Wisuraha [6]) einander gegenüber lagerten, befahl der Bischof nach dem Namen desjenigen zu forschen, der seinen Vater umgebracht hatte. Auf die Mittheilung, daß Jener anwesend sei, erwiderte er: „Bittet ihn, mit mir zu einer Unterredung in der Mitte des Stromes zusammenzukommen,“ und als Jener ungesäumt sich sein Pferd satteln ließ und ihm an dem ange-

1) Und zwar noch in demselben Jahre.

2) Von Andern Gawielib und Gervilio genannt.

3) Er gehörte nicht dem geistlichen Stande an, Karlmann ernannte ihn aber, um ihn über den Tod seines Vaters zu trösten, zum Nachfolger desselben und so empfing Gewelib erst mit dem Bisthume die Priesterwürde.

4) Nach Bonifacius (Br. 70. Bd. I. S. 161) war er ein roher Mann ohne alle Bildung.

5) Im Jahre 744, als die Sachsen ihres Treubruches wegen von neuem gezüchtigt werden mußten.

6) Jetzt Weser genannt.

gebenen Orte entgegeneilte, stieß ihm Gewelib mit den Worten: „Hier hast du den Stahl, womit ich meinen Vater räche," das Schwert durch die Brust, worauf dieser in den Fluß fiel und seinen Geist aufgab. Die Schlachtreihen drangen nun auf einander ein und man kämpfte auf beiden Seiten mit aller Anstrengung, die Sachsen wurden jedoch geschlagen und Karl zog nach der Plünderung der Gefallenen mit den Seinen heim; der Bischof aber, zwar den Jahren nach reif, aber dem Glauben nach unreif, blieb, nachdem er von dem Morde zurückgekehrt war, selbst roh, Oberhirte über ein rohes Volk, denn weder der König noch die übrigen Edeln betrachteten die für den Vater genommene Rache als ein Verbrechen, sondern sagten: er hat den Tod seines Vaters vergolten.

2. Zu derselben Zeit [1]) nun kam durch die Führung des Herrn der ehrwürdige Bonifacius aus Britannien und von dem Volke der Anglen nach Deutschland, wo er, um ein gutes Werk zu verrichten, Stoff zum Predigen und Taufen suchte und fand. Nachdem er bis zum Rheine hin alle Städte besucht und sich gleich einem klugen Hirten durch eigene Anschauung überzeugt hatte, wo die Schafe auf Irrwege gerathen waren und wo sie auf dem rechten Pfade wandelten, gelangte er mit dem Beistande Gottes zu der großen Metropolitanstadt des heiligen Mainz. Als er hier jene schändliche That des Bischofs erfuhr, begab er sich, um durch die Kraft des evangelischen Wortes das in Trümmern Liegende wieder aufzurichten und das in der Auflösung Begriffene zusammen zu halten und um zu verhindern, daß nicht ein Lappen alter Gewohnheit das ganze Gewand des Glaubens verunziere, mit allem Eifer des heiligen Geistes zu dem Oberhaupte des Reiches und zu den andern Bischöfen der Provinz und machte sie nach seinem umfassenden Geiste auf die Gefahr der Heerde und auf das Benehmen des Bischofs in aller Stille aufmerksam. Als dieser nun von Jenen vorgeladen und

1) Man darf diese Zeitbestimmung nicht genau nehmen, denn Bonifacius kam bekanntlich schon im J. 719 nach Deutschland; daß überhaupt der Erzähler die Zeitfolge der im Leben des heiligen Bonifacius feststehenden Thatsachen verwirrt, braucht wohl kaum bemerkt zu werden.

von dem heiligen Bonifacius ermahnt wurde, sich nicht in Gefahr und zugleich das Volk in den Abgrund zu stürzen, fügte er sich sogleich und ohne Widerstreben den glimpflichen Mahnungen, gab, ohne es auf die Entscheidung einer Synode ankommen zu lassen, Sitz und Sprengel an Diejenigen zurück, von denen er beides empfangen hatte, überlieferte dem heiligen Martinus das Erworbene an Geld und Sklaven, weil er in diesen Gegenden kein anderes Erbe besaß, und erhielt dafür als Pfründe das Dörfchen Spanesheim [1]) und die Kirche, welche Kempten [2]) heißt. Er lebte von jetzt an noch vierzehn Jahre anständig in seinem Hause, wo er sich insbesondere durch seine Gastfreundschaft auszeichnete, kam fortan nie mehr zu einer Versammlung oder auf eine Synode, und zeigte sich nur manchmal am Gründonnerstage bei der Fußwaschung und des Gebetes wegen in den Kirchen. Bonifacius aber wurde von den oben genannten Fürsten auf das Glänzendste geehrt, mit einer Gesandtschaft zu dem Papste Gregorius [3]) geschickt und durch die Wahl der Geistlichkeit und des Volkes auf den Stuhl der Mainzer Kirche erhoben. Der Papst aber nahm ihn ehrenvoll auf, weihte ihn zum Bischofe, begabte ihn mit der Inful, änderte seinen Namen und sendete ihn nach Franken [4]), so daß, wie wir glauben, von ihm in Wahrheit durch Salomo geschrieben steht: Der Herr führte den Gerechten auf rechten Wegen, brachte ihn durch Arbeit zu ehrsamem Stande und segnete seine Mühen [5]). Von jetzt an begannen angesehene Männer ihm ihre Söhne zu empfehlen, um sie zu unterrichten; er aber nahm sie bereitwillig an, erzog sie gleichsam als Adoptivsöhne zu seinen Mitarbeitern und bestimmte sie neben sich zu vorsichtigen Hirten der Heerde Gottes, damit nicht anderswoher sich durch den Schafstall der ketzerischen Verkehrtheit Wölfe in die katholische Kirche einschlichen.

---

1) Sponheim bei Kreuzenach.

2) Caput montis, ein Dorf bei Bingen.

3) Zu dieser Zeit saß Zacharias auf dem päpstlichen Throne, sein Vorgänger, Gregorius III, war bereits im J. 741 gestorben; unter diesem hatte Bonifacius im J. 738 zum letztenmale Rom besucht.

4) Alles dieß geschah bekanntlich schon im J. 723.

5) Weish. 10, 10.

3. Zu denselben Zeiten lebte ein falscher Prophet, Namens Aldebert [1]), welcher in sich die Gnade der Heiligkeit heuchelte und Leute sich gegen Bezahlung siech, lahm und blind stellen ließ, um ihnen trügerisch im Namen der Dreifaltigkeit die Gesundheit wieder zu geben. Von diesem Wahnsinne getrieben zog er flüchtig und unstät und nie an einem Orte bleibend, sondern, wie geschrieben steht [2]), unbeständig in allen seinen Wegen, umher, selbst verführt und Andere verführend, so daß er beinahe den verehrungswürdigen Fürsten Karl zu derselben Täuschung verleitet hätte. Bonifacius, welcher seine feine Schlauheit durchschaute, gab deßhalb dem Fürsten den Rath, die vergiftenden Unterredungen mit ihm und seine Gesellschaft zu vermeiden, weil er sich nur aus Begierde nach Geld, welche Paulus [3]) Götzendienst nenne, fortwährend an ihn dränge. Karl hörte auf die frommen Mahnungen, der andere aber verharrte bei seinem Wahnsinne; durch ihren Zwist bewogen, gestattete ihnen indessen Karl zuletzt, durch eine Disputation zu beweisen, wer von ihnen der Verehrer des wahren Glaubens sei. In der Nacht vor dem bestimmten Tage, an welchem sie ihre Ansichten vortragen sollten, kam es dem Manne Gottes im Traume vor, als kämpfe er mit einem Stiere, und da er ihm die beiden Hörner abbrach, so schloß er daraus, daß sein Gegner ihm unterliegen werde. Noch am nächsten Morgen riethen ihm seine Geistlichen Lul [4]) und Megingundus [5]), so wie auch Sturmi [6]), von dem Kampfe mit einer solchen Schlange abzulassen; er aber berief sich auf seinen Traum und sagte: „Größer ist Der, welcher in

---

1) Er war ein Gallier von niedriger Herkunft; über seine Irrthümer geben die weiter oben (S. 45 ff.) mitgetheilten Verhandlungen des im J. 745 zu Rom abgehaltenen Conciliums, auf welchem er verurtheilt wurde, genügenden Aufschluß.

2) Jac. 1, 8. — 3) Ephes. 5, 5.

4) Sein späterer Nachfolger auf dem erzbischöflichen Stuhle zu Mainz.

5) Oder Megingoz, später Bischof von Würzburg.

6) Oder Sturm, aus Baiern stammend und erster Abt des von Bonifacius gestifteten Klosters Fulda. Megingoz war wahrscheinlich ein Franke, Lul aber war aus England herübergekommen und der getreueste Gefährte des mit ihm verwandten Bonifacius.

uns herrscht, als Der, in dessen Gewalt sich Jener befindet." Auch wurde der Gegner im Laufe des Gesprächs überwunden, beschämt, dem Heiligen übergeben und, wie er es verdiente, zu Mainz seiner Würde entsetzt; darauf wurde er nach dem Kloster Fulda gebracht, in einen finstern Kerker eingesperrt und lange derb gezüchtigt. Zuletzt ergriff der Unglückselige die Flucht, trug aber zu seinem Unterhalte nichts weiter mit sich, als einen Stiefel voll Nüsse. So irrte er, des Weges unkundig, an dem Ufer des Flusses Fulda umher und fiel Schweinehirten in die Hände, welche ihn ermordeten, ausplünderten und mit Holzstämmen bedeckten. Mit ihm erreichte auch seine Irrlehre ihr Ende; die Hacke aber, welche er sich aus seinem krummen Kerkermesser durch Nagen an demselben zugespitzt hatte [1]), wurde nach Mainz gebracht, wo sie lange über dem Thore, das nach St. Alban [2]) führt, zur Bewunderung der vorübergehenden Beschauer aufgehängt war.

Zweites Kapitel.

Verschiedene Einrichtungen des heiligen Bonifacius und die von ihm geweihten Bischöfe.

4. In den östlichen Gegenden herrschte aber ein solcher Mangel an Verkündigern des göttlichen Wortes, daß sich jenseits des Flusses Wisurha nur ein einziger Priester befand, nämlich Winfrit [3]) in Thüringen, der durch seinen Vater, welcher Wart

---

1) At truncus, quem rodendo de carceris lamina sua panda conspicaverat; die Stelle ist sehr unklar; truncus, gleichbedeutend mit runco und runcus (vgl. Laur. Diefenbachs Glossar, s. h. v.), scheint das Werkzeug zu bezeichnen, dessen er sich bediente, um sich aus seinem Kerker zu befreien. G. Henschen (Act. SS. Junii Tom. I, p. 474) will lesen redeundo de carceris limine und Suapanda als einen Namen betrachten, ohne sich über die Bedeutung seiner nicht verständlichen Verbesserung zu äußern; die neueste Ausgabe von Pertz giebt die richtige Lesart, aber keine Erklärung.

2) Die St. Albanskirche lag vor dem östlichen Stadtthore und wurde während der Belagerung der Stadt im J. 1793 gänzlich zerstört.

3) Ueber diesen Winfrit und seine Verwandtschaft mit Bonifacius findet sich nirgends etwas Näheres.

hieß, mit dem Bischofe verwandt war, von mütterlicher Seite aber aus einem thüringischen Geschlechte stammte. Er [1]) sah sich daher in die Nothwendigkeit versetzt, aus seinem Lande [2]) Klosterfrauen [3]) herüberzurufen, um durch sie seine Geistlichen und die Söhne des Adels erziehen und zu Dienern des himmlischen Wortes ausbilden zu lassen. An den Fluß Moin schickte er Thecla [4]), um in jenen Gegenden zu leuchten gleich einer Leuchte an einem finstern Orte, nämlich zu Chizzingim [5]), wo jetzt noch, wie man sagt, die Beinkleider und die Schuhe des Bischofs als Reliquien aufbewahrt werden; die Jungfrau Lioba [6]) aber setzte er über das zu Biscofosheim [7]) erbaute Kloster, wo sie durch ihre Lehre und durch ihr Leben einer Menge von Jungfrauen das Vorbild eines frommen Wandels gewährte.

5. In jenen Tagen gab er auch den zerstreuten Schafen Hirten und sandte Arbeiter für die reifende Ernte. Vor Allem nämlich trennte er von Regensburg, Augustburg [8]) und Salzburg Nordgewy und Sualafeld [9]), vereinigte diese zu einem Kirchenverbande und gründete daselbst einen bischöflichen Sitz; zum Bischofe für denselben weihte er den ehrwürdigen Mann Willibald [10]) und ließ dem Orte den Namen Eichstat, welchen er schon

1) Nämlich der Bischof Bonifacius. — 2) Aus England.

3) Nicht nur Nonnen, sondern auch Mönche ließ Bonifacius aus den angelsächsischen Klöstern kommen; den letzteren wurde die höhere Ausbildung zum geistlichen Stande, den ersteren hauptsächlich die Erziehung der Jugend anvertraut.

4) Sie war vermuthlich eine Schwester des Megingoz, welcher später (752) Bischof von Würzburg wurde; vgl. Seiters, a. a. O. S. 204.

5) Kitzingen am Maine oberhalb Würzburg. Das Kloster, welches zwischen den Jahren 725 und 731 gestiftet wurde, stand bis zur Mitte des sechzehnten Jahrhunderts in hohem Ansehen und nahm vorzugsweise Töchter aus adeligen Familien auf.

6) Sie war in dem berühmten Kloster Winburn erzogen und besaß eine zu ihrer Zeit seltene Gelehrsamkeit; sie starb im J. 772.

7) Bischofsheim an der Tauber zwischen Werthheim und Königshofen; das Kloster ging im siebenzehnten Jahrhundert an die Franciscaner über.

8) Regensburg, Augsburg. — 9) Den Nordgau und das Saalfeld.

10) Willibald, Bischof von Eichstedt oder Eichstädt (745—786), stammte aus England und war mit dem Apostel der Deutschen nahe verwandt.

früher gehabt hatte; Burghard aber, einen bewährten Mann[1]), bestimmte er für Wirziburg und weihte ihn daselbst zum Bischofe. Diesen empfahl er, mit dem Hirtenstabe drohend, seine Schafe mit den Worten: „Bei dem Allen gemeinsamen Gotte beschwöre ich euch, daß ihr, so schwer auch die Bürde ist, die ich euch auferlegt, doch eben so große Sorgfalt auf die Hütung dieser Heerde verwendet, als ich bis jetzt auf das Heil ihrer Seelen verwendet habe und auch in Zukunft verwenden werde."

6. Als einst der oben genannte Mann Gottes auf einer von Mainz aus unternommenen Reise predigend und taufend bis zu den Grenzen der östlichen Völker kam, fand er auf seinem Wege nach Thüringen ein höchst anmuthiges Gefilde und einen in seinem Bette sanft dahin strömenden Fluß[2]) und schlug seine Zelte auf, um daselbst zu übernachten. In derselben Nacht umglänzte ein sich vom Himmel herabsenkendes Licht seinen Aufenthalt und er verdiente des Besuches und der Ansprache eines Engels gewürdigt zu werden, was sich auch schon daraus abnehmen läßt, daß er den Ort und eine Kirche daselbst zu Ehren des heiligen Engels[3]) weihte. Nachdem er am nächsten Morgen das Meßopfer dargebracht hatte, verlangte er, daß man ihm den Tisch bereite und Speise auftrage. Als aber der Diener sagte, er habe keine Lebensmittel, welche er ihm vorstellen könne, erwiderte er: „Sollte denn Der, welcher eine Menge Volkes in der Wüste vierzig Jahre mit dem vom Himmel gespendeten Manna ernähren konnte, nicht auch mir, dem geringsten seiner Diener, Speise zur Erquickung für einen einzigen Tag darbieten können?" Nachdem also der Tisch hergerichtet war und man vor dem Essen Gottes Lob gesungen hatte, kam ein Vogel geflogen, welcher eine zur Erquickung an jenem Tage hinreichende Forelle[4]) herbeitrug und sie aus seinen Klauen vor dem Tische

---

1) Burghard oder Burchard, Bischof von Würzburg (741 — 752), war ebenfalls aus England herübergekommen.

2) Das kleine Flüßchen Or.

3) Des heiligen Erzengels Michael nämlich; der Ort heißt jetzt Ordorf oder Ohrdruf und liegt im Herzogthume Coburg-Gotha.

4) Truta, truite.

auf den Boden fallen ließ. Während nun der Heilige Gott Dank sagte, wurde sie aufgehoben, gebraten und ehrerbietig auf den Tisch gebracht.

7. Nicht lange Zeit nachher geschah es, daß ein gewisser Geistlicher, Namens Adelher [1]), von einer schweren Krankheit befallen wurde. Ein Mann von keuschen Sitten, war er dem Bischofe auf das Eifrigste zugethan und leistete ihm, da er um seine Geheimnisse wußte, sattsame Dienste. Als er nun sah, daß der Tag seines Todes herannahte, überließ er mit der Zustimmung des Mannes Gottes seine Erbschaft dem heiligen Martinus zu Mainz; nachdem er aber durch die zunehmende Heftigkeit der Krankheit gestorben war, rissen sogleich seine Brüder [2]), was er an den Orten Amanaburg [3]), Preitenbrunnen [4]) und Seleheim [5]) dem heiligen Martinus geschenkt hatte, an sich, und als sie wegen dieser Sache vorgeladen und zur Rechenschaft gezogen wurden, erklärten sie sich bereit, ihr Recht auf den Besitz durch einen Eid zu erhärten; auch der Bischof versprach, dabei zugegen sein zu wollen. An dem zur Eidesleistung anberaumten Tage brachten Jene eine Menge ihrer Anverwandten mit und der Mann Gottes erschien ebenfalls und soll, als sie Eideshelfer mit sich an den Altar zogen, gesagt haben: „Schwöret ihr allein, wenn ihr wollt, denn ich will nicht, daß ihr diese alle in's Verderben stürzet." Nachdem Jene aber geschworen hatten, wandte sich Bonifacius sogleich zu ihnen und fragte: „Habt ihr geschworen?" Und als sie antworteten: „Wir haben geschworen," sprach er zu dem älteren: „Dich wird in der nächsten Frist ein Bär tödten," zu dem jüngeren aber sprach er: „Du wirst aus deinem Samen nie einen Sohn oder eine Tochter entstehen sehen." Beides ging in Erfüllung und auf diese Weise kam die Kirche

---

1) Othlo, welcher (II, 19) diese Sage noch etwas ausführlicher erzählt, nennt diesen Priester Adalger.

2) Sie hießen nach Othlo Asperth und Trutmund.

3) Amöneburg in Oberhessen an der Ohm.

4) Der jetzt verschwundene Ort Breidenborn zwischen den hessischen Dörfern Ebsdorf und Beltershausen.

5) Großseelheim oder Kleinseelheim bei Amöneburg.

des heiligen Martinus in den Besitz der ihr überlassenen Erbschaft [1]).

8. Der Mann Gottes aber, welcher sich durch die Einwirkung der göttlichen Gnade bemühte, den Samen des Wortes Gottes überall zum Keimen zu bringen, beschloß jetzt, zu den noch nicht unterworfenen Stämmen der Friesen zu gehen, um sie zur Ablegung der abergläubischen Gebräuche, zur Verlassung des Götzendienstes und zur Verehrung des wahren Gottes, des Schöpfers aller Dinge, zu bewegen. Durch einen Synodalbeschluß [2]) und mit Einwilligung des Fürsten Pippin [3]) bestimmte er Lullus für Mainz und nahm ihn zuerst mit sich nach Thüringen, um ihn allen Angesehenen dieses Landes zu empfehlen und für ihn ihren Beistand zur Erhaltung des katholischen Glaubens zu erbitten. Zuletzt aber reiste er auf den Befehl des römischen Papstes, auf den Rath des verehrungswürdigen Fürsten Pippin und mit der Genehmigung der entscheidenden Synode, so wie auch aller Bischöfe und Aebte, Weltgeistlichen und Mönche und sämmtlicher zu seinem Sprengel gehörenden Christen ab, verpflichtete aber vorher noch Lullus durch einen Eid, indem er zu demselben sprach: „Ich reise unverzagt dahin, wohin die göttliche Gnade mich zu führen beschlossen hat, du aber gib mir dein Wort, daß du, wo ich auch sterben mag, meinen Leichnam nach dem bestimmten Orte [4]) bringen willst.“ Dieser gelobte, Alles, in so weit es die Möglichkeit erlaube, zu erfüllen.

9. Zu derselben Zeit geschah es, daß die Römer [5]) Stephanus, den apostolischen Herrn, und die Diener des heiligen

---

1) Indem Asperth auf der Bärenjagd umkam und Trudmund aus Furcht, daß auch an ihm die Prophezeihung in Erfüllung gehen werde, die von Adelher der Kirche geschenkten Güter herausgab.

2) Welcher auf einer im J. 752 zu Mainz gehaltenen Synode gefaßt wurde.

3) Vgl. im ersten Bande Br. 90 und 91.

4) Nach dem Kloster Fulda nämlich.

5) Nicht von den Römern, sondern von den Longobarden, welche nach der Herrschaft über ganz Italien trachteten, wurde der Papst Stephanus III. angefeindet. Auch kam er nicht ohne Vorwissen der Römer und Longobarden nach Gallien, sondern besuchte sogar vorher Aistulf, den König der Longobarden, zu Pavia, richtete aber bei diesem nichts aus.

Petrus, wie es ihre Gewohnheit ist, freventlich anfeindeten und daß Jener ohne Vorwissen der Ersteren, nachdem er das Schwert zu sich genommen hatte, sich auf den Weg machte und nach Franken zu dem oben genannten Fürsten Pippin kam [1]), um ihn um Schutz anzusprechen, und zwar in solcher Weise, daß er mit zwei Priestern und eben so vielen Diakonen sich in dem Gemache eines Bethauses [2]) in Sack und Asche niederwarf und durch einen Boten den König zu sich einladen ließ. Als dieser auch kam, redete ihn der Papst Stephanus auf folgende Weise an: „Die Ehre des heiligen Petrus ist beschimpft und der Ruhm seines Hauses verkümmert; wir suchen deßhalb Schutz bei den Franken und ihrem Könige." Bei diesen Worten zog er das Schwert hervor, reichte es ihm und übertrug dann auf ihn alle dem Papste verliehene Gewalt, um sich dieser zum Schutze desselben zu bedienen. Der König schickte Boten und rächte die dem apostolischen Oberhirten zugefügte Schmach und die Verwegenheit, welche sie sich gegen die Heiligen erlaubt hatten [3]); der Papst aber verweilte darauf noch einige Zeit im Lande der Franken [4]). Zu dieser Zeit geschah es auch, daß der apostolische Herr Rutgang zum Bischofe von Metz weihte [5]). Darüber sprach ihm der ehrwürdige Bischof Bonifacius offen seine Mißbilligung aus, indem er ihm bemerkte, daß es nicht erlaubt sei, seinen Sitz zu verlassen, die Grenzen der Väter zu überschreiten und ohne Einwilligung des Bischofes, zu dessen Diözese der Ort gehöre [6]), wer

1) Im Winter des Jahres 754.

2) Zu Ponthyon, einer königlichen Villa nicht weit von Chalons.

3) Pippin zog im Frühlinge des Jahres 755 gegen Aistulf, den König der Longobarden, zu Feld, belagerte ihn in Pavia und zwang ihn, den Papst in Ruhe zu lassen.

4) Er hielt sich zuerst mit Pippin zu Paris auf und salbte diesen und seine Söhne in St. Denys, worauf er nach Rom zurückkehrte.

5) Nach andern Quellen hatte der Papst den Abt Rutgang oder Grodegang schon im J. 752 zu Rom, wohin er im Auftrage Pippins gegangen war, zum Bischofe geweiht.

6) Metz gehörte zu dem Sprengel von Trier; der Papst hätte also nach der Ansicht des Bonifacius die Einwilligung des Metropolitans dieser Stadt einholen sollen.

dieser auch immer sein möge, einen Bischof zu weihen, was seine Vorgänger nie gethan hätten, und was auch der kirchlichen Vorschrift nicht entspreche. Als sie auf diese Weise in Gegenwart des Königs mit einander stritten und Jener entgegnete, daß er es aus apostolischer Machtvollkommenheit gethan habe, suchte der König Pippin sie in Frieden mit einander zu versöhnen und sprach: „Da ihr das Haupt der Kirche bildet, so sollt ihr den übrigen Gliedern nicht durch euern Zwist ein böses Beispiel geben; mir aber geziemt es, durch meine Vermittlung euch mit einander zu versöhnen.“ Als sie diesen Rath vernahmen, stimmten sie, da sie beide in dem göttlichen Gesetze bewandert waren, seiner Rede bei und versöhnten sich in Frieden, worauf Bonifacius, nachdem er den Segen des apostolischen Herrn empfangen hatte, nach dem Orte seiner Bestimmung abreiste [1]).

Drittes Kapitel.

Martertod des heiligen Bonifacius. Uebertragung seines Körpers. Sein Biograph Willibald.

10. Wie er nämlich in Allem die göttlichen Gebote befolgte, so gehorchte er auch dem von dem Herrn gleichsam noch insbesondere vorgeschriebenen Befehle, ihn aus ganzem Herzen und seinen Nächsten wie sich selbst zu lieben [2]); er gab deßhalb, um dieser Liebe nachzukommen, sich selbst, wie Christus lehrt, seinen Freunden hin und verbarg nicht auf seiner Wanderung unter dem Volke der Friesen den ihm anvertrauten Schatz, indem er ihn in das Taschentuch band oder in die Erde vergrub, sondern reichte ihn den darnach Fragenden mit Gewinn dar [3]). Als der Tag seines Leidens herannahte und die bei ihm befindlichen Geistlichen und Laien, um ihn gegen die Nachstellungen seiner Widersacher zu schützen, sorgsam wachten, glänzte in derselben Nacht auf dem Zelte, worin der Mann Gottes die ganze Nacht

---

1) Dieser Zwist des Bonifacius mit dem Papste wird von keinem andern Schriftsteller erwähnt und scheint auf einem Mißverständnisse zu beruhen.

2) Vgl. Marc. 12, 30. 31. — 3) Vgl. Matth. 25, 14 ff.

Gott wohlgefällige Dankgebete darbrachte, ein vom Himmel herabgekommenes Licht und blieb den größten Theil des Tages hindurch. Als der Tag anbrach, sprach der Bischof ermahnend zu den Seinigen: „Ihr Männer und Brüder, seid stark im Geiste," damit sie, wenn der lange ersehnte Tag komme, bereit seien. Unmittelbar darauf stürzten die Feinde herbei, und während er selbst den Kampf untersagte, fand Hiltibrant, welchem die Sorge für seinen Tisch oblag, als er nur halbbeschuht herbeieilte, seinen Tod [1]); nach ihm fiel dessen Bruder, der Diakon Hadmunt, als er gerade aus dem Zelte hervortrat, und darauf einer nach dem andern, wie die Geschichte ihres Leidens [2]) erzählt. Zuletzt starb der Bischof selbst, mit dem Martertode gekrönt und mit seinem eigenen Blute bespritzt, mit zum Himmel erhobenen Händen. Nachdem der heilige Mann für den Herrn im Fleische erlegen war, brachten sogleich die Geistlichen der Utrechter Kirche mit ihrem Bischofe den heiligen Leichnam fort und wollten ihn durchaus bei sich behalten. Als Lul dieses erfuhr, sammelte er eine Menge angesehener Leute aus den östlichen Theilen des Landes [3]), sowohl Geistliche und Mönche, als auch Laien, welche, nachdem er ein allgemeines Fasten angesagt hatte, unter seiner Leitung mit Psalmengesang und Gebet die Reise antraten, den heiligen Leichnam mit Gewalt hinwegnahmen und am dreißigsten Tage nach seinem Leiden ehrenvoll nach Mainz brachten.

11. Als der Leichnam des Mannes Gottes, wie es Sitte ist, gewaschen wurde, floß aus seinen Wunden, als ob sie frisch geschlagen worden wären, Blut; Lullus aber sammelte das Waschwasser in einem irdenen Gefäße und grub es in die Erde, wo jetzt die dem heiligen Bonifacius erbaute Kirche steht, nördlich von der Kirche, welche die Taufkirche des Johannes heißt [4]), wo

---

1) In den andern Berichten kommt dieser Sale nicht vor.

2) Bei Willibald nämlich. — 3) Aus dem östlichen Franken.

4) Die Kirche des heiligen Bonifacius ist nicht mehr vorhanden, und in der Taufkirche des heiligen Johannes halten jetzt die Protestanten ihren Gottesdienst. In der letzteren wurden auch die Eingeweide des Apostels der Deutschen in einer mit entsprechenden Inschriften versehenen Kapelle aufbewahrt, weßhalb Serarius glaubt, daß der Körper des Heiligen erst, nachdem die Eingeweide

auch bis auf den heutigen Tag, wie man sagt, die Kleider, in denen er litt, in einer hölzernen Truhe liegen, weßhalb in dieser Stadt nach der Meinung der Bewohner derselben nirgends, die Ruheplätze der Körper der Märtyrer ausgenommen, eine so große Heiligkeit, wie es in der oben genannten Kirche der Fall ist, sich kund gibt. Es traten damals Viele auf, welche wünschten, auch der heilige Körper möge daselbst bleiben; da aber Lullus widerstrebte und sich seines Eides erinnerte, so erschien, wie man sagt, der Heilige einem Diakon, Namens Otpercht [1]), und sprach zu ihm: „Sage dem Lullus, er solle meinen Körper an den Ort seiner Ruhe bringen.“ Da jedoch immer noch Viele schwankten und ungläubig waren, ließ der Erzbischof Lullus eine Menge Reliquien zusammentragen und Otpercht schwören, daß sich die Sache so verhalte, wie er erzähle. Dieser streckte seine beiden Arme über den Altar und die Reliquien und flehte zu dem Herrn und seinen Heiligen, deren Reliquien vor ihm lagen, daß sie ihm so helfen möchten, wie das wahr sei, was er gesagt habe. Als ihm nun Alle glaubten, bereitete der Erzbischof Lullus dem Manne Gottes eine ehrenvolle Ueberfahrt über den Rhein.

12. Nachdem also der Erzbischof Lullus den heiligen Körper gewaschen und in Leinwand eingewickelt hatte, wurde er, nachdem alle Priester, Diakone und die gesammte Geistlichkeit, so wie auch die gläubigen Laien, welche jenseits des Rheines wohnten, zusammengekommen waren, auf eine Bahre gehoben und die Last soll den Trägern auf dem Wege nach dem Schiffe leichter vorgekommen sein, als beim Heraustragen aus dem Schiffe; bei der Uebertragung des heiligen Mannes war aber eine solche Menge von Menschen mit ihren Schiffen zugegen, daß diese den Rhein bedeckten, und die beiden Ufer hallten von den Hymnen und dem Psalmengesang der Gläubigen wieder, bis diesen der gesammte Adel aus dem östlichen Theile des Landes mit Weibern und Kindern entgegen kam. Als Lullus und seine Begleiter aus dem Schiffe stiegen, mischten sich sogleich die

herausgenommen waren, nach dem Kloster Fulda gebracht wurde. Auch soll sich früher ein Arm des Heiligen zu Mainz befunden haben.

1) Näheres über diesen Diakon findet sich nicht.

Schaaren und es entstand ein großes Wehklagen theils aus Freude und Glaubenseifer, theils aus Trauer und Schmerz; der Erzbischof Lullus und die Leute, welche ihm entgegen gekommen waren, erhoben nun den Sarg, die dießseitigen aber setzten wieder über den Rheinstrom und kehrten nach ihrer Heimath zurück; auch die Begleiter der Leiche vollbrachten unter der Leitung und dem Schutze Gottes Alles glücklich, errichteten an allen Orten, wo sie Mittag hielten oder übernachteten, Kreuze und triumphirten so in Dem, der durch seinen Streiter über Alle triumphirt; an vielen dieser Orte wurden sogar Kirchen erbaut, welche noch jetzt vorhanden sind. Als man zu dem Eingange in den Bochoniawald [1]) gelangte, kehrten die Weiber nach Hause zurück, die Männer aber begleiteten den Körper bis zu dem Orte, wo er nach der Verfügung das jüngste Gericht erwarten sollte.

13. Es lebte zu dieser Zeit ein Mönch, Namens Ritant, welcher ein Bruder des Fischers Wolfmar und selbst Fischer war; dieser erhielt von seinem Abte Sturmio [2]) den Befehl, bei der Ankunft der herannahenden Gäste, weil damals noch außer Milch, Butter und Käse nicht viele Leckereien vorhanden waren, für ihren Empfang durch einen Vorrath von Fischen zu sorgen. Dem Befehle gehorsam, eilte der oben genannte Bruder, welcher eine Stelle bei dem Gebäude, das bei dem Volke das Gänsehaus [3]) heißt, kannte, wo es ihm nie an Fischen fehlte, schnell an den See. Als er nun, um meine Erzählung kurz zu fassen, zur Zeit der Ankunft des heiligen Körpers sich anschickte, das Netz auszuwerfen, zeigten sich in demselben Augenblicke, in welchem er weiter unten an dem Flusse von dem Sänger die Collecte singen hörte und der heilige Körper über die Brücke getragen wurde, plötzlich alle in dem See befindlichen Fische ruhig auf der Oberfläche des Wassers liegend. Er hatte also bei dem Fischfange

---

1) Vgl. im ersten Bande Nr. 106.

2) Sturmio, gewöhnlich Sturmius oder Sturm genannt, war bekanntlich der erste Abt des von Bonifacius gestifteten Klosters Fulda. Er starb im J. 779 und wird von der Kirche als Heiliger verehrt.

3) Aucarium-domus; das Kloster scheint also damals schon mancherlei Oeconomiegebäude gehabt zu haben.

keine weitere Mühe, als daß er die Fische nur einsammelte und seinen Kahn damit füllte; sie wurden von ihm zur Zubereitung abgeliefert und gewährten den Gästen für diesen Tag hinreichende Nahrung. Dieß war der Anfang der vielen Wunder, welche die göttliche Macht durch den heiligen Märtyrer Bonifacius nach seinem Martertode an diesem Orte zu wirken sich würdigte.

14. Später schrieb Willibald [1]) das Leben und den Wandel des Mannes Gottes, so wie auch sein Leiden, während Viele, welche dieses Leiden mit ansahen, noch am Leben waren, an dem Orte, welcher die Kirche des heiligen Victor heißt, in einem abgeschlossenen Zimmer auf Wachstafeln, um sie den Bischöfen Lullus und Megingundus [2]) zur Untersuchung vorzulegen und dann nach der Prüfung derselben auf Pergament abzuschreiben, damit sich nichts Uebereiltes und Ueberflüssiges einschleiche. Die oben genannte Kirche des heiligen Victor liegt außerhalb der Mauern von Mainz [3]) und soll von den nachfolgenden Bischöfen ansehnlich bereichert worden sein, denn Lullus und Rabanus [4]) verrichteten daselbst häufig ihr Gebet; Welligis [5]) aber, unser Vater seligen Andenkens, legte durch Vermittlung des Herrn Burchard, Kämmerers der Stadt und Propstes von St. Victor, durch Eingebung der göttlichen Gnade die letzte Hand daran, baute daselbst ein neues und herrliches Kloster, setzte mit sorgsamem Sinne zwanzig Kanoniker zur Verrichtung des Gottesdienstes hinein und weihte die Kirche zum Andenken an das Leiden des seligen Vaters Bonifacius, in Gegenwart des Kaisers Otto III, welcher selbst diese Kirche mit einem ihm gehörenden Landgute in Thüringen

---

1) Den klar in den Handschriften stehenden Anfang des Satzes Postea igitur Willibaldus veränderte ein Benützer willkürlich in die Worte Ego Willibaldus episcopus, wodurch der bis jetzt fortdauernde Irrthum entstand, Willibald, der Verfasser der ältesten Biographie des heiligen Bonifacius, sei der Bischof Willibald von Eichstädt gewesen.

2) Bischof von Würzburg; vgl. die Einleitung zu Willibalds Biographie.

3) Sie lag auf einer Anhöhe nahe bei dem Pfarrdorfe Weisenau auf der östlichen Seite der Stadt und wurde im J. 1552 von dem Markgrafen Albrecht von Brandenburg zerstört.

4) Rabanus Maurus (847—856).

5) Er saß auf dem erzbischöflichen Stuhle vom J. 976 bis zum J. 1011.

beschenkte und die Schenkung durch seine eigenhändige Unterschrift bekräftigte [1]) unter der Herrschaft unsers Herrn Jesus Christus, welcher als Gott mit dem Vater und dem heiligen Geiste lebt und regiert von Ewigkeit zu Ewigkeit. Amen.

1) Diese am 17 Juli 997 ausgestellte Schenkungsurkunde ist noch vorhanden und findet sich bei Gudenus, Cod. diplom. IV, 842.

3.

Ergänzung der vorhergehenden Biographie [1]).

.... 1. (2.) Ich will sprechen von dem Abte Gregorius, meinem Erzieher von Kindheit an, welcher, aus einem edeln fränkischen Geschlechte entsprossen [2]), durch den Adel seiner Sitten und durch die Beweise seiner Klugheit seinen weltlichen Adel zierte und übertraf. Diesen Adel und diese Klugheit des Geistes erlangte er durch den heiligen Erzbischof und Märtyrer Bonifacius, seinen Lehrer, welcher, nachdem er zur Zeit des edeln Frankenfürsten, des Königs Karl [3]), aus Britannien und dem Lande der Anglen als ein hellleuchtendes Gestirn nach Franken gekommen war, unter den Königen Karlmann und Pippin, den glorreichen Söhnen desselben Königs Karl, gleich der Sonne in Heiligkeit glänzend, die Strahlen seiner Tugend und seiner Predigt

1) Aus dem von dem heiligen Lüdger geschriebenen Leben des heiligen Gregorius, Bischofs von Utrecht, eines Schülers des heiligen Bonifacius. Die in Klammern eingeschlossenen Zahlen deuten auf die Abschnitte in J. Mabillons Ausgabe; die Uebersetzung folgt dem Texte und der Eintheilung der Bollandisten.

2) Er war ein Großenkel des austrasischen Königs Dagobert II, welcher im J. 680 ermordet wurde.

3) Gewöhnlich Karl Martel genannt.

verbreitete, fast alle Völker, so lange er im Fleische lebte, durch den reichlichsten Schmaus seiner Lehre erquickte und im Glauben und Wandel besserte und nach seinem Hinscheiden aus dieser Welt und seinem heiligen Marterthume dieselben Völker der Franken durch die auserlesenen Samenkörner seiner Schüler nach dem Vorbilde des göttlichen Samens Früchte tragen und bis auf den heutigen Tag gedeihen ließ. Unter diesen Schülern befand sich der selige Gregorius, eine Stütze der Kirche Gottes, welcher zur Zeit des gottesfürchtigen Königs Pippin als Nachfolger seines Lehrers zu dem Volke der Friesen geschickt wurde [1]), um diesem das Wort Gottes zu predigen. Der selige Gregorius kam aber auf folgende Weise mit dem Märtyrer Bonifacius zuerst in Berührung und unter seine Jüngerschaft.

2. (3.) Während nämlich Bonifacius, der auserwählte Märtyrer Gottes, dreizehn Jahre lang in dem südlich vom See Almare [2]) gelegenen Theile Frieslands das Predigtamt versah, schlug er als armer Verkündiger des Evangeliums und fast als Einsiedler seinen heiligen Sitz an drei verschiedenen Orten auf, welche folgende Namen tragen. Der erste Ort am Ufer des Rheinstromes, wo er sieben Jahre wohnte, heißt Wyrda [3]), der zweite am Fluße Fehta [4]), wo er sich drei Jahre aufhielt und wo er sich zuerst einen Schüler, Namens Gembert [5]), gewann, heißt Attingohem [6]), der dritte Ort, welcher den Heiden und Götzendienern näher liegt und wo er ebenfalls drei Jahre blieb, führt den Namen Felisa [7]). Als er nun nach diesen dreizehn Jahren [8])

---

1) Er wurde später Abt von Utrecht. — 2) Aelmere, jetzt Zuidersee.

3) Nicht Kaiserswerth zwischen Köln und Wesel am Rhein, sondern Wörden im Bezirke von Haag am Altrheine.

4) Eines bei Utrecht sich vom Rheine trennenden Armes, jetzt Vecht genannt, welcher sich in den Zuidersee ergießt.

5) Man findet nirgends etwas Näheres über ihn.

6) Jetzt Wesep bei Amsterdam. — 7) Velsen bei Haarlem.

8) Bonifacius hielt sich zu dieser Zeit nur drei Jahre (719—722) in Friesland auf, er war aber dreimal daselbst und der Biograph zählt wahrscheinlich die Jahre seines dreimaligen Aufenthaltes zusammen; bei dem ersten mag er in Wyrda, bei dem zweiten in Attingohem und bei dem dritten in Felisa gewohnt haben; vgl. Seiters, a. a. O. S. 109 f.

auf Gottes Geheiß seine Reise zu den in den östlichen Gegenden des Frankenlandes wohnenden Hessen und Thüringern, um Gott Völker zu gewinnen, angetreten hatte, kam er zu dem bei der Stadt der Trevirer an dem Ufer des Moselflusses liegenden Nonnenkloster Palatiolum [1]), welchem damals eine sehr fromme und gottesfürchtige Aebtissin, Namens Addula [2]), vorstand. Als diese sah, daß der Kämpfer Gottes fremd und dürftig war, nahm sie ihn freudig als Gast auf, eingedenk des göttlichen Wortes: „Ich war ein Fremdling und ihr habt mich beherberget [3]).“ Nachdem der hochheilige Pilger nach seiner gewohnten Weise das Geheimniß des Meßopfers vollbracht hatte, was er fast jeden Tag zu thun pflegte, setzten sie sich zu Tische, nämlich er und die Magd Gottes und Aebtissin Addula nebst ihrer Hausgenossenschaft. Bei dem Schmause oder vielmehr heiligen Gastmale fingen sie an nach dem Troste der heiligen Schrift zu verlangen, um dadurch den Glauben der Zuhörer zu entzünden und die Hoffnung und die Liebe zu Gott zu erneuern, welcher will, daß alle Menschen selig werden und zur Erkenntniß der Wahrheit gelangen [4]).

3. Man sah sich also nach einem Leser um und es traf sich durch die Fügung Gottes, daß der auserwählte Knabe Gregorius, welcher jetzt vierzehn oder fünfzehn Jahre zählte und noch das weltliche Kleid trug [5]), vor kurzem aus der Schule und dem Palaste zurückgekehrt und zu seiner Großmutter, nämlich zu der Mutter seines Vaters Alberich [6]), der obengenannten gottesfürchtigen Aebtissin Addula, gekommen war. Diesem gab man das Buch und er begann, nachdem er den Segen empfangen hatte, vorzulesen und zwar nach dem Verhältnisse seines Alters gut

---

1) Pfalzel, etwa drei Meilen nördlich von Trier.

2) Oder Adela, eine Tochter des austrasischen Königs Dagobert II, welche nach der Ermordung ihres Vaters und dem Tode ihres Gemahls sich in das von ihr gestiftete Kloster Pfalzel zurückgezogen hatte.

3) Matth. 25, 35. — 4) I. Tim. 2, 4.

5) Er hieß auch damals noch Alberich; den Namen Gregorius erhielt er erst später.

6) Ueber diesen Alberich findet sich eben so wenig etwas Näheres, als über seinen Vater, dessen Name sogar unbekannt ist.

vorzulesen. Der Meister, welcher sogleich den klugen Sinn und die treffliche Anlage des Knaben erkannte, spendete ihm, nachdem er die Vorlesung beendigt hatte, angemessenes Lob, indem er zu ihm sprach: „Du liest gut, mein Sohn, wenn du nur auch verstehst, was du liest!" Dieser, welcher noch dachte und redete, wie ein Kind, behauptete, daß er wisse, was er lese. „Nun," sprach jener, „so sage mir, wie du das verstehst, was du liest." Dieser fing jetzt seine Vorlesung wieder von vorn an und wollte lesen, wie vorher. Der heilige Lehrer aber bat ihn, ein wenig einzuhalten, und sprach: „Nicht so, mein Sohn, ich wünsche nur, daß du mir deine Vorlesung nach der Eigenthümlichkeit deiner Sprache und nach der natürlichen Redeweise deiner Eltern sagst." Durch diese Bemerkung kam der Knabe zur Einsicht und gestand, daß er dieß nicht zu thun vermöge, worauf ihn der heilige Bonifacius fragte: „Willst du, mein Sohn, daß ich es dir einmal so sage?" „Wohl will ich dieß," erwiderte jener.

4. Darauf sprach der heilige Bonifacius: „Wiederhole deine Vorlesung noch einmal vom Anfange an und lies recht deutlich." Nachdem er dieß gethan hatte, fing der heilige Lehrer an, mit lauter Stimme der Mutter und der ganzen Hausgenossenschaft zu predigen. (4.) Aus welcher Quelle aber diese Predigt floß, geht aus der Bekehrung des geistreichen und klugen Knaben Gregorius hervor, indem sie nicht aus der menschlichen Beredsamkeit, welche häufig auf einige Zeit täuscht, sondern aus der Gnade des heiligen Geistes nach der Verheißung des Evangeliums gleich einem Strome lebendigen Wassers aus dem Leibe des Lehrers entsprang [1]) und das überlegende und gelehrige Herz des Knaben Gregorius mit solcher Kraft und Schnelligkeit erfaßte, daß er auf eine einzige Mahnung und Predigt eines ihm bis jetzt unbekannten Lehrers seiner Eltern und seines Vaterlandes vergaß und mit dem festen Willen, sich nicht mehr von diesem heiligen Lehrer zu trennen, noch in derselben Stunde, als dieser seine Predigt beendigt hatte, zu seiner Großmutter, der obengenannten ehrwürdigen Aebtissin Addula ging und ihr sagte, daß er mit dem Manne fortreisen und, um die heiligen Bücher verstehen zu

1) Vgl. Joh. 7, 38.

lernen, in dessen Jüngerschaft treten wolle. Sie aber, von verwandtschaftlicher Zärtlichkeit hingerissen, wies ihn sogleich zurück und bemerkte ihm, das dieß in keinem Falle geschehen könne, da er ja den Mann gar nicht kenne und auch nicht wisse, wohin er gehe. Wie aber nach der Schrift viele Wasser die Liebe nicht zu löschen vermögen [1]), so beharrte auch der Knabe Gregorius bei seinem Vorsatze und sprach zu seiner Großmutter Addula: „Wenn du mir kein Pferd geben willst, daß ich mit ihm reiten kann, so werde ich fürwahr zu Fuße mit ihm gehen.“ Nachdem sie noch längere Zeit über das unbekannte Ziel der Reise hin und her gesprochen und gestritten hatten, behielt endlich die Liebe des auserwählten Knaben Gregorius die Oberhand und die geistige Liebe siegte, wie es sich gebührte, über die verwandtschaftliche Zärtlichkeit. Als nämlich Addula, die Dienerin Gottes, welche eine kluge Frau war, sah, daß sie den Sinn des Knaben nicht zu beugen vermochte, gab sie ihm Diener und Pferde und ließ ihn mit dem heiligen Lehrer fortziehen zu dem Werke, welches sie zusammen bis zu dessen Martertode vollbrachten.

5. Du begreifst wohl, frommer und kluger Leser, wem der auserwählte Knabe Gregorius folgte, als er bei dieser Gelegenheit, ohne seine Eltern oder sonstige Verwandten zu befragen und sogar trotz des Widerstrebens seiner anwesenden Großmutter, sich so plötzlich umwandelte; mir scheint nämlich damals in dem Knaben derselbe Geist gewirkt zu haben, welcher die Apostel Christi und die Spender der Geheimnisse Gottes anfeuerte, auf einen einzigen Ruf des Herrn ihre Netze und ihre Väter zu verlassen und dem Erlöser zu folgen [2]). Indem also der selige Knabe Gregorius Eltern und Vaterland aufgab und Alles zurückließ, was dem Sinne des Jünglings in dieser Welt schmeicheln kann, verfolgte er nach dem Ausspruche des Psalmisten wegen der Worte der Lippen Gottes harte Wege [3]). Es war in der That hart und sehr schwer für ihn, der in dem Hause seines sehr reichen Vaters in Lust und Freude aufgewachsen war, einem fremden und armen Manne zu folgen, ohne zu wissen, wohin dieser ging, und ihm so unbedingt zu gehorchen, daß er gleich

1) Hohelied 8, 7. — 2) Vgl. Matth. 4, 18 ff. — 3) Vgl. Psalm 16, 4.

einem Tauben auf alle andere Menschen und Mächtigen dieser Welt und auf seine eigenen Eltern nicht hörte, wenn er nur seinen Vorschriften in Allem folgen konnte. Welches Ansehen aber schon damals dem künftigen Märtyrer Bonifacius beiwohnte, kann man daraus abnehmen, daß es das Herz des Knaben zu einer so plötzlichen Umwandlung drängte, und wie sehr muß die Gluth der Liebe den Sinn des Jünglings zum Gehorsame gegen den unbekannten Lehrer entflammt haben, daß er plötzlich sich selbst vergaß und dem Armen Christi, der von allem weltlichen Besitzthume entblößt war, folgte. Dieß that nicht die Liebe zum Golde und Silber, nicht die Begierde nach Gütern und nicht stolze Prahlerei, von welchen Dingen keines im Spiele war, sondern dieß that der höchste Schöpfer, ein und derselbe Geist Gottes, der Alles in Allem wirkt und einem Jeden zutheilt, wie er will [1]).

6. (5.) Die Auserwählten Gottes setzten also ihre Reise nach dem ersehnten Ziele fort und gelangten nach Thüringen, wo sie, allerdings zur Vermehrung ihres Verdienstes und zur Bewährung der Festigkeit und Ausdauer ihres Geistes, das Volk in solcher Armuth fanden, daß kaum irgend Jemand das Nothwendige hatte, um sein Leben zu fristen, und das Wenige, was zur kümmerlichen Befriedigung seiner Bedürfnisse diente, aus weiter Ferne herbeiholen mußte, denn die ganze an der Grenze der aufrührerischen Heiden liegende Gegend war zu jener Zeit durch Feuer und Schwert verwüstet [2]). Diese Armuth vermochte aber keineswegs die Diener Gottes abzuschrecken und sie in ihrem Vorsatze, jenem Volke das Wort Gottes zu predigen, wankend zu machen, sie fingen vielmehr an, nach dem Beispiele der Apostel mit ihren Händen zu arbeiten [3]), um für sich und ihre Begleiter das Nöthige herbeizuschaffen, und harrten bei jenem Volke trotz

---

1) Vgl. I. Korinth. 12, 6. 11.

2) Die Sachsen waren nach Vertreibung der thüringischen Herzoge Herrn des Landes geworden und hatten dasselbe verheert und ausgeplündert; auch die innern Zwistigkeiten trugen nicht wenig dazu bei, das thüringische Volk arm und elend zu machen.

3) Vgl. I. Korinth. 4, 12.

seiner Mühseligkeiten aus, während sie umherreisten und es durch ihre Predigten zur Erwerbung des himmlischen Reiches aufmunterten. Unerschütterlich in diesem Bestreben waren sie nach dem Vorbilde der ursprünglichen Kirche ein Herz und eine Seele [1]) und Gott mehrte von Tag zu Tag die Zahl derjenigen, welche auf diese Weise die Seligkeit erlangen sollten [2]).

7. (6.) Der Ruf des heiligen Lehrers und künftigen Märtyrers Bonifacius fing jetzt an, sich in allen Gauen des östlichen Frankenlandes zu verbreiten; auch der auserwählte Jüngling Gregorius nahm unter der Leitung seines Lehrers zu an Jahren und Weisheit und wurde demselben so theuer, daß dieser ihn wie seinen einzigen Sohn liebte und als seinen treuen Gehülfen bei jedem guten Werke betrachtete. Dieser so große Erfolg der Auserwählten Gottes wurde nicht erzielt durch Reichthum und weltliche Genüsse und nicht einmal mit Sicherheit und Behaglichkeit des irdischen Lebens, sondern bei Hunger und Blöße und vielen Mühseligkeiten; dabei waren sie überdieß genöthigt, sich von der Arbeit ihrer Hände zu nähren, bei der ihnen zu nahe kommenden Verfolgung der Heiden zur Rettung des Lebens zugleich mit dem Volke in eine Stadt zu flüchten und daselbst bei spärlichem Brode und in Angst mehrere Tage zu wohnen, bis die Bürger eine stärkere Macht gesammelt und den Feind vertrieben hatten. Dieser Kampf zwischen den Heiden und Christen trug, weil er sich unendlich oft wiederholte, nicht wenig dazu bei, auf dieser und jener Seite einen großen Theil jener Gauen in eine Einöde zu verwandeln. Während des heftigen und gefährlichen Krieges in jenen Tagen und bei dem Zusammenstoße und der Verwirrung der streitenden Völker konnte sich der auserwählte Hirte Bonifacius nie entschließen, von der Bewachung und Belehrung seiner Heerde abzulassen, sondern war um so standhafter und bereitwilliger, sein Leben für seine Schafe hinzugeben [3]), je häufiger und grimmiger die Wuth der Wölfe vor seinen Augen drohte. Eben so hielt auch Gregorius, der getreue Schüler und unermüdliche Gehülfe bei dem Werke Gottes, mit seinem Lehrer

1) Vgl. Apostelg. 4, 32. — 2) Vgl. ebend. 2, 47.
3) Vgl. Joh. 10, 11.

in der Bewachung und Erziehung der Heerde Christi aus und wurde für sie ein zweiter Hirte.

8. (7.) Auf diese Weise ging man zu Werk, bis durch die Gnade Christi die christliche Macht siegte und den Kirchen Christi ein vollkommener Friede verliehen wurde. Von nun an erweiterten sie stets ihren Wirkungskreis und machten immer größere Fortschritte in dem Werke des Herrn, wie sich Jeder, der jetzt jene Gegenden besucht, überzeugen kann. Was können wir Armseligen dagegen zu unserer Vertheidigung sagen, die wir während des Friedens der Kirche unthätig und träge sind und nicht das Gedeihen der Heerde, sondern nur unsern eigenen Vortheil im Auge haben und bei der Bewachung der Schafe kaum einmal gegen die Wuth der Wölfe mit einem drohenden Worte laut zu werden wagen, die wir, wie gesagt, während des Friedens der Kirche in der Bewachung der Heerde träge, zur Erlangung der weltlichen Vortheile jedoch allzu eifrig und wachsam sind. Die Männer aber, von welchen wir sprechen, blieben in jener Zeit der Verwirrung und des Krieges bei ihrer eifrigen und uneigennützigen Wache nicht nur reinen Herzens, sondern breiteten sich auch durch den Zuwachs ihrer Heerde und durch die Thätigkeit ihrer Schüler unter Gottes Segen aus und vervielfältigten sich mit Gottes Beistand durch ihre eigene Wachsamkeit.

9. (8.) Die Angeseheneren und Klügeren unter den Franken, welche Gelegenheit hatten, die herrlichen Werke und die muthige Standhaftigkeit des auserwählten Märtyrers Gottes, so wie seines Schülers, des ehrwürdigen Gregorius, und der Gefährten desselben zu beobachten und zu würdigen, fingen jetzt an, ihnen auch ihre Unterstützung von Tag zu Tag eifriger anzubieten und eine so große Heiligkeit und Einigkeit bei dem Könige der Franken, dem älteren Karl[1]), unverholen auszusprechen, ja der König selbst fühlte allmälig Verlangen, den Mann Gottes Bonifacius zu sehen und ließ ihn zu sich kommen[2]). Als dieser erschien, wurde er anfangs nicht sogleich von dem Könige mit der ihm

---

1) Gewöhnlich Karl Martel genannt.

2) Dieß geschah im J. 724, als Bonifacius mit Empfehlungsbriefen des Papstes von Rom zurückkehrte.

gebührenden Achtung aufgenommen [1]), sondern unter schicklichen Vorwänden hingehalten, weil einige falsche Lehrer und Schmeichler sich bemühten, den Ruf des heiligen Mannes und seiner Schüler bei dem Könige zu verdächtigen und ihnen Hindernisse zu bereiten. Von diesem Tage an wuchs die Liebe zu dem Manne Gottes und seinen Schülern und die Achtung vor ihnen bei Allen, welchen daran gelegen war, den Glauben und den Wandel derselben kennen zu lernen und genauer zu erforschen, und die Weisheit wurde nach dem Ausspruche des Evangeliums [2]) von allen ihren Kindern gerechtfertigt. Die Auserwählten Gottes kehrten alsbald wieder nach ihren Wohnorten zurück, um an dem begonnenen Werke in Thüringen und Hessen ohne Zaudern fortzufahren, weil dort zu jener Zeit ihre Lehre wegen der Nachbarschaft der Heiden und wegen der Unwissenheit des Volkes am meisten nöthig war. Hier fingen sie auch an, kleinere Ländereien und Besitzungen von Solchen, welche sie ihnen aus Liebe zu Gott und zum Heile ihrer Seele darboten, in Empfang zu nehmen, darauf Kirchen zu erbauen und in diesem Werke eben so wie in ihrem Predigtamte unter Gottes Segen große Fortschritte zu machen. Der eine dieser Orte, welcher den Namen Erpesford [3]) führt, liegt in Thüringen, der andere, welcher Frideshlar [4]) heißt, in Hessen; außerdem gründeten die Auserwählten Gottes noch an einigen andern Orten Kirchen und richteten den Gottesdienst ein [5]). Diese Orte nahmen bald zu an Reichthümern, auch die Zahl der Schüler nahm zu und machte durch die Kraft ihrer Werke Fortschritte, eben so wuchs der selige Jüngling Gregorius heran in der Uebung aller guten Werke und in dem Schmucke der Weis-

---

1) Der Biograph scheint den ersten Besuch an dem fränkischen Hofe mit einem spätern zu verwechseln, denn Karl stellte Bonifacius nach dessen Zurückkunft von Rom einen sehr nachdrücklichen Schutzbrief aus, die schlechte Aufnahme dürfte daher sich eher auf eine spätere Zeit beziehen, wo Bonifacius über die von Karl eigenmächtig beförderten Geistlichen und über die Verwendung des Kirchenguts oft zu klagen hatte.

2) Luc. 7, 35.

3) Erfurt, wo er die St. Marienkirche gründete.

4) Fritzlar, wo er die St. Peterskirche erbaute.

5) Vgl. Seiters, a. a. O. S. 161 ff.

heit nach dem Vorbilde des Lehrers, von welchem er seinen Unterricht erhalten hatte. Auf diese Weise verlieh Gott, welcher seinen Auserwählten das Gesetz zur Uebung guter Werke gab, auch in Allem seinen Segen zum Gedeihen und so wandelten sie nach dem Ausspruch des Psalmisten von Tugend zu Tugend [1]), machten täglich Fortschritte zum Besseren und nahmen zu an guten Werken jeder Art.

10. (9.) Während diese Thaten von Bonifacius und seinen Schülern, den Auserwählten Gottes, vollbracht wurden, folgten ihrem Vater Karl, der den Weg alles Fleisches ging [2]) und aus der Welt schied, die gottesfürchtigen Söhne Karlmann und Pippin in der Herrschaft nach. Da sie der Krieg nicht so sehr, wie ihren Vater, in Anspruch nahm und ihnen allenthalben größere Ruhe vergönnt war, so richteten sie durch die Eingebung Gottes sogleich nach dem Antritte der Regierung ihre Aufmerksamkeit auf die Ordnung und Verbesserung der kirchlichen Zustände. Sobald der selige Bonifacius, der zukünftige Märtyrer, und seine Schüler dieß vernahmen, fingen auch sie an, sich häufiger, als sie bisher gethan hatten, dem Palaste zu nähern, sich mit den Königen zu besprechen und nach der ihnen von Gott verliehenen Gnade im Palaste selbst dem Volke zu predigen. Dadurch gelangten sie bei den oben genannten Königen und bei dem ganzen fränkischen Volke zu solcher Gnade, daß alle einstimmig und einmüthig betheuerten, Bonifacius verdiene die bischöfliche Würde und jede sonstige Auszeichnung; anderer Ansicht waren freilich die Irrlehrer und Schmeichler, von denen ich weiter oben sprach und die ihm sogar einmal nach dem Leben trachteten, aber der Herr, sein Beschützer, ließ ihn nicht in ihre verruchten Hände fallen, ehe er nach dem Ausspruche des Psalmisten den Arm und die Macht Gottes dem künftigen Geschlechte verkündet hatte [3]). Sie allein also fingen an Widerspruch zu erheben, ihn, so sehr sie es vermochten, zu verläumden und zu behaupten, er verdiene keineswegs die bischöfliche Würde, weil er ein Fremder sei.

---

1) Vgl. Psalm 83, 8. — 2) Karl Martel starb am 15 October 741.
3) Vgl. Psalm 70, 18.

11. Die Laien, welche wahrnahmen, daß die Weisheit und die Gnade Gottes in diesem Manne wohnten, zeigten einen weit gesünderen Verstand, als die Geistlichen, und je mehr jene angeblichen Bischöfe [1]), welche diesen Namen mit Unrecht trugen, den Mann Gottes zu tadeln sich bemühten, um so mehr wurde er von allen Andern geliebt und mit Lobeserhebungen überhäuft, bis es endlich zu einem Wettkampf zwischen jenen und ihm vor den Königen und dem ganzen Rathe des fränkischen Volkes kam [2]). Doch was brauche ich weiter von jenem Wettstreite zu sprechen, welchen einer Seits jene Abtrünnigen, deren Namen ich nicht nennen mag, und anderer Seits Bonifacius nebst Gregorius und andern Schülern und Gefährten gegen einander führten, da jene Gegner beschämt und von dem gesammten Rathe und von den Königen selbst zurückgewiesen sich entfernen mußten, der heilige Bonifacius aber, der zukünftige Märtyrer, ohne irgend einen Widerspruch und einstimmig zu der höchsten bischöflichen Würde befördert und ihm von den Königen die Metropolitankirche zu Mainz zur Ueberwachung und Leitung anvertraut wurde [3]). Wie sehr von diesem Tage an seine Weisheit in dem ganzen Reiche der Franken glänzte, welche große Synoden er später mit den gottesfürchtigen Königen zur Besserung des Volkes veranstaltete und wie er dabei gleich der Sonne im Tempel Gottes strahlte und durch seine Lehre und durch sein Beispiel den Nebel des Unglaubens und der ketzerischen Verkehrtheit gänzlich verscheuchte, braucht in diesem Werkchen nicht näher erörtert zu werden, da alles dieß in dem Büchlein über sein Leiden [4]) vollständig und klar dargethan ist.

---

1) Der Biograph zielt hier wohl hauptsächlich auf die ketzerischen Bischöfe Aldebert und Clemens, von welchen schon weiter oben wiederholt gesprochen wurde.

2) Von diesem Wettstreite war bereits weiter oben in dem von einem Mainzer Priester verfaßten Nachtrage zu Willibalds Biographie (§. 3) die Rede.

3) Diese Angelegenheit wurde im Jahre 748 erledigt und zwar nicht ganz zur Zufriedenheit des Apostels der Deutschen, welcher das Bisthum Köln vorgezogen haben würde, weil es Friesland, wo er noch segensreich zu wirken hoffte, näher lag; vgl. Bd. I, Br. 82 und 83.

4) Von dem Priester Willibald.

12. (10.) In allen diesen Unternehmungen wurde er aber von seinen auserwählten Schülern, welche sich nach ihrem Meister als die ausgezeichnetsten Prediger und Stützer der Kirche Gottes bewährten, nicht wenig unterstützt, denn jeder derselben verherrlichte gleich dem in der Frühe aufgehenden Morgensterne die ihm anvertraute Stadt und Gegend. Der selige Gregorius verbreitete sein Licht über die alte Stadt Utrecht und den berühmten Flecken Dorstadt [1]), so wie über jenen Theil von Friesland, der zu jener Zeit bereits für das Christenthum gewonnen war und bis zu dem westlichen Ufer des Flusses reichte, welcher Lagbeke [2]) heißt und während der ganzen Regierungszeit Pippins die Grenze zwischen den christlichen und heidnischen Friesen bildete [3]). Lullus erhielt die Metropolitanstadt Mainz nebst dem größten Theile der christlichen Friesen, welcher zu dem Sprengel dieser Stadt gehörte [4]). Der ehrwürdige Vater und Hirte Megingodus bewachte die ihm anvertraute Heerde in der ihm zugetheilten Stadt Würzburg und ihren Umgebungen und würzte sie mit dem Salze seiner Weisheit und Lehre [5]). Willibald, der auserwählte Oberhirte Gottes, gründete in dem uns zunächst gelegenen Theile von Baiern, nämlich in dem Nordgaue, das Bisthum, welches Hehsted [6]) heißt, und verbesserte und bewachte es. Auch der Bruder des eben erwähnten Willibald, der Priester Winnibald, welcher meinem seligen Lehrer Gregorius sehr theuer war, verherrlichte den ihm untergebenen Ort und dessen Gebiet durch seine Heilig-

---

1) Jetzt Wyk to Duerstede genannt.

2) Jetzt Leck, ein Arm des Rheines.

3) Gregorius wurde im J. 752 von Bonifacius zum Abte des Klosters zu Utrecht und zum Verwalter der utrechter Diözese ernannt und wirkte in dieser Stellung mit großem Erfolge; er starb um das J. 781, nachdem er viele tüchtige Schüler gebildet hatte.

4) Lullus, zuerst Coadjutor und dann Nachfolger des heiligen Bonifacius, regierte die Mainzer Kirche bis zum J. 787.

5) Megingodus oder Megingoz war der Nachfolger Burchards, des ersten Bischofes von Würzburg, welcher im J. 752 sein Amt niederlegte und sich in ein von ihm gestiftetes Kloster zurückzog.

6) Eichstädt; dieses Bisthum wurde im J. 745 gestiftet; Willibald stand ihm bis zum Jahre 786 vor.

keit und bewährte nach seinem Hinscheiden durch Wunder, was er während seines Lebens geleistet hatte[1]). Mit welchem Erfolge aber der ehrwürdige Abt Sturmi[2]), einer aus der Zahl jener Auserwählten Gottes, nach dem Marterthume des heiligen Lehrers in seiner Einöde wirkte, beweist der Bocannawald[3]), welcher früher völlig unangebaut und wüste war, jetzt aber von Osten nach Westen und von Norden nach Süden mit Kirchen Gottes und auserwählten Pflanzschulen des Mönchstandes angefüllt ist[4]). Dieser Abt Sturmi genoß auch durch Gott und seinen heiligen Lehrer unter seinen Mitschülern das Vorrecht, daß er gewürdigt wurde, den Ort, welchen sein heiliger Lehrer als Ruhestätte seines Körpers ausersehen, zu besitzen und einzuweihen, den heiligen Leichnam desselben nach seinen Marterthume daselbst aufzunehmen und diesen Ort so emporzubringen und zu verherrlichen, daß er sich noch vor seinem Hinscheiden aus dieser Welt[5]) als Vater und Lehrer von vierhundert Mönchen betrachten konnte, wobei die Novizen und andern geringern Leute, deren Zahl in dem am Flusse Fulda gelegenen Kloster sehr bedeutend war, nicht mitgerechnet sind. Zwei dieser Auserwählten Gottes, Wigbert und Burghard, verließen schon vor ihrem Lehrer das Zeitliche[6]), aber auch ihnen fehlt die Siegespalme der Auserwählung nicht, indem ihnen die Gnade zu Theil wurde, ihrem Lehrer zu dem himmlischen Reiche vorauszueilen, und indem sie an den Orten ihrer Wirksamkeit als Heilige gelten und von Allen verehrt

---

1) Winnibald oder Wunibald gründete in einer wilden und wüsten Gegend des Salfeldes zwischen der Wernitz und Altmühl, deren Bewohner noch größtentheils Heiden waren, das Kloster Heidenheim, wobei er von seinem Bruder und dem baierischen Herzoge Odilo kräftig unterstützt wurde.

2) Sturmi oder Sturm stammte aus Baiern; Bonifacius hatte ihn bei seiner Anwesenheit in diesem Lande gewonnen und im Kloster Fritzlar ausbilden lassen.

3) Oder Buchoniawald, vgl. Bd. I, S. 212.

4) Das Kloster Fulda wurde im Jahre 744 gegründet und zählte anfangs außer dem Abte nur sieben Bewohner.

5) Der Abt Sturm starb um das J. 779.

6) Wigbert, Abt von Fritzlar, starb im Jahre 747, Burghard oder Burchard, Bischof von Würzburg, um das J. 753.

werden, welche ihren Lebenswandel und ihre Tugend kennen zu lernen Gelegenheit hatten. Du siehst, verständiger und aufmerksamer Leser, wie viele und große Gnadengaben sich in diesem einzigen Manne vereinigten und was jener Arme, der einst einsam in den Gauen Frieslands weilte, zur Zeit seines Ruhmes zum Frommen der Kirche Gottes vollbrachte. Dieß that er aber nicht durch sich selbst, sondern die Gnade Gottes wirkte und vollbrachte, wie der Apostel sagt, alles dieß mit ihm [1]. — Doch ich bin durch die allgemeine Lobpreisung der Schüler des heiligen Lehrers Bonifacius von dem vorgezeichneten Gange meiner Erzählung abgekommen und will jetzt da, wo ich abgebrochen habe, wieder anknüpfen.

13. (11.) Darauf wurde der heilige Bonifacius, der zukünftige Märtyrer, nach dem Wunsche der gottesfürchtigen Könige und mit der Einwilligung des ganzen Rathes des fränkischen Volkes nach Rom zu dem Papste Gregorius, dem dritten dieses Namens, geschickt, um von demselben die bischöfliche Weihe zu empfangen [2]. Hier wurde ihm, da er früher Winfrid hieß, wegen seiner Beredsamkeit und der von Gott seinen Lippen verliehenen Anmuth der jetzt allgemein bekannte und berühmte Name Bonifacius zugleich mit dem Segen und der bischöflichen Würde ertheilt. Nachdem der heilige Mann auf diese Weise mit Würde und Namen geschmückt war, warf er sich in Gegenwart der gesammten Geistlichkeit und Genossenschaft des heiligen Apostelfürsten Petrus und des Papstes Gregorius selbst nieder und ersuchte die gesammte Geistlichkeit, sogleich in derselben Kirche aus Liebe zu Gott und dem heiligen Petrus in demüthiger Andacht die Kniee zu beugen, einmüthig zu dem Herrn zu flehen und den heiligen Petrus als Fürsprecher und Vermittler ihres Gebetes anzurufen, daß ihm die Gnade verliehen werde, seine Tage mit einem guten und

---

1) Vgl. I. Korinth. 15, 10.

2) Der Verfasser ist hier in einem doppelten Irrthume befangen, denn Bonifacius wurde bereits am 30 November 723 von Gregorius II. zum Bischofe geweiht, auch wurde er nicht von den Fürsten der Franken nach Rom geschickt, sondern ging freiwillig dahin, um dem Papste Rechenschaft über sein Wirken als Glaubensbote abzulegen.

Gott wohlgefälligen Ende zu schließen. Alle zeigten sich auch durch die Eingebung Gottes sogleich bereit und entsprachen, vor den Reliquien des heiligen Apostelfürsten Petrus mit inbrünstiger Andacht niederknieend, durch ein an Gott gerichtetes gemeinsames Gebet des Hirten und der Heerde seiner Bitte. Was dieses Gebet im Vereine mit seinen heiligen Verdiensten bei dem allmächtigen Gotte vermochte, beweist sein heiliges Marterthum, welches ihm in den Tagen seines Alters zu Theil ward, als er seiner bereits allzugroßen Körperschwäche wegen nicht mehr länger hätte leben können.

14. Seht, wie der kluge Baumeister und auserwählte Oberhirte Gottes Bonifacius sein Haus nicht auf den flüchtigen Sand des menschlichen Rathes und des stolzen Uebermuthes, sondern auf den sichern Felsen des göttlichen Rathes und der apostolischen Demuth baute; weßhalb auch, als die Fluthen des menschlichen Unglücks und Elendes hereinbrachen und die Stürme der teuflischen Versuchung und List auf sein Haus eindrangen, sie es nicht zu erschüttern vermochten, denn es war nach dem Ausspruche des Herrn auf einen festen Felsen gegründet [1]) und dieser Felsen war Christus. Der Heilige, welcher jetzt unser Fürsprecher bei Gott und unser zuverläßigster Beschützer ist, hatte sich hinlänglich überzeugt, von welcher Gefahr und von welchem Jammer die menschliche Schwäche stets bedroht ist und setzte deßhalb nicht nach dem Beispiele seiner stolzen Gegner sein Vertrauen auf sich selbst, sondern nahm seine Zuflucht zu der Demuth der Apostel und der Söhne Gottes und gründete seine Hoffnung auf die Fülle der göttlichen Barmherzigkeit und auf das inbrünstige Gebet der Kirche Gottes, denn eben so konnten auch die Apostel Christi und ihre Nachfolger und Miterben an dem Reiche Gottes bei aller Mühe und Trübsal nur mit Hülfe des unabläßigen Gebetes der Kirche Gottes Alles vollbringen, was ihnen von dem Herrn befohlen war. Wohlan denn, ihr Vorsteher und Prediger des Volkes Gottes, die ihr in dieser Welt mit derselben Ehre und mit gleicher Würde geschmückt seid, sehet und überleget und nehmt euch ein Beispiel an dem gerechten Manne, damit ihr euch, wenn ihr, von Gott berufen und von der Kirche gewählt

1) Vgl. Matth. 7, 25.

und nicht von Ehrgeiz geblendet, die bischöfliche Würde und das heilige Regiment antretet, nach seinem Vorbilde zu richten und für das ewige Leben ersprieсsliche Früchte zu tragen vermöget.

15. (12.) Auch auf jener Reise nach Rom, wo der heilige Märtyrer Bonifacius, wie wir bereits erzählt haben, zu der heiligen Würde erhoben wurde, blieb der selige Gregorius, mein Lehrer, der unermüdliche Begleiter seines erwählten Meisters und kam und ging mit ihm auf seinen Befehl, wie er bei jedem guten Werke zu thun pflegte. Auf dieser Reise erwarb er sich jedoch nicht nur das Verdienst der Demuth und des Gehorsams, wie es sich den Jüngeren stets den Aelteren und Vorgesetzten gegenüber geziemt, sondern verschaffte sich daselbst auch durch Gottes Gnade mehrere Bände der heiligen Schriften [1]) und nahm sie von da zu seinem eigenen und seiner Schüler Frommen nicht ohne große Mühe mit sich nach Hause. Eben so brachte er mit der Einwilligung seines Meisters zwei aus England stammende Jünglinge, Marchelmus und Marcuvinus [2]), von dort als Schüler mit [3]). Von Marchelmus, dem älteren derselben, welcher ein sehr gottesfürchtiger und heiliger Mann wurde, werde ich an der betreffenden Stelle [4]) mit Gottes Hülfe etwas ausführlicher sprechen. Darauf kehrte die glückliche Reisegesellschaft, nämlich der heilige Meister und seine auserwählten Schüler, Gott und seinen Heiligen durch ihre eigenen Verdienste und durch die Fürsprache der gesammten Geistlichkeit und Genossenschaft des heiligen Petrus empfohlen, nach der Heimath zurück, wo sie von jenem Tage an fortwährend wuchsen und zunahmen an allen guten Werken, und wo sie lehrten und unterrichteten auf dem Wege Gottes,

---

1) Darunter werden wohl nicht nur einzelne Bücher der heiligen Schrift, sondern auch Schriften der Kirchenväter verstanden.

2) Marchelmus, auch fälschlich Marcellinus genannt, wird von der Kirche am 14 Juli als Heiliger verehrt. Das Leben des heiligen Suibert, welches ihm zugeschrieben wird, ist unächt und ein späteres Machwerk. Ueber Marcuvinus wissen wir nichts Näheres.

3) Es kann hier also nur von der dritten Reise des heiligen Bonifacius nach Rom im J. 738 die Rede sein, denn bei der zweiten Reise war Gregorius kaum fünfzehn Jahre alt und konnte noch keine Schüler haben.

4) Schon im folgenden §. 16.

welchen sie selbst wandelten, und unermüdlich nicht nur das Volk und die Vornehmen der Franken, sondern auch die gottesfürchtigen Könige mit dem Salze der ewigen Weisheit erquickten. Auf diese Weise thaten sie, durch den einstimmigen Willen und den Beifall der Könige und des gesammten Volkes ermuntert, im ganzen Reiche der Franken von Tag zu Tag dem Teufel immer mehr Abtrag und brachten der Kirche Gottes immer größeren Nutzen; die Irrlehren der Ketzer wagten nicht aufzutauchen, der katholische Glaube trug überall den Sieg davon und die reine und unverfälschte Religion fing an weit und breit im hellsten Lichte zu strahlen.....

16. (14.) Mit Stillschweigen darf jedoch auch nicht übergangen werden, was ich von dem ehrwürdigen Manne Marchelmus, dessen ich weiter oben erwähnte, erzählen hörte. Nach dem Martertode des heiligen Lehrers nämlich, von welchem durch die Gnade Christi und das Verdienst seiner Heiligkeit alle benachbarten Völker erleuchtet wurden, erhielt auch der selige Gregorius selbst von Stephanus[1]), dem Inhaber des apostolischen Stuhles, und dem erlauchten und gottesfürchtigen König Pippin die Vollmacht, das Wort Gottes in Friesland auszubreiten. Hier hatte zuerst[2]) der heilige Willibrord[3]), welcher den Titel Erzbischof führte[4]), mit seinen Schülern bei der Bekehrung des Volkes den Lehren des christlichen Glaubens Eingang verschafft. Nachdem er in dem Werke Gottes alt geworden war, wurde ihm als erzbischöflicher Sitz der Ort, welcher Utrecht und mit anderm Namen Wiltaburg[5])

1) Stephanus III. (752—757.)

2) Schon früher hatten fränkische und angelsächsische Glaubensprediger Versuche gemacht, die Friesen zu bekehren, jedoch ohne besondern Erfolg; eine nähere Erörterung dieser Versuche würde hier zu weit führen, eine ausführliche und gründliche Darstellung derselben giebt Seiters, a. a. O. S. 52 ff.

3) Willibrord, im J. 657 in Northumbrien geboren, kam im J. 690 mit elf Genossen nach Friesland, um die heidnischen Bewohner zum Christenthume zu bekehren.

4) Ohne einen bestimmten Sitz zu haben, wie dieß auch bei Bonifacius vor seiner Erhebung auf den erzbischöflichen Stuhl von Mainz der Fall war.

5) Wiltaburg ist der ursprüngliche einheimische Name der Stadt, der Name Utrecht entstand aus der lateinischen Benennung Trajectum (Ueberfahrtsort).

heißt, angewiesen [1]), und als er aus dieser Welt zu dem Herrn wandelte, ward sein Nachfolger der heilige Erzbischof und Märtyrer Bonifacius [2]), welchen ich mit eigenen Augen sah mit grauem Haupte und von Altersschwäche niedergebeugt, aber reich an Tugenden und Verdiensten seines Lebens. Ihm folgte der selige Gregorius, mein Lehrer, welcher von ihm, wie ich schon weiter oben erwähnt habe, von früher Jugend an als Schüler erzogen worden war, auch als frommer Erbe und wurde von dem Herrn und den oben genannten Fürsten der Kirche Gottes zum Hirten und Prediger des friesischen Volkes berufen [3]). Er erleuchtete in derselben Liebe und Glaubenstreue, wie seine Vorgänger, der Erzbischof und Beichtiger Willibrord und der Erzbischof und Märtyrer Bonifacius, das Volk mit reichlicher und honigsüßer Lehre, unterstützt von seinem Mitbischofe und Gehülfen Alubert, welcher bereits reich an Verdiensten seines Lebens aus dem Lande der Anglen herüberkam [4]) und mit demselben Eifer nach seinen Kräften dem Herrn Seelen zu gewinnen suchte.

---

1) Dieß geschah im J. 696.

2) Im J. 753, nachdem Hildegar, Bischof von Köln, welcher Ansprüche auf das Bisthum Utrecht geltend machte, in einem Treffen gegen die Sachsen gefallen war. Willibrord war schon im J. 739 gestorben.

3) Nicht als Bischof, sondern als Abt des Klosters zu Utrecht und Verweser des Bisthums.

4) Er war ein sehr gelehrter Mönch und soll, wie J. Mabillon (Annal. ord. S. Benedicti, Tom. II, p. 212) vermuthet, später Bischof von York geworden sein.

4.

Leben des heiligen Bonifacius,

von einem Priester zu Utrecht[1]).

Einleitung.

1. Den unsichern und flüchtigen Lauf dieses Lebens, die mannigfaltigen Schicksale der Sterblichen und den Umschwung des Glückes, welches den Thoren meistens hold, den Weisen aber stets ungünstig ist, überwindet nichts kräftiger und beherrscht nichts entschiedener, als die Furcht Gottes, denn es steht geschrieben: Wer Gott fürchtet, thut Gutes[2]). Und was könnte auch dem weltlichen Uebel mit mehr Recht und schicklicher entgegengesetzt werden, als grade das, was den Menschen bewegt, Gutes zu thun? Die Aerzte wenigstens stellen die Lehre auf, daß Gegensätze einander heben, und daß Kaltes durch Heißes und Heißes durch Kaltes und Anderes auf ähnliche Weise geheilt wird; eben so muß jeder, der an der allgemeinen Krankheit leidet, mit dem geistlichen Gegenmittel behandelt, und wer von dem tödt-

1) Nach der einzigen Ausgabe in den Act. SS. Antverp. Junii, Tom. I, p. 477—481.

2) Ecclesiast. 15, 1.

lichen Gifte des Glückes angesteckt ist, durch die beständige Furcht Gottes, wie durch eine heilsame Gabe Nieswurz, wieder hergestellt werden. Je mehr der Gottesfürchtige aber das Böse meidet, desto mehr strebt er nach dem Guten, und je eifriger sein Wille ist, sich vor dem Bösen, das er nicht gänzlich vermeiden kann, zu hüten, desto eifriger thut er alles Gute, was in seinen Kräften steht. Je sündhafter ich mir also vorkomme, um so mehr bewundere auch ich ein so wirksames Heilmittel, wodurch man dem Uebel entgeht und zu den ewigen Gütern gelangt. O wahrhaft herrliche und unaussprechlich beglückende Sache, welche den Menschen von allen Fesseln des Irrthums befreit und ihn auf dem Pfade der Gerechtigkeit zum Himmel führt!

2. Diesen Pfad schlugen auch die Apostel ein und nach ihren Kräften alle apostolische Männer; auf ihm wandelten die Märtyrer, als sie zum himmlischen Vaterlande eilten, ihn betraten auch die Beichtiger und hinterließen den ihnen Nachfolgenden tugendreiche Spuren; von den Jungfrauen aber will ich lieber schweigen, als etwas ihrem Ruhme nicht Entsprechendes sagen, denn kaum die Heiligen vermögen sie gebührend zu preisen; übrigens giebt es, wie ich glaube, für die Sünder keinen sicherern Hafen, als wenn sie die Verdienste derselben, welche sie nicht nachahmen können, bewundern. Alle Heiligen also gelangten auf dem Wege, welchen wir angedeutet haben, zu dem Herrn und jeder wurde um so seliger, je weniger er von demselben abwich. Sie wohnen in unendlicher Menge im Himmel, nämlich Petrus und Paulus nebst der allerheiligsten Schaar der Apostel, Stephanus, die Krone des Herrn, wie er mit Recht genannt wird, der erste und ächte Nachahmer Christi [1]), mit einem zahlreichen Heere getödteter Sieger, Agnes, Thekla, Agatha, Barbara und Cäcilia [2])

---

1) Stephanus, der erste Märtyrer, wurde bekanntlich von den Juden vor Jerusalem gesteinigt, weil er Christus öffentlich bekannte und seine Lehre verkündete.

2) Agnes, eine römische Jungfrau, wurde im dritten Jahrhunderte enthauptet, weil sie als Braut Christi leben und den Sohn des Statthalters nicht heirathen wollte; Thekla von Ikonium war die unzertrennliche Gefährtin des heiligen Paulus, welcher sie zum Christenthume bekehrt hatte; Agatha starb

nebst Andern, das heißt, nebst dem überaus glänzenden Kranze der Jungfrauen, Silvester, Basilius, Martinus, Augustinus und Ambrosius [1]) mit der heiligen Genossenschaft der Bischöfe und dem edeln Rathe der Mönche und Einsiedler, von denen die vorzüglichsten in Aegypten und die meisten in Aethiopien lebten, und welche Thebais [2]) als Beschützer, Nitria [3]) als Lehrer und die ganze Kirche als Vorkämpfer betrachtet.

3. Gallien und Germanien aber rühmen sich insbesondere, daß sie geschirmt waren durch den Schild des heiligen Martinus [4]), welcher diese Länder theils in seiner Abwesenheit durch sein Wort unterrichtete, theils durch seine ehrwürdige Anwesenheit von drohenden Uebeln befreite. Auch wurde ihm, eben so wie den Aposteln, nach seinem Hinscheiden die Auszeichnung zu Theil, zum Schutzheiligen mehrerer Bischofssitze erhoben zu werden, und zwar, wie ich glaube, wegen seiner ausgezeichneten Gelehrsamkeit, durch welche er einen solchen Glanz über die Kirche Gottes verbreitete, daß Jeder, der seine Aussprüche und die Erzählung der guten Werke, welche er in seinem Leben vollbrachte, liest, nicht anstehen wird, ihm die nächste Stelle nach den ersten Lehrern der Heiden einzuräumen. Der eine der erwähnten Bischofssitze ist Tours, welchem Orte die Reliquien seines heiligen Körpers mehr

---

als Christin auf der Insel Sizilien nach grausamen Martern im J. 251; Barbara wurde, weil sie sich zum christlichen Glauben bekannt, im J. 230 von ihrem eigenen Vater getödtet; Cäcilia, eine römische Jungfrau, wurde im J. 220 enthauptet, weil sie Christin geworden war und ihren Bräutigam zum Christenthume bekehrt hatte.

1) Silvester, Papst (314—335), Basilius, Bischof zu Cäsarea (—379), Martinus, Papst (649—656), Augustinus, Bischof von Hippon (—430), und Ambrosius, Bischof von Mailand (—397) hatten fortwährend mit Irrlehrern zu kämpfen und deßhalb viel Ungemach zu erdulden.

2) Eine zum Theil öde Gegend in Oberägypten, welche die ersten Einsiedler mit besonderer Vorliebe zu ihrem Aufenthalte wählten.

3) Eine ebenfalls von heiligen Männern bewohnte Einöde westlich von dem Rosettearme des Nils, auch Wüste des heiligen Antonius und Sciti oder Scete genannt.

4) Bischof von Tours (—402), welcher sich durch die Ausrottung des Heidenthums in Gallien große Verdienste erwarb.

Ansehen geben, als alle Paläste der Könige, der zweite ist Mainz und der dritte Utrecht. Die beiden letztern aber, nämlich Mainz und Utrecht, wurden noch viele Jahre nach seinem Tode wegen der besonderen Liebe zu ihm durch die mit seinem Namen verbundenen Vorzüge beglückt und an beiden Orten wird heute noch Martinus wegen der wunderbaren Heilung, welche viele Kranke auf die Fürbitte eines so mächtigen Arztes von unserm Herrn Jesus Christus erlangen, von den Gläubigen gepriesen und verehrt. Viele haben sich deßhalb schon in früheren Zeiten bemüht, diese glorreichen Bischofssitze aus Liebe zu Gott und dem heiligen Martinus mit großartigen Gebäuden und diese mit gemalten Decken, so wie auch mit Gold, Silber, Edelsteinen und andern Kostbarkeiten zu schmücken, und dieser Schmuck könnte allerdings den Menschen nach außen hin Ruhm bereiten, wenn nicht ein Blick in ihr Inneres sie demüthigte.

4. Nicht lange vor unserer Zeit[1]) wurde aber von Gott ein höchst weiser Baumeister gesendet, nämlich Bonifacius, der That und dem Namen nach ein großer Wohlthäter[2]) der Menschheit, welcher sich anschickte, die erwähnten Bischofssitze durch eine andere Art von Schmuck zu verherrlichen. Statt der Steine und des Mörtels wählte er zum Baue den Glauben und die Hoffnung, statt des Goldes gab er das Verständniß der Geheimnisse der heiligen Schrift, an die Stelle des Silbers setzte er die Predigt, um den Gläubigen den Namen des Herrn zu verkündigen, den Geist lehrte er, sich nicht nach den gemalten Decken, sondern zum Himmel zu erheben, weil nach dem Psalmisten die allgemeine Königin, nämlich die Kirche, nicht mit buntem Flitter, sondern mit dem himmlischen Gewande bekleidet ist[3]), und statt der schimmernden Edelsteine ließ er das musterhafte Leben der Kirchenlehrer glänzen und hielt es den Zuhörern vor, um sich darin wie in einem Spiegel zu beschauen, damit sie nicht die Lust anwandle, neugierig Höherem nachzugrübeln und in ihrem Dünkel mehr wissen

---

1) Der Verfasser dieser Biographie scheint also nicht sehr lange nach Bonifacius gelebt zu haben.

2) Uebersetzung des lateinischen Namens Bonifacius.

3) Vgl. Psalm 44, 14.

zu wollen, als nöthig ist, oder von eitler Ruhmsucht verleitet sich für etwas zu halten, da sie doch nichts sind. Dabei schärfte er aber stets ein, daß allen diesen Vorzügen die Liebe als Schlußstein dienen müsse, weil sie über Alles erhaben sei und von keiner andern Tugend übertroffen werde. Auf diese Weise baute jener Mann und gab seinen Mitmenschen den Rath, auf gleiche Weise zu bauen, während die meisten Baumeister unserer Zeit, weil sie in dieser Beziehung der Trägheit fröhnen und sich auf die Arbeit Anderer verlassen, nur elende und bald wieder einstürzende Bauten aufführen und zwar gebieterisch genug zu befehlen verstehen, aber selbst gemächlich dahin leben, gleich dem trägen und unbrauchbaren Landmanne, welcher sorglos schläft und Andern die Führung des Pfluges überläßt. Keiner aber, der auf diese Weise lungert, hat je seinen Untergebenen Vortheil gebracht, und noch nie hat ein in Bequemlichkeit schwelgender Feldherr ohne Nachtheil seines Heeres den Sieg errungen. Damit aber kein Verläumder höhnisch frage, woher so plötzlich jener Mann wie ein zweiter Melchisedech [1]) gekommen sei, so will ich jetzt zu erzählen beginnen, wo diese so köstlich duftende Blume entsproß, welche den Geruch einer so ausgezeichneten Tugend in unsern Gegenden nach allen Seiten hin verbreitete.

5. O hätte ich nur die Gabe, von ihm so zu sprechen, daß die Würde des Gegenstandes bei den Zuhörern durch mich nicht leidet der Ungeschicklichkeit wegen, welche mir nur allzusehr anklebt und mich in Allem und überall als einen unnützen und ungebildeten Menschen kennzeichnet. Wehe mir Armen, der ich durchaus unrein bin und in der Mitte eines Volkes wohne, welches unreine Lippen hat [2]). Ich weiß wohl und mache kein Hehl daraus, wie wenig ich würdig bin, daß meine Zunge mit jener Kohle berührt werde, welche mit der Zange des Alten und Neuen Testaments von dem Altare genommen wird und nach Isaias

---

1) Vgl. Genes. 14, 18. Hebr. 5, 7.

2) „Weh mir, daß ich geschwiegen habe, weil ich ein Mann von unreinen Lippen bin und unter einem Volke von unreinen Lippen wohne." Isai. 6, 5.

zum Prophezeien entflammt [1]). Ich will deßhalb mich selbst anklagen, Buße thun und in Thränen ausbrechend zu meinem Herrn und Gotte beten und sprechen: Herr Jesus Christus, du Sohn des lebendigen Gottes, der du dich gewürdiget hast, die menschliche Gestalt anzunehmen, dich ans Kreuz schlagen zu lassen, zu sterben und wieder aufzuerstehen, erhöre mein Flehen und tilge nach der Menge deiner Erbarmnisse meine Missethat [2]), lege eine wahre und wohlklingende Sprache in meinen Mund, damit meine Worte Wohlgefallen finden vor deinem Angesichte, und würdige dich, das Opfer deines Lobes von mir anzunehmen, der du gebenedeit bist von Ewigkeit zu Ewigkeit. Amen. Siehe, Herr, nun bin ich, in so fern du mir deine Gnade dazu verleihest, bereit, von deinem heiligen Märtyrer zu erzählen und ich will, wenn du das Schifflein führest, den ersten Faden in mein Gewebe einschlagen.

Erstes Kapitel.

Verrichtungen des heiligen Bonifacius in England, Friesland und Deutschland; seine erste und zweite Reise nach Rom, seine Weihe zum Bischofe.

6. Der heilige Bonifacius hatte seine Geburtsstätte auf der Insel, welche Britannia heißt und jetzt von dem Volke der Angeln bewohnt wird, welches, wie man glaubt [3]), von den Sachsen abstammt; Angeln werden sie aber genannt, weil sie die Angel, das heißt, der Stützpunkt des Reiches sind, und diese Ableitung ist auch keineswegs albern, da sie sich als tapfere und kräftige Männer bewähren und mit der Hülfe der Gnade Christi durch die Gewalt ihrer Waffen und Streitkräfte ihrem Gebiete Sicherheit und Ruhe verschaffen. Zuweilen werden sie zwar von Seeräubern, welche aus dem Norden kommen, arg heimgesucht, sie verjagen jedoch dieselben stets wieder durch muthigen Widerstand aus ihrem Gebiete. Auf dieser Insel also befand sich einst das

1) „Da flog zu mir Einer von den Seraphim und hatte einen glühenden Stein in der Hand, den er mit der Zange von dem Altare genommen hatte, und er berührte meinen Mund." Isai. 6, 6. 7.

2) Psalm 50, 3. — 3) Und wie es auch wirklich der Fall ist.

Paradies Gottes, aus welchem sich so kostbare Wohlgerüche verbreiteten, daß sie alle Länder ringsum vom britannischen Meere bis zur Burg des Romulus mit göttlichem Dufte erfüllten. Zu diesen Wohlgerüchen gehörten Furseus und seine Brüder [1]), Willibrord, der große Verbreiter der christlichen Religion [2]), dieser bewunderungswürdige Bonifacius, über welchen wir sprechen wollen, und noch viele Andere, die sich durch ihre Tugenden auszeichneten, wie Beda in seinem Werke über die englische Geschichte [3]) berichtet. Bonifacius also, welcher der Gegenstand unserer Darstellung ist, widmete sich, sobald er die Kinderjahre zurückgelegt hatte, mit ganzer Seele der Ergründung des göttlichen Gesetzes und wußte die himmlischen Lehren so vollkommen zu erfassen, daß er in Kurzem als einer der eifrigsten Verehrer der wahren Weisheit gelten konnte, der Weisheit nämlich, welche lehrt, im Gebete zu verharren, den Leib durch Fasten zu kasteien, häufig Nachtwachen zu halten, nicht nach irdischem Ruhme zu streben, nicht die Gunst der Menschen zu suchen, den Vorgesetzten zu gehorchen, mit den Brüdern in Eintracht zu leben, mit dem Hungrigen sein Brod zu theilen, den Nackten mit Kleidern zu versehen, die Waisen und Wittwen in ihrer Trübsal zu besuchen und sich von der Ansteckung der Welt rein zu erhalten. Dabei war er nicht aufgeblasen und hochmüthig und sann nicht auf Böses, sondern betrachtete in dem Gesetze des Herrn Tag und Nacht und war

---

1) Furseus und seine Brüder Foillanus und Ultanus stammten aus einem vornehmen irischen Geschlechte, verließen aber um das J. 638 ihre Heimath, um zur Verbreitung der christlichen Religion unter den Angelsachsen mitzuwirken. Furseus stand daselbst längere Zeit einem von ihm erbauten Kloster vor, überließ aber später die Leitung desselben seinen Brüdern und ging nach Frankreich, wo er das Kloster Lagny gründete, worin er auch um das J. 650 als Abt starb. Seine Brüder waren unterdessen ebenfalls nach Frankreich gekommen, wo Foillanus Abt des Klosters Fossi wurde und Ultanus, welcher Furseus im Kloster Lagny nachgefolgt, aber in einem Walde von Räubern ermordet worden war, lange überlebte.

2) Von ihm war schon in der vorhergehenden Ergänzung zur Biographie des heiligen Bonifacius, §. 16, die Rede.

3) Die noch vorhandene englische Kirchengeschichte des berühmten angelsächsischen Kirchenlehrers Beda, welcher im J. 735 starb, ist allgemein bekannt.

wie ein Baum, der gepflanzt ist an Wasserbächen, weßhalb er auch die Frucht des Marterthums trug zu seiner Zeit [1]).

7. Da er mit einer so reichen Fülle von Vorzügen begabt war, so fing er auch an bei sich zu überlegen, wie er seine Heimath verlassen und nach einem andern Lande wandern könne, um sich daselbst Gott zu opfern. Als sich ihm endlich eine Gelegenheit darbot, fuhr er über das Meer, richtete seinen Lauf nach den Inseln der Friesen und landete bei der Stadt Utrecht, wo er den Heiden das Wort Gottes verkündete und viele derselben vom Götzendienste zu Christus bekehrte. Da aber die meisten hartnäckigen Widerstand leisteten, so fühlte der Kämpfer Gottes, daß die Zeit seines Leidens noch nicht gekommen war, und kehrte in sein Vaterland zurück, um hier so lange die Leitung seiner Genossen zu übernehmen [2]), bis ihm der heilige Geist offenbaren würde, wo und wann er die Krone des Marterthums von dem Herrn erhalten solle. Nach einiger Zeit pilgerte er, wie man glaubt, durch ein englisches Gesicht gemahnt, nach Rom und bat den Papst um seinen Segen, empfing diesen aber von Christus durch seine Apostel Petrus und Paulus. Nachdem er alle dort befindliche Bethäuser besucht hatte und von dem Papste Gregorius und den übrigen angesehenen Männern ehrenvoll entlassen worden war, trat er die Rückreise an.

8. Als er aber vernahm, daß der größte Theil der Deutschen noch der Kenntniß Gottes entbehre, begab er sich frohlockend dahin und hoffte in diesen Gegenden zum Märtyrer werden zu können; und während er über sie die Schätze, welche unvergänglich sind, ausgoß, trachtete er weder nach Gold und Silber, noch verlangte er dort fruchtbare Aecker und ergiebige Weingärten, noch leckere Fleischgerichte, noch mit duftendem Falernerweine gefüllte Vorrathskammern, sondern nur das Heil der Seelen. Dieses suchte er und, Gott sei Dank, er fand es auch, denn er bekehrte in diesen Gegenden eine große Menge Volkes zum katho-

---

1) Vgl. Psalm 1, 2. 3.

2) Der Verfasser deutet also den nicht völlig klaren Ausdruck Willibalds (Kap. 5, §. 13) ebenfalls dahin, daß Bonifacius einige Zeit Abt des Klosters Nhutscelle gewesen sei.

lischen Glauben. Diese Germanen hatten vorher in ihren Hainen und Tempeln Geister und Gespenster verehrt, Bonifacius aber, der die göttliche Sichel in den Händen trug, vertilgte von Grund aus sämmtliche Faunen und Satyrn, wie einige die Waldgötter der Heiden nennen; eben so bewog er alle Christen, auch die Dryaden, Napäen und ihres gleichen [1]), welche eher Ungethüme als Göttern ähnlich sind, für nichts zu achten. Da es aber nicht genügt, wenn man nur niederreißt und ausreutet und nicht zugleich aufbaut und pflanzt, und es eben so wenig genügt, wenn man nur das Böse entfernt und nicht zugleich auch den Grund zum Guten legt, so errichtete der vom Geiste Gottes erfüllte Mann an den Orten, von welchen er die obengenannten Spukgestalten vertrieben hatte, berühmte Klöster, ausgezeichnete Kirchen und Altäre für das göttliche Opfer und sorgte dafür, daß da, wo vorher die Eingeborenen sterbliche Götzen verehrten, fortan der Name des lebendigen Gottes angerufen wurde [2]).

9. Nachdem er dieß auf solche Weise vollbracht, alle Provinzen der Alemannen, Noriker und Thüringer, so wie auch einige Grenzbezirke der Franken durchwandert [3]) und daselbst tüchtige Diener des Herrn eingesetzt hatte, nahm er Abschied von den Brüdern und trat im Namen des Herrn die Wanderschaft an, um andere Landestheile zu besuchen und auch diese durch die Gnade des Herrn von ihren Irrthümern zu befreien. Zuerst aber fuhr er zu Schiff wieder zu den Friesen, denen er schon früher gepredigt hatte und die gleich den Fischen im Wasser leben und von diesem dergestalt eingeschlossen sind, daß sie selten in fremde Gegenden gelangen können, wenn sie sich nicht zu Schiff dahin begeben [4]). Diese von den übrigen Völkern abgeschnittenen und

---

1) Der Biograph legt hier den deutschen Gottheiten der Wälder, Bäume und Quellen die geläufigeren römischen Namen bei.

2) Von diesen Kirchen und Klöstern war in den vorhergehenden Biographieen weitläufiger die Rede, weßhalb es überflüssig wäre, hier darauf zurückzukommen.

3) Bonifacius durchzog nach seiner Zurückkunft von Rom Deutschland von seiner südlichsten Grenze bis dahin, wo es im Nordwesten vom Meere umflossen ist, um sich von dem Zustande der Bewohner mit eigenen Augen zu überzeugen.

4) Schon die alten Schriftsteller entwerfen dieselbe traurige Schilderung von diesem Lande.

deßhalb dummen und rohen Leute ging er an mit dem Worte des himmlischen Samens und stand dort, wie ich in irgend einem Buche [1]) aufgezeichnet gefunden habe, Willibrord zur Seite, der hellsten Leuchte der heiligen Kirche, wie schon weiter oben [2]) bemerkt wurde. Dieser hatte damals seinen Sitz zu Utrecht und war der Hüter eines armen Gartens, als ihm aber die Hülfe eines so tüchtigen Ackermannes zu Theil ward, wuchs auch sein Besitzthum, denn beide erweiterten jetzt als vortreffliche Arbeiter den Umfang des göttlichen Ackerfeldes, indem sie durch ihr Gebet bewirkten, daß statt des Unkrautes, das heißt, statt des Unglaubens, die Pflänzchen des katholischen Glaubens hervorsproßten, und daß statt der Nessel, das heißt, statt der Ueppigkeit, die jungfräuliche Enthaltsamkeit und statt der Distel, das heißt, statt des Geizes, die Liebe, welche die Wurzel alles Guten ist, emporkeimte.

10. Nachdem sie dieß durch wechselseitiges Gebet zu Stande gebracht hatten, schieden sie wieder von einander und zwar blieb Willibrord zu Utrecht, Bonifacius aber ging nochmals [3]) nach Rom und wurde, als er dort anlangte, von dem oben erwähnten Papste Gregorius auf das bereitwilligste empfangen. Nachdem dieser Papst einige Tage mit ihm über geheimnißvolle und himmlische Dinge gesprochen hatte und wahrnahm, daß er von sprudelnder Fülle der göttlichen Lehre überfloß, übertrug er ihm mit Zustimmung der in Rom befindlichen heiligen Männer die bischöfliche Würde und stärkte ihn nach der Weihe, wie man glaubt, durch folgende Ermahnung. „Bruder,“ sprach er zu ihm, „du hast gehört und selbst gesehen, wie viele tausend Menschen in Deutschland noch in die alten Irrthümer des Götzendienstes verstrickt sind, und um welche große Anzahl von Söhnen die heilige Mutterkirche beeinträchtigt wird, wenn einem so berühmten Volksstamme das himmlische Licht vorenthalten bleibt. Verhilf also, da du ein biederer Mann und ein ausgezeichneter Lehrer unserer Religion bist, einer so großen Volksmenge zum Seelenheile, damit du das dir anvertraute Talent dem Herrn verdoppelt zurückzu-

---

1) In Willibalds Leben des heiligen Bonifacius, Kap. 6, §. 17.
2) Kap. 1, §. 6. — 3) Zum zweitenmale, nämlich im J. 723.

bringen [1]) gewürdiget wirst. Nimm die Hirtentasche mit den klarsten Kieseln des göttlichen Gesetzes zu dir, damit du eben so, wie David jenem Riesen, der ganz Israel zu vernichten drohte und bereits sich seines Sieges völlig gewiß dünkte, als Streiter Gottes sofort dem Feinde des menschlichen Geschlechtes entgegen treten kannst [2]); und wird dir in diesem Kampfe die Krone des Marterthums dargeboten, so nimm sie bereitwillig an und zögere nicht, durch das vorübergehende Leiden die ewigen Schätze zu erwerben." Nach diesen Worten entließ er ihn mit dem heiligen Kusse; Bonifacius aber, gestärkt durch den oberhirtlichen Segen und die Kraft der Wissenschaft, kehrte sogleich zu seinen Deutschen zurück, wo er den Kampf mit dem falschen Cyclopen begann, mit dem Schwerte des Wortes siegte und, da Christus durch seinen Arm kämpfte, das israelitische Lager vor der Plünderung der Philister bewahrte.

Zweites Kapitel.

Dritte Reise des heiligen Bonifacius nach Rom; er wird Erzbischof von Mainz; seine weiteren Anstrengungen und Erfolge derselben; sein Martertod.

11. In diesem Kampfe vollbrachte Bonifacius Alles, was an seinem früheren Siege noch gefehlt hatte, und nachdem endlich in jenen Gegenden der Friede hergestellt war, begab er sich zum drittenmale nach Rom [3]), um sich noch vollständiger in die Wissenschaft der göttlichen Kriegskunst einweihen zu lassen. Da er aber von dem heiligen Geiste gelernt hatte und sein Mund von den Geheimnissen der christlichen Religion überfloß, so brauchte er in keiner Weise noch weiter durch die Lehre eines rechtgläubigen Meisters unterrichtet zu werden, vielmehr waren Alle der Ansicht, daß er Führer und Lehrer zugleich des großen Heeres Gottes sein könne und müsse. Er brach also, nachdem er zum drittenmale durch den Segen aller heiligen Männer der römischen Kirche gestärkt worden war, wieder auf und beglückte Deutschland von

---

1) Vgl. Matth. 25, 20 ff. — 2) Vgl. I. Sam. 17, 20 ff.
3) Im Herbste des Jahres 738.

neuem durch seine heilbringende Gegenwart, indem er hier jetzt zum sechstenmale erschien, um das Licht des wahren Glaubens zu verbreiten. Als er während dieses Besuches seine Zelte an dem Ufer des Rheines aufschlug, kam ihm eine zahllose, aus Männern und Frauen bestehende Menge des fränkischen Volkes entgegen und bat und beschwor ihn, zu gestatten, daß man ihn auf den seines Hirten beraubten und eines solchen Schützers bedürfenden bischöflichen Stuhl von Mainz erhebe [1]. Als der heilige Mann, welchem nie die Offenbarung des göttlichen Willens durch ein Gesicht fehlte, dieß Verlangen vernahm, folgte er der Eingebung des heiligen Geistes. Er unterzog sich daher dem guten Werke, ohne dem Stolze Gewalt über sich einzuräumen, übernahm die Mühen dieses Amtes, ohne auf die Annehmlichkeiten desselben zu achten, und trug diese Würde, ohne seine Demuth einzubüßen, sondern lud vielmehr, indem er an den Bedrängnissen und Sorgen der Einzelnen Theil nahm, die Last Aller auf seine Schultern und bewährte sich nach dem Apostel in Allem als einen getreuen Haushalter und als einen untadelhaften Hirten der Schafe Christi [2].

12. Nachdem wir nun das Angemessene über die würdigen Sitten, welche er in seiner Knabenzeit zeigte, über die dem göttlichen Gesetze genügenden Anstrengungen, denen er sich in seiner Jugend unterzog, und über den heiligen Wandel, durch welchen er in seinem Priesterthume gleich einem hell leuchtenden Sterne glänzte, mitgetheilt haben, wollen wir in unserm freilich nicht der Würde der Thatsachen, sondern nur unsern Kräften entsprechenden Berichte zur Erzählung seines Marterthums schreiten, welches für ihn keineswegs deßhalb so lange verschoben blieb, weil er die Qual des Leidens oder den Todeskampf fürchtete, sondern weil, um kühn mit dem Evangelium zu reden, seine Stunde noch nicht gekommen war [3]. Hätte er nach dem Rath-

1) Die Absetzung des Mainzer Bischofs Gewilieb und die Erhebung des heiligen Bonifacius an seine Stelle berichtet am weitläufigsten der Nachtrag zu Willibalds Biographie von einem Mainzer Priester (Kap. 1), auf welchen wir den Leser verweisen.

2) Vgl. Tit. 1, 7 ff. I. Tim. 3, 1 ff. — 3) Joh. 8, 20.

schlusse Gottes schon am Anfange seines Predigtamtes eine solche Belohnung empfangen sollen, so wäre ihm bereits bei seinem entschiedenen Auftreten unter den rohen Friesen und äußerst wilden Deutschen der Kopf abgeschlagen worden; da aber der gütige Gott noch viele Andere durch das Beispiel seines Dieners anfeuern wollte, so gab er nicht zu, daß dieser eher unter dem Schwerte der Heiden fiel, als bis er viele tausend Seelen mit dem Haken des Glaubens aus dem Rachen Leviathans gezogen hatte, um sodann mit einer gewaltigen Schaar zu Christus eilen zu können. Der uns überlieferte Verlauf dieses Ereignisses ist aber folgender. Als der heilige Bonifacius auf dem bischöflichen Sitze zu Mainz dem Herrn schon viele Tage gedient hatte, wurde ihm des heiligen Bischofs Willibrord Scheiden vom Fleische und sein Uebergang zum himmlischen Ruhme kund. Sogleich fühlte der tapfere Streiter, daß er wieder zu der Hirtentasche mit ihren Steinen greifen und wieder zum Kampfe gegen den Philister Goliath ausziehen müsse. Da er keinen Augenblick im Zweifel war, was er zu thun habe, indem ihm der heilige Geist Alles offenbarte, so eilte er ohne Verzug zu Schiffe dahin, wo er aus allen Kräften mit dem Teufel kämpfen sollte, und er wurde auf den Fluthen des Rheines alsbald nach einem ihm sehr bekannten Orte, nämlich nach der Stadt Utrecht, getragen. Als er hier gelandet war, sah er den englischen Chor ihm entgegenwallen, welchen der ausgezeichnete Lehrer Willibrord in dem Kloster daselbst zum Lobe und Preise des Namens Gottes versammelt hatte [1]. Mit diesem schritt er zu der Kirche, betete mit den Betenden, seufzte mit den Seufzenden, weinte mit den Jammernden und trauerte mit den Trauernden um Willibrord in herbem Schmerze, denn auch er war dem so würdigen Vater in inniger Liebe eng verbunden und zugethan gewesen.

13. Als aber die Tage des Klagens und der Traurigkeit vorüber waren, fühlte der durch seine Beredsamkeit ausgezeichnete Oberhirte einen unwiderstehlichen Drang zum Predigen und rüstete sich als unbesiegter Streiter zum Kampfe. Als er aber nach einem zum Predigen und Kämpfen geeigneten Orte spähte, wurde ihm

---

1) Vgl. Bd. I, Nr. 105.

durch eine göttliche Eingebung angedeutet, daß am Gestade des Ozeans noch Völker gelegen seien, welchen er das Evangelium verkünden müsse, und daß er bei diesen die Krone des Lebens erlangen werde, welche Gott denen verheißen hat, die ihn lieben[1]). Sogleich vertraute er sich den Fluthen des Stromes an und als er nach einer vom Südwinde begünstigten Fahrt zu der Insel, welche Ostriki[2]) heißt, gelangt war, sagte er Gott Dank und hegte das feste Vertrauen, daß ihm fortan weder Trauer, noch Jammer, noch Schmerz schaden könne, weil er auf dieser Insel aller Leiden überhoben werden sollte. So kam auch einst Paulus, als er dem Opfertode entgegen eilte[3]), nach Melita[4]); Paulus fand aber bei den Bewohnern dieser Insel eine menschenfreundliche Aufnahme, während jener von den Friesen mit Schmähreden und Drohungen verfolgt wurde; den ersten biß eine Natter in die Hand[5]), ein gottloser Scherge schnitt dem Andern das Haupt ab; Paulus fuhr von Melita nach Rom, Bonifacius endete bei den Friesen seine Laufbahn. In vielen Aeußerungen ihrer Tugenden stimmen sie jedoch überein, denn sie hatten auf ihrer Fahrt denselben Zweck, eine ähnliche Bemühung und gleiche Liebe; Paulus aber war der Meister, dieser der Schüler, jener der Lehrer der Völker, dieser der Prediger der Deutschen, jener wird auf dem Throne der Apostel sitzen, um zu richten, dieser wird zur Rechten stehen unter der Zahl der Heiligen. Er wird aber in Gemeinschaft mit Paulus, nach dessen Vorbild[6]) er den Todesstreich empfing und aus dem Leben schied, die ewige Glückseligkeit genießen; der Märtyrer wird dem Märtyrer, der Lehrer dem Prediger, der Apostel dem Priester vor dem Angesichte unseres Herrn Jesus Christus Glück wünschen. Bonifacius, der Heilige Gottes, vollendete also seinen Lebenslauf, während er stand und betete

---

1) Vgl. Jacob. 1, 12. — 2) Ostergo; vgl. Willibald, Kap. 11, §. 36.

3) Als er von Cäsarea nach Rom gebracht wurde, um dort gerichtet zu werden, weil er an den Kaiser appellirt hatte; vgl. Apostelg. Kap. 26.

4) Malta, bekannte Insel zwischen Sizilien und Afrika, bei welcher Paulus Schiffbruch litt. Ebend. Kap. 27 u. 28.

5) Ohne ihm zu schaden. Ebend. 28, 3 ff.

6) Paulus erlitt im J. 66 den Martertod durch das Schwert.

und seinem Bedränger den Hals zum Streiche darbot, am vierten Tage nach den Kalenden des Monats Juni[1]). Daher haben auch jene vier Verse ihren Ursprung, welche von der Kirche am Feste seiner Beisetzung gesungen werden:

Junius bringt an den Nonen fürwahr ein herrliches Fest uns,
Welches die Brüder und Bürger zugleich erfüllet mit Freude,
Weil Bonifacius jetzt, nachdem er das ewige Leben
Durch sein Blut sich verdient, zu den himmlischen Räumen emporstieg.

14. Mir aber wurde, als ich, um etwas über ihn niederschreiben zu können, in der erwähnten Gegend Nachforschungen anstellte, mitgetheilt, daß ein freilich schon sehr alterschwaches Weib noch am Leben sei, welches eidlich versichere, bei der Enthauptung des Streiters Christi gegenwärtig gewesen zu sein. Sie erzählte, daß er in dem Augenblicke, als das Schwert ihn treffen sollte, das heilige Evangelienbuch auf sein Haupt gelegt habe, um unter ihm den Streich des Mörders zu empfangen und im Tode den Schutz des Buches zu empfinden, das zu lesen im Leben seine Wonne gewesen[2]). Mit ihm wurden aber auch seine Schüler ermordet an dem Orte, welcher Dockinga[3]) heißt und wo später zur Ehre des erhabenen Märtyrers eine berühmte Kirche erbaut wurde. Neben dieser sprudelt eine Quelle süßen Wassers hervor, während anderwärts in diesem ganzen Lande die Gewässer salzig und bitter sind. Diese Quelle ist, wie man sagt, von Bonifacius aufgefunden und geweiht worden und deßhalb durch so große Süßigkeit ausgezeichnet und zum Tranke für jedermann wohl geeignet[4]).

15. Sein ehrwürdiger Körper wurde zuerst nach Utrecht gebracht und später in das Kloster Fulda übertragen, welches er selbst von Grund aus gebaut und worin der berühmte Hirte eine in wahrer Unschuld vereinigte höchst achtbare Heerde Christus

---

1) Also am 5 Juni, wie alle Berichte einstimmig angeben.

2) Der Apostel der Deutschen wird deßhalb mit einem Schwerte in der Rechten, welches ein durchbohrtes Buch trägt, dargestellt. Das mit dem Schwerte durchgehauene Buch befindet sich in der Dombibliothek zu Fulda.

3) Jetzt Dokkum im Bezirke von Leeuwarden.

4) Vgl. Willibald, Kap. 13, §. 40.

geweiht hatte. An vier beglückten Orten also, nämlich zu Dockinga, zu Utrecht, in der Stadt Mainz und im Kloster Fulda, macht sich die Gegenwart des heiligen Märtyrers häufig durch sichtbare Anzeichen bemerklich, indem daselbst durch seine Fürbitte von dem Herrn viele Heilungen und andere Wohlthaten bis auf den heutigen Tag gewährt werden.

Drittes Kapitel.

Warum der Verfasser nicht von Wundern spricht, und welche Wunder Bonifacius verrichtete.

16. Als ich diese von mir ausgearbeitete und in ein Büchlein gebrachte Darstellung auf Verlangen der Brüder öffentlich vortrug, fanden sich, von Streitsucht getrieben, einige unlautere, ja, wie man sagt, mit Geiseln versehene Menschen ein, welche sich zwar in ihrer Heuchelei das Ansehen gaben, als ob sie gegen den Märtyrer Christi durchaus nichts einzuwenden wagten, gegen mich aber ihren hündischen Rachen aufsperrten und mich auf folgende Weise anzubellen anfingen. „Du hast," sagten sie, „da du doch diesen großen Mann durch unendliches und fast göttliches Lob zu erheben beabsichtigtest, von dem Werthe des Ackers einen Theil unterschlagen[1]), denn du kannst nicht in Abrede stellen, daß du keine von ihm gewirkten Zeichen und Wunder, wie man sie auch den andern Heiligen nachrühmt, mitgetheilt hast, während doch hauptsächlich durch diese Dinge dargethan zu werden pflegt, welches Verdienst sich jeder bei dem allmächtigen Gott erworben hat." Indem ich ihnen sofort den evangelischen Spruch: Wenn ihr nicht Zeichen und Wunder sehet, so glaubet ihr nicht[2]), entgegensetzte, sprach ich zugleich meinen Unwillen darüber aus, daß es ihnen so zu verfahren beliebe, als ob ich versprochen habe, alles Gute, was er je that, zu erwähnen oder niederzuschreiben, oder als ob meine Vorgänger absichtlich Großes und Rühmliches, was sie von diesem Manne wußten, verschwiegen hätten. Oder glauben sie etwa, daß das von mir Sünder über ihn Niedergeschriebene so gering zu achten sei, daß sie gar nicht auf den Werth

---

1) Vgl. Apostelg. 5, 3. — 2) Joh. 4, 48.

des Erzählten, sondern nur auf die Person des unwürdigen und armseligen Verfassers Rücksicht zu nehmen brauchen? Damit ist es aber nicht gethan, denn man verachtet die Rosen nicht, weil sie an einem dornigen Strauche wachsen, und das Getreide riecht dem Menschen nicht übel, weil es von einem mit Mist gedüngten Boden hervorgebracht wird, man denkt vielmehr bei beiden nicht an das Abscheuliche, sondern beachtet nur das Nothwendige und Ergötzliche. Habt deßhalb, ihr unliebenswürdige Freunde, auch mit mir Nachsicht, wenn ich bei euch wegen meiner Unflätigkeit nicht in gutem Geruch stehe, nehmt aber den Britanniens Gauen so kostbaren Schatz, welchen ich euch darbiete, mit Wohlgefallen an und laßt euern Neid schweigen.

17. Uebrigens habe ich euch auf euern Vorwurf, daß ich die Wunder und Zeichen eines so großen Märtyrers unerwähnt gelassen, zu meiner Rechtfertigung Folgendes zu erwidern. Die Apostel thaten zwar Zeichen und Wunder, aber der, welcher wirkte und lenkte und die Götzendiener und Ungläubigen zum Glauben hinzog, wohnte in ihnen. Diese Zeichen blähten deßhalb nicht auf, sondern erbauten, sie erfüllten nicht mit Stolz, sondern mit Erbarmen; sie machten nicht übermüthig, sondern mitleidig, nicht stolz durch die Reichthümer der Welt, sondern berühmt durch die Armuth Christi. Der heilige Geist theilte demnach jedem einzelnen zu, was er wollte. Dem einen gab er den Glauben, wie dem Petrus, dem andern die Gabe der Predigt, wie dem Paulus, diesem die Jungfräulichkeit, wie dem Johannes, jenem die Mannhaftigkeit, wie dem Andreas, und so verfuhr er bei den übrigen auf gleiche Weise. Alles dieß wirkte aber ein und derselbe Geist, der auch unsern Heiligen erfüllte, weil er auf gleiche Weise liebte; er unterrichtete ihn, weil er sich ihm zuerst hingab, weßhalb dieser sich auch durch dieselben Tugenden auszeichnete. Da er den Glauben besaß, so entsagte er Allem, was er als Eigenthum hätte beanspruchen können, nahm sein Kreuz auf sich und folgte Christus; da ihm das Wort der Erbauung in Fülle zu Gebot stand, so durchwanderte er Deutschland und Italien, säete guten Samen auf dem Acker des Herrn, beglückte die Mündungen des Rheines mit der Blüthe seiner Lehre, war jungfräulich rein und ein würdiger Priester und errang durch seine Mannhaftigkeit die

Palme des Marterthums. Ist es dem der Wahrheit nachspürenden Verstande vergönnt, richtige Vermuthungen aufzustellen, so müssen wir sogar annehmen, daß er auch die übrigen Apostel nachahmte, welche nach Morgen und Mittag hin den der Sonne nahen Völkern die Sonne der Gerechtigkeit predigten. Völlig anders verfahren zur jetzigen Zeit viele der Unsrigen, denn was sie erwerben können, wollen sie ohne Theilnehmer besitzen; sie fügen Grundstück zu Grundstück und gestatten kaum dem Meere, seine Grenze zu behalten. Reisen sie irgend wohin, so führen sie Säcke mit Geld bei sich; ihre Hirtentaschen füllen sie nicht mit Steinen, sondern mit Silbermünzen und in der ganzen Welt laufen sie umher, um etwas zu erwerben.

18. Nicht so, durchaus nicht so verfuhr Bonifacius; sondern wohin er auch ging, trug er seine Bücher [1]) bei sich, diese waren sein Schatz und sein ganzes Besitzthum; auf der Reise pflegte er entweder die heilige Schrift zu lesen, oder Psalmen und Hymnen zu singen, oder Almosen unter die Dürftigen zu vertheilen, an dem Volke aber that er große Zeichen und Wunder, indem er durch seine seltene und wunderbare Kenntniß der menschlichen Natur die unsichtbaren Gebrechen aus dem kranken Geiste verscheuchte und trotz aller Schwäche des Körpers als geistlicher Arzt inwendig schnitt, inwendig salbte und inwendig heilte. Auf diese Weise behandelte er Alle, mochten sie lahm sein durch Ungläubigkeit, oder blind durch Unwissenheit, oder taub durch Hartherzigkeit, oder stumm durch Unkenntniß des Gesetzes, oder schwindsüchtig durch Geiz, oder aussätzig durch Verläumdung, oder herzkrank durch Neid, oder stinkend durch Wollust, oder magenkrank durch Gefräßigkeit, oder gallsüchtig durch Unmäßigkeit, oder wassersüchtig durch Völlerei, oder mochte die arme Seele mit irgend einer andern schlimmen Seuche behaftet sein. Eben so gab er auch denen, welche der Zorn wahnsinnig, der Haß verrückt, der Irrthum magenkrank, die Unfrömmigkeit toll, der Stolz fallsüchtig, die Trägheit schlafsüchtig oder irgend ein geistiges Leiden krank gemacht hatte, sowohl durch die Chirurgie der Buße, als

1) Sowohl die heilige Schrift, als auch die Werke berühmter Kirchenväter; vgl. Willibald, Kap. 11, §. 33. 37.

auch durch die Bähung des Trostes die Gesundheit wieder. Alle diese Krankheiten verderben sicherlich unsere Natur und ziehen den Menschen von Gott ab und der heilige Bonifacius kann deßhalb gewiß mit vollem Rechte ein ausgezeichneter Wunderthäter genannt werden, da er durch die Arznei seiner Lehre sehr Viele heilte, welchen durch kein anderes Mittel zu helfen war.

19. Wenn ihr nur auf das körperliche Wohlsein achtet und diejenigen den Engeln gleich stellet, welche den siechen Gliedern durch Fasten und Gebet die Gesundheit wieder geben, so rühmt ihr zwar ohne Zweifel etwas Großes, daß dieß aber einigermaßen die Heiligen und die Aerzte mit einander gemein haben, zeigt sich häufig durch den Erfolg der Heilmittel, denn auch David linderte, obgleich er von Gott auserwählt war, bekanntlich durch die Heilkunst den Wahnsinn des Königs Saul [1]), und auch Pythagoras soll einen Verrückten durch natürliche Leibesbewegungen und sanfte Bähungen unter Begleitung angenehmer Melodieen geheilt haben [2]). Jeder aber, der durch solche Wunder hoch steht, muß sich selbst mit großer Umsicht wappnen, damit weder Prahlerei hervortrete, noch Begierde nach Lob ihn beschleiche, und er nicht, während er Andere durch die ihm beiwohnende Kraft heilt, durch seine Schuld selbst verletzt wird und zu Grunde geht; weßhalb wir auch nicht, ohne daß uns ein großer Schrecken befällt, an jenen Ausspruch des Herrn denken können, welcher vorausverkündet hat, daß er Alle, die sich ihrer Tugenden rühmen, in dem Gerichte strafen werde, indem er sagt: Weichet von mir, ihr Uebelthäter allesammt, denn ich kenne euch nicht [3]).

20. Die Apostel waren daher an jenem Tage, als sie unter den Kranken umherwandelten und Großes wirkten, sicher, weil sie stets bemüht waren, ihre Unvollkommenheit vor Augen zu haben; auch die Märtyrer, Beichtiger und Jungfrauen erfreuten sich dieser Sicherheit, weil sie sich vor Gott und vor den Menschen mit derselben Demuth benahmen; einer solchen Sicherheit

---

1) Vgl. 1. Kön. 16, 14 ff.

2) Es ist bekannt, daß Pythagoras sich viel mit der Musik und der Gymnastik beschäftigte und großen Werth auf die Wirkungen dieser Künste legte.

3) Vgl. Matth. 7, 23.

wird sich auch unsere überaus prachtvolle Zierde erfreuen, welche ohne Verwegenheit neben Paulus der Apostel Galliens genannt werden kann [1]), nämlich der heilige Martinus, der Beichtiger des Herrn und das strahlende Licht und die unerschütterliche Säule des christlichen Volkes, welcher selbst, während er seine Gallier durch Zeichen und Wunder fast über alle Sterbliche erhob, arm und bescheiden blieb und sich gleichsam als himmlischer Igel auf einen Felsen zurückzog [2]) und sich daselbst vor allem Hochmuthe und vor aller Eitelkeit der Welt bewahrte.

21. Dieser Sicherheit wird aber wohl auch nicht entbehren der den besten Männern beizuzählende und von heiliger Beredsamkeit überströmende Bonifacius, der erhabene Märtyrer, welcher, obgleich er die in der schrecklichen Finsterniß der Sünde begrabenen Länder Deutschlands sechsmal durch den Glanz seiner Tugenden erleuchtete, das stets von den wüthenden Fluthen der es umbrausenden Gewässer bedrohte Friesland dreimal befreite und zuletzt das Dörfchen Dokinga durch das Blut seines Marterthums heiligte, sich doch nie von dem Teufel verleiten ließ, stolz aufzutreten, und stets dem heiligen Martinus darin gleich blieb, daß er seine Demuth bewahrte, wie er überhaupt in Allem diesem Vorbilde folgte und so auf Erden wandelte, daß er mit dem Geiste im Himmel wohnte, wo er nun glückselig weilt und in ewiger Freude mit denjenigen triumphirt, die angethan mit weißen Kleidern dem Lamme folgen, wohin es geht [3]), welchem Ehre und Ruhm sei von Ewigkeit zu Ewigkeit. Amen [4]).

Die Zahl der heiligen Märtyrer, welche mit dem seligen Bischofe Bonifacius für Christus litten, betrug zweiundfünfzig. Die Leichname der heiligen Märtyrer aber wurden von den Gläubigen gesammelt und mit dem seligen Bischofe Bonifacius auf ein Schiff gebracht, auf welchem sie unter seliger Freude und

---

1) Der Apostel Paulus soll nämlich nach der Sage auch in Gallien das Evangelium gepredigt haben.

2) Vgl. Psalm 103, 18. — 3) Vgl. Offenb. 7, 9 ff.

4) Hier scheint die Biographie des unbekannten Priesters von Utrecht zu enden; der noch folgende Schluß wurde vielleicht aus der zunächst folgenden Biographie, wo er sich fast wörtlich, nur etwas ausführlicher, wiederfindet, beigefügt.

nach einer glücklichen Fahrt bis Utrecht gelangten. Dort wurden sie mit Hymnen und Psalmen empfangen und in der Kirche, welche der heiligen Dreifaltigkeit geweiht ist, mit aller Ehrfurcht und Achtung beigesetzt. An diesen Orten, nämlich zu Utrecht, zu Fulda und zu Dokinga, werden von Gott durch die Verdienste der heiligen Märtyrer unter Zeichen und Wundern dem gläubigen Volke Wohlthaten gespendet bei stetem Gedeihen des katholischen Glaubens durch Jesum Christum von Ewigkeit zu Ewigkeit.

5.

Leben des heiligen Bonifacius,

von einem unbekannten Verfasser [1]).

1. Nachdem auch das berühmte Volk der Anglen nach dem Beschlusse des heiligen Gregorius, des römischen Papstes, den christlichen Glauben, welcher bereits lange vorher über den Erdkreis verbreitet war, angenommen hatte [2]), wurden unter diesem Volke Viele von dem heilbringenden Feuer der göttlichen Liebe so sehr entzündet, daß sie nicht nur die Reichthümer dieser Welt verachteten, sondern auch Eltern und Vaterland verließen, um durch die That der Stimme der Wahrheit zu folgen, welche im Evangelium sagt: Wer sein Haus, oder Brüder, oder Schwestern, oder Vater, oder Mutter, oder Weib, oder Kinder, oder Aecker um meines Namens willen verläßt, der wird Hundertfältiges

1) Nach der einzigen Ausgabe in den Act. SS. Antverp. Junii, Tom. I, p. 481 sqq.

2) Der Papst Gregorius I. schickte den Glaubensboten Augustinus nach Britannien, welcher die Bekehrung der Angelsachsen im J. 597 begann und seine Aufgabe mit dem günstigsten Erfolge löste.

dafür erhalten und das ewige Leben besitzen [1]). Unter diesen befand sich auch ein Mann, Winfrid genannt, welcher schon von der Wiege an Gott ergeben war und aus einem vornehmen Geschlechte der Anglen stammte. Des göttlichen Ausspruches eingedenk, welcher sagt: Wer nicht Alles aufgiebt, was er besitzt, kann nicht mein Jünger sein [2]), verschmähte er aus Liebe zu Gott alles Andere und folgte nicht weniger in seinen Werken als in seinem Glauben Christus, der die Belohnungen des ewigen Lebens verheißt, indem er allen Prunk des irdischen Ansehens zurückwies, den Umgang mit den Verwandten abbrach und es vorzog, in dieser Welt arm und fremd zu sein, um in der künftigen Miterbe und Genosse der Heiligen zu werden. Da der heilige Mann in seinem Geiste diesen Vorsatz gefaßt hatte und nicht taub war gegen die Mahnung der heiligen Schrift, welche sagt: Wer es hört, der spreche: komm' [3]), so suchte er Alle, welche er zur Ausführung eines so heilsamen Unternehmens aufzufordern Gelegenheit fand, durch sanftes Zureden zur Theilnahme zu bewegen und trat endlich unter Christi Führung sammt den mit ihm vereinigten Brüdern die freiwillige Reise an.

2. Nachdem er die Marken seines Vaterlandes durchwandert hatte, gelangte er an das Gestade des stürmischen Meeres; er bestieg hier ein Schiff, vertraute sich den Wogen des Ozeans an und erreichte auf seiner Fahrt die Mündungen des Rheins, von wo er unter der Leitung des heiligen Geistes seinen Weg fortsetzte bis zu der Veste, welche jetzt Tricht [4]) heißt und in alter Zeit Wiltenburch genannt wurde. Die Verwaltung derselben leitete damals mannhaft der heilige Willibrord, welcher ebenfalls dem oben genannten Volke der Anglen angehörte und hier dem zu dieser Zeit noch nicht lange zum christlichen Glauben bekehrten Volke unermüdlich predigte. Als dieser vernahm, daß ein Mann von so großer Heiligkeit sich ihm nahe, äußerte er sogleich über die Ankunft desselben sein Wohlgefallen und empfing ihn mit großer Freude und Hochachtung; auch säumte er nicht, ihn durch heilsame Mahnungen aufzumuntern und zur Mitwirkung bei der Verbreitung

---

1) Matth. 19, 29. — 2) Luc. 14, 33. — 3) Offenb. 22, 17.
4) Oder Utrecht; vgl. Lüdgers Biographie, §. 16.

des Evangeliums beizutragen, um so durch gemeinsame Bemühung das friesische Volk aus der Knechtschaft des alten Feindes zu befreien und der Herrschaft Christi zu unterwerfen; denn dieses im Glauben keineswegs feste Volk diente noch in den meisten Dingen mit blindem Herzen den Götzen und bösen Geistern und wandelte noch nicht auf dem Wege der ewigen Glückseligkeit. Der fromme Mann folgte ungesäumt und in Demuth dem heilsamen Rathe und dem Worte der väterlichen Mahnung und rottete, während er mit Willibrord ununterbrochen dreizehn Jahre hindurch [1]) die Leitung der diesem anvertrauten Kirche zu Tricht besorgte, überall, wo es ihm möglich war, die Unflätherei des Götzendienstes aus. Als der Mann Gottes Willibrord sah, daß jener bei der Vertretung seiner Stelle mit der größten Gewissenhaftigkeit verfuhr und nach dem Ausspruche des Herrn einfältig war wie eine Taube und klug wie eine Schlange [2]), so wünschte er ihn zur bischöflichen Würde zu erheben und zum Gehülfen [3]) in demselben Sprengel zu bestimmen. Dieser weigerte sich aber entschieden und antwortete stets mit der Ausrede, daß er einer so hohen Ehre unwürdig sei und auch wegen seines unreifen Alters die bischöfliche Würde noch nicht annehmen dürfe [4]).

3. Da dem von Gott erfüllten Mann Willibrord durch die Eingebung des heiligen Geistes nicht verborgen blieb, daß jener zu einer weit höheren Ehrenstelle bestimmt war, so entsprach er seinem Willen und ließ ihn, wie er es wünschte, nach Rom zu den Schwellen der Apostel pilgern [5]). Der seligste Papst Gregorius, der zweite dieses Namens nach dem ersten, nahm ihn mit großer Achtung auf und vernahm durch seine eigene Erzählung der Reihe nach alle seine Wünsche. Als aber der selige Papst

---

1) Der Biograph folgt hier der unrichtigen Angabe Lüdgers (§. 2), welche bereits an der betreffenden Stelle erörtert wurde.

2) Vgl. Matth. 10, 16. — 3) Coadjutor, wie man sich jetzt ausdrückt.

4) Vgl. Willibald, Kap. 6, §. 17.

5) Die Reise des heiligen Bonifacius nach Rom, von welcher hier gesprochen wird, ist offenbar nicht seine erste, auf welcher er zum Glaubensboten bei den deutschen Völkern ernannt wurde, wie Gottf. Henschen, der Herausgeber dieser Biographie, glaubt, sondern seine zweite, auf welcher er zum Bischofe ohne bestimmten Sitz ernannt wurde.

Gregorius die Heiligkeit seines Vorhabens sah und sich zugleich von der Aufrichtigkeit seines Strebens überzeugte, bat er ihn sofort mit liebevoller Güte, ja befahl ihm sogar kraft seiner apostolischen Machtvollkommenheit, über die Alpen zu gehen und die Ketzerei in jenen Gegenden, wo sie am meisten wucherte, durch seine heilbringende Lehre mit der Wurzel auszurotten. Den Befehlen des kirchlichen Oberhauptes gehorsam reiste er in der Eigenschaft eines Legaten zu den Thüringern und Hessen, verbesserte durch die Kraft des evangelischen Wortes und durch den Beistand des heiligen Geistes die Sitten derselben, verscheuchte die Ketzerei und vollbrachte eifrig das Werk des Herrn, welches er begonnen hatte. Durch diese Thaten und die Vertilgung der Irrlehren verbreitete sich der Ruhm des heiligen Mannes alsbald über das ganze Frankenland und Karl, der glorreiche Herzog der Franken, bewog ihn im Einverständnisse mit den übrigen Fürsten und dem Volke durch dringende Bitten, wieder nach Rom zu gehen und von dem Haupte der Christenheit die erzbischöfliche Weihe zu empfangen. Der heilige Mann widerstrebte lange, indem er betheuerte, der Auszeichnung durch ein so hohes Amt unwürdig zu sein, endlich aber begab er sich doch, durch die Bitten der Fürsten bewogen, wieder nach Rom[1]), wo ihn der Papst Gregorius[2]) mit der größten Hochachtung aufnahm und nach dem Verlangen des glorreichen Herzogs Karl und der übrigen Fürsten des fränkischen Reiches zum Erzbischofe weihte, ihm seiner guten Werke wegen den Namen Bonifacius beilegte[3]) und ihn, nachdem er durch die apostolische Machtvollkommenheit zu einer höheren Würde erhoben war, wieder entließ, um in der Verkündigung des Evangeliums fortzufahren.

4. Der heilige Mann und zukünftige Märtyrer Bonifacius stellte sich nach seiner Zurückkunft unter den Schutz Karls, des

---

1) Zum drittenmale, im J. 738.

2) Gregorius III, welcher im J. 731 den päpstlichen Stuhl bestiegen hatte.

3) Dieß geschah schon während des zweiten Besuches des Apostels der Deutschen in Rom; vgl. Lüdgers Biographie, §. 13, deren Worte der ungenannte Biograph hier wiederholt, ohne die Reihenfolge der Thatsachen genau zu beobachten.

Herzogs der Franken, und predigte mit dessen Zustimmung zuversichtlich das Wort Gottes in Thüringen und im Lande der Hessen [1]). Als aber bald darauf Karl den Weg alles Fleisches ging [2]), übernahmen seine glorreichen Söhne Karlmann und Pippin die Leitung des väterlichen Reiches, beriefen im Vereine mit den Bischöfen und allen übrigen Würdeträgern ihres Landes eine Synode [3]) und erhoben den seligen Bonifacius zum Erzbischofe der Metropolitanstadt Mainz [4]). Als jedoch der selige Bonifacius bei genauerer Umschau wahrnahm, daß ihm nur wenige Verbreiter des göttlichen Wortes zu Gebot standen, und daß, wie die heilige Schrift sagt, die Ernte zwar groß, der Arbeiter aber nur wenige waren [5]), so wählte sich der weise Leiter des Werkes, gleich einem klugen Arzte, der zur Heilung der Wunden seiner Kranken eine Fülle von Kräutern einsammelt, möglichst viele Seelenärzte, und zwar theils aus seinem Lande, theils aus dem fränkischen Gebiete und theils auch aus den Marken Hiberniens [6]) als Mitarbeiter im Weinberge des Herrn. Zu diesen gehörten Wigbert [7]) aus dem Lande der Anglen, der selige Gregorius [8]) aus einem vornehmen fränkischen Geschlechte, der ehrwürdige Sturmi [9]), Lul, Memgoz, Willibald und dessen Bruder Winibald und viele Andere, deren Namen einzeln herzunennen viel zu weitläufig wäre.

---

1) Dieß geschah schon nach seiner zweiten Heimkehr aus Rom.

2) Am 15 October 741.

3) Auf den 21 April 742. Die Verhandlungen derselben wurden weiter oben (S. 3 ff.) mitgetheilt.

4) Im J. 745, Bonifacius nahm aber erst im J. 748 diese Würde an.

5) Luc. 10, 2.

6) Ueber die aus Hibernien (Irland) gekommenen Mitarbeiter des heiligen Bonifacius besitzen wir keine nähern Nachrichten.

7) Der spätere Abt des Klosters Fritzlar. — 8) Später Abt zu Utrecht.

9) Er stammte aus Baiern, die übrigen hier namhaft gemachten Mitarbeiter waren mit Ausnahme des Memgoz (Megingoz), über dessen Herkunft sich keine Andeutung findet, Angelsachsen. Ihre Berufung fand aber nicht, wie der Biograph angiebt, nach der Erhebung des heiligen Bonifacius auf den erzbischöflichen Stuhl von Mainz, sondern weit früher statt; vgl. Seiters, a. a. O. S. 185 ff.

5. Nach Verlauf nicht vieler Jahre kam dem seligen Bonifacius die Nachricht zu, daß der heilige Willibrord aus dieser Pilgerschaft durch einen glückseligen Tod in das himmlische Vaterland hinübergegangen sei [1]). Der Tod eines so vortrefflichen Mannes erfüllte ihn mit großer Betrübniß; während er aber seinen tiefen Schmerz durch Seufzen und Wehklagen äußerte, faßte er den Entschluß, möglichst schnell eine Synode einzuberufen [2]). Als nun ohne Verzug die Bischöfe und sämmtliche Mitglieder des geistlichen Standes zusammenkamen, wählte er mit der Einwilligung aller Anwesenden und durch die Verfügung des Königs Pippin, welcher damals nach dem Tode seines Bruders Karlmann König geworden war [3]), den ehrwürdigen Mann Lul zu seinem Nachfolger auf dem Stuhle zu Mainz, den ehrwürdigen Sturmi ernannte er zum Abte des Klosters Fulda und mahnte ihn, für die ihm anvertraute Heerde Sorge zu tragen, Willibald betraute er mit dem Hirtenamte an dem Orte Heystede [4]), Burchard bestimmte er für den Sprengel der Stadt Wirceburch und Wigbert berief er zum Leiter des Mönchsklosters, welches Hersfeld heißt [5]). Nachdem der selige Oberhirte und zukünftige Märtyrer Bonifacius alles dieß gleich einem weisen Baumeister angeordnet hatte, nahm er einige Brüder, bestieg mit ihnen ein Schiff und gelangte nach Utrecht, wo er bei der ansehnlichen Genossenschaft, welche der heilige Willibrord daselbst versammelt hatte, eine ehrenvolle Aufnahme fand.

6. Hier blieb er lange Zeit [6]) in diesem Bisthume, spendete reichlich dem grausamen Volke der Friesen die Nahrung des göttlichen Wortes und förderte die von dem heiligen Willibrord

---

1) Willibrord, Bischof zu Utrecht, starb im J. 739.

2) Diese Synode fand erst im J. 753 statt, der Biograph bringt also mit Unrecht zwei Thatsachen, die sich sehr fern liegen, mit einander in Verbindung.

3) Pippin wurde bekanntlich im J. 752 zum Könige ausgerufen.

4) Gewöhnlich Eichstädt genannt.

5) Wigbert wäre also, wenn der Biograph nicht Hersfeld mit Fritzlar verwechselt, auch Abt des ersteren Klosters gewesen; gewiß ist, daß sein Leichnam in demselben beigesetzt wurde; vgl. J. Mabillon, Annal. ord. S. Benedicti, l. 25, c. 12.

6) Kaum zwei Jahre.

gelegten Keime des Glaubens durch die Kraft der heiligen Predigt. Als aber für den seligen Erzbischof und zukünftigen Märtyrer Bonifacius die Belohnung seiner Pilgerschaft herannahte und er, weil in den Augen des Herrn der Tod seiner Heiligen kostbar ist [1]), durch einen kostbaren Tod aus dieser Welt zu dem Herrn hinübergehen sollte, wurde ihm durch die Gnade des heiligen Geistes kund, daß er jetzt den Sieg des glückseligen Marterthums davontragen solle. Weil ihm aber das hochzeitliche Kleid nicht fehlte [2]), so sah er sich um nach Gefährten zur Erringung der Siegespalme und fand sowohl unter den Männern, welche er dort angetroffen, als auch unter denen, welche er mitgebracht hatte, viele, welche bereit waren, sich für Christus dem glorreichen Martertode zu unterziehen. Da aber der heilige Bonifacius, gleich dem klugen Haushalter, den der Herr über sein Gesind gesetzt [3]), für das Wohl der ihm anvertrauten Heerde Vorsorge treffen wollte, so ernannte er, damit nicht nach seinem Hinscheiden der aller schützenden Aufsicht beraubte Schafstall des Herrn den Angriffen reißender Wölfe blosgestellt sei, den seligen Gregorius, dessen wir weiter oben erwähnten und dessen Tugenden bei uns aufbewahrte Schriften preisen [4]), zum Oberhirten der Kirche zu Utrecht. Nachdem er also diese Vorkehrung getroffen, bestieg er mit den von ihm auserwählten Gefährten ein Fahrzeug und setzte unter dem Schutze der Güte des Allmächtigen und umgeben von der glückseligen Schaar seiner Gefährten über den Fluß, welcher Alcmere heißt [5]), gelangte zu den friesischen Gauen, welche man Ostroche und Westroche [6]) nennt, und schlug daselbst für sich und seine Begleiter Zelte auf. Hier beschied er auch ohne Verzug die Christen, welche, wie er wußte, schon früher von dem heiligen Willibrord bekehrt worden waren, zu sich, stärkte sie durch

---

1) Psalm 115, 6. — 2) Vgl. Matth. 22, 11. 12. — 3) Vgl. Luc. 12, 42.

4) Aus dieser Stelle läßt sich vielleicht der Entstehungsort der vorliegenden Biographie errathen, wie in den weiter unten folgenden literarischen Bemerkungen über dieselbe dargethan werden soll.

5) Der Biograph nennt hier den See Alcmere oder besser Elmere (Zuydersee) irrig einen Fluß.

6) Vgl. Willibald, Kap. 11, §. 36.

seine heilige Predigt im Glauben und übertrug nach apostolischer Sitte durch die Auflegung seiner Hände auf die Neubekehrten die Gabe des siebenfältigen Geistes [1]).

7. Von da zog er, mit dem himmlischen Schwerte geistig bewaffnet, nebst seinem Mitbischofe, welcher den Namen Eobanus trug [2]), und der glückseligen Genossenschaft seiner Gefährten durch das ganze Land, wobei er stets predigte, taufte, die im Irrthume wandelnden Bewohner von der Anbetung der Götzen ablenkte und zur Verehrung des höchsten Herrschers bekehrte und, um mich kurz zu fassen, als Herold die Posaune des evangelischen Wortes durch ganz Friesland ertönen ließ. Aber die alte Schlange, welche alles Gute haßt und vom Anfange der Welt dem menschlichen Geschlechte fortwährend feind ist, hetzte einige aus diesem grausamen Volke, welche noch nicht von dem teuflischen Aberglauben erlöst und deßhalb ihre Gesellen waren, gegen den Diener Gottes und seine Genossen auf, so daß sie betheuerten, sie wollen lieber sterben, als ihre väterlichen Gebräuche verlassen. Sobald die Kämpfer Gottes dieß hörten, eilten sie möglichst schnell und freudig mit ihrem Hirten nach dem Dorfe, welches Dockinga [3]) heißt und wo, wie sie wußten, die Schergen mit der blutdürstigen Menge versammelt waren, um die Diener Gottes zu tödten. Der heilige Bonifacius ermahnte nun seine Gefährten und sprach: „Brüder, bewährt euch männlich für den christlichen Glauben, verharret einmüthig in der Hoffnung und fürchtet euch nicht vor denen, welche wohl den Leib, keineswegs aber die Seele tödten können [4]).“ Diese aber antworteten einmüthig: „Wir wissen, Vater, daß der heilige Willibrord uns vorausgesagt hat, wir würden den Glauben annehmen, um für Christus unser Leben zu lassen, weil dieser für uns am Kreuze gestorben ist, um uns mit seinem eigenen Blute zu erlösen.“ Darauf gingen die heiligen Märtyrer,

---

1) Nämlich des Geistes der Weisheit, des Verstandes, des Rathes, der Stärke, der Wissenschaft, der Frömmigkeit und der Furcht des Herrn. Isai. 11, 2.

2) Auch dieser Priester war wahrscheinlich aus England herübergekommen; vgl. Br. 19, 42.

3) Dokkum; vgl. die vorhergehende Biographie, Kap. 2, §. 14.

4) Vgl. Luc. 12, 4.

sich wechselseitig ermunternd nach dem Schauplatze und lobten und priesen den Herrn, der sie zum Leben bestimmt und ihnen die Gnade verliehen hatte, mit der Siegespalme in das heilige Jerusalem einzugehen und sich ohne Aufhören mit den heiligen Märtyrern zu freuen. Als der Tag des glorreichen Kampfes anbrach, begaben sich der heilige Eobanus, der Mitarbeiter und Mitbischof des heiligen Bonifacius, und die übrigen aus Priestern, Mönchen und Diakonen bestehenden Genossen, nämlich Wintrung, Walthere und Adelhere, welche mit der Priesterwürde geschmückt waren, Hamund, Scirbald und Boso, welche Diakonenrang hatten, und Waccar, Gundener, Illehere und Batewulff, welche dem Mönchsstande angehörten [1]), insgesammt zu dem seligen Oberhirten und bestärkten ihn in dem Entschlusse, keineswegs in dem Eifer der heiligen Predigt nachzulassen, sondern um so lauter das Wort Gottes zu verkündigen, je mehr der unsinnige Pöbel wüthe, denn in allen diesen Dingen waren sie ein Herz und eine Seele [2]) und liebten ihre Seelen bis zum Tod [3]).

8. Der selige Bonifacius, über diese Aufforderung mit unaussprechlicher Freude erfüllt, ergriff sogleich das Buch, welches das Wort Gottes enthält, und fing an, dem Volke Christus zu predigen und ihm den Weg des Heils zu zeigen. Die Schergen aber, geführt von dem Teufel, der ihnen Kraft verlieh und Kühnheit einflößte und sie in Wahnsinn versetzte, drangen mit Schwertern und Spießen auf die Diener Gottes wie reißende Wölfe auf wehrlose Schafe, ein, mordeten unter ihnen schonungslos und streckten sie ohne Widerstand zu Boden. Die heiligen Märtyrer aber blieben unbeweglich, indem sie Böses mit Gutem vergalten, die Verfolgung durch ihren Segen erwiderten, durch ihre Niederlage zum Leben und durch ihren Tod zum Siege gelangten und ihre Körper für Christus gern der Mißhandlung darboten, weil

---

1) Das Verzeichniß dieser Namen ist vermuthlich Willibald (Kap. 11, §. 35) entlehnt, denn Othlo (II, 21) weicht in der Schreibart derselben etwas von dem ältesten Biographen ab, welchen also der unbekannte Verfasser der vorliegenden Biographie vor sich gehabt zu haben scheint, doch kann er sie auch einer andern, Willibald folgenden Quelle entnommen haben.

2) Vgl. Apostelg. 4, 32. — 3) Vgl. Offenb. 12, 11.

sie gewiß waren, dafür unverzüglich die Freuden des ewigen Lebens zu erlangen. Auf diese Weise vollbrachten die heiligen Märtyrer sammt ihrem Hirten mit bereitwilligen Herzen und geistiger Freude das glorreiche Marterthum. Die heiligen Märtyrer Christi litten aber an den Nonen des Juni[1]) unter der Herrschaft unseres Herrn Jesus Christus, welchem Ehre und Ruhm gebührt von Ewigkeit zu Ewigkeit. Die Zahl der heiligen Märtyrer, welche mit dem seligen Märtyrer und Bischofe Bonifacius für Christus litten, betrug zwei und fünfzig; die Leichname der oben genannten und anderer dreizehn Märtyrer wurden von den Gläubigen gesammelt und mit dem seligen Bischofe Bonifacius auf ein Schiff gebracht, auf welchem sie unter seliger Freude und nach einer glücklichen Fahrt bis Utrecht gelangten. Dort aber wurden sie mit Hymnen und Psalmen empfangen und in der Kirche, welche der heiligen Dreifaltigkeit geweiht ist, mit aller Ehrfurcht und Achtung beigesetzt. Auch die Leichname der andern heiligen Märtyrer, deren Namen aus Trägheit und Nachläßigkeit der Vergessenheit anheimgefallen sind, die aber ohne Zweifel im Buche des Lebens aufgezeichnet stehen, wurden an derselben Stelle, wo sie die Palme des Marterthums errangen, von dem gläubigen Volk begraben und später wurde daselbst durch Christi Barmherzigkeit und auf Befehl des Königs[2]) zu Ehren der heiligen Märtyrer eine Kirche erbaut. An diesen Orten, nämlich zu Utrecht, zu Fulda und zu Dockinga, werden von Gott durch die Verdienste der heiligen Märtyrer unter Zeichen und Wundern dem gläubigen Volke Wohlthaten gespendet bei stetem Gedeihen des katholischen Glaubens durch Christum unsern Herrn von Ewigkeit zu Ewigkeit. Amen.

---

1) Am 5. Juni, in welchem Tage alle Quellen übereinstimmen.

2) Pippin; die Kirche erhielt den Apostel Paulus und den heiligen Bonifacius zu Schutzpatronen.

6.

Othlos
Leben des heiligen Bonifacius [1]).

Vorwort.

An die Mönche des Klosters Fulda.

1. Ich habe, meine Brüder zu Fulda, euerm Begehren, in so weit es die Dürftigkeit meines Wissens gestattet, zu entsprechen gesucht. Ihr habt nämlich von mir verlangt, ich möge das Leben unseres heiligen Vaters Bonifacius, welches zwar schon in früherer Zeit von dem heiligen Willibald [2]) in einem vortrefflichen und zierlichen Style geschrieben, aber an manchen Stellen so dunkel

---

1) Nach J. Mabillons Ausgabe in den Act. Sanct. ord. S. Benedicti, Tom. III, P. 2, p. 28—92.

2) Othlo scheint ebenfalls Willibald, den Verfasser der ältesten Biographie des heiligen Bonifacius, für den ersten Bischof von Eichstädt gehalten zu haben, wenn man nicht lieber annehmen will, daß es mehrere Heilige dieses Namens gegeben habe; übrigens kann auch schon Othlo in einem leicht verzeihlichen Irrthume befangen gewesen sein, da er und seine Zeitgenossen natürlich zuerst an den berühmtesten aller Willibalde dachten.

ist, daß ein schwacher Verstand den Sinn nur schwer erfassen kann, in einem verständlicheren Ausdrucke darstellen; da ich mich aber darüber wundern mußte, wie ihr mit Uebergehung so vieler gelehrten Väter, welche sowohl unter euch, als auch ringsum weilen, auch nur auf den Gedanken kommen konntet, mir unkundigen und in den freien Künsten sehr unerfahrenen [1]) eine so schwere Arbeit aufzubürden, so habe ich anfangs euer Verlangen nicht ernst genommen. Als mir aber später einer von euch mittheilte, daß schon früher zum Zwecke dieser Arbeit der Abt Egbert [2]) Schritte bei dem heiligen Papste Leo [3]) gethan und ihm zu seiner genaueren Belehrung einige Bücher, so wie auch einen Schreiber nach Rom gesandt habe, daß aber, da der letztere, noch ehe die beabsichtigte Arbeit vollendet war, starb, die Bücher daselbst zurückgeblieben seien, so faßte ich aus Bedauern über diese Zufälle wirklich schon einmal den Entschluß, euerm Begehren zu willfahren, in so fern mein Wissen dazu ausreichen würde. Nachdem ich mich lange mit diesem Vorhaben getragen hatte, die Mittel zur Ausführung aber nicht in mir fand, so sagte ich euch, daß ich zwar wolle, aber nicht könne, worauf ihr mir aber stets wiederholtet und behauptetet, daß es nur auf meinen festen Willen ankomme, zu allem Uebrigen werde schon der Herr verhelfen. Durch solche Mahnungen fortwährend angeregt, versuchte ich endlich, euerer Bitte nachzukommen, hauptsächlich auf den vertrauend, der gesagt hat: „Thu auf deinen Mund, so will ich ihn füllen" [4]), und der, wie er oft der Minderzahl den Sieg verleiht, auch den Ungelehrten Wissenschaft spendet und dadurch die Macht seiner Gnade offenbart. Dieß glaubte ich aber deßhalb vorausschicken zu müssen, damit man nicht etwa glaube, ich habe ein so schwieriges Werk aus Anmaßung freiwillig übernommen, und man mir vorwerfe, es sei ein Zeichen großer Ueberhebung, wenn irgend

---

1) Der Verfasser spricht hier mit allzu großer Bescheidenheit von sich, denn er war nach zuverläßigen Nachrichten ein sehr wissenschaftlich gebildeter Mönch.

2) Auch Eppo genannt, Abt des Klosters Fulda (1048—1058); er gab sich insbesondere Mühe, alle auf das Leben des Stifters seines Klosters bezügliche Actenstücke und Nachrichten zu sammeln.

3) Leo IX (1049—1054). — 4) Psalm 80, 11.

Jemand an dem von einem heiligen Manne nach seiner Weise Geschriebenen gleichsam als Verbesserer Aenderungen vornehmen wolle, als ob nicht selbst die in viele Dunkelheiten eingehüllten Aussprüche der heiligen Propheten und des Evangeliums von manchen Schriftstellern in eine andere Sprache übertragen oder in eine klarere Fassung gebracht worden wären.

2. Nach dieser Verwahrung gegen die Tadler im Allgemeinen, für welche es keine angenehmere Beschäftigung giebt, als Andere zu verkleinern und ihnen auf dem Wege, den sie selbst nicht wandeln wollen, Schlingen zu legen, habe ich jetzt dem Leser noch mitzutheilen, daß es bei dieser Arbeit vor Allem mein Bestreben war, denselben Sinn durch klarere Worte wiederzugeben, mit Ausnahme derjenigen Stellen jedoch, welche ich ihrer Schwierigkeit und Dunkelheit wegen in keiner Weise zu ergründen vermochte; bei den leichteren aber werde ich so verfahren, daß ich, was man auch billigen wird, zuweilen dieselben Worte gebrauche. Wozu dient uns „Allergeringsten, die wir der Welt zum Schauspiele geworden sind“ [1]), eine schwierige und verwickelte Sprache? Die Liebhaber der weltlichen Weisheit mögen sich an ihren Tullius halten [2]), wir ungelehrten, unbedeutenden, armseligen und verächtlichen Leute wollen Christus folgen, welcher nicht Philosophen, sondern Fischer als Schüler wählte.

3. Da ich überdieß, wie ich euerer Liebden weiter bemerken muß, bei genauerer Durchsicht des Buches, um dessen Erläuterung ihr mich gebeten habt, wahrnahm, daß darin viele ausgezeichnete Wunder und Briefe nicht enthalten waren, so habe ich mich bemüht, Alles dieser Art, was ich in andern Büchern [3]) fand, aus ihnen zu sammeln und an den mir entsprechend scheinenden Stellen einzufügen, weil jener ehrwürdige Mann, welcher das

---

1) I. Kor. 4, 9.

2) Othlo scheint also doch Ciceros Schriften gekannt zu haben.

3) Die Briefe des heiligen Bonifacius müssen schon sehr frühe gesammelt worden sein, wenn auch die jetzt noch vorhandenen Handschriften derselben nicht, wie man gewöhnlich annimmt, dem neunten und zehnten Jahrhunderte angehören; wahrscheinlich enthielten die Bücher, welche der Abt Egbert nach Rom schickte, ebenfalls diese Briefe, um deren Ergänzung aus dem päpstlichen Archive es ihm wohl hauptsächlich zu thun war.

Leben des heiligen Bonifacius zuerst schrieb, viele seiner Vorzüge und Briefe vielleicht nur deßwegen unerwähnt ließ, weil er sie nicht kannte. Vergegenwärtige ich mir aber alle Briefe, welche ihr von demselben besitzt, so dünkt mir, daß sich das Ansehen dieses so ausgezeichneten Oberhirten nirgends so glänzend bewährt, als in den von ihm und an ihn geschriebenen Briefen, denn daraus geht am klarsten hervor, mit welcher Hochachtung er schon anfangs von dem Papste aufgenommen wurde und wie ihn dieser zum Glaubensboten weihte und zu allen Völkern Deutschlands aussandte [1]), mit welcher großen Mühe er auch dieses Land zum christlichen Glauben bekehrte [2]), wie er es nicht nur von den Heiden und Ketzern, sondern auch von den falschen Christen und schlechten Priestern und dadurch gleichsam von den Bissen der Wölfe befreite [3]), in welcher großen Gnade er bei den Fürsten der Franken, nämlich bei Karlmann und Pippin, stand, welcher letztere ihn nicht nur zum Vorsteher der Mainzer Kirche bestimmte, sondern auch diese, welche früher einer andern Kirche untergeben war, um ihm seine Liebe und Achtung zu bezeugen, mit der Zustimmung des apostolischen Oberhirten zur Metropole von ganz Deutschland erhob [4]), welche Bischofssitze er gründete [5]), welche Vorrechte er gewissen Kirchen erwarb [6]) und wie er endlich, was ebenfalls darin vorkommt und euch jetzt noch von großem Vortheile ist, die Ruhestätte seines Körpers, nämlich euer Kloster, durch Besitzungen und besondern Zehnten zu großer Bedeutung brachte [7]).

4. Wenn also gewisse neuere Priester dieses so hohe Ansehen zu vernichten suchen [8]), so muß dieß für sie sicher ein

1) Vgl. im ersten Bande Br. 2. — 2) Vgl. Br. 5—10.

3) Vgl. Br. 67 und 70. — 4) Vgl. Br. 83. — 5) Vgl. Br. 46.

6) Vgl. Br. 105. — 7) Vgl. Br. 88 und 106.

8) Dieser Ausfall bezieht sich wohl auf Sigfrid I., Erzbischof von Mainz, und Hezelo, Bischof von Hildesheim, welche Widerad, den Abt von Fulda (1060 ff.) und sein Kloster auf mancherlei Weise zu verkürzen und hauptsächlich um den ihm gebührenden Zehnten in Thüringen zu bringen suchten, was ihnen auch auf einer von Sigfrid nach Erfurt berufenen Synode (1073) gelang, wie Joh. Fr. Schannat in seiner Historia Fuldensis (Francof. 1729. F.) weitläufig erzählt. Warum sich Othlos Klagen auf die Bischöfe von Regensburg

Grund ihrer Verdammniß werden, weil sie trotz ihrer Ueberzeugung, daß alte Grenzen und Beschlüsse der Väter nicht überschritten werden dürfen, diese doch arg überschreiten und sich nicht erinnern wollen, daß unser Herr im Evangelium zu den auserwählten Hirten und Lehrern sagt: Wer euch höret, der höret mich, und wer euch verachtet, der verachtet mich [1]). Diese Worte werden nämlich von ihm nicht nur an die Oberhäupter aus vergangenen Zeiten, sondern auch an alle gerichtet, welche bis zum Ende der Welt seine Kirche regieren und nicht zerstören sollen, denn von den zerstörungssüchtigen und verkehrten Hirten sagt der Herr anderwärts: Weh euch Gesetzgelehrten! Ihr habet den Schlüssel der Erkenntniß weggenommen; ihr selbst aber gehet nicht hinein, und denen, die hineingehen wollen, wehret ihr [2]), und an einer andern Stelle: Weh euch, ihr Schriftgelehrten und Pharisäer, ihr Heuchler, die ihr die Krausemünze, Anis und Kümmel verzehntet, aber das Wichtigere des Gesetzes, die Gerechtigkeit, die Barmherzigkeit und den Glauben, vernachläßiget. Dieß solltet ihr thun und jenes nicht unterlassen [3]). Auch bei dem Propheten Ezechiel wird den Hirten dieser Art Vieles gesagt [4]). Doch fragen wir lieber dieselben Hirten, auf welche Weise sie ihren Beschlüssen Kraft zu verleihen gedenken, wenn sie die der vorausgegangenen Väter zerstören zu dürfen glauben, oder wie ein Gebäude stehen bleiben kann, wenn sie die es stützenden Fundamente herausreißen wollen, denn die Fundamente seiner Kirche waren die ersten Väter und es steht geschrieben: Seine Grundvesten sind auf heiligen Bergen [5]). Wer also diese Fundamente, worauf das Bauwerk ruht, zu achten verschmäht, wird von dem himmlischen Palaste ausgeschlossen. Außerdem spricht für uns auch ein Rechtsgrund, welchen ich, obgleich er Allen wohl bekannt ist, erörtern will.

Gebhard III. (1036—1060) und Otto (1060—1089), welche das Kloster St. Emmeram bedrückten, worin er längere Zeit (1032—1062) lebte, beziehen sollen, wie Seiters (a. a. O. S. 17) glaubt, läßt sich nicht einsehen, da hier klar genug von Fulda und der Zeit, zu welcher er sich in diesem Kloster aufhielt, die Rede ist.

1) Luc. 10, 16. — 2) Ders. 11, 52. — 3) Matth. 23, 23.
4) Vgl. 3, 16—21. 33, 1—9. — 5) Psalm 86, 2.

Wenn nämlich Jemand sich anschickt, auf seinem Gebiete zur Betreibung des Ackerbaues einen Wald auszurotten, so mißt er sich nach seinem Gutdünken Aecker von beliebiger Länge und Breite zu, an die Andern aber vertheilt er sie nicht nach diesem, sondern nach einem ihm räthlich erscheinenden Maße, da er die Macht besitzt, Jedem zu geben, so viel er will. Kann nun Niemand in Abrede stellen, daß sich dieß wirklich so verhält, warum will man denn nicht wissen, daß die ersten Kirchenfürsten, nämlich die Apostel, und Alle, die in ihre Fußtapfen traten und nach Ausrottung der Wälder verschiedenartiger Irrthümer den einzelnen Volksstämmen zuerst den heiligen Glauben überlieferten, die Macht hatten, die ihnen bei jedem Volke und in jedem Lande zufallenden Besitzungen und Zehnten dieser oder jener Kirche zu schenken, indem sie nach den Vorschriften der heiligen Kirchengesetze die Zehnten in vier Theile schieden, von denen sie den einen für sich, den andern für die Geistlichen, den dritten für die Armen und den vierten zur Unterhaltung der Kirchen bestimmten [1]). Vergaßen sie etwa, indem sie sich nur von ihrem Geize leiten ließen, bei der Vertheilung der Zehnten der Armen und der Unterhaltung der Kirchen, wie man leider jetzt vor unsern Augen verfährt? Die heiligen Kirchengesetze nämlich, kraft welcher man die Zehnten erhebt, schreiben nicht nur vor, daß die Zehnten gegeben werden sollen, sondern befehlen auch, sie unter Verschiedene zu vertheilen, um in allen Städten und Dörfern Herbergen zu errichten und darin Arme und Fremde zu verpflegen. An den meisten Orten kümmert man sich aber um diese so heilige und so nothwendige Vorschrift sehr wenig oder kennt sie nicht einmal, denn man hält sich nur an dem Gesetze, daß den Bischöfen Zehnten bezahlt werden müssen; was aber damit bestritten, oder was etwa damit in Bezug auf die Klöster gethan werden soll, welche sowohl von den Geistlichen, wie man mit Beschämung eingestehen muß, als auch von den Laien zerstört und gegen die Grundsätze der christlichen Religion aufgehoben worden sind, unterläßt man aus Vergessenheit oder Unwissenheit, weßhalb ich fast befürchte, der Psalmist möge von den durch

1) Welche Vorschrift auch der Papst Gregorius II. einschärft; vgl. Br. 10 (Bd. I, S. 22) und Decreti P. II, caus. XII, qu. 2, c. 30.

unersättlichen Geiz verderbten Oberhäuptern der gegenwärtigen Zeit prophetisch gesagt haben: Verderbt sind sie und abscheulich sind sie geworden in ihren Anschlägen [1]). Da man nämlich nichts verderbt nennen kann, was nicht vorher untadelhaft war, so muß man gewiß zugeben, daß die Oberhäupter und Hirten sonst in dieser Beziehung untadelhaft waren, weil sie in ihrer von Gott eingegebenen Weisheit den richtigen Grundsätzen zu folgen wußten, daß sie jetzt aber deßhalb verderbt sind, weil sie nicht nach der ihnen verliehenen Weisheit, sondern nach dem Maße des zu erlangenden Gewinnes urtheilen. Und würden diese Hirten sich noch damit begnügen, selbst die Vertheilung des Zehnten unter die Armen zu unterlassen, und nicht auch Andere, ich meine die Mönche, welche für die Erhaltung dieses Gebrauches noch einige Sorge tragen, dadurch daran hindern, daß sie ihnen das althergebrachte Recht der Zehnten entziehen. Warum sollte denn der heilige Bonifacius, welchem Gott in ganz Deutschland eine so große Macht verlieh, daß er überall, wo er wollte, Kirchen und Klöster gründete, Bischofssitze errichtete und ihnen entsprechende Sprengel anwies, nicht auch die Befugniß gehabt haben, irgend einem Orte, den er sich insbesondere auswählte, einige Besitzungen und Zehnten zu verleihen? Konnte nicht kraft desselben Rechts, mit welchem neuere Päpste den Rittern und andern weltlichen Leuten Zehnten zu schenken pflegen, auch der heilige Bonifacius solche den Mönchen und Armen aussetzen? Wenn man seine übrigen Bestimmungen als unverletzlich betrachtet, wenn man Alles, was er der Weltgeistlichkeit zutheilte, lobenswerth findet, warum hält man denn nur das allein, was er für die Mönche und die Armen bestimmte, für ungerecht? O daß doch der, welchem die Befugniß zugestanden wird, den Reichen das Meiste zu geben, nicht das Recht gehabt haben soll, für die Armen auch nur Weniges zu bestimmen! Entsetzet euch, ihr Himmel [2]), und klage darüber du Erdkreis mit Allen, die auf dir wohnen [3]), daß die Welt so sehr im Argen liegt [4]), daß sie grade denjenigen, welche dazu auserwählt und von der Welt abgesondert sind, um mit desto größerem

1) Psalm 13, 1. — 2) Vgl. Jerem. 2, 12. — 3) Vgl. Psalm 23, 1. 4) Vgl. 1 Joh. 5, 19.

Eifer für sie zu beten, das Leben mißgönnt und sie zu vertilgen wagt.

5. Doch ich will diesem mit untergelaufenen Klagliede jetzt ein Ende machen und da fortfahren, wo ich meine Erzählung unterbrochen habe. Ich habe nämlich weiter oben bemerkt und wiederhole es hier, daß unter sämmtlichen Briefen, welche ihr über den heiligen Bonifacius besitzt, mir seine eigenen Schreiben die vorzüglichsten schienen, weßhalb ich mich bemühte, alle für dieses Werk nothwendige, die ich auffinden konnte, zusammenzustellen, in der Hoffnung, daß mancher eifrige und einer so wichtigen Quelle unkundige Leser sich daran erbauen werde. Deßhalb ersuche und mahne ich auch euch, ihr Brüder zu Fulda, dringend, diese Briefe mit der größten Aufmerksamkeit zu lesen und zu Gott zu flehen, daß er sich durch die Bitten desjenigen, von dem oder an den sie geschrieben sind, und der, wie wir in ihnen lesen, einst die in Deutschland gegründete heilige Kirche mit der größten Anstrengung von den schlechten Priestern befreite, herablassen möge, auch euch und euern Ort gegen die Uebermacht ähnlicher Leute zu schützen. Ich aber beabsichtige mit dem Beistande des Herrn sowohl über das Leben des heiligen Mannes, als auch über die oben erwähnten Briefe zwei Büchlein zu schreiben und zwar gedenke ich im ersten darzuthun, wer er war und was er vor der Besteigung des bischöflichen Stuhles von Mainz in der heiligen Kirche vollbrachte, in dem zweiten aber die glorreichen Thaten mitzutheilen, welche er später bis zu dem Ende seines Lebens verrichtete.

Ihr nur wisset allein, wer euch dieß Werk zum Geschenk macht,
Wollet, ich bitte darum, nicht weiter verbreiten den Namen,
Daß durch meine geringe Person nicht leide die Arbeit;
Strebt vielmehr mit eifrigem Sinn zu erflehen von Christus,
Daß er mit gütigem Blick dieß Werk stets wolle betrachten.

Erstes Buch.

I. (Wie Bonifacius schon als Knabe nach dem klösterlichen Leben verlangt.) Als das Volk der Anglen, nachdem es durch das Apostolat des heiligen Papstes Gregorius dem

Joche des heiligen Glaubens unterworfen worden war [1]), durch die vermittelnden Verdienste desselben in der Hervorbringung heiliger Männer vor vielen andern Völkern zu glänzen anfing und bereits viele Lichter der heiligen Kirche, durch welche mannigfache Blindheit der Herzen erleuchtet wurde, hervorgebracht hatte, ward ihm auch die Gnade, unter den Lichtern dieser Welt den heiligen Bonifacius als einen lichtverbreitenden, die übrigen Gestirne an Glanz weit übertreffenden Stern dieser Welt zu schenken. Da er von den Eltern mit großer Sorgfalt erzogen wurde, so bewährte er sich auch im Laufe der Zeit immer mehr als Bewunderer hoher Tugenden, denn so oft ihm, während er noch ein Knabe war, das Glück zu Theil wurde, einen das göttliche Wort auslegenden Geistlichen und Laien zu hören [2]), fing er alsbald an, in so fern es seinem zarten Alter möglich war, zu überlegen, welchen Nutzen er für sich und seine Verhältnisse daraus ziehen könne. Während er auf diese Weise sich durch tägliche Betrachtung zu dem Ueberirdischen emporschwang, enthüllte er auch dem Vater, was er im Sinne trug, und bat ihn, seinem Wunsche zu entsprechen. Sein Vater aber war, als er dieß vernahm, zuerst erstaunt, schalt ihn aber alsdann und suchte ihn bald durch Drohungen und bald durch Schmeichelworte zur Festhaltung an dem weltlichen Leben zu bewegen, weßhalb er ihm auch, um sein noch zartes Gemüth leichter von der Ausführung des gefaßten Vorsatzes abzubringen, versprach, ihn nach seiner Lebenszeit zum Erben seiner Güter und seiner ganzen Habe einzusetzen. Außerdem stellte er ihm vor, daß für das leichtsinnige Alter und die menschliche Gebrechlichkeit ein thätiges Leben weit erträglicher sei als ein beschauliches, und daß es auch besser

1) Der Papst Gregorius der Große sandte bekanntlich im Jahre 596 den heiligen Augustinus mit vierzig Genossen nach England, um das tapfere Volk der Angelsachsen, welches die Insel erobert hatte, für das Reich Christi zu gewinnen, und zwar mit solchem Erfolge, daß in weniger als hundert Jahren nicht nur sämmtliche Stämme bekehrt waren, sondern aus ihnen auch bald die eifrigsten Glaubensboten hervorgingen.

2) Geistliche und andere fromme Männer besuchten von Zeit zu Zeit die abgelegenen Dörfer und Landsitze, um den Bewohnern Gottesdienst zu halten und zu predigen; vgl. Willibald, Kap. 1, §. 3.

erscheine, wenn Jemand sich durch leichtere Bemühungen eine Stelle unter den mittelmäßigen und letzten Bürgern des himmlischen Reiches suche, als wenn er sich auf das überaus schwierige und fast unmögliche Ringen nach Vollkommenheit einlasse, dann aber, weil er es nicht durchführen könne, auf dem Wege liegen bleibe.

II. (Er legt nach der Einwilligung des Vaters das Gelübde als Mönch ab.) Aber der heilige, bereits von göttlicher Tugend erfüllte Knabe beeiferte sich, je mehr ihn der Vater wieder auf die weltlichen Dinge zurückzuführen suchte, desto beständiger bei seinem Vorhaben zu beharren und zur Kenntniß der heiligen Wissenschaft zu gelangen. Es geschah deßhalb durch eine wunderbare Fügung der Vorsehung, daß der Vater, welcher das einzige Hinderniß war, als er von einer plötzlichen Krankheit ergriffen wurde, die frühere Hartnäckigkeit seines Sinnes ablegte, den Knaben durch zuverläßige Sendboten nach dem Kloster, welches nach der alten Benennung Adescancastre [1]) heißt, schickte und ihn Wolfhard, dem ehrwürdigen Abte dieses Klosters, empfahl; er wurde auch von diesem sofort, wie es die Klosterregel verlangt, gütig aufgenommen und den Brüdern empfohlen, er selbst aber begann bereitwillig alle religiöse Uebungen, welche ihm sein Alter erlaubte, und verrichtete sie von Tag zu Tag besser.

III. (Er siedelt nach dem ersten frommen Unterricht der Studien wegen in ein anderes Kloster über.) Nachdem er aber die Knabenjahre zurückgelegt hatte, unterwarf er sich den Vorschriften der ehrwürdigen Brüder und der Uebung in der heiligen Gelehrsamkeit mit solchem Eifer, daß in ihm mit jedem Augenblicke die Vorzüge vieler Tugenden zunahmen und an ihm erfüllt wurde, was der Psalmist von der Vervollkommnung Einzelner bezeugt, indem er von ihnen sagt, daß sie von Tugend in Tugend wandeln werden [2]). Nachdem er aber, mit unabläßiger Betrachtung über die heilige Schrift beschäftigt, die Vorschrift des

---

1) Jetzt Exeter; vgl. Willibald, Kap. 1, §. 5, bei welchem überhaupt der Leser die nöthigen Bemerkungen über die bereits vorgekommenen Personen und Orte findet.

2) Vgl. Psalm 83, 8.

klösterlichen Lebens unter der Leitung des erwähnten Abtes mehrere Jahre hindurch in ihrem ganzen Umfange beobachtet hatte und er sowohl wegen der Größe seines Verlangens, als auch wegen des Mangels an Lehrern in der heiligen Wissenschaft befriedigt werden konnte, kam er mit der Einwilligung des Abtes und seiner Brüder in das Kloster, welches bis auf den heutigen Tag Ruiscelle[1]) heißt, und wählte den Unterricht des Abtes Winberth seligen Andenkens, welcher damals diesem Kloster würdevoll vorstand. Als er sich endlich die erwünschte Fertigkeit in der grammatischen Kunst und in der Feinheit des Versbaues, so wie auch in dem geistigen Verständnisse[2]) erworben hatte, brachte er es allmälig darin zu einer solchen Vollkommenheit, daß sich der Ruf seiner Gelehrsamkeit nach allen Seiten hin verbreitete und Andere des Unterrichtes wegen zu ihm herbeiströmten. Er überhob jedoch wegen der Gabe einer so ungewöhnlichen Wissenschaft keineswegs sich selbst und verachtete Niemand von geringerer Geistesanlage, sondern je mehr er von Gott durch größere Auszeichnung entweder in dem gelehrten Verständnisse oder in sonstigen Tugenden vor den übrigen gefördert wurde, desto bescheidener und demüthiger zeigte er seine Leutseligkeit und Unterwürfigkeit, indem er sich stets ins Gedächtniß zurückrief, daß der Weise sagt: Je größer du bist, desto mehr demüthige dich in Allem[3]).

IV. (Er wird in seinem dreißigsten Jahre zum Priester geweiht.) Da er also durch sein von uns erwähntes Streben den Andern in Demuth und Unterwürfigkeit entgegen kam, so kamen ihm auch die Andern, welche durch den Ruf seiner Weisheit angezogen oder von ihm in der heilbringenden Lehre unterrichtet waren, mit großer Achtung wie einem Vater entgegen. Alle stimmten in seinem Lobe überein und nachdem sie ihn zu den einzelnen Stufen des geistlichen Standes befördert hatten, ward er endlich als er bereits dreißig oder noch mehr Jahre zählte, zur Würde des Priesteramtes erkoren. Wie er sich aber nach der Erlangung der Priesterwürde als Mensch und als Priester bewährte, um der Theilnahme an dem himmlischen Sacramente

1) Besser Nhutscelle; Willibald II, 7. — 2) Der heiligen Bücher.
3) Ecclesiastik. 3, 20.

würdig zu erscheinen, kann man besser aus dem Zeugnisse seiner Werke, als aus jeder Anpreisung durch Worte abnehmen.

V. (Er überbringt dem Erzbischofe die Beschlüsse einer Synode.) Zu derselben Zeit aber und unter der Herrschaft Ins, des Königs der Westsachsen, entstand in jenen Gegenden eine neue Unruhe, zu deren Dämpfung sogleich auf Befehl des genannten Königs und nach dem Beschlusse seiner Würdenträger eine Synodalversammlung anberaumt wurde. Als sich nun alle zu derselben eingefunden und die Ursachen der entstandenen Zwietracht erörtert[1]) hatten, hielten es einige kluge Männer für räthlich, von sämmtlichen auf ihr gefaßten Beschlüssen dem ehrwürdigen Erzbischofe der Stadt Cantuaria, welcher Berthwald hieß, Kenntniß zu geben. Als nun der König, welcher mit allen Geistlichen und Laien dieser Ansicht beistimmte, sich erkundigte, wem man am besten die Ueberbringung dieser Botschaft anvertrauen könne, ließen der oben erwähnte Winberth, der vornehmste unter den anwesenden Aebten, so wie Wintra, der dem Kloster, welches den Namen Wessesburch[2]) führt, vorstand, Beorwart, der die Abtei, welche Glestingaburch heißt, regierte, und noch viele andere ehrwürdige Männer den heiligen Bonifacius rufen, führten ihn dem Könige vor und versicherten demselben, daß er einer so wichtigen Botschaft gewachsen sei. Sobald er von dem Könige den Beweggrund der Botschaft vernommen und er sich einige Gefährten beigesellt hatte, machte er sich auf den Weg nach Kent, brachte dem erwähnten Erzbischof Alles, was man ihm aufgetragen hatte, der Reihe nach geschickt bei und verursachte, als er nach nicht vielen Tagen zurückkehrte und dem Könige und den Dienern Gottes eine völlig genügende Erledigung ihres Auftrages überbrachte, Allen eine große Freude. Dadurch erlangte sein Name sowohl bei den Laien als auch bei den Männern geistlichen Standes eine solche Berühmtheit, daß er fortan sehr häufig zu ihren Synodalversammlungen beschieden wurde.

---

1) Die Ursachen dieser Zwietracht werden von keinem Geschichtschreiber angegeben, vgl. die Bemerkung zu Willibald IV, 10.

2) Besser Tyssesburg, wie auch Willibald den Namen schreibt.

VI. (Er geht, nachdem er die Einwilligung des Abtes nur mit Mühe erhalten hat, nach Friesland.) Da aber sein bereits Gott geweihter Sinn auf jede menschliche Gunst Verzicht geleistet hatte, so fing er an auf alle Weise zu überlegen, wie er sich dem Umgange mit seinen Eltern und Verwandten entziehen und um des Namens Christi willen nach weit entlegenen Gegenden fortwandern könne. Nachdem er diesen Entschluß sehr lange bei sich erwogen und auf das Sorgfältigste überlegt hatte, theilte er ihn endlich dem oben erwähnten Abte mit und suchte ihn durch überaus inständige Bitten zur Einwilligung zu bewegen. Obschon dieser voll Verwunderung über ein solches Vorhaben dem Bittenden lange widerstand und ihm die Erlaubniß zur Ausführung versagte, so siegte doch endlich durch die Fügung der göttlichen Vorsehung die Vorstellung des Bittenden und es gelang ihm, den Abt und seine Brüder sowohl zur Nachgiebigkeit als auch zur Besorgung der Vorbereitungen der ersehnten Reise zu bewegen, so daß sie ihm alle nöthige Reisekosten bewilligten und unter Thränen viele Gebete für ihn verrichteten und inständigst flehten, daß der gute Engel des Herrn überall sein Begleiter sein und Alles zu einem glücklichen Ziele führen möge. Außerdem gestatteten sie, daß zwei Brüder mit ihm gingen, um ihm körperlichen und geistigen Beistand zu leisten. Auf diese Weise durch die Ergänzung des doppelten Menschen [1]) unterstützt, brach er auf und gelangte nach einer glücklichen Reise an den Ort, welcher nach der alten Benennung der Anglen und Sachsen Lundenwic [2]) heißt. Nach einem nicht langen Aufenthalte daselbst setzte er nach Dorstet [3]) über und blieb einige Zeit daselbst, während welcher er Tag und Nacht Gott den gebührenden Dank darbrachte. Weil aber um diese Zeit ein zwischen Karl, dem Fürsten und glorreichen Herzoge der Franken, und Radbod, dem Könige der Friesen, entstandener Zwist die Völker auf beiden Seiten in Bewegung setzte und der größte Theil der Kirchen

1) Des geistigen und des leiblichen.

2) London, welches zu jener Zeit schon ein nicht unbedeutender Stapelplatz gewesen zu sein scheint.

3) Wik to Duerstede am Leck.

Christi, welche früher in Friesland unter der Herrschaft der Franken standen, durch die unabläßige Verfolgung Radbods leider wieder der Verehrung der Götzen anheimgefallen war [1]), so entfernte sich der Mann Gottes, welcher alsbald den Umfang dieses verkehrten Treibens durchschaute, aus diesen Gegenden und kam nach Trecht [2]), wo er einige Tage bis zur Ankunft des Königs Radbod verweilte und mit diesem eine Unterredung anknüpfte und ihn bat, von einer so großen Verkehrtheit abzustehen.

VII. (Er kehrt in sein Vaterland zurück und weigert sich, die Stelle des verstorbenen Abtes anzunehmen. Er begiebt sich nach Rom.) Darauf aber spürte er, indem er die verschiedenen Theile des Landes durchwanderte, sorgfältig nach, ob es ihm in dieser Gegend irgendwo vergönnt sei zu predigen; da er jedoch nach längerer Nachforschung einsah, daß er sich vergebens bemühen werde, hier seiner Predigt Eingang zu verschaffen, so verließ er diese für die geistige Befruchtung noch unempfänglichen Gefilde und wanderte wieder nach dem heimathlichen Boden. Unterdessen geschah es, daß der Vater seines Klosters die Bürde des Fleisches ablegte und sein irdisches Leben endete; die Brüder waren über den Tod desselben sehr betrübt, wurden aber von dem seligen Mann durch geistliche Gespräche wieder aufgerichtet, und als er sie ermahnte, an der Vorschrift des klösterlichen Lebens festzuhalten und sich jedenfalls irgend einen geistlichen Vater zu erwählen, so baten alle den Heiligen, welcher zu dieser Zeit noch Winfrid hieß, einstimmig, er möge selbst sich würdigen, das Hirtenamt über sie zu übernehmen. Da dieser aber in seinem Sinne nach Höherem trachtete, so wies er das Verlangen derselben zurück, jedoch nicht mit übermüthigem Stolze, sondern indem er ihnen demüthig seine Absicht enthüllte und ihnen mittheilte, daß er alle Aussichten und Ehrenstellen in seinem Vaterlande verschmähe und um der Liebe zu Christus willen und für das Heil Anderer nach der Fremde wandern wolle, worauf alle Brüder liebevoll und gern seinem Wunsche

---

1) Vgl. weiter oben, S. 229.

2) Utrecht nach der jetzigen Benennung.

entsprachen[1]). Um aber seinem Vorhaben größere Aussicht auf Erfolg zu verschaffen, begab er sich auch zu dem ehrwürdigen Bischofe desselben Sprengels[2]), Namens Daniel, und fragte bittend bei demselben an, ob er würdig genug sei, bei der beabsichtigten Reise nach Rom seines Segens und seiner Empfehlungsbriefe theilhaftig zu werden. Der Bischof nahm, durch einen göttlichen Wink geleitet, die Bitte gütig auf und genügte ihr nachdrücklich, denn da es sein ernstliches Bestreben war, die Pflichten eines vorsichtigen Hirten zu erfüllen, so ernannte er einen Mann von gutem Gemüthe, Namens Stephanus, zum Vorsteher der verwaisten Genossenschaft, und entließ den Diener Gottes, welcher die weite Pilgerreise unternehmen wollte, mit Empfehlungsbriefen nach den ersehnten Orten.

VIII. (Er wird von dem Papste Gregorius nach Deutschland geschickt.) Nachdem er also diesen Segen empfangen und den Brüdern sofort Lebewohl gesagt hatte, setzte er seine Reise durch weite Länderstrecken und auf unbekannten Wegen des Meeres fort, bis sich eine von allen Seiten herbeiströmende nicht unbedeutende Menge von demselben Geiste getriebener Diener Gottes um ihn gesammelt hatte[3]). Diese besuchten nun jeden Tag einmüthig viele Kirchen der Heiligen und beteten zu Gott, um mit dessen Hülfe sicherer über die Schneekuppen der Alpen zu kommen und die Wildheit der Longobarden milder gegen sie gestimmt zu finden. Als sie bei diesem überaus wilden Volke allen Gefahren unverletzt entgangen und glücklich zu den Schwellen des seligen Apostels Petrus gelangt waren, statteten sie daselbst sogleich Christus den schuldigen Dank ab und fanden, als sie um Verzeihung ihrer Sünden und um einen glücklichen Ausgang ihrer Reise baten, die erwünschte Erhörung, denn

---

1) Othlo deutet also die unklare Stelle Willibalds (V, 13) dahin, daß Bonifacius die Würde eines Abtes geradezu abgelehnt habe, während Andere sie so verstehen, als habe er sie zwar angenommen, aber bald wieder niedergelegt.

2) Des Sprengels Winchester, worin das Kloster Nhutscelle lag.

3) Othlo ist hier bei weitem dunkler, als Willibald, den er erläutern will, und der Leser wird ersucht, sich über die näheren Umstände dieser Reise bei Willibald (V, 14) zu unterrichten.

nachdem der heilige Mann bei dem ehrwürdigen Inhaber des apostolischen Stuhles, Namens Gregorius, welcher damals der zweite dieses Namens war, Gehör gefunden, ihm die Ursache seiner Reise offenbart und ihm entdeckt hatte, mit welcher Sehnsucht er lange Zeit darnach geschmachtet, schaute sogleich der Oberhirte mit heiterm Antlitze auf ihn und fragte ihn, ob er Empfehlungsbriefe von seinem Bischofe mitgebracht habe. Er aber zog nun eiligst das nach der Sitte eingewickelte [1]) Schreiben hervor und überreichte es dem apostolischen Oberhirten, welcher den Brief in Empfang nahm und nachdem er ihn gelesen und sich von dem Verlangen des heiligen Mannes unterrichtet hatte, sich mit diesem in ein eifriges Gespräch einließ, ihn während seines Aufenthaltes mit Hochachtung behandelte und ihm die Reliquien der Heiligen, um welche er ihn bat, überlieferte. Außerdem betraute er ihn mit dem Predigtamte bei allen Völkern Germaniens und versah ihn mit einem Schreiben, von welchem sich noch folgendes Exemplar vorfindet.

IX. (Brief des Gregorius.) „Gregorius, Knecht der Knechte Gottes, an den gottesfürchtigen Priester Bonifacius. — Es verlangt die uns kund gegebene Absicht deines fromm in Christus glühenden gottesfürchtigen Vorsatzes u. s. w.“ [2])

X. (Er geht nach Friesland und verkündigt das Wort Gottes.) Nachdem er dieses Schreiben von dem ehrwürdigen Papste empfangen hatte, nahm er sofort seinen Weg zu Liutprand, dem Könige der Longobarden, von welchem er aufgenommen und einige Zeit als Gast bewirthet wurde. Von da aber reiste er weiter, stieg über die steilen Gipfel der Alpen, durchwanderte die ihm noch unbekannten Marken der Bogoarier [3]) und Germaniens und kam so nach Thüringen, während er gleich der überaus klugen Biene Alles betrachtete und überall nachspürte, wo er etwa später den süßen Nektar des heiligen Glaubens einsammeln könne. Da er sich einige Tage in Thüringen aufhielt, so richtete er inzwischen in geistlichen Worten seine Ansprache an alle Fürsten dieses Landes und führte sie zur Erkenntniß des

---

1) Oder versiegelte nach der jetzigen Redeweise.

2) Br. 2. (Bd. I, S. 4.) — 3) Oder Baguarier (Baiern).

heiligen Glaubens und auf den von der Religion überall vorgeschriebenen Pfad zurück. Eben so unterwarf er auch die Priester, von denen er erfuhr, daß sie sich mancherlei Lastern ergeben hatten, durch evangelische Belehrungen wieder der Regel der canonischen Vorschrift. Als ihm unterdessen die Nachricht von dem Tode Radbods, des Königs der Friesen, welcher bis zu dieser Zeit seine Verfolgung gegen die Christen fortgesetzt hatte, zukam, wurde er mit so großer Freude erfüllt, daß er sich sogleich zu Schiff nach Friesland begab, wo er den Samen des göttlichen Wortes ausstreute und sehr Viele von dem Irrthume des Götzendienstes zurückbrachte.

XI. (Er wird Mitarbeiter Willibrords, lehnt aber die bischöfliche Würde ab.) Zu derselben Zeit aber ertönte auch durch den ehrwürdigen Willibrord, den Vorsteher der Kirche zu Utrecht, die Posaune der himmlischen Lehre durch Friesland, weßhalb sich Bonifacius, der heilige Diener Gottes, dem Eifer desselben auf jede Weise freudig und bereitwillig anschloß und drei ganze Jahre hindurch mit demselben an der Zerstörung der Götzentempel und an der Erbauung der Kirchen, so wie an allen göttlichen Werken thätig war. Daher geschah es, daß der erwähnte Oberhirte, welcher jetzt, da bereits die Bürde eines hohen Alters auf ihm lastete, nach dem Rathe seiner Schüler seinem Greisenalter eine Stütze zu verschaffen wünschte, diesen Diener Gottes dringend bat, die Würde des bischöflichen Amtes zu übernehmen und die ihm anvertraute Gemeinde zu regieren. Dieser lehnte jedoch mit der Bemerkung, daß er des bischöflichen Ranges keineswegs würdig sei, in Demuth den Antrag ab und bat inständigst, man möge ihm, da er sich noch in den Jahren des Jünglingsalters befinde, die Last einer so hohen Würde nicht auflegen, wobei er versicherte, daß er das fünfzigste Lebensjahr, welches nach der Vorschrift des Kirchengesetzes zur Erlangung dieser Würde erfordert werde, noch nicht vollständig zurückgelegt habe. Als aber der erwähnte Oberhirte ihn mit sanften Worten tadelte und ihn zur Annahme des bischöflichen Ranges ermunterte, so ergriff, nachdem in diesem geistlichen Kampfe von beiden Seiten mancherlei Reden gewechselt waren, der heilige Mann, um sich diesem ernsten Kampfe zu entziehen, endlich das besänftigende Wort der Entschuldigung und sprach: „Die Last der Regierung, welche du mir unwürdigen aufzulegen beabsichtigest, heiliger Oberhirte, wage ich deßhalb nicht auf mich zu nehmen, weil ich von dem seligen Papste Gregorius zur Verkündigung des Evangeliums nach Deutschland geschickt worden bin und ich mich, als ich dieser Sendung wegen zu diesen rohen Völkern ging, freiwillig jener hohen Leitung unterwarf; ich darf mir daher keinenfalls anmaßen, einen so wichtigen Auftrag zu umgehen und mich irgend einem andern Amte zu unterziehen. Ich ersuche dich also, ehrwürdiger Vater, du wollest mich mit deiner Erlaubniß und zugleich mit deiner Huld wieder nach jenen Gegenden, wohin ich von dem apostolischen Oberhirten gesendet worden bin, gehen lassen.“ Als der heilige Willibrord dieß hörte, gab er ihm seinen Segen und ließ ihn ziehen.

XII. (Er bekehrt die Hessen und andere Volksstämme zu Christus und schickt Binnan nach Rom.) Dieser aber trat sofort die Reise an und kam an einen Ort, der den Namen Amanaburg[1]) trägt, indem er stets Gott zum Reisegefährten hatte, auf dessen Macht und Schutz gestützt er auch überall, wohin ihn sein Weg führte, die Kenntniß der heiligen Lehre verbreitete, und wie er bei den Friesen durch seine Predigt dem Herrn eine große Menge Volkes gewann und Viele durch die Theilnahme an seinem geistlichen Unterrichte zur Erkenntniß der Wahrheit gelangten, so erwarb er durch den Beistand seines Herrn und Gottes den oben genannten Ort, über welchen zwei Brüder, nämlich Dietih und Dierorolf, geboten, und erbaute daselbst, nachdem er eine nicht geringe Genossenschaft von Mönchen zusammengebracht hatte, ein Kloster. Darauf begab er sich auch nach andern Gegenden Deutschlands, nämlich zu den an den Grenzen der Sachsen wohnenden Hessen, um ihnen zu predigen. Nachdem er diese ebenfalls größtentheils von der Anhänglichkeit an den heidnischen Aberglauben abgewendet und viele Tausende von Menschen durch das Sacrament der Taufe gereinigt hatte, schickte er einen seiner treuen Diener, Namens Binnan, mit einem

---

1) Nicht Amöneburg in Hessen, sondern Hamelburg an der fränkischen Saale (vgl. weiter oben S. 239), denn von hier kommt Bonifacius, wie wir sogleich sehen werden, erst zu den Hessen.

Schreiben nach Rom, worin er dem ehrwürdigen apostolischen Oberhirten mittheilte, auf welche Weise die göttliche Güte Alles, was bis jetzt um ihn her geschehen sei, vollbracht und wie er eine durch die Gnade des heiligen Geistes erleuchtete große Menge Menschen zu dem Bade der Wiedergeburt gebracht habe. Zugleich schrieb er aber auch in kluger Frageweise über verschiedene Dinge, welche zum täglichen Bedarf der kirchlichen Vorschrift und zur Behandlung des neu bekehrten Volkes gehörten. Der erwähnte Gesandte entledigte sich gewissenhaft aller ihm anvertrauten Aufträge, überreichte dem apostolischen Oberhirten das mitgebrachte Schreiben und kehrte, nachdem er die Antwort desselben auf alle ihm vorgelegte Fragen erhalten hatte, möglichst schnell zurück, um sie seinem Gebieter zu überbringen.

XIII. (Er geht auf die Einladung des Gregorius selbst nach Rom und legt Rechenschaft über seinen Glauben ab.) Als aber der heilige Mann das ihm überbrachte Schreiben gelesen hatte und daraus außer Anderm auch ersah, daß er nach Rom eingeladen werde, brach er alsbald, indem er sich des höchsten Grades des Gehorsams befliß, umgeben von einer Schaar von Reisigen und Brüdern, nach den Grenzen Italiens auf, spendete, sobald er die Mauern der Stadt Rom erblickte, dem allmächtigen Gotte die gebührenden Danksagungen und empfahl sich dem Schutze der seligen Apostel. Als der ehrwürdige Papst Gregorius die Ankunft des heiligen Mannes erfuhr, beschied er ihn zu sich, begrüßte ihn mit freundschaftlichen Worten und wies ihm eine ehrenvolle Herberge an. Als aber ein schicklicher Tag zu ihrer Unterredung kam, wurde der Diener Gottes in die Kirche des seligen Apostels Petrus eingeladen, und nachdem sie sich hier durch friedliches Zwiegespräch wechselseitig erquickt hatten, fragte ihn der apostolische Oberhirte nach dem Glaubensbekenntnisse und nach der Ueberlieferung des katholischen Glaubens; darauf erwiderte ihm der Mann Gottes und sprach: „Da ich, apostolischer Herr, auf eine so wichtige Frage in der gewöhnlichen Sprache [1]) zu antworten nicht fähig bin, so bitte ich dich, du wollest mir Zeit vergönnen, das Glaubensbekenntniß, welches

1) In der lateinischen Sprache, wie sie damals zu Rom gesprochen wurde.

du von mir verlangst, niederzuschreiben, damit du es so in stummen Buchstaben nackt dargelegt besser zu erkennen vermagst." Da der Papst diese Bitte gnädig aufnahm und gewährte, so überreichte der Mann Gottes nach Verlauf einer kurzen Zeit seine mit großer Sachkenntniß und Beredsamkeit schriftlich entwickelte Ueberzeugung in Bezug auf den heiligen und katholischen Glauben dem erwähnten Kirchenfürsten. Als dieser die Schrift gelesen hatte, lud er ihn ein, sich an seine Seite zu setzen, und ermahnte ihn, diesen Glauben beständig zu bewahren und fleißig zu lehren; auch sprach er noch vielfach mit ihm über die Pflichten des geistlichen Lebens, so daß sie manchmal fast den ganzen Tag im Gespräche miteinander zubrachten; zuletzt fragte er ihn auch, wie viele früher auf den Abwegen des Götzendienstes und der Sünde umherirrende Völker durch seine Predigt die Wahrheiten des Glaubens angenommen hätten.

XIV. (Er wird von demselben zum Bischofe geweiht.) Da er durch seine Antworten über alle diese Dinge den apostolischen Oberhirten befriedigte, so eröffnete dieser dem heiligen Manne, daß er ihm den Rang eines Bischofes beilegen wolle, damit er, gestützt auf das höhere Ansehen der apostolischen Würde, die Irrenden ohne Ausnahme desto beharrlicher zurechtweisen und auf den Weg der Wahrheit zurückführen könne und damit er Allen im Predigtamte desto angenehmer sei, je mehr er dadurch, daß ihn der apostolische Oberhirte dazu bestimmt habe, hervorleuchte. Da der Mann Gottes alles dieß weislich überlegte und auch wohl bedachte, daß geschrieben steht: Wer am Segen kein Gefallen hat, sei fern von ihm [1]), so wies er die Gnade eines so hohen Segens nicht von sich. Als daher die Zeit seiner Weihe, welche auf den Tag vor den Kalenden des Dezembers [2]), das heißt auf den Geburtstag des heiligen Apostels Andreas, festgesetzt war, herankam, legte ihm der ehrwürdige Papst den Rang eines Bischofes bei und zugleich die Würde eines andern Namens, der da heißet Bonifacius, denn vorher wurde er Winfrid genannt. Um diesen endlich zur Bewahrung des Gehorsams gegen ihn und seine Nachfolger, so wie zur Beobachtung der

---

1) Psalm 108, 18. — 2) Also auf den 30 November.

gesammten Ueberlieferung des heiligen Glaubens noch enger zu verpflichten, verlangte und erhielt er von ihm die Leistung eines Eides, welcher sich in alten Büchern auf folgende Weise niedergeschrieben findet:

„Im Namen des Herrn, unsers Gottes und Heilandes Jesus Christus, unter der Regierung unsers Herrn, des großen Kaisers Leo, im siebenten Jahre nach dessen Consulate und im vierten Jahre seines Sohnes, des großen Kaisers Constantinus, in der sechsten Indiction[1]). Ich Bonifacius, von Gottes Gnaden Bischof, verspreche dir, seliger Petrus, dem Apostelfürsten, so wie deinem Stellvertreter, dem seligen Papste Gregorius, und seinen Nachfolgern bei der untheilbaren Dreifaltigkeit, dem Vater, Sohne und heiligen Geiste, und bei diesem deinem allerheiligsten Leichname, daß ich den gesammten Glauben und die Reinheit des heiligen katholischen Glaubens bekennen, mit Gottes Beistand in der Einheit dieses Glaubens, worin nach unzweifelhaften Beweisen alles Heil der Christen besteht, verharren und in keiner Weise auf irgend eines Menschen Rath gegen die Einheit des gemeinsamen und allgemeinen Glaubens stimmen, sondern, wie gesagt, meine Treue, Aufrichtigkeit und Mithülfe dir und den Vortheilen deiner Kirche, welcher von Gott dem Herrn die Gewalt zu binden und zu lösen verliehen ist[2]), so wie deinem Stellvertreter und seinen Nachfolgern in allen Fällen bewähren will. Sollte ich aber in Erfahrung bringen, daß Vorsteher den alten Einrichtungen der heiligen Väter zuwider leben, so will ich mit ihnen keine Gemeinschaft oder Verbindung unterhalten, sondern sie vielmehr, wenn ich es vermag, in ihrem Treiben hindern oder, wenn ich dieß zu thun nicht im Stande bin, sogleich meinem apostolischen Herrn darüber gewissenhaft Bericht erstatten. Sollte ich, was fern von mir sei, gegen den Inhalt dieses Gelöbnisses irgendwie entweder freiwillig oder veranlaßt etwas zu thun versuchen, so will ich im ewigen Gerichte schuldig befunden werden und der

1) Also im Jahre 723. Die Indiction ist übrigens unrichtig angegeben, denn mit dem 1 September dieses Jahres beginnt bereits die siebente Indiction; vgl. Bd. I, S. 16.

2) Vgl. Matth. 16, 19.

Strafe des Ananias und der Saphira unterliegen, welche ebenfalls euch von euerm Eigenthume etwas zu entziehen sich anmaßten [1]). Diese Eidesformel habe ich, der geringe Bischof Bonifacius, mit eigener Hand geschrieben und habe, indem ich sie nach der Vorschrift auf den allerheiligsten Leichnam des heiligen Petrus legte, vor Gott als Zeugen und Richter den Eid geleistet, welchen ich auch zu halten verspreche [2])."

XV. (Der Papst versieht ihn mit Empfehlungsschreiben.) Nachdem er auf diese Weise sein Gelöbniß durch einen Eid vor dem Papste Gregorius bekräftigt hatte, bemühte sich auch dieser von seiner Seite, ihn in Allem zu unterstützen, vorzuziehen und hoch zu halten. Er übergab ihm deßhalb auch eine Urkunde [3]), worin die auf den bischöflichen Versammlungen festgestellten heiligsten Rechte der kirchlichen Verfassung enthalten waren, und schärfte ihm ein, daß sowohl die Geistlichkeit, als auch sämmtliche unter seine Leitung kommende Gemeinden in diesen Vorschriften unterrichtet werden sollten. Ferner bestätigte er ihm und allen seinen Untergebenen für ewige Zeiten das Vorrecht, mit dem apostolischen Stuhle in Gemeinschaft [4]) zu bleiben, und versah ihn mit empfehlenden Zuschriften nicht nur an den glorreichen Herzog Karl, welcher zu dieser Zeit das Reich der Franken beherrschte, sondern auch an alle damals in Deutschland wirksamen kirchlichen und weltlichen Oberhäupter. Da es nöthig erscheint, an der gegenwärtigen Stelle den Wortlaut dieser Schreiben kennen zu lernen, so wollen wir sie mittheilen und zuerst das für den Herzog Karl bestimmte und sodann die an die übrigen Fürsten gerichteten vorlegen.

XVI. (Vor Allem an Karl, den Herzog der Franken.) „An den ruhmvollen Herrn, unsern Sohn, den Herzog

---

1) Vgl. Apostelg. 5, 1 ff.

2) Man hat sich über diesen Eid, welchen sich der Papst von dem Glaubensboten, den er nach Deutschland schickte, aus guten Gründen leisten ließ, vielfache Bemerkungen erlaubt, deren Erörterung, welche nicht hierher gehört, man bei Seiters a. a. O. S. 135 ff. finden kann.

3) Vgl. weiter oben S. 244.

4) Im Verhältniß der Bruderschaft; vgl. ebend.

Karl, der Papst Gregorius. — Da wir in Erfahrung gebracht haben, daß du, in Christus Geliebtester, bei vielen Gelegenheiten u. s. w.“ 1)

XVII. (Sodann an sämmtliche geistliche und weltliche Oberhäupter.) „Bischof Gregorius, Knecht der Knechte Gottes, an seine Brüder, die sämmtlichen hochverehrlichen und hochwürdigen Mitbischöfe und gottesfürchtigen Priester oder Diakone, an die glorreichen Herzoge, hochedeln Gerichtsherrn und Grafen, so wie auch an alle gottesfürchtige Christen. — Da wir für die uns anvertraute Wache überaus große Sorge tragen, so haben wir u. s. w.“ 2)

XVIII. (An die Geistlichkeit, die Obrigkeit und das Volk der Thüringer.) „Der Bischof Gregorius, Knecht der Knechte Gottes, der Geistlichkeit, der Obrigkeit und dem Volke in Thüringen, seinen geliebtesten Söhnen im Herrn, seinen Gruß. — Um euern löblichen Wünschen keinerlei Verzögerung zu bereiten, haben wir bereits u. s. w.“ 3)

XIX. (An die Vornehmsten der Thüringer.) „Den hochedeln Männern, seinen Söhnen Asulf, Godlav, Willerc, Gunthar und Alvold 4), so wie allen gottgefälligen christgläubigen Thüringern der Papst Gregorius. — Als wir die uns mitgetheilte Standhaftigkeit eueres in Christus hochherrlichen Glaubens erfuhren u. s. w.“ 5)

XX. (An das Volk der Thüringer.) „Gregorius, Knecht der Knechte Gottes, an das gesammte Volk der Thüringer. — Unser Herr Jesus Christus, der Sohn Gottes und wahre Gott, ist vom Himmel herabgekommen u. s. w.“ 6)

XXI. (An die Altsachsen.) „Der Papst Gregorius an das gesammte Volk der Provinz der Altsachsen. — Weisen und Unweisen bin ich Schuldner, geliebteste Brüder u. s. w.“ 7)

---

1) Br. 5 (Bd. I, S. 13). — 2) Br. 6 (Bd. I, S. 14).

3) Br. 10 (Bd. I, S. 21).

4) In den Handschriften Othlos lauten diese Namen Asolfus, Godolans, Wilarius, Gunther und Albord.

5) Br. 8 (Bd. I, S. 18). — 6) Br. 7 (Bd. I, S. 16).

7) Br. 9 (Bd. I, S. 19).

XXII. (Er begiebt sich mit der Zustimmung des Herzogs Karl zu den Hessen.) Auf das Ansehen dieser so bedeutenden Empfehlungsschreiben gestützt trat der Oberhirte Bonifacius seine Rundreise nach Deutschland an, überreichte, als er dort angekommen war, dem oben erwähnten Fürsten Karl das Schreiben des römischen Papstes und brach, nachdem er sich unter die Herrschaft und den Schutz desselben gestellt hatte, mit dessen Einwilligung nach den Grenzen der Hessen auf, wo er schon früher das Evangelium zu predigen begonnen hatte. Als er daselbst anlangte, mußte er wahrnehmen, daß die meisten sich von der Ausübung der christlichen Religion losgesagt hatten und in mancherlei Irrthümer verstrickt waren, indem nämlich einige heimlich oder ungescheut in Gehölzen und an Quellen opferten, andere sich mit Vorherverkündigungen und Wahrsagungen oder mit Zaubereien und Beschwörungen befaßten, manche auch auf andere schändliche Abgöttereien sannen und nur wenige auf dem Wege der Wahrheit, den sie einmal eingeschlagen hatten, verharrten. Auf den Rath derselben versuchte er an einem Orte, Namens Gesmere [1]), einen Baum von erstaunlicher Größe, der nach einer alten Benennung der Heiden Jupitersbaum hieß, mit dem Beistande der Diener Gottes zu fällen. Zu der Fällung des Baumes strömte eine große Menge von Heiden herbei, welche während der Arbeit des Fällens über den heiligen Mann als einen Feind ihrer Götter herzufallen und ihn zu tödten beabsichtigten. Als jedoch nur erst ein geringer Theil durchhauen war, wurde er alsbald gleichsam durch göttliche Fügung bewegt und zerborst in vier Theile. Als die Heiden, welche mit verkehrtem Sinne zusammengekommen waren, dieß sahen, legten sie alle Bosheit ab und glaubten. Darauf erbaute der heilige Oberhirte, nachdem er mit den Brüdern Rath gepflogen hatte, aus der Masse des ungeheueren Baumes ein Bethaus und weihte es zu Ehren des heiligen Apostels Petrus.

XXIII. (Er trägt in Thüringen den Sieg über die falschen Christen davon und erbaut zu Ehren des heiligen Michael das Ordorfer Kloster. Bei welcher

---

1) Geismar, vgl. weiter oben, S. 246.

Gelegenheit dieß geschah.) Als dieß vollbracht war, begab er sich auch nach Thüringen und bemühte sich, die Fürsten dieses Volkes, welche zum großen Theile von der christlichen Religion abgefallen waren, auf den rechten Weg zurückzuführen. Als nämlich die Herrschaft der frommen Herzoge über sie aufhörte, fing auch der Eifer für die christliche Religion an nachzulassen und einige unter ihnen sich aufhaltende falsche Christen, welche Drothwin, Bertheri, Canbereth und Hunred hießen [1]), hatten ihrer ketzerischen Verkehrtheit bereits einen sehr großen Anhang verschafft. Sie waren nämlich Hurer und Ehebrecher und erregten den heftigsten Streit gegen den Mann Gottes, wurden aber durch die wahrhafte Entgegnung seines Wortes beschämt und entgingen dem ihnen gebührenden Spruche der Vergeltung nicht, denn sie wurden mit dem Banne belegt und aus der Kirche ausgestoßen. Als aber der Ruf seiner Predigt sich nach allen Seiten hin ausdehnte und die Menge der Gläubigen immer mehr anwuchs, wurden Kirchen erbaut und Klöster errichtet. Um diese Zeit wurde auch, nachdem man eine Anzahl von Dienern Gottes versammelt hatte, an dem Orte, welcher Ordorf [2]) heißt, zu Ehren des heiligen Erzengels Michael ein Kloster erbaut, worin alle nach apostolischer Sitte lebten und sich durch eigene Arbeit ihre Nahrung und Kleidung erwarben. Warum aber dieses Kloster zu Ehren des heiligen Michael erbaut wurde, soll kurz mitgetheilt werden. Als nämlich der heilige Bonifacius predigend und taufend nach Thüringen hinüberzog und an dem Flusse, welcher Oraha [3]) heißt und an welchem er seine Zelte aufgeschlagen hatte, übernachtete, erleuchtete ein vom Himmel her sich ausbreitendes starkes Licht die ganze Nacht hindurch die Stätte, wo der Bischof weilte. In diesem Lichte kam auch der heilige Erzengel Michael herab, erschien dem Bischofe, redete ihn an und stärkte ihn im Herrn. Als es Morgen geworden war, brachte er daselbst zu Lob und Preis Gott das heilige Meßopfer dar. Darauf befahl er, ihm an derselben Stelle ein Frühmahl zu bereiten, als er aber

---

1) Ueber die Lebensverhältnisse und die Lehre dieser Ketzer findet sich keine nähere Nachricht, wie schon weiter oben (S. 247) bemerkt wurde.

2) Ohrdruff im Fürstenthume Gotha. — 3) Jetzt Ohre genannt.

von seinem Diener vernahm, daß kein Vorrath, um Speise zu bereiten, vorhanden sei, erwiderte er: „Sollte der, welcher eine Menge Volkes vierzig Jahre lang in der Wüste mit dem vom Himmel herabgesendeten Manna speisen konnte, nicht mir, seinem unwürdigen Knechte, Nahrung zur Erquickung für einen einzigen Tag zu verschaffen vermögen?“ Nachdem er so gesprochen hatte, befahl er, den Tisch vor ihn zu stellen. Unterdessen kam ein Vogel geflogen, welcher einen Fisch, der zur Erquickung für einen Tag ausreichte, herbeitrug und vor dem Tische niederfallen ließ. Bei diesem Anblicke sagte der heilige Bischof Gott Dank und ließ den herbeigebrachten Fisch schleunig zubereiten. Nachdem derselbe aber zubereitet und verzehrt war, befahl er die Ueberbleibsel in den Fluß zu werfen [1]).

XXIV. (Woher der Verfasser diese Nachricht nahm.) Während er darauf die begonnene Reise fortsetzte und Thüringen durchwanderte, forschte er fleißig nach, wem jener Ort gehöre, wo ihm ein so bedeutsames Gesicht erschienen war, und als er erfuhr, daß Hugo [2]), der Aeltere genannt, Eigenthümer dieses Ortes sei, bat er denselben, er möge die Güte haben, ihm denselben abzutreten. Dieser entsprach seinem Verlangen und übergab zuerst von allen Thüringern seine Erbschaft dem ehrwürdigen Oberhirten; darauf aber schenkten ihm auch Abbot [3]) und mehrere Andere ihre an den erwähnten Ort stoßenden Güter. Mit diesem Erwerbe kehrte der heilige Bonifacius zurück, befahl an der genannten Stelle die Gesträuche auszurotten und den Boden bewohnbar zu machen und ließ eine Kirche, zu welcher er den

---

1) Diese Erzählung, bemerkt Seiters (S. 182), erscheint auch um deßwillen merkwürdig, weil sie fast das einzige wunderbare Begebniß ist, welches von unserm Apostel erzählt wird, da doch sonst die Lebensgeschichten der Heiligen nicht selten größtentheils aus Wunderthaten bestehen.

2) Dieser Hug oder Hang soll nach einigen alten Chroniken ein Graf von Kefernburg, nach andern aber nur ein dem Grafen von Kefernburg untergebener ehrbarer Mann gewesen sein.

3) Man will in diesem denselben Mann erkennen, welcher in dem von dem Papste Gregorius II. an die Thüringer gerichteten Schreiben (Br. 8) Alvold heißt, dürfte aber nicht leicht einen annehmbaren Beweis für diese Ansicht beibringen können.

Grundstein legte, erbauen[1]). Ich habe dieß in einem alten Buche aufgezeichnet gefunden und deßhalb mitzutheilen mir vorgenommen, damit man die Ursache, warum das oben erwähnte Kloster gebaut wurde, wisse und den Ort selbst, so wie auch den Gründer desselben, welche der Engel seines Besuches würdigte, in desto höheren Ehren halte.

XXV. (Er beruft Mitarbeiter aus Britannien.) Während nun der heilige Oberhirte Bonifacius in dem Gebiete der Thüringer und Hessen predigte, sah er ein, daß die Ernte zwar groß, der Arbeiter aber nur wenige waren[2]), um die zahlreiche Menge der Gläubigen zu unterrichten. Deßhalb sendete er in sein Heimathland, ließ von dort eine Anzahl frommer Frauen und Männer, welche in mannigfaches Wissen eingeweiht waren, kommen und vertheilte unter sie die Last seiner Arbeit. Unter diesen waren die vorzüglichsten Männer Burchardus[3]) und Lullus[4]), Willibald[5]) und dessen Bruder Wunnibald[6]), Witta[7]) und Gregorius[8]), die frommen Frauen aber waren die Schwester der Mutter des heiligen Lullus, Namens Chunihilt, und ihre Tochter Berathgit, ferner Chunitrud, Tecla, Lioba und Waltpurgis[9]), die Schwester Willibalds und Wunnibalds. Chunihilt und deren Tochter Berathgit, welche in den schönen Wissenschaften wohl unterrichtet waren, wurden zu Lehrerinnen im Lande der Thüringer bestellt[10]), Chunitrud wurde nach Bagoarien bestimmt[11]), um dort

---

1) Man darf mit Sicherheit annehmen, daß die Erbauung des Klosters und der Kirche zu Ohrdruff zwischen die Jahre 724 und 727 fällt.

2) Vgl. Matth. 9, 37. — 3) Später Bischof von Würzburg.

4) Nachfolger des heiligen Bonifacius auf dem erzbischöflichen Stuhle zu Mainz.

5) Später Bischof von Eichstädt.

6) Erster Abt des Klosters Heidenheim; er starb im J. 761.

7) Erster Bischof zu Büraburg; er starb im J. 786.

8) Später Abt des Klosters zu Utrecht; er kam nicht aus England, sondern war bekanntlich ein Franke.

9) Sie wurde Aebtissin eines Klosters und starb um das J. 780.

10) An welchem Orte ist nicht bekannt, auch wissen wir nichts Näheres über ihre Lebensverhältnisse.

11) Auch über sie besitzen wir keine weiteren Nachrichten.

den Samen des göttlichen Wortes auszustreuen, Tecla übergab er am Flusse Main die Orte, welche Kihhingen und Ochsnofurtt[1]) heißen; Lioba endlich setzte er in Biscofesheim[2]) ein, um dort einer großen Genossenschaft von Jungfrauen vorzustehen[3]).

XXVI. (Er schickt Boten an Gregorius III. und empfängt von demselben das Pallium nebst einem Schreiben.) Nachdem der selige Bonifacius viele Tausende von Menschen sowohl selbst als auch durch seine Stellvertreter zum heiligen Glauben hingeleitet und in dem Born der Taufe gereinigt hatte und nachdem Gregorius der zweite, der Inhaber des apostolischen Stuhles, seligen Andenkens gestorben war und Gregorius der dritte bereits auf demselben Stuhle saß, schickte er wieder Abgesandte nach Rom, um bei dem erwähnten Oberhirten das frühere Freundschaftsbündniß zu erneuern, die volle Gnade der Genossenschaft, welche ihm von seinem Vorgänger zu Theil geworden war, zu begehren, demselben die schuldige vollständige Unterwerfung unter den apostolischen Stuhl von seiner Seite zu versprechen und ihn von der Bekehrung eines großen Theiles der Bewohner Deutschlands in Kenntniß zu setzen. Als nun die erwähnten Gesandten nach Rom kamen und dem ehrwürdigen Papste ihre Aufträge kund gaben, stattete dieser sogleich Gott seinen Dank ab, sodann gewährte er nicht nur alle von dem heiligen Bonifacius erbetene Rechte der Genossenschaft und Freundschaft, sondern schickte ihm auch, ohne daß er es irgendwie verlangt hatte, das erzbischöfliche Pallium und richtete zugleich an den heiligen Oberhirten ein Schreiben, welches die Beantwortung mehrerer ihm vorgelegten Fragen enthielt und seinem Wortlaute nach hier beigefügt werden soll.

„An den ehrwürdigsten und heiligsten Bruder und Mitbischof Bonifacius, welcher zur Erleuchtung des Volkes in Deutschland,

---

1) Kitzingen und Ochsenfurt. Sie starb um das Jahr 752.

2) Bischofsheim an der Tauber. Lioba starb um das Jahr 772.

3) Obgleich Othlo uns die beste Nachricht über die aus England berufenen frommen Männer und Frauen giebt, so faßt er doch hier mehrere der Zeit nach weit auseinander liegende Ereignisse fälschlich zusammen, denn diese Mithelfer und Mithelferinnen des heiligen Bonifacius kamen allmälig, so wie das Bedürfniß sich mehrte, nach Deutschland.

oder wo irgend sonst Völker im Schatten des Todes weilen oder im Irrthume befangen sind, von diesem apostolischen Stuhle abgesandt ist, Gregorius, Knecht der Knechte Gottes. — Große Freude durchdrang uns, als wir das Schreiben deiner heiligsten Brüderlichkeit durchlasen u. s. w.“ [1])

XXVII. (Er erbaut zwei Klöster.) Als die Boten zurückkamen und die huldvollen Geschenke und Schreiben des apostolischen Oberhirten überbrachten, wurde Bonifacius mit der größten Freude erfüllt. Er brachte deßhalb Gott den schuldigen Preis und Dank dar und erbaute alsbald dem Herrn zwei Kirchen, nämlich eine zu Frideslare [2]), welche er zu Ehren des heiligen Apostelfürsten Petrus weihte, und eine andere zu Hamanaburg [3]), welche er dem heiligen Erzengel Michael widmete. Mit den beiden Kirchen verband er auch zwei Klösterlein und versah dieselben mit einer nicht geringen Genossenschaft von Dienern Gottes, wie denn auch darin bis auf den heutigen Tag die Pflichten des göttlichen Lobes und Dienstes erfüllt werden. Nachdem dieß zu Stand gebracht war, begab sich der heilige Bonifacius nach dem Gebiete der Bagoarier, über welche zu dieser Zeit der Herzog Hugbert [4]) herrschte, verrichtete bei ihnen auf das Emsigste das Amt der Predigt und war mit einem so gewaltigen Eifer göttlichen Muthes ausgerüstet, daß er einen in ketzerischer Verkehrtheit befangenen Abtrünnigen, Namens Ermwolf [5]), nach den Vorschriften der Kirchengesetze verdammte und aus der Kirche ausstieß. Nach der Erledigung dieser Angelegenheit kehrte er zu denen, welche in dem zu seiner Verwaltung gehörenden Sprengel weilten, zurück, machte eine Rundreise bei denselben und traf Vorsorge für Alles, was die Verwaltung der Kirchen betraf.

XXVIII. (Er reist zum dritten Male nach Rom und bringt von dort Geschenke und Briefe an die Bischöfe mit.) Um diese Zeit beschloß er auch nach Rom zu gehen, sowohl um mit dem apostolischen Vater, welchen er noch

---

1) Br. 25 (Bd. I, S. 66). — 2) Fritzlar; vgl. weiter oben, S. 250.
3) Amöneburg an der Ohm, vgl. ebend. — 4) Oder Hugobert (729—739).
5) Ein nicht näher bekannter Ketzer, wie schon weiter oben (S. 250) bemerkt wurde.

nicht von Angesicht zu Angesicht gesehen hatte, eine ihm zum Heile gereichende Bekanntschaft und Unterredung anzuknüpfen, als auch um sich der Fürbitte der heiligen Apostel und der andern in der Stadt Rom ruhenden Heiligen zu empfehlen [1]. Er reiste also, begleitet von einer großen Schaar von Franken, Bagoariern und andern aus Britannien herübergekommenen Gefährten dahin ab, fand bei dem apostolischen Oberhirten, als er sich demselben vorstellte, eine huldvolle Aufnahme und wurde von allen Römern mit so großer Ehrerbietung behandelt, daß Viele zu seiner heilsamen Lehre herbeiströmten und ihn lange Zeit bei sich zurückhielten. Als er darauf beschloß, die Rückreise anzutreten, wurde er von dem apostolischen Oberhirten mit Geschenken und mit Reliquien der Heiligen für Alle, für welche er bat, versehen und reichlich ausgestattet; auch übergab ihm dieser noch einige Schreiben, um sie den Bischöfen, den Aebten und allen weltlichen Oberhäuptern in Deutschland zu überreichen; wir lassen sie hier ihrem Wortlaute nach folgen.

„Bischof Gregorius, Knecht der Knechte Gottes, an alle uns liebwertheste Bischöfe, ehrwürdige Priester und fromme Aebte aller Provinzen. — Durch den mitwirkenden und das Wort bekräftigenden Herrn ist der gegenwärtige heiligste Mann, unser Bruder und Mitbischof Bonifacius u. s. w.“ [2])

XXIX. (An die Edeln und das Volk Deutschlands.) „Papst Gregorius an alle Edle und das Volk der Gauen Deutschlands, an die Thüringer und Hessen, die Bortharier, Ristreser, Wedrever, Lognaer, Südvoden und Grabfelder oder alle in dem östlichen Landstriche Wohnende. — Weil unser Vorgänger heiligen Andenkens, der Oberhirte Gregorius, durch göttliche Eingebung bewogen u. s. w.“ [3])

XXX. (An die Bischöfe Baierns und Alemanniens.) „An die uns liebwerthesten in der Provinz Bajoariens und Alemanniens stehenden Bischöfe Wiggo, Luido, Rudolt, Vivilo und Adda der Papst Gregorius. — Der katholische

---

1) Bonifacius trat diese dritte Reise nach Rom im Herbste des Jahres 738 an.

2) Br. 43 (Bd. I, S. 107). — 3) Br. 44 (Bd. I, S. 108).

Ausspruch der heiligen Väter befiehlt, daß zum Heile des christlichen Volkes u. s. w." [1])

XXXI. (Er setzt in Baiern drei Bischöfe ein.) Nachdem also der heilige Bonifacius diese Briefe in Empfang genommen hatte, schied er von Rom, kam auf seiner Reise durch Italien in die Mauern der ticinischen Stadt [2]) und verweilte einige Zeit bei Liutprand, dem Könige der Longobarden. Nach dem Aufbruche von da besuchte er auf die Einladung des Herzogs Otilo [3]) das Land der Bagoarier und blieb bei diesen viele Tage, um das Wort Gottes zu predigen und daselbst die Sacramente des wahren Glaubens herzustellen. Dabei verscheuchte er auch einige Zerstörer der Kirchen und Verführer des Volkes, von denen mehrere sich fälschlich die bischöfliche Würde beigelegt, andere sich das Amt des Priesterthums angemaßt und andere endlich unzählige verkehrte Dichtungen ersonnen und das Volk großentheils verführt hatten. Da aber der heilige Oberhirte einsah, daß er einen solchen Trug und eine solche Bosheit der Priester nicht anders verhindern könne, theilte er mit der Zustimmung des Herzogs Otilo das Land Bagoarien in vier Sprengel und setzte über sie drei [4]) durch große Tugenden ausgezeichnete Männer, welche er nach ertheilter Weihe zu ihrer bischöflichen Würde beförderte. Der erste derselben, Namens Johannes, erhielt den bischöflichen Stuhl in der Stadt, welche Salzburg heißt, der zweite, welcher die oberhirtliche Leitung der Freisinger Kirche übernahm, hieß Erimbert und der dritte, welcher als Bischof in der Stadt Regensburg, der Metropole Bagoariens, eingesetzt wurde, Gowibold. Vivilus, welcher bereits früher von dem apostolischen Oberhirten geweiht worden war [5]), wurde über die Kirche zu Passau gesetzt, sein Sprengel aber, welcher der vierte war, ebenfalls, wie

---

1) Br. 45 (Bd. I, S. 110). — 2) Pavia am Tessino (Ticinus).

3) Oder Odilo, vgl. weiter oben, S. 252.

4) Der vierte, Vivilo, welcher das Bisthum Passau erhielt, wird hier nicht mitgezählt, weil er schon früher zum Bischofe geweiht war.

5) Er war von dem Papste Gregorius III. zum Bischofe von Lorch geweiht worden; Näheres über diese vier Bischöfe, deren Namen in den verschiedenen Quellen verschieden geschrieben werden, findet man weiter oben S. 253.

die übrigen, von dem heiligen Bonifacius gebildet. Nachdem also diese Bischöfe eingesetzt und die Mißstände, welche sich in Bagoarien vorgefunden hatten, abgestellt waren, kehrte er zu seinen eigenen Kirchen zurück und legte bald darauf über diese Verbesserungen in Bagoarien dem apostolischen Oberhirten in einem ihm überschickten Schreiben Rechenschaft ab. Dieser aber billigte sein Verfahren, wie aus folgender an ihn gerichteten Antwort hervorgeht.

XXXII. (Gregorius spricht sich billigend über sein Verfahren aus.) „An den ehrwürdigsten und heiligsten Bruder und Mitbischof Bonifacius Gregorius, Knecht der Knechte Gottes. — Von dem vortrefflichen Lehrer der Völker, dem seligen Apostel Paulus, kommt der Spruch u. s. w.“ [1])

XXXIII. (Er beruft mit der Zustimmung Karlmanns die Synode zu Liftinä.) Als zu derselben Zeit der glorreiche Herzog Karl den Lauf des irdischen Lebens vollendete [2]), folgten ihm seine Söhne Karlmann und Pippin nach in dem väterlichen Reiche. Da aber alle Angelegenheiten der väterlichen Herrschaft nach dem Willen Karlmanns geordnet wurden, so begab sich der heilige Bonifacius zu diesem, überreichte ihm das Schreiben des apostolischen Oberhirten und ersuchte ihn dringend, daß auch er die Uebung der christlichen Religion, welche sein Vater auf das Bereitwilligste angeregt und gefördert habe, um der Liebe Gottes willen und zu der Befestigung seiner Herrschaft, so wie auch zum gemeinsamen Heile aller seiner Unterthanen eben so bereitwillig fördern möge. Dieser aber, durch die Bitten des heiligen Mannes wie durch eine göttliche Eingebung gerührt, bemühte sich, alle unter seiner Herrschaft lebende Laien und Geistliche, welche von der christlichen Religion abgewichen waren, sowohl durch sein königliches Ansehen als auch durch die Kirchengesetze auf den Pfad der Gerechtigkeit zurückzuführen. Er gab nämlich den Befehl, daß auf einer abzuhaltenden Synodalversammlung Alles nach den Vorschriften der Kirchengesetze geordnet werden solle, und da die Beschlüsse dieser Synodalversammlung zur Erbauung sowohl der weltlichen als auch der kirchlichen

---

1) Br. 46 (Bd. I, S. 112). — 2) Karl Martel starb am 15 October 741.

Oberhäupter viel beitragen zu können scheinen, so wollen wir sie, wie wir sie in alten Büchern aufbewahrt fanden, hier mittheilen. Sie lauten, wie folgt.

XXXIV. (Die deutsche Synode wird auf der Synode zu Liftinä bestätigt.) „Im Namen unsers Herrn Jesu Christi. Ich Karlmann, Herzog und Fürst der Franken, habe u. s. w.“ [1])

XXXV. (Der Verfasser eifert gegen die Verfolger der Mönche.) Vergleicht man diese damals von neubekehrten Kirchenfürsten erlassenen tief religiösen Beschlüsse mit den Gesetzen, welche jetzt von manchen unserer von ihrer Kindheit bis zu ihrem Alter in der gesammten christlichen Lehre unterrichteten Oberhäupter zum Vorscheine gebracht werden, so ist leicht zu erkennen, wie sehr jene Neubekehrten diese hochgelehrten Väter übertreffen, welche nicht nur versäumen, bei den Königen und Fürsten zum Frommen der heiligen Orte Fürbitte einzulegen, sondern sogar selbst die ihnen anvertrauten Orte gänzlich zerstören. O verkehrtes, von Allen tief zu beklagendes Benehmen! O allzu erbärmlicher Umschwung der Sitten! Die Greise stehen den Knaben, die Sehenden den Blinden, die Kundigen den Unkundigen, die Geistlichen den Laien an Frömmigkeit nach! In vielen Gegenden nämlich, wo der Weinberg der heiligen Kirche erst frisch angepflanzt oder die Kenntniß der geistlichen Früchte noch nicht zu Allen gelangt war, sprach die Mehrzahl der Weltleute: Weil wir uns unserer Gebrechlichkeit wegen der gewohnten Ergötzlichkeiten der Welt nicht gänzlich enthalten können, so wollen wir wenigstens andere Enthaltsame, welche sich zum Dienste Gottes vereinigen, mit unsern irdischen Hülfsmitteln unterstützen, damit sie uns durch ihr Gebet und andere geistliche Hülfsmittel beistehen und uns vom Verderben erretten. Nun aber, wo die Kenntniß aller Tugenden und die in Büchern mitgetheilte Anleitung zur Uebung derselben fast Jedem geläufig ist und kein Christ sagen

1) Diese Beschlüsse der im J. 742 abgehaltenen deutschen Synode findet man weiter oben (S. 2 ff.). Die Synode zu Liftinä versammelte sich im J. 743; die Beschlüsse derselben, welche man ebenfalls weiter oben (S. 8 ff.) findet, werden jedoch von Othlo nicht mitgetheilt.

kann: Es hat uns Niemand gedungen [1]), pflegt die Mehrzahl sowohl der Geistlichen als auch der Laien zu sagen: Was nützen uns so viele Klöster und so große Schaaren von Mönchen? Weit besser ließen sich wohl die Güter, von welchen sich diese Mönche unnöthiger Weise mästen, zu unserm Dienste verwenden. Die Richtigkeit dieser Thatsache bewähren Viele durch ihre Worte, eine weit größere Anzahl aber noch deutlicher durch ihre Handlungen, als ob ihre Bosheit und ihre Gottlosigkeit von dem Herrn weniger bestraft würde, wenn kein Mönch oder Ordensmann mehr in dieser Welt wäre.

XXXVI. (Er lobt Karlmann und Karl den Großen wegen ihrer Vorliebe für die Mönche.) Der oben erwähnte Karlmann hegte jedoch eine bei weitem andere Gesinnung, denn obgleich er vor seiner Unterweisung durch den heiligen Bonifacius nur sehr wenig von der christlichen Religion wußte, so gelangte er doch durch die Aufforderung und Ermahnung desselben alsbald in der Furcht und Liebe Gottes zu einer solchen Vollkommenheit, daß er mit gleicher Klugheit die menschlichen und die göttlichen Angelegenheiten ordnete und wohl einsah, daß ohne Besorgung des göttlichen Dienstes, wozu auch das gemeinschaftliche klösterliche Leben gehört, die weltlichen Rechte keinen Erfolg zu erzielen vermögen. Ebenso glaubte auch Karl der Große, der Sohn seines oben erwähnten Bruders Pippin, welcher alle Reiche von Rom bis nach Friesland und von Ungarn bis nach Britannien seiner Herrschaft unterwarf, im Kampfe gegen dieselben den Sieg nur dadurch erlangen zu können, daß er allen in diesen Reichen bereits erbauten Klöstern irgend eine Unterstützung zukommen ließ. Hegt Jemand Zweifel an dieser Behauptung, so lese er vor Allem dessen Thaten und durchwandere dann die Klöster, welche zu seiner Zeit bereits in Italien, Gallien und Germanien gegründet waren, und er wird finden, daß sie sich irgend einer Gabe Karls erfreuen und zwar entweder des Vorrechts der Freiheit oder eines Geschenkes an Gütern, wenn diese ihnen nicht durch die nachfolgenden Könige oder Bischöfe wieder entzogen wurden, denn viele Könige, welche diesem Karl

1) Matth. 20, 7.

folgten, fehlten, obgleich sie durch ihre ausgezeichnete Sitten und durch ihre übrigen Bestrebungen glänzten, doch nur allzusehr darin, daß sie manche Klöster sowohl durch die Erzwingung eines allzugroßen Gehorsams, als auch durch die Verkürzung an Gütern entweder selbst zerstörten oder durch Bischöfe und selbst durch Laien, welche sich um nichts weniger als um das Klostergelübde kümmerten, zerstören ließen. Unser Karl aber ließ sich dieß, wie man berichtet, nicht nur in keiner Weise zu Schulden kommen, sondern entzog sogar die früher zu irgend einem Bisthume gehörenden Klöster, welchen er ihre Güter doppelt zurückgab, mit allgemeinem Beifalle der bischöflichen Gewalt und bevorzugte sie durch königliche Freiheit, indem er, wie ich glaube, mit prophetischem Geiste voraus überzeugt war, daß, wie auch wir wahrnehmen und unsere Vorfahren schon längst in Erfüllung gehen sahen, die von ihren Stiftern mit allem Nöthigen ausgerüsteten heiligen Orte, sobald sie an die Bischöfe fielen, in die größte Armuth gerathen und die klösterliche Zucht gänzlich einbüßen würden. Will ich auch damit keineswegs sagen, daß alle den Bischöfen unterworfene Klöster zerstört wurden, so gilt dieß doch von dem größten Theile derselben, wobei noch hauptsächlich zu bedauern und zu beklagen ist, daß dieß nicht von Leuten geschieht, welche die Vorschriften des göttlichen Gesetzes nicht kennen, sondern von hochgelehrten, welche durch die Zerstörung der ihnen anvertrauten Klöster nicht nur selbst sündigen, sondern auch die Laien verleiten, durch diese Zerstörungswuth zu sündigen; denn welcher Laie glaubt nicht, daß ihm Alles, was er die Geistlichen thun sieht, ebenfalls erlaubt sei? Wir können deßhalb in allen diesen Dingen Karl als Beispiel aufstellen, denn so wie unter den ihm nachfolgenden Königen keiner gefunden wurde, der es ihm in der Wahrung des Gesetzes des Allerhöchsten gleich that, so ist auch keiner nach ihm zu so hohem Ruhme und so großer Macht in dieser Welt gelangt, und man kann mit Recht von ihm sagen: Sein Andenken erlischt nicht, und sein Name wird wiederholt von Geschlecht zu Geschlecht[1]). Da sich übrigens hier eine schickliche Gelegenheit darbot, zu erwähnen, wie groß

1) Ecclesiastik. 39, 13.

die Frömmigkeit bei den alten Fürsten war und wie groß die Vernachläßigung dieser Frömmigkeit bei den neueren ist, und durch diese Gegensätze, aus denen sich von selbst ergiebt, was das Bessere sein dürfte, Manche zum Besseren anzuregen, so möge Niemand verschmähen, das Gesagte zu lesen oder anzuhören, sondern vielmehr aufmerksam darauf achten und, wenn er sich einer solchen Vernachläßigung schuldig gemacht hat, eifrig bemüht sein, so lange uns noch durch die Barmherzigkeit des Herrn Zeit zur Verzeihung vergönnt ist, zu bereuen und sich zu bessern, damit wir nicht erst, wenn uns der Tag des Todes überrascht, Zeit zur Buße suchen und sie nicht mehr finden können. Doch genug davon, fahren wir jetzt in unserer Erzählung da, wo wir sie unterbrochen haben, wieder fort.

XXXVII. (Gewilieb wird wegen eines Mordes abgesetzt und an seiner Stelle Bonifacius auf den bischöflichen Stuhl von Mainz erhoben.) Als demnach auf Befehl Karlmanns und auf den Rath des heiligen Bonifacius eine Synodalversammlung stattfand, wurden auf derselben nicht nur alle in ketzerische Verkehrtheit verstrickte Geistliche aus der Gemeinschaft der Kirche ausgestoßen, sondern auch die Bischöfe, auf welchen die Schuld irgend eines Capitalverbrechens lastete, abgesetzt. Die Haupturheber aller Irrlehren, welche damals in Deutschland wucherten, waren zwei Ketzer, von denen der eine Clemens, der andere aber Aldebert hieß [1]). Da wir jedoch später das über sie an den Papst Zacharias gerichtete Schreiben mitzutheilen beabsichtigen [2]), so wird dort, weil darin die ganze verderbliche Ketzerei ihre Widerlegung findet, die schicklichste Stelle sein, um über sie zu sprechen. Was jedoch die Bischöfe betrifft, so wurde ein Bischof, Namens Gewilieb, welcher dem Mainzer Sprengel vorstand, abgesetzt; warum er aber abgesetzt wurde, will ich in Folgendem erzählen. Zu jener Zeit nämlich verwüsteten die Sachsen das Thüringer Land, weßhalb die Völkerschaften dieses Landes ihre Zuflucht zu dem oben genannten Fürsten Karlmann nahmen und ihn um Hülfe baten. Dieser

---

1) Vgl. über diese Irrlehrer Br. 59 und 67, und weiter oben, S. 44 ff.
2) Weiter unten B. 2, Kap. IV.

sandte alsbald zu ihrer Befreiung ein Heer, mit welchem auf sein Geheiß zugleich Gerold, der damalige Bischof von Mainz und Vater des erwähnten Gewilieb, auszog. Als nun ein Zusammenstoß der Kriegführenden stattfand und diese wechselseitig aufeinander einhieben, kam unter Andern auch der Bischof Gerold um. Darauf wurde sein Sohn Gewilieb, der sich damals noch als Laie im königlichen Palaste befand, zur Linderung seines Schmerzes um den Vater zu der geistlichen Würde befördert und zur Leitung der Mainzer Kirche nach dem Hinscheiden des Vaters berufen. Als aber nach nicht langer Zeit Karlmann wieder ein Heer sammelte und gegen die Sachsen zu Feld zog, nahm er diesen Gewilieb mit sich. Als nun die Heere beider Völker an den beiden Ufern der Wisaraha [1]) einander gegenüber standen, befahl Gewilieb seinem Knappen, unter die Feinde zu gehen und dort sorgfältig nach dem Namen dessen zu forschen, der seinen Vater getödtet habe. Und als dem seinen Auftrag erfüllenden Knappen von Jemand bemerkt wurde, daß der, welchen er suche, ganz nahe sei, sagte er zu demselben: „Bittet ihn, so schnell als möglich hierher zu kommen, weil mein Herr mit ihm zu sprechen verlangt.“ Nachdem Jener sich eingefunden hatte und Jeder von der Ankunft des Andern unterrichtet war, satteln sie sofort ihre Rosse und brechen beiderseits auf. Als sie aber in der Mitte des Flusses zusammentreffen, ruft der Bischof während der Unterredung:

„Nimm dieß Eisen zum Lohn, so räch' ich den theueren Vater!“
Sprach's und ohne Verzug durchbohrt mit dem Schwert er die Brust ihm [2]),

worauf dieser sogleich vom Pferde sinkt und in dem Flusse seinen Geist aushaucht. Als die Seinigen dieß wahrnahmen, erhoben sie ein allgemeines Geschrei und es entspann sich, als die Schlachthaufen von beiden Seiten zusammenstießen, ein heftiger Kampf. Nachdem Karlmann den Sieg über die

---

1) Weser nach der jetzigen Benennung.

2) Sollten vielleicht diese Verse dem Gedichte, worin Ruthard, ein Mönch des neunten Jahrhunderts, das Leben und den Tod des heiligen Bonifacius besang, welches aber bis jetzt noch nicht wieder aufgefunden wurde, entlehnt sein?

Sachsen davon getragen hatte, kehrte er mit den Seinigen nach der Heimath zurück und Niemand betrachtete die von Gewilieb verübte That als einen Mord, weßhalb dieser auch nach seiner Rückkehr die gewohnten bischöflichen Verrichtungen wieder aufnahm; der heilige Oberhirte Bonifacius aber brachte außer sonstigen zurechtweisenden Gesprächen auch diesen Fall vor und that dar, daß Niemand, auf dem das Verbrechen des Mordes laste, das bischöfliche Amt bekleiden dürfe. Außerdem warf er ihm noch vor, daß er mit eigenen Augen gesehen, wie er mit Vögeln und Hunden gespielt habe, was einem Bischofe durchaus nicht erlaubt sei. Als Gewilieb dieß vernahm und wohl einsah, daß er in keiner Weise wider den Stachel weder der weltlichen Macht, noch des kanonischen Ansehens, welches auf den Antrag des heiligen Bonifacius gegen alle zur Rechenschaft Gezogene geltend gemacht wurde, lecken könne, fügte er sich dem allgemeinen Urtheile und wurde der bischöflichen Würde entsetzt. Nach seiner Absetzung wurde sogleich der heilige Bonifacius von den oben genannten Fürsten, nämlich von Karlmann und dessen Bruder Pippin, zum Vorsteher der Mainzer Kirche bestimmt; um aber seine Würde noch zu erhöhen, beschlossen dieselben Fürsten, die Mainzer Kirche, welche früher einer andern [1]) unterworfen war, zur Metropole aller in Deutschland befindlichen Kirchen zu erheben. Sie schickten deßhalb alsbald eine Gesandtschaft an den apostolischen Oberhirten und erlangten die Gewährung ihrer Bitte [2]).

XXXVIII. (Bonifacius setzt drei Bischöfe ein. Deutschland soll ihn als seinen Vater verehren.) Auf ein so bedeutendes Ansehen gestützt, begann nun der heilige Bonifacius gleich einem neuen Archimandriten überall den

---

1) Man hat bis jetzt nicht darüber einig werden können, welcher andern Kirche früher Mainz unterworfen war und schwankt zwischen Trier, Cöln und Worms.

2) Die Geschichte der Absetzung Gewiliebs wird auch in dem Nachtrage zu Willibalds Biographie von einem Mainzer Priester (Kap. 1, §. 1. 2) in derselben Weise erzählt, weßhalb die schon dort beigefügten Bemerkungen auch hier zu vergleichen sind.

göttlichen Samen auszustreuen und das teuflische Unkraut auszurotten, Klöster und Kirchen zu bauen und möglichst vorsichtige Hirten für diese Kirchen zu bestellen. Denn außer vielen Bischöfen, die er schon früher eingesetzt hatte, und unter welchen sich die ehrwürdigen Männer Willibald und Burchard befanden, von denen der erste an dem Orte, der den Namen Eichstädt führt, und der andere in der Stadt, welche Würzburg heißt, von ihm als Bischof bestellt worden war, schickte er damals Gregorius nach dessen Weihe zum Bischofe nach Attriech [1]) und ernannte noch bei seinen Lebzeiten Lullus zu seinem Nachfolger zu Mainz [2]). Auch wurde von ihm zu dieser Zeit in Deutschland noch vieles Andere vollbracht, was man nur in seinen Briefen aufgezeichnet findet, weßhalb wir auch die Briefe, welche von ihm an den Papst Zacharias, der zu dieser Zeit auf dem apostolischen Stuhle saß, und von diesem Zacharias an ihn oder für ihn an sämmtliche Fürsten Deutschlands geschrieben wurden, so viele wir deren von allen Seiten her zusammenbringen konnten, hier beizufügen gesonnen sind, diejenigen aber, welche er an seine Landsleute, nämlich die Anglen, schrieb, wollen wir, um nicht den Lesern Ueberdruß zu verursachen, um so mehr hinweglassen [3]), als das Unsrige uns vollständig genügen dürfte. Unter dem Unsrigen aber verstehe ich Alles, was er für die Erlösung unserer Väter, nämlich der Deutschen, schrieb oder ihm irgend Jemand zuschrieb, aus welchen Briefen man hauptsächlich die Sorgfalt, den Eifer, die väterliche Gesinnung und die Güte ersehen kann, womit er alle Söhne seiner Kirche, welche er selbst durch das Evangelium gezeugt [4]), behandelte und wie er Allen Alles geworden ist, um Alle selig zu machen [5]). Deßhalb behaupte ich zuverläßig, daß Jeder seiner Söhne, nämlich der Deutschen, welcher die Bemühung eines solchen Vaters entweder aus seinen Schriften oder aus der gewöhnlichen Erzählung kennt und ihm nicht alle mögliche

---

1) Oder Triech, Utrecht.

2) Ueber alle diese Bischöfe wurde das Nöthige bereits weiter oben bemerkt.

3) Es haben sich mehrere derselben erhalten, welche man im ersten Bande findet.

4) Vgl. I. Kor. 4, 15. — 5) Vgl. ebend. 9, 22.

Verehrung zollt, sich einer Vernachläßigung der Ehrfurcht, welche wir den Eltern erweisen sollen, schuldig macht. Ist diese Vernachläßigung eine Sünde und wird jede Sünde bestraft, so muß also auch diese Vernachläßigung bestraft werden. Sollen wir außerdem, wie der Apostel sagt, nicht auch, da wir unsere leiblichen Väter zu Züchtigern hatten und ihnen Ehrfurcht erwiesen, uns noch weit eher dem Vater der Geister unterwerfen[1]? Unter dem geistigen Vater verstehen wir aber nicht nur den allmächtigen Gott, sondern auch Alle, durch deren Lehre und Beispiel wir zur Erkenntniß der Wahrheit gelangen und zur Befestigung der Religion angeleitet werden. Und wie Abraham wegen des von Allen nachzuahmenden Verdienstes des Glaubens und Gehorsams der Vater aller an Christus Glaubenden genannt wurde[2], eben so kann der heilige Oberhirte Bonifacius auch der Vater aller Bewohner Deutschlands genannt werden, weil er diese durch das Wort der heiligen Predigt zuerst Christus zeugte, dann durch sein Beispiel stärkte und zuletzt sein Leben für sie hingab, eine größere Liebe aber als diese Niemand hat[3]. Da diese der Ursprung und das Endziel aller Güter ist, so wollen auch wir hiermit das gegenwärtige Büchlein schließen, damit durch eine kurze Unterbrechung des anstrengenden Lesens der Leser und der Zuhörer frische Kräfte sammeln können.

Zweites Buch.

(Vorwort.) In dem vorhergehenden Büchlein haben wir, in so weit es die Geringfügigkeit unserer Befähigung zuließ und in so fern uns das Zeugniß der alten Schriftsteller Belehrung gewährte, über den Wandel und die Pilgerschaft, so wie über das Predigtamt unsers heiligen Vaters Bonifacius gesprochen; nun aber will ich, in so weit ich es mit Gottes Beistand vermag, in diesem folgenden Büchlein darlegen, wie rastlos er nach der Annahme des Oberhirtenamtes über die Mainzer Kirche durch seinen Kampf gegen die Ketzer und falschen Christen für die heilige

---

1) Hebr. 12, 9.

2) Röm. 4, 11; vgl. Genes. 17, 4. — 3) Joh. 15, 13.

Kirche arbeitete und wie er durch seinen Tod die Siegespalme des Marterthums errang. Das Erstere wollen wir ausschließend durch Briefe darthun, da sich in ihnen hinreichende und deutliche Auskunft findet und weil es sich auch keineswegs geziemt, das bereits mit kluger Umsicht und genügender Klarheit Vorgebrachte unberücksichtigt zu lassen und dafür eine besser sein sollende Darstellung auszuarbeiten, eine Anmaßung, welche nicht einmal in der weltlichen Gelehrsamkeit und also noch weit weniger in der heiligen geduldet werden kann. Nach diesem Vorworte schreiten wir nun zur Abschrift der von uns versprochenen Briefe und stellen denjenigen voraus, den er auch zuerst an den Papst Zacharias schrieb. Dieser wurde zwar schon vor der oben erwähnten Synode [1]) abgeschickt, da er aber theilweise den Inhalt der folgenden Briefe betrifft und er sowohl als auch alle folgende während der Zeit eines und desselben Oberhirten geschrieben sind, so haben wir geglaubt, sie auch hier in der Abschrift nicht trennen zu dürfen.

I. (Bonifacius schreibt an Zacharias.) „Dem geliebtesten Herrn und mit dem Schmucke des Oberpriesterthums begabten apostolischen Manne Zacharias Bonifacius, Knecht der Knechte Gottes. — Wir gestehen, Herr und Vater, daß wir, nachdem uns durch den Bericht der Boten die Kunde zugekommen, daß der Vorgänger in Euerm Apostolate u. s. w.“ [2])

II. (Antwort des Zacharias.) „An den ehrwürdigsten und heiligsten Bruder und Bischof Bonifacius Zacharias, Knecht der Knechte Gottes. — Als wir den Brief deiner heiligsten Brüderlichkeit durch deinen frommen Priester Denehard empfingen, haben wir u. s. w.“ [3])

III. (Ob und in welcher Form eine fehlerhaft ertheilte Taufe wiederholt werden dürfe.) „Dem heiligsten und ehrwürdigsten Bruder und Mitbischofe Bonifacius Zacharias, Knecht der Knechte Gottes. — Die in der Provinz der Bajoarier lebenden frommen Männer Virgilius und Sidonius haben sich mit einem Schreiben an uns gewendet u. s. w.“ [4])

---

1) Vgl. weiter oben B. 1, Kap. XXXIII. — 2) Br. 51 (Bd. I, S. 120.)
3) Br. 52 (Bd. I, S. 127). — 4) Br. 62 (Bd. I, S. 148).

IV. (Die unter Zacharias gegen Aldebert und Clemens abgehaltene Synode.) „Im Namen unsers Herrn Jesus Christus unter der Regierung des gottseligsten Herrn, des Augustus Constantinus u. s. w." [1])

(Der auf der Synode vorgelesene Brief des heiligen Bonifacius.) „Dem erhabensten Vater und apostolischen Oberhirten, dem durch die Machtvollkommenheit des heiligen Apostelfürsten Petrus mit dem Lehramte bekleideten Papste Zacharias Bonifacius, der geringe Knecht der Knechte Gottes, den wünschenswerthen Gruß der Liebe in Christus. — Seitdem ich mich vor beinahe dreißig Jahren mit der Beistimmung und auf den Befehl des apostolischen Oberhirten Gregorius u. s. w." [2])

V. (Rundschreiben des Zacharias an die Bischöfe.) „Den ihm liebwerthesten Männern Reginfrid, Bischof von Rothomagus, Deodatus, Bischof von Bellovaci u. s. w. und den übrigen vielgeliebten Mitbischöfen, so wie auch Priestern und Diakonen und allen an der apostolischen Lehre festhaltenden rechtgläubigen Geistlichen der Kirchen Gottes sagt Zacharias, durch die Einwirkung der göttlichen Gnade Oberhirte des apostolischen Stuhles, aber doch Knecht der Knechte Gottes, seinen Gruß im Herrn. — Dank sage ich Gott, dem allmächtigen Vater, und dem Herrn Jesus Christus u. s. w." [3])

VI. (Ein anderes Rundschreiben über die Bestätigung der von Bonifacius abgehaltenen Synode.) „Der Papst Zacharias an sämmtliche Bischöfe, Priester, Diakone und Aebte, so wie auch an sämmtliche Herzoge, Grafen und an alle in Gallien und in den Provinzen der Franken wohnende Gottesfürchtige. — Da unser ehrwürdigster und heiligster Bruder, der Bischof Bonifacius, uns mittheilt, daß auf der Kirchenversammlung u. s. w." [4])

VII. (Ein anderes Rundschreiben über denselben Gegenstand und über verschiedene zweifelhafte Fälle.) „Dem ehrwürdigsten und heiligsten Bruder und Mitbischofe Bonifacius Zacharias, Knecht der Knechte Gottes. — Als wir die

---

1) Mitgetheilt weiter oben S. 45 ff. — 2) Br. 67 (Bd. I, S. 150).
3) Br. 78 (Bd. I, S. 216). — 4) Br. 50 (Bd. I, S. 117).

uns überbrachten Zeilen deiner heiligsten Brüderlichkeit uns nach den einzelnen Punkten vorlesen ließen u. s. w." [1])

VIII. (Brief des Zacharias über die an Pippin geschickten Kirchengesetze und über die Ketzer.) „An den ehrwürdigsten und heiligsten Bruder und Mitbischof Bonifacius Zacharias, Knecht der Knechte Gottes. — Eine vortreffliche Mahnung giebt uns der selige Apostel Paulus, wenn er sagt: Seid meine Nachfolger u. s. w." [2])

IX. (Derselbe antwortet über einige zweifelhafte Fälle.) „Dem ehrwürdigsten und heiligsten Bruder und Mitbischofe Bonifacius Zacharias, Knecht der Knechte Gottes. — Der hier gegenwärtige, uns liebwerthe Bischof Burchard hat sich an den heiligen Schwellen des seligen Apostelfürsten Petrus und vor unserem Angesichte gezeigt u. s. w." [3])

X. (Zacharias bestätigt die von Bonifacius geweihten Erzbischöfe.) „Dem ehrwürdigsten und heiligsten Bruder und Mitbischofe Bonifacius Zacharias, Knecht der Knechte Gottes. — Wir lesen in der Apostelgeschichte, daß der heilige Geist zu den Aposteln gesprochen habe: Sondert mir ab den Barnabas und Paulus u. s. w." [4])

XI. (Zacharias fragt an, warum Bonifacius nur für Grimo das Pallium verlange.) „Dem ehrwürdigsten und heiligsten Bruder und Mitbischofe Bonifacius Zacharias, Knecht der Knechte Gottes. — Als wir deiner heiligsten Brüderlichkeit Brief durch den Ueberbringer des gegenwärtigen empfingen u. s. w." [5])

XII. (Bonifacius fragt durch Lullus den Papst Zacharias wegen des Umganges mit schlechten Priestern um Rath.) „Dem hochwürdigsten Vater und geliebtesten Herrn, dem mit Furcht und Achtung zu verehrenden Meister, dem mit dem Vorrechte des apostolischen Ansehens begabten und durch den oberhirtlichen Schmuck des apostolischen Stuhles erhabenen Zacharias Bonifacius, Euer geringer Knecht und, obgleich un-

---

1) Br. 70 (Bd. I, S. 159). — 2) Br. 74 (Bd. I, S. 192).
3) Br. 82 (Bd. I, S. 226). — 4) Br. 59 (Bd. I, S. 141).
5) Br. 60 (Bd. I, S. 145).

würdiger und letzter, aber ergebenster Legat in Deutschland, den wünschenswerthen Gruß der unvergänglichen Liebe in Christus. — Die Heiligkeit Euerer väterlichen Huld ersuche ich mit inständigen Bitten, diesen meinen Priester, Namens Lul, den Ueberbringer meines Briefes u. s. w." [1])

XIII. (Antwort des Zacharias.) „Dem ehrwürdigsten und heiligsten Bruder und Mitbischofe Bonifacius der Bischof Zacharias, Knecht der Knechte Gottes. — Gebenedeit sei Gott, der Vater unsers Herrn Jesu Christi, welcher das Zerstreute sammelt u. s. w." [2])

XIV. (Zacharias wünscht dem Bonifacius Glück und bestätigt die Metropole Mainz.) „Der Papst Zacharias Bonifacius, dem Bischofe der heiligen Mainzer Kirche, seinen Gruß immerdar. — Auf welche Weise der Herr, unser Gott, seiner Kirche gnädig war u. s. w." [3])

XV. (Zacharias gewährt dem Kloster zu Fulda das Vorrecht der Immunität.) „Der Papst Zacharias an den Bischof Bonifacius und durch ihn an die Brüder in dem von ihm erbauten Kloster, so wie an die für alle künftige Zeiten nachfolgenden Aebte. — Da stets zu gewähren ist, was vernünftigen Wünschen entspricht u. s. w." [4])

XVI. (Der Verfasser bedauert, daß er nicht alle Briefe des Bonifacius auffinden konnte. — Die Gründung des Klosters Fulda.) Die Reihe der hier angeführten Briefe beweist hinlänglich, welche Mühe und Sorgfalt der heilige Bonifacius für Alle, die er zur christlichen Religion bekehrt hatte, verwendete; sollte es aber Jemand auffallen, daß die meisten andern Briefe, deren in den oben stehenden Erwähnung geschieht, hier nicht ebenfalls mitgetheilt wurden, so möge er wissen, daß dieß aus keiner andern Ursache geschah, als weil ich sie nirgends auffinden konnte [5]). Ich will deßhalb jetzt vor Allem die Gewogenheit schildern, welche der Fürst Karlmann dem

1) Br. 86 (Bd. I, S. 244). — 2) Br. 87 (Bd. I, S. 247).

3) Br. 83 (Bd. I, S. 237). — 4) Br. 88 (Bd. I, S. 257).

5) Sie dürften auch an keinem andern Orte, als in dem päpstlichen Archive zu finden sein.

Kloster Fulda bewies, denn es erscheint billig, diese Gewogenheit kund zu thun, nicht nur zur Würdigung der Wohlthaten eines so erhabenen Mannes, sondern auch zum Frommen solcher, welche durch gute Beispiele erbaut zu werden verdienen, und zugleich zur Beschämung solcher, welche, obgleich sie das Gute kennen, sehen und hören, doch in ihrer gewohnten Bosheit verharren, Gott nur mit dem Munde bekennen, in ihren Werken aber verleugnen und ihre Ohren zur Lust des weltlichen Lebens stets offen haben, gegen die göttlichen Gebote aber verschließen. Der obengenannte Fürst also ließ sich, obschon er durch den Krieg in den angrenzenden Ländern [1]) bedrängt wurde, doch nicht von der Unterstützung der heiligen Orte und der Diener Gottes abhalten, indem er der festen Ueberzeugung lebte, daß die geistlichen Waffen, das heißt, die Tugenden der Seele, stärker sind als die körperlichen, und keine Hoffnung setzte in die Masse ohne geistige Kraft, da ja geschrieben steht: Einem Könige hilft nicht große Macht und einem Riesen hilft nicht die Fülle seiner Kraft [2]). Nachdem er also, wie man aus den in diesem Buche vorangestellten Schreiben ersehen kann, alle Rechte der christlichen Religion durch die Ausstoßung sowohl der falschen Christen als auch der Ketzer nach dem Rathe des heiligen Bonifacius wieder zur Geltung gebracht hatte, erfüllte er auch dessen Wünsche in Bezug auf das neuerbaute Kloster an der Fulda. Denn als der Abt Sturmi sich an jenem Orte, wo jetzt das erwähnte Kloster liegt, anzusiedeln entschlossen hatte [3]) und die Beschaffenheit dieses Ortes dem heiligen Bonifacius rühmend schilderte, begab sich dieser zu Karlmann und trug ihm seine Bitte mit folgenden Worten vor: „Ich flehe zu Gott, daß er dir ewige Vergeltung zu Theil werden lasse, wenn du mir deine Beihülfe gewährst, in dem östlichen

---

1) Wo er insbesondere die Sachsen, welche stets das Gebiet der Franken bedrohten, zurückdrängen mußte.

2) Psalm 32, 16.

3) Er war zuerst gesonnen, an der Stelle, wo jetzt das Städtchen Hersfeld liegt, ein Kloster zu bauen, da aber dieser Ort, wie ihm Bonifacius bemerkte, zu nahe an der Grenze lag und feindlichen Einfällen ausgesetzt war, so wanderte Sturmius so lange umher, bis er die anmuthige Stelle fand, wo sich jetzt die Stadt Fulda ausdehnt.

Theile deines Reiches ein Kloster zu gründen und daselbst das klösterliche Leben einzurichten. Wir haben nämlich in der Einöde, die den Namen Bochonia führt, an dem Flusse, welcher Fulda heißt, eine für die Diener Gottes hinreichend geeignete Stelle gefunden, welche zu Euerm Gebiete gehört, und wünschen diesen Ort von Euerer Güte zum Geschenke zu erhalten, um an ihm Christus dienen zu können." — Als Karlmann dieß vernahm, fühlte er durch die Fügung Gottes große Freude, versammelte alle Dienstmannen seines Palastes, legte ihnen die Bitte des Bischofes vor und übergab demselben in ihrer Gegenwart den verlangten Ort, indem er zu ihm sprach: „Den Ort, um den du bittest, und der, wie du angiebst, am Ufer des Flusses Fulda liegt, übergebe ich ganz, in so weit derselbe unter meiner Gewalt steht, von dem heutigen Tage an in den Besitz des Herrn, so daß dieser sich von jenem Orte an nach allen Seiten hin, nämlich nach Osten und Westen, so wie nach Norden und Süden als eine Marke von drei tausend Schritten[1]) erstrecke." Nachdem er diese Schenkung vollzogen, schickte er auch Boten ab, mit dem Auftrage, alle in dem Gaue Grabfeldt[2]) wohnende Edeln zu versammeln und sie inständig zu bitten, Jeder von ihnen, welcher in der obengenannten Marke irgend welches Eigenthum besitze, möge thun, was auch der Fürst gethan habe, und es dem Herrn und dem von dem heiligen Bonifacius zu erbauenden Kloster zur Verfügung stellen. Als die von den Boten Berufenen zusammen gekommen waren und den Antrag des Fürsten vernahmen, übergaben sie alsbald mit der größten Bereitwilligkeit alles Besitzthum, über welches sie dort zu verfügen hatten, Gott und dem heiligen Bonifacius, so wie dem ehrwürdigen Abte Sturmi als Eigenthum. Damit aber diese Schenkung für immer in Kraft verbleibe, ließ Karlmann, auf dessen Antrieb alles dieß

---

1) Nach Eigils Leben des heiligen Sturmius (Kap. 12), welchem Othlo bei der Erzählung der Stiftung des Klosters Fulda folgt, vier tausend Schritte. Genau sind die Grenzen in der von Pippin ausgefertigten Urkunde (Bd. I. Br. 76) angegeben.

2) Worin das Gebiet, welches dem neuerrichteten Kloster zugetheilt werden sollte, lag.

geschah, eine Urkunde über seine Schenkung ausfertigen und beeilte sich, sie mit seinem eigenen Siegel zu bekräftigen.[1])

XVII. (Karlmann tritt aus Sehnsucht nach dem klösterlichen Leben die Regierung an Pippin ab.) Während Karlmann dieß und Aehnliches vollbrachte, nahm er mehr und mehr zu in der Liebe Gottes und des Nächsten, da er aber in dem weltlichen Treiben dieser Neigung nicht so vollständig genügen konnte, wie er wollte, so erwählte er den besten Theil, der ihm nicht konnte genommen werden [2]), denn er entsagte der ausgedehnten Macht der weltlichen Herrschaft, begab sich nach Monte Cassino [3]), wo damals die Zucht des klösterlichen Lebens in die engsten Grenzen eingeschlossen war, wurde daselbst Mönch und überließ seinem Bruder Pippin die Regierung des Reichs [4]). Nachdem dieser die Macht der väterlichen und brüderlichen Gewalt, welche damals Hausmeierei hieß [5]), übernommen hatte, zeigte er sowohl in göttlichen, als auch in weltlichen Angelegenheiten dieselbe Hingebung und dieselbe Sorgfalt, wie sein Bruder, und folgte in Allem dem Rathe des heiligen Bonifacius. Weil er aber unabläßig darauf bedacht war, sich Gott, der die Gewaltigen vom Throne stürzt und die Niedrigen erhöht [6]), zu unterwerfen, so ward ihm das Glück zu Theil, zur Höhe der königlichen Macht zu gelangen [7]). Aber auch nachdem er mit einer so hohen Würde bekleidet war, suchte er dem heiligen Bonifacius dieselbe Liebe und Verehrung, wie früher, zu beweisen

---

1) Diese Urkunde hat sich bis jetzt nicht wieder gefunden und scheint nicht mehr vorhanden zu sein.

2) Vgl. Luc. 10, 42.

3) Diese noch vorhandene Abtei liegt auf dem gleichnamigen Berge im Königreich Neapel in der Provinz Terra di Lavoro.

4) Dieß geschah im J. 747.

5) Die Schattenkönige aus dem Hause der Merovinger führten immer noch scheinbar die Regierung durch die Hausmeier, in deren Händen aber alle Gewalt lag.

6) Luc. 1, 52.

7) Childerich, der letzte der Merovinger, wurde im J. 752 in das Kloster Sithieu in St. Omer gebracht und der Hausmeier Pippin auf dem Gefilde von Soissons von den versammelten Franken zum Könige ausgerufen.

und ließ ihm die Schenkung seines Bruders auch von seiner Seite durch eine Urkunde bestätigen. Auch ich will nicht versäumen, eine Abschrift dieser Urkunde hier beizufügen, damit die Gläubigen daraus Belehrung schöpfen, die ungerechten Räuber aber, wenn sie dieselbe zu Gesicht bekommen, dadurch beschämt werden.

XVIII. (Pippins Freiheitsbrief für das Kloster Fulda.) „Der Frankenkönig Pippin, der erlauchte Mann, an den Erzbischof und von dem apostolischen Stuhle geschickten deutschen Legaten Bonifacius. — Da deine ehrwürdige Brüderlichkeit von unserer Hoheit für das Kloster, welches kürzlich von dir in der Einöde Boconia u. s. w.“ [1])

XIX. (Die Schenkung Adalgers wird vom Himmel aufrecht erhalten. Bestrafung der Widersacher.) Um diese Zeit lebte ein gewisser Geistlicher, Namens Adalger, ein Mann von trefflichem Wandel, der dem heiligen Bonifacius anhing und ihm treulich diente [2]); als er aber nach einiger Zeit von einem schweren Unwohlsein befallen wurde und fühlte, daß das Ende seines Lebens herannahe, schenkte er mit der Zustimmung des Mannes Gottes die Landgüter, welche ihm aus dem väterlichen Erbe zugefallen waren, an den heiligen Martinus. Nach seinem Tode jedoch brachten seine Brüder Asperth und Truttmunt Alles, was er an folgenden Orten, nämlich zu Amanaburg, Brettenbrunnen [3]) und Seleheim, geschenkt hatte, in ihre Gewalt, und als sie wegen dieses Verfahrens von den Vertheidigern des Bischofs zur Rede gestellt wurden, erwiderten sie, sie seien bereit, durch einen Eid zu erhärten, daß sie die Landgüter ihres Bruders mit Recht in Besitz genommen hätten, worauf der

---

1) Br. 106 (Bd. I, S. 293).

2) Dieselbe Geschichte wird auch fast mit denselben Worten in dem Nachtrage zu Willibalds Biographie von einem Priester der Mainzer Kirche (Kap. 2, §. 7) erzählt, und da dort bereits die nöthigen Erläuterungen beigefügt sind, so genügt es wohl, den Leser darauf zu verweisen. Der freigebige Priester heißt dort Adelher.

3) Oder Breitenbrunnen, wie der Ort richtiger von dem Mainzer Priester genannt wird.

Bischof versprach, daß er bei der Eidesleistung gegenwärtig sein wolle. Als nun der festgesetzte Tag herbeikam und jene eine große Anzahl ihrer Verwandten zusammenriefen, um den versprochenen Eid zu leisten, erschien auch zugleich der Mann Gottes; als aber die obengenannten Männer auch Helfer zur Eidesleistung mit sich an den Altar ziehen wollten, sprach der Bischof: „Schwöret ihr, wenn ihr darauf bestehet, allein, denn ich will nicht, daß ihr alle von euch hier versammelte Leute mit euch ins Verderben zieht.“ Jene leisteten darauf ohne Verzug den Eid. Nachdem dieß geschehen war, sprach zu ihnen der Bischof: „Ihr habt also geschworen;“ worauf diese erwiderten: „Ja, wir haben geschworen.“ Nun sagte der Bischof zu Aspert: „Dich, den älteren, soll ein Bär tödten,“ zu Truttmunt aber sagte er: „Du sollst aus deinem Samen nie einen Sohn oder eine Tochter entsprießen sehen.“ Beide Fälle traten auch wirklich ein, wie sie von dem heiligen Manne vorausgesagt waren, denn nicht lange nachher wurde Aspert, als er gerade zu Tische saß, gemeldet, daß ein großer Bär sich auf dem Felde herumtreibe. Er bestieg schnell sein Pferd, ergriff seinen Jagdspieß und begann, ehe noch seine Gefährten sich gerüstet hatten, den Bären zu verfolgen, stürzte aber auf dem Wege vom Pferde und blieb mit zerschmetterten Gliedern liegen, so daß die ihm nacheilenden Diener ihn, als sie ihn erreichten, bereits todt fanden. Als Truttmunt vernahm, daß die Prophezeiung des heiligen Mannes an seinem Bruder bereits in Erfüllung gegangen war, erschrack er sehr und gab alsbald die von ihm mit Unrecht in Besitz genommenen Landgüter an den Altar des heiligen Martinus zurück[1]).

XX. (Bonifacius begiebt sich, nachdem er Lullus zu seinem Stellvertreter zu Mainz ernannt hat, wieder nach Friesland.) Als darauf der heilige Oberhirte Bonifacius sah, daß der Same des göttlichen Wortes, welchen er in den Marken Germaniens und Galliens ausgestreut hatte, in den Herzen der Gläubigen bereits aufgegangen war und Früchte trug, und da er in der Ueberzeugung, daß die Auflösung seines

1) Die Prophezeiung scheint aber, wenn sich Othlo richtig ausdrückt, dennoch an ihm in Erfüllung gegangen zu sein.

Körpers nahe bevorstehe, sehnlichst wünschte, zu dem Herrn zu kommen und vor dessen Angesicht zu erscheinen, so beschloß er, die Völker Frieslands, welche er einst durch seine Lehre zum Bekenntniß der christlichen Religion bekehrt hatte, von denen aber manche durch die Tücke des Teufels wieder in den früheren Irrthum des Heidenthums zurückgefallen waren, noch einmal zu besuchen, um sie entweder wieder mit Gott zu versöhnen und bei ihnen in einem segensreichen Frieden sein irdisches Leben zu beschließen oder, wenn es Gott anders gefalle, um seines Namens willen alle ihm dort begegnende Widerwärtigkeiten und Qualen und selbst den Tod zu dulden. Da er aber wohl einsah, wie unstatthaft es sei, während seiner Bemühung, fremde Schafe zu retten, die ihm anvertrauten eigenen Schafe zu Grund gehen zu lassen, so wählte und weihte er, ehe er eine so gefährliche Reise antrat, den heiligen Lullus, der sich ihm stets als der getreueste Gefährte in seinem Predigamte und bei allen seinen Bemühungen erwiesen hatte und dessen Biederkeit, wie er zur Genüge wußte, jeder Auszeichnung würdig war, mit der Zustimmung des erlauchten Königs Pippin, der Bischöfe, Aebte und Geistlichen, so wie auch aller zu seinem Sprengel gehörenden Edeln an seiner Stelle zum Bischofe, denn von dem apostolischen Oberhirten hatte er bereits die Erlaubniß zur Weihe desselben erhalten. Nachdem dieß geschehen war, nahm er ihn bei der Hand, empfahl ihn den bei ihm versammelten Oberhäuptern und bat sie, ihm wie ihrem Vater zu gehorchen und ihm in allen Nöthen Beistand zu leisten.

XXI. (Seine Ermahnungen an Lullus und seine Abreise.) Sodann reiste er zu den Gläubigen, welche in Thüringen und am Rheine wohnten und verfuhr auf dieselbe Weise, zuletzt aber ermahnte er Lullus und sprach: „Da die Zeit meiner Auflösung herannaht, so bin ich entschlossen, überall hin zu wandern, wohin die göttliche Gnade mich zu senden sich würdigt, du aber, geliebtester Sohn, übernimm die Leitung der mir anvertrauten Seelen, halte das Volk vom Irrthume zurück, vollende den angefangenen Bau meines Klosters an der Fulda und verschaffe daselbst, wo ich auch sterben möge, meinem Leichname eine Ruhestätte. Sorge außerdem auch für Alles, was zu unserer Reise nöthig ist, und lege das linnene Tuch, in welches mein abgelebter Körper eingehüllt werden soll, in meine Bücherkiste." Obgleich nun, nachdem der heilige Bonifacius zu sprechen aufhörte, dem seligen Lullus viele Seufzer aus tiefer Brust hervorquollen und der allzuheftige Schmerz ihm Thränen erpreßte, so maßte er sich dennoch nicht an, anders zu verfahren, als ihm der hochwürdige Vater anbefohlen hatte. Nach Verlauf nicht vieler Tage bestieg dieser also sammt den von ihm zu dieser Reise ausgewählten Begleitern ein Schiff, fuhr auf dem Bette des Rheinstromes hinab, bis er zu den wasserreichen Gefilden der Friesen gelangte und wohlbehalten in den See kam, welcher in der Sprache derselben Almeri [1]) heißt. Von hier aus wanderte er ringsum, predigte mit Zuversicht das Wort des Herrn und erbaute mit rastlosem Eifer Kirchen. Der Herr bewies aber seinem Diener eine so große Gnade, daß dieser schon nach wenigen Tagen viele tausend Männer mit seinem Genossen, dem Mitbischofe [2]) Eobanus, taufen konnte. Diesen hatte er nämlich zur Unterstützung seines Greisenalters in dem ihm in der Stadt, welche Trecht heißt, übertragenen Bisthume [3]) zu seinem Stellvertreter ernannt. Mit ihm wirkten auch drei Priester, nämlich Wintrung, Waltheri und Adalheri, und eben so viele Diakone, welche Hamunt, Skirbalt und Derso hießen; ferner folgten ihm Baccar, Kundekar, Williheri und Hadolf, welche dem Mönchsstande angehörten [4]). Alle diese Männer arbeiteten einmüthig mit dem heiligen Bonifacius bei der Verkündigung des Evangeliums und verdienten an der Siegespalme seines Marterthums Theil zu nehmen.

XXII. (Bonifacius wird von den Friesen überfallen und hält eine Anrede an die Seinigen.) Als er

---

1) Jetzt Zuydersee; vgl. weiter oben S. 260.

2) Oder Chorbischofe; vgl. weiter oben S. 261.

3) Nach längerem Streite mit dem Bischofe von Köln, welcher Ansprüche auf die Kirche und das Bisthum Utrecht erhoben hatte, brachte es endlich Bonifacius durch seine Vorstellungen bei dem Papste Stephanus III. dahin, daß ihm diese Diözese zugetheilt wurde; vgl. Br. 105 (Bd. I, S. 290) und Seiters, S. 530 ff.

4) Die meisten dieser Namen werden in den verschiedenen Biographien verschieden geschrieben; vgl. weiter oben S. 261.

nämlich das weitausgedehnte Gebiet der Friesen durchzog und an einen Fluß kam, welcher Borthne heißt und die Grenzen der Gauen berührt, welche in der Landessprache die Namen Auster und Westeriche führen [1]), ließ er, nur von den ihn gewöhnlich begleitenden Gefährten umgeben, daselbst seine Zelte aufschlagen, weil er an dieser Stelle die Ankunft der erst kürzlich Getauften erwarten wollte, um ihnen die Firmung zu spenden, denn der Tag nahte heran, welchen er für diese Firmung festgesetzt hatte. Als nun der vorausbestimmte Tag gekommen war und die aufgegangene Sonne bereits an dem Himmelsbogen höher zu steigen begann, brachen alle, welche wie Söhne von ihrem Vater erwartet wurden, völlig unwürdig, die Gnade des heiligen Geistes, welche an diesem Tage über sie kommen sollte, zu empfangen, nicht als Freunde, sondern als Feinde, nicht als neue Anhänger des Glaubens, sondern als neue Schergen mit ungeheuerm Lärm und gräulichem Waffengetöse in das Lager der Heiligen ein [2]). Als die Knechte dieß sahen, sprangen sie aus dem Lager hervor, griffen zu den Waffen und schickten sich an, die Heiligen gegen die Menge des wüthenden Volkes zu vertheidigen. Der heilige Bonifacius aber nahm, als der Lärm des heranstürmenden Haufens zu seinen Ohren drang, vor allem seine Zuflucht zu dem geistlichen Schutze, indem er die Reliquien der Heiligen, welche er unabläßig mit sich zu führen pflegte, ergriff, trat dann, nachdem er die Geistlichen um sich versammelt hatte, aus dem Zelte und hielt seine zur Abwehr bereiten Knechte zurück, indem er zu ihnen sprach: „Ich bitte euch, meine Kinder, stehet ab vom Streite und laßt euch in keinen Kampf ein mit unsern Gegnern, denn wir werden durch die Worte der heiligen Schrift belehrt, daß wir nicht Böses mit Bösem, sondern sogar Böses mit Gutem vergelten sollen [3]). Der lange ersehnte Tag ist jetzt da und der Augenblick ist gekommen, in welchem wir aus den sorgenvollen Mühen

---

1) Vgl. weiter oben S. 262.

2) Othlo hat hier offenbar die freilich sehr geschraubte Darstellung Willibalds (Kap. 11, §. 36) mißverstanden, denn nicht neubekehrte, sondern heidnische Friesen ermordeten Bonifacius und seine Gefährten.

3) Vgl. Röm. 12, 17. I. Petr. 3, 9.

dieser Welt zu den Freuden der ewigen Seligkeit berufen werden. Warum wollt ihr uns also eine so große Gnade und einen so großen Ruhm vorenthalten und entziehen? Seid also lieber stark im Herrn und hindert uns nicht, die dargebotenen Gaben der göttlichen Gnade dankbar anzunehmen. Hofft demnach auf den Herrn und er wird uns aus allen Gefahren befreien." Durch diese und ähnliche Reden hielt er den Sinn seiner Leute von jeder kriegerischen Bewegung zurück und richtete dann mit väterlicher und unerschrockener Stimme sein ermahnendes Wort an die Geistlichen, indem er zu ihnen sprach: „Geliebteste Brüder, wenn euch die Bewahrung der göttlichen Liebe irgendwie am Herzen liegt und wenn noch irgend eine Erinnerung an meine Lehre in euch geblieben ist, so zeigt es in dieser gegenwärtigen Stunde, und seid eingedenk der göttlichen Worte: Fürchtet euch nicht vor denen, welche den Leib tödten, aber die Seele nicht tödten können[1]). Werfet also den Anker euerer Hoffnung auf Gott, welcher nach dem kurzen Zeitraume dieses Lebens euch zu Theilhabern an dem Preise der ewigen Belohnung der himmlischen Bürger machen wird. Wollet, ich bitte euch, den langjährigen Kampf eueres bis jetzt unbesiegbaren Sinnes in diesem nur sehr kurzen Augenblicke nicht aufgeben und euch durch die verkehrten Schmeichelworte der Heiden nicht berücken lassen, sondern geht der Gefahr des Todes, welche uns plötzlich droht, standhaft und männlich entgegen aus Liebe zu dem, der für uns gelitten hat, damit ihr euch mit demselben freuen könnt in Ewigkeit."

XXIII. (Er erleidet mit seinen Gefährten den Martertod. Die Mörder bemächtigen sich ihres Besitzthums und tödten sich zum Theile einander selbst; die übrigen zerstreuen die Bücher, welche später wieder gefunden werden, und finden drei Tage nachher ebenfalls ihren Untergang.) Kaum hatte der heilige Bonifacius die Worte dieser heilsamen Mahnung, welche seine Schüler zur Erlangung der Marterkrone anfeuerten, gesprochen, als auch schon die wüthende Menge der Heiden mit Schwertern und allem möglichen Kriegsgeräthe über sie herfiel und ihre Leiber

1) Matth. 10, 28.

durch beglückenden Mord zerfleischte. Als sie dieß verübt hatten, drangen sie, um die Schuld ihrer Verdammniß zu mehren, siegestrunken vor Allem in das Lager und raubten den daselbst vorhandenen Vorrath an Büchern und Reliquienkapseln, indem sie in denselben große Schätze an Gold und Silber anzutreffen wähnten. Sodann aber liefen sie zu den Schiffen und trugen, was in denselben von den täglichen Lebensmitteln der Geistlichen und der Knechte noch übrig war, davon. Da sie unter andern Dingen auch einen kleinen Vorrath von Wein fanden, so kosteten sie denselben und berauschten ihren wüthenden Sinn. Darauf schickten sie sich an zu unterhandeln und zu berathen, auf welche Weise der Schatz an Gold und Silber, den sie gefunden zu haben glaubten, unter sie vertheilt werden sollte. Als sie aber nach langem Gerede über die Theilung einer so großen Summe die Sache nicht durch friedliche Uebereinkunft zu schlichten vermochten, entstand zwischen ihnen plötzlich ein solcher Zwiespalt und Streit, daß sie mit derselben Wuth, demselben Wahnsinne und denselben Waffen, womit sie vorher die heiligen Martyrer gemeuchelt hatten, sich wechselseitig selbst durch verdienten Mord niederschlugen, indem das gerechte Strafgericht Gottes sie traf und in einen so verruchten Wahn fallen ließ, daß sie dasselbe Schwert, welches sie zur Ermordung der Verkündiger ihres Heils entblößt hatten, sich selbst in den Busen stießen. Nachdem nun diese Metzelei zu Ende war, vereinigten sich die übrig gebliebenen wieder in ihrer Freude über die vermeintlichen Schätze, fanden aber, als sie die Bücherkisten erbrachen, statt des Goldes nur Bände und statt des Silbers nur Schriften der göttlichen Lehre, worauf sie, von gewohntem Wahnsinne ergriffen, die Bücher, welche sie gefunden hatten, theils auf dem flachen Felde, theils an sumpfigen Stellen zerstreuten und einige auch an verschiedene unpassende Orte warfen, um sie zu verbergen; sie wurden jedoch durch die Gnade des allmächtigen Gottes, um das Verdienst dessen, dem sie angehört hatten, in vollem Glanze zu zeigen, später nach Verlauf eines langen Zeitraums unversehrt wiedergefunden und von den einzelnen Findern den Kirchen [1]) zugestellt,

1) Zu Fulda und Dokkum; vgl. weiter oben, S. 264.

worin man sie bis auf den heutigen Tag zu sehen bekommen kann. Unter diesen Büchern fand sich auch das Buch des heiligen Evangeliums, welches der selige Mann seiner Heiligkeit gemäß beständig bei sich zu tragen pflegte. Obgleich nun dieses, wie jetzt noch von den Beschauern bezeugt werden kann, mit einem scharfen Schwerte in der Mitte durchschnitten ist, so büßte es durch diesen Einschnitt doch nichts an der Vollständigkeit auch nur eines Buchstabens ein [1]). Der heilige Bonifacius hatte es nämlich, wie erzählt wird, in jener Stunde, als das Schwert zur Spaltung seines Hauptes geschwungen wurde, in Händen und hielt es, wie man gewöhnlich zu thun pflegt, zum Schutze seines Hauptes oder auch als einen geistlichen Schild, als welchen er ein solches Buch betrachtete, dem Mörder entgegen. An diesem Zeichen aber kann sowohl die wunderbare Kraft Gottes als auch die verehrungswürdige Heiligkeit des seligen Bonifacius erkannt werden, denn weit wunderbarer erscheint es, daß kein Buchstabe des zerschnittenen Buches vernichtet wurde, als wenn sich kein Merkmal eines Einschnittes durch den Hieb des Schwertes an dem Buche fände. — Nachdem also die übrig gebliebenen Schergen nirgends Spuren des vermeinten Geldvorrathes fanden, kehrten sie überaus traurig nach Hause zurück, um nach einer Frist von drei Tagen die ihrer Schandthat gebührende Strafe zu erleiden, denn als die Christen, welche in der Nähe derselben Gegend wohnten, von dem unvermutheten Tod der heiligen Männer Kunde erhielten, fielen sie mit bewaffneter Hand in das Gebiet derjenigen ein, welche die Heiligen ermordet hatten; die Heiden sammelten sich zwar und wollten ihnen Widerstand leisten, wurden jedoch, da sie dieß nicht vermochten, in die Flucht geschlagen und erlitten durch die große Tapferkeit der verfolgenden Christen eine arge Niederlage; die Christen aber nahmen nach ihrem Siege über die Heiden alles

1) Das Evangelienbuch, welches Bonifacius stets bei sich trug, befindet sich bekanntlich jetzt auf der Dombibliothek zu Fulda, es ist aber unverletzt; die Sage bezieht sich auf eine andere Handschrift, welche kleinere Schriften mehrerer Kirchenväter enthält und welche wahrscheinlich bei der Plünderung von einem Friesen aus Aerger, daß er statt Gold und Silber nur Bücher fand, zerhauen wurde; vgl. Act. SS. Junii, Tom. I, p. 493.

Besitzthum derselben mit sich fort und kehrten so nach ihrer Heimath zurück. So geschah es, daß die, welche sich nicht scheuten, die Spender ihres Heiles zu ermorden, durch eine doppelte Züchtigung gedemüthigt wurden, denn eine Züchtigung empfingen sie schon in dem gegenwärtigen Leben und später erwartete sie die ewige Verdammniß.

XXIV. (Der Leichnam des heiligen Bonifacius wird zuerst in Utrecht beigesetzt und dann nach Fulda übertragen.) Der Leichnam des seligen Oberhirten aber wurde von den Geistlichen der Utrechter Kirche nach wenigen Tagen hinweggenommen, nach Utrecht gebracht und daselbst mit großer Ehrerbietung beigesetzt. Als der heilige Lullus dieß erfuhr, versammelte er eine große Anzahl ehrwürdiger Männer, sowohl Laien als auch Geistliche, und verkündete ihnen, auf welche Weise der heilige Bonifacius einen glorreichen Martertod erlitten habe und wie er in der Kirche zu Utrecht beerdigt worden sei; zugleich eröffnete er Allen, an welchem Orte der Leichnam des heiligen Oberhirten nach dessen noch bei seinen Lebzeiten gegebenen Weisung begraben werden solle, und bat sie, ihm um der Liebe Gottes willen ihre Hülfe zu gewähren und ihn in den Stand zu setzen, die Befehle des heiligen Mannes zu vollziehen. Als die meisten sich zu einer solchen Hülfsleistung sogleich bereit erklärten, so wählte er unter ihnen solche, die ihm am tauglichsten schienen, und schickte sie zu Schiff und zu Pferd nach der oben erwähnten Stadt, um den Leichnam des heiligen Bonifacius zu holen. Als aber die Abgesandten, welche in jeder Weise ihre Reise beschleunigten, nach Utrecht kamen, schaarten sich die Bürger dieses Ortes, sobald sie hörten, warum sie gekommen waren, sammt ihren Aeltesten und Richtern zusammen, um Widerstand zu leisten. Da sie aber sahen, daß sie es mit der Menge der Ankömmlinge nicht aufzunehmen vermochten, so behaupteten sie, der König Pippin habe befohlen, daß der Leichnam des heiligen Bonifacius nicht von da entfernt werden solle [1]). Die Abgesandten aber, welche diese Behauptung nicht als wahr, sondern vielmehr als

---

1) Pippin hatte im Gegentheile befohlen, den Leichnam nach Mainz zu bringen, wie Eigil im Leben des heiligen Sturm (Kap. 16) ausdrücklich sagt.

erdichtet betrachteten, bestanden aus allen Kräften auf dem Vorsatze, der sie herbeigeführt hatte, da überdieß die göttliche Macht ihnen Stärke verlieh und ihnen behülflich war, ihr Vorhaben zu verwirklichen, wie der Erfolg ihres Unternehmens deutlich bewies. Während nämlich der Streit über den Leichnam des Heiligen noch von beiden Seiten fortdauerte, fing das Zeichen der Kirche, welches man gewöhnlich Glocke nennt, ohne Zuthun irgend eines Menschen an zu läuten. Als die Bewohner, welche sämmtlich anwesend waren und sich zum Kampfe versammelt hatten, dieß hörten, wurden sie durch die Fügung Gottes mit Furcht und Staunen erfüllt und beschlossen, den Leichnam des Heiligen herauszugeben. Der Leichnam wurde auch wirklich sogleich ausgeliefert, von den oben genannten ehrwürdigen Abgesandten in Empfang genommen und ohne Anstrengung der Ruderer am dreißigsten Tage nach seinem Tode nach Mainz gebracht, an welchem Tage auch, als ob man ihn festgesetzt hätte, viele weit umher wohnende Männer und Frauen sich dort versammelten, welche, ohne von der Ankunft des heiligen Leichnams zu wissen, nur in der Absicht gekommen waren, die Abgesandten zu erwarten oder ihnen entgegen zu gehen. Auch der ehrwürdige Lullus, welcher nach der Abförderung der Abgesandten sogleich an den königlichen Hof geeilt war, traf, obgleich er von der Zurückkehr der Seinigen und der Ankunft des heiligen Leichnams nichts wußte, an demselben Tage ein, indem nur Gott dieses Zusammentreffen anordnete, um den gemeinschaftlich Ankommenden, auf denen eine große Traurigkeit über den Verlust ihres Vaters und Lehrers lastete, auch eine gemeinschaftliche Freude durch die Ueberzeugung zu bereiten, daß sie fortan für immer einen Fürsprecher bei Gott haben würden.

XXV. (Die Mainzer widersetzen sich vergebens der Uebertragung des Leichnams nach Fulda.) Nachdem also das Pfand eines so großen Schatzes übernommen war, fanden sich in der Stadt Mainz sehr viele Leute, welche die Ansicht aussprachen, daß man den Leichnam des heiligen Mannes da beisetzen solle, wo er Bischof war, indem sie behaupteten, allen Kirchen stehe das Recht zu, daß jeder Bischof da, wo er seinen Sitz gehabt habe, auch begraben werden müsse. Die Ansicht derjenigen, welche diese Gründe geltend machten, gewann auch allmälig so sehr die Oberhand, daß der heilige Lullus schon nahe daran war, ihrem Rathe beizustimmen, wenn nicht der heilige Bonifacius einem ehrwürdigen Diakone, welcher Otpert hieß, in einem Traumgesichte erschienen wäre und zu ihm gesprochen hätte: Sage dem Bischofe Lullus, er solle meinen Leichnam ohne alles Zögern an die Stelle meines Klosters übertragen. Da jedoch Viele, welche dieß hörten, keineswegs an diesen Befehl glaubten, so ließ der Oberhirte Lullus die Reliquien der Heiligen herbeibringen und befahl Otpert, durch einen Eid zu erhärten, daß sein Traumgesicht wirklich stattgefunden habe. Dieser entsprach ohne Bedenken sogleich dem Befehle und erhärtete das Gesicht durch einen Eid [1]). Nachdem dieß geschehen war, stimmten Alle, welche sich vorher widersetzt hatten, nicht nur für die Uebertragung des heiligen Leichnams, sondern zeigten sich auch bereit, bei den Anstalten, welche die Besorgung dieser Angelegenheiten erforderte, Dienste zu leisten, denn Einige beeilten sich, Schiffe herbeizuschaffen, um die Reise über den Rhein schneller zu fördern, Andere bildeten das Gefolge der heiligen Leiche und stimmten Litaneien, Psalmen und andere Gesänge des göttlichen Lobes an. Sobald eine Schaar, welche eine Strecke mitgegangen war und nicht mehr weiter mit gehen konnte, zurückkehrte, kam eine andere Schaar aus der umliegenden Gegend herbei, um freudig den Leichnam des Heiligen zu begleiten, welchen Jeder bei dem Herrn als Fürsprecher zu haben glaubte und hoffte. Welche Freudigkeit und Zerknirschung aber sich bei den meisten zeigte, vermögen unsere Worte nicht würdig zu schildern, wie schon daraus hervorgeht, daß man an einigen Orten, wo man mit dem Heiligen übernachtete oder Mittag hielt, später zu dessen Ehre Kirchen erbaute. Mit solchem Jubel also wurde dieser nach dem Kloster Fulda gebracht und daselbst begraben, wie er selbst öfter gewünscht und wie er wiederholt dem seligen Oberhirten Lullus anempfohlen hatte. Dieser bestrebte sich auch aus allen Kräften, seinem Begehren zu willfahren, indem er mit schuldiger Ehrfurcht der

1) Dasselbe erzählt auch der Mainzer Priester in seinem Nachtrage zur Biographie Willibalds, Kap. 3, §. 11.

Erde wiedergab, was ihr angehörte, die Seele aber durch vielfältige Gebete zur Theilnahme an den himmlischen Freuden zu empfehlen sich bemühte.

XXVI. (Wunder am Grabe des heiligen Bonifacius.) An dem ehrwürdigen Orte seiner Gruft erfreuen sich Viele, welche ein ihrem Begehren entsprechender Glaube antreibt, durch seine Verdienste zahlreicher Wohlthaten sowohl für den inneren als auch für den äußeren Menschen, nämlich für den inneren, indem sie Verzeihung ihrer Vergehen erhalten, für den äußeren aber, indem sie von irgend einer körperlichen Krankheit oder Unvollkommenheit geheilt werden. So oft jedoch beiderlei Wohlthaten nicht daselbst zu erlangen sind, darf man dieß nicht der göttlichen Ungnade oder der unwirksamen Fürsprache des heiligen Bonifacius bei Gott, sondern vielmehr den Bittenden zuschreiben, indem diese, da sie im Unglauben befangen sind, nicht erhört zu werden verdienen, nach dem Ausspruche des Evangelisten, welcher von unserm Herrn sagt, daß er wegen des Unglaubens mancher Leute keine Wunder wirken konnte[1]). Zuweilen hören sogar die Wunder ganz auf wegen der Vernachläßigung des göttlichen Dienstes oder wegen der unverbesserlichen Bosheit der Bewohner des Ortes; auch hören sie, wenn deren zuweilen durch die Fürsprache der Heiligen geschehen, wieder auf, sobald man nicht Gott und seinen Heiligen den schuldigen Preis und Dank abstattet und sie nicht der Nachwelt überliefert. — Der heilige Bonifacius besaß die bischöfliche Würde sechsunddreißig Jahre[2]), sechs Monate und sechs Tage und litt sammt seinen Gefährten den Martertod an den Nonen des Juni im vierzigsten Jahre seiner Pilgerschaft und im siebenhundert und fünfzigsten[3]) nach der Menschwerdung Christi unter der Regierung unseres Herrn, dem Lob und Ruhm sei von Ewigkeit zu Ewigkeit. Amen.

---

1) Vgl. Matth. 13, 58.

2) Nur einunddreißig; Willibald begeht denselben Fehler, vgl. weiter oben S. 268.

3) Hier ist offenbar durch ein Versehen der Abschreiber die Zahl fünf herausgefallen, denn der Martertod des heiligen Bonifacius fällt nach den besten Quellen und nach den gründlichsten Untersuchungen in das J. 755.

7.

Bonifacius und die Ungarnschlacht.

Eine Sage[1]).

---

1. Nach Christus Geburt sechshundertundzwanzig war ein Kaiser, genannt Eraclius[2]), zu Rom und Constantinopel im Griechenlande und das römische Reich war auf die Zeit noch ungescheiden. Der König Codres[3]) in Persia gewann das heilige Creutze in Jerusalem und führete es mit in Persien[4]). Eraclius fuhr ihm nach in Persia und streitt mit ihm und schlug ihn todt und brachte das heilige Creutze wieder gen Jerusalem[5]). Nach des Eraclius Todte kam einer, der war geheißen Anastasius[6]),

---

1) Mitgetheilt von Joh. Burch. Mencken in den Scriptores rerum germanicarum, Tom. I, p. 851 sqq.

2) Oder Heraklius (610—641).

3) Kosroes (590—628).

4) Auf seinem Feldzuge nach Palästina im J. 613.

5) Er erhielt es nach dem Tode des Kosroes von Siroes, dem Sohne desselben, zurück und brachte es wieder nach Jerusalem.

6) Anastasius II. kam erst fast ein Jahrhundert später (713) und regierte ein Jahr und drei Monate.

der war da in der Zeit nicht länger dann drei Jahr. Da war von einander gescheiden das römische Reich und Constantinopel.

2. Zu derselbigen Zeit war ein Pabst, der hieß Gregorius der andre, der satzte zum Bischoffe Bonifacium zu Mentz [1]). Der bekarte das Land zu Düring, und Carolus der Große war Pippings Sohn, der war König über alles Franckenland nach seines Vaters Todte, die Römer wolten sich unterwunden haben der kaiserlichen Gewalt. Der Pabst Gregorius erfuhr das und sandte die Schlüssel von S. Peters Altar und die Fahne dem Könige Carolo und bat ihn, daß er bald zu ihm käme gen Rom. König Carle machte sich auf und zog gen Rom, und da er gen Rom kam, verschaffte der Pabst, daß er wohl empfangen wurde vom gemeinen Volcke und auch vom Pabste. Und als König Carl die Messe hörte in S. Peters Kirchen, da stund der König Carl an S. Peters Altar. Da gieng der Pabst hinter ihm zu und satzte ihm auff sein Haupt die kaiserliche Crone, ehe dann ers wußte, und ward da beruffen vom Kaiser Augusto [2]). Carl der war der erste Kaiser, der aus Francken war, der ihr römisch Reich gewann. Er war auch der erste römische König und Kaiser, der zu Rom geweyhet ward. Der Pabst weyhete auch beyde seine Söhne, seinen Sohn Pippingen zum Könige in Italien und Ludwigen zum Könige und Herrn in Aquitanien, da sein Vater zum römischen Kaiser ward gemacht.

3. Der Bischoff von Mentz Bonifacius vernahm, daß das Land zu Düringen noch am heydnischen Glauben war, und meynete das zu bekehren zum christlichen Glauben und fragte nach des Landes Gelegenheit. Ein alt Ritter sprach zu ihm: „Herr, das Land zu Düringen ist zwölf Meilen lang und breit und ist beschlossen mit zwey Wassern [3]) und mit zwey Wäldern [4]), und

1) Nicht Gregorius II, sondern Zacharias bestätigte im J. 745 Bonifacius als Erzbischof von Mainz.

2) Daß Karl nicht von Gregor II, sondern von Leo III. im J. 800 zum Kaiser gekrönt wurde und also die Erzählung dieses Ereignisses nicht in die Zeit des heiligen Bonifacius gehört, braucht wohl kaum bemerkt zu werden.

3) Der Saale und der Werra.

4) Dem Harze und dem Thüringer Walde.

käme es zu dem Glauben und würde bekehret, und würde gebauet nach seinem Rath, es wäre das beste Land zu der Nahrung, das man möchte finden in aller Welt in solcher Größe." — Der Bischoff Bonifacius versammlet sich starck mit viel Volck und zog mit großer Heeres Krafft ins Land zu Düringen. Do die Düringer das vernommen, erschracken sie sehr und hatten sich ihres Lebens erwogen und flohen alle zusammen Mann und Weib auff einen Bruch bey der Unstrütt, an einem Wald, das heist Trettenburg [1]), da meynten sie uffen zu bleiben todt oder lebendig. Der Städte und der Schlösser, die da mächtig waren, waren zu der Zeit nicht viel im Lande, da sie sich alle droffen möchten behalten haben. Der Bischoff zog bescheidentlich in das Land und hieß die Düringer für sich kommen. Die Düringer schickten die klügsten zu ihm, die sie im Lande hatten, daß sie seine Rede vernähmen.

4. Der Bischoff sprach: „Ihr lieben Düringer, ihr sollt euch lassen teuffen und sollt an Christum glauben und den Christenglauben an euch nehmen. Thut ihr das, es kommt euch zum Nutz und Frommen und soll euch nimmer gereuen; thut ihr das nicht, so will ich eines andern mit euch beginnen." — Die Düringer sprachen: „Was für Nutz oder Frommen mag uns davon entstehen oder was mögen wir geniessen?" — Der Bischoff sprach: „Gott ist kommen auf dieses Erdreich um des Menschen willen und Gott ist selber Mensch worden und hat mit ihm gebracht Gerichte und Friede, das ist gleich gewogen dem Armen wie dem Reichen, darum sollt ihr gerne an ihn glauben, und wenn ihr den Glauben empfanget, so sollt ihr gefreyet seyn für unrechter Gewalt an dem Leibe und an dem Gute hie auff Erdreich und hernach an der Seele vor der Hölle und vor des Teufels Gewalt." — Die Düringer sprachen: „Sintemahl, daß der gebohrne Gott das vermag, so schicket, daß er auch das vermöge, daß wir auch des zehnden ledig werden von dem Könige von Ungarn, dem müssen wir zehnden geben von Leibe und von Gutt, unser zehnde Kinder und alles, was wir haben, das müssen

1) Ein Bergschloß bei Tennstedt, im jetzigen preußischen Regierungsbezirke Erfurt.

wir verzehnden [1]). Würden wir des zehnden loß gemacht, daß uns das Ein verkündt würde, so wollen wir getreulich glauben und wollen dem auch gerne folgen, geschicht aber das nicht, so wollen wir aber nimmermehr glauben, daß es der gebohrne Gott vermöge, und wollen bey unsern Glauben bleiben todt und lebendig. Darum bitten wir euch, lieber Herr, daß ihr uns eine Antwort wieder gebt zu oder abe, da wir uns darnach richten."

5. Der Bischoff schweig, darnach sprach er: „Ich will euch ein Antwort geben." Da gieng der Bischoff mit denen Seinen zu Rathe und der Bischoff sprach: „Ich darff wohl guten Rathes um des harten Vorsatzes willen, den die Düringer vorsetzen. Der König von Ungarn ist so mächtig, daß ich sie des zehnden von dem Könige in Ungarn nicht ledig machen kann. Soll ich sie denn erschlagen und ihr Blut auf mich nehmen, das ist mir zumal schwehr. Soll ich sie dann lassen in dem Glauben sietzen, darinnen sie sind, so möchten sich die andern Lande daran kehren und abfallen, die den Glauben allbereit haben, drum bitte ich euch, getreuen Räthe, wie ich mit Glimpff von dem Lande scheide, daß Niemand dürffe sprechen, die Düringer wären mit Gewalt für dem Bischofe Bonifacio blieben." — Diese Sache wurde bewogen und ward ein Rath gegeben: „Lieber Herr, uns dünkt gut, nach eurer Meynung oder Sinne, daß ihr den Düringern ein Bedenken gebt, eine benannte Zeit, daß sie euch denn wieder sagen, ob sie euch folgen wollen oder nicht; indenn mögt ihr des Kaisers [2]) und des Pabsts Hülffe erkriegen." — Dem Bischoffe gefiel der Rath wohl und wurden des auch also eins.

6. Da der Bischoff dieselbige Nacht an seiner Ruhe lag und die seinigen auch, da kam eine Stimme von Gott, die war freysam und greußlichen, daß den Bischoff deuchte, er hätte sein Leben verlohren. Die Stimme sprach zum Bischoffe Bonifacio: „Du zweiffelst; wie sollen die Düringer an mich glauben, wenn

---

1) Der Zehnte soll hauptsächlich in 300 Schweinen und 572 Tüchern bestanden haben.

2) Karls des Großen, in dessen Zeit der Verfasser der Legende diese Begebenheit setzt, ohne sich darum zu bekümmern, daß Bonifacius damals längst nicht mehr unter den Lebendigen war.

du selber an mir zweiffelst? Hastu nicht gelesen, ich bin von Himmel kommen um des Menschen willen und der Mensch ist mein Bilde, und der Arme fürderer und der Reiche, und habe Gericht und Gerechtigkeit mit mir bracht, das ist gewogen durch mein Blut, gleich dem Armen als dem Reichen, darum will ich nicht, daß ein Mensch zehnden oder Zins gebe von seinen selbst Leibe einem andern Menschen; ich will sein auch selber nicht. Ich will auch die an mich glauben, beschützen, beschirmen für unrechter Gewalt, und arme Leuthe, Wittwen und Waysen, die sich nicht selbst beschützen mögen, und die Arme noch fürderer als die Reiche, und sollen dis thun bey der Pein. Darum heiß ich dich, daß du solt die Düringer loß und ledig sagen und gieb ihnen deß meine Treuen, denn der König von Ungarn ihnen den Zehnden nimmer soll angewinnen. Da soll dir verkunt seyn, daß du von ihnen nicht kommen solt, dann du solt bei den Düringern in dem Lande bleiben, das ihnen die Urkunt scheinbarlich kommet, das ist gar nahe, da richte dich auff mit den deinen." — Der Bischoff war des Trostes froh und war doch in großen Sorgen, in welcher Weyse Gottes Urkund kommen sollte.

7. Der Bischoff hisch die Düringer aber für sich und gab ihnen Anrede und sprach: „Ihr lieben Düringer! Gott ist kommen auf Erdreich um des Menschen willen und Gott ist selber Mensch worden und Gott ist des Menschen Bilde. Darum will Gott nicht, daß ein Mensch Zehnden oder Zinß geben soll, als der zehnde Mensch. Gott will sein auch selber nicht von seines Menschen Leibe. Darum sage ich euch des Zehnden ledig und loß in seinem heiligen Nahmen und gebe euch des seine Treue zu Pfande, daß euch der König von Ungarn den Zehnden nimmer soll angewinnen. Das soll euer Urkunt seyn, daß ich selber in dem Lande bleiben will also lange, daß euch Gottes Urkunt kommet." — Die Düringer wurden des Trostes froh, daß der Bischoff bey ihnen bleiben wolte in ihrem Lande. Der König von Ungarn hatte die Rede vernommen, die in dem Lande zu Düringen war, daß der Bischoff von Mentz dasselbe von ihm kehren wolte. Der König von Ungarn machte sich auf mit großer Macht und mit einem großen Heer, und kam also starck in das Land zu Düringen, daß des Bischoffs Heer dargegen ungewogen war.

8. Der Bischoff lag zur selben Zeit an einem Bruch auf der Unstrut, da nun ein teutsches Kloster liegt und haist Neylstadt[1]). Die Ungarn waren also gierig zu Bonifacii Heer und verließen sich auf ihre große Macht und fielen gegen den Düringern in den Bruch zu Rosse und zu Fuße, daß die fördern wurden gedrungen in die Unstrut, und der Bischoff stunde über ihn auff dem harten Stade und rieff Gott an um seine Hülfe, und Gott halff ihm, daß sie der Ungarn erschlugen also viel, daß die Unstrut ferne mit Blute floß, und die auff dem Riethe waren, die konnten weder hinter noch fürder kommen und alle Ungarn, die noch auff trocknen Lande waren, die flohen wieder hinweg. Da gewann der Bischoff den Streit auf dem Riethe zu Neylstadt und schlug ihrer also viel todt, daß es unzehlig war. Die Wahlstadt heißt noch auf der Fahre. Und des Bischoffs werte Leuthe blieben auch zweene todt liegen überseit dem Riethe, do stehen noch zwei Creutze an dem Wege, da man von Thonna auff Saltza[2]) zeugt. Da die Düringer das sahen, daß Gottes Urkundt also starck kommen war, da glaubten sie dem Bischoffe, was er gepredigt hatte, und glaubten an den gebohrnen Sohn Gottes und ließen sich alle tauffen[3]).

9. Da der Bischoff Bonifacius das alles hatte vollbracht, da zog er wieder an den Rhein. Die Düringer bathen ihn, daß er ihren Boten mit ihm nehme und schicket ihn zu dem Kayser, daß er ihnen einen Richter geben wolte. Der Bischoff that, das

---

1) Nägelstedt bei Langensalza im jetzigen preußischen Regierungsbezirke Erfurt.

2) Grafentonna und Langensalza.

3) Dieses Ereigniß wird in das Jahr 724 gesetzt, während dessen sich Bonifacius wirklich in Thüringen aufhielt. Von irgend einem Verhältnisse der Thüringer zu den Ungarn oder von einer durch sie an diese zu zahlende Abgabe weiß aber die Geschichte nichts. Karl der Große forderte bekanntlich von den Thüringern keinen Zehnten, später jedoch entstand über denselben ein heftiger Zwiespalt zwischen den Erzbischöfen von Mainz und den Aebten von Fulda und Hersfeld, und zur Zeit dieser Streitigkeiten mag die Sage, daß Bonifacius Thüringen von dem Zehnten befreit habe, entstanden und durch die Erzählung von der Ungarnschlacht ausgeschmückt worden sein. Vgl. Seiters, a. a. O. S. 170 f.

ihn die Düringer bathen, und sandte ihren Boten zu dem Kayser und dem Pabste, und er empfieng ihn und fragte ihm, wie es ihm in dem Lande zu Düringen ergangen wäre. Der Kayser und der Pabst wurden froh, daß Gott den Christenglauben also gestärcket hätte. Der Kayser sandte seinen eignen Boten mit ins Land zu Düringen mit dem Boten, den sie zum Kayser gesandt hatten, und entbot ihnen, daß sie feste stünden, er wolte ihnen zu Hülffe kommen und wolte ihnen einen Richter geben, der sollte sie bey allen ihren Rechten behalten. Des Kaysers Bote war ein Fränckischer Herr des Geschlechts von Stauffe, wann der Kayser ein gebohrner Francke war. Der Herr zog in das Land zu Düringen von Geheiß wegen des Kaysers und kam an den Wald überseits Früherode [1]) und bauete da eine Burg. Der Burgwal heißt noch die Schauenburg [2]), darnach bauete derselbige Herr einen Stein, der heisset noch Wartberg und leit bei der Stadt Isenach [3]) und die Düringer nannten den Herrn den Graffen mit dem Barte. Der Herr war also tugendreich und also richtig, daß ihn die Düringer lieb hatten, und nahmen ihn sehr zu ihrem Rathe, wenn sie was zu schicken hatten.

---

1) Friedrichroda, Städtchen zwei Meilen von Gotha.

2) Jetzt zerstörtes Bergschloß im Thüringer Wald nicht weit von Friedrichroda.

3) Die Wartburg vor der Stadt Eisenach.

8.

Einige Bemerkungen

über die

vorhergehenden Biographien.

---

1. Die älteste und wichtigste Quelle für die Lebensgeschichte des Apostels der Deutschen ist unstreitig die kurz nach seinem Tode von dem Priester Willibald verfaßte Biographie, obgleich diese viele der wichtigsten Ereignisse aus dem thatenreichen Leben des unermüdlichen Verkündigers des Evangeliums nur kurz berührt oder gänzlich unerwähnt läßt. Willibald schrieb dieses Leben, wie er selbst sagt, im Auftrage der Bischöfe Lullus von Mainz und Megingoz von Würzburg [1]) nach den Mittheilungen gottesfürchtiger Männer, welche sich das, was sie im täglichen Gespräche und im beständigen unmittelbaren Umgange mit dem heiligen Bonifacius hörten und sahen, der Nachwelt als Beispiel zu überliefern wünschten [2]). Nach der Bemerkung des unbekannten

1) Da Lullus im J. 786 und Megingoz im J. 785 starben, so ist dadurch die äußerste Grenze für die Zeit der Abfassung der Biographie gegeben.

2) Quemadmodum religiosis viris referentibus comperimus, qui cottidiano ejus conloquio et religionis conversatione sedulo praesentati ea quae audierunt vel viderunt in exemplum posteris tradiderunt. Cap. 1, §. 3; vgl. c. 2, §. 6, c. 4, §. 10, c. 5, §. 13.

Verfassers einer späteren Ergänzung der Biographie Willibalds wohnte dieser in dem bei der St. Victorkirche in der Nähe von Mainz befindlichen Kloster, entwarf hier seine Arbeit auf Wachstafeln und ließ sie erst, nachdem er sie den beiden Bischöfen zur Prüfung vorgelegt hatte, auf Pergament abschreiben [1]). Auf diese wenigen Thatsachen beschränken sich die zuverläßigen Nachrichten über Willibald, der sich selbst einen unwürdigen Priester nennt, in dem man aber, um der Biographie größeres Ansehen zu geben, den heiligen Willibald, den von Bonifacius eingesetzten ersten Bischof von Eichstädt, finden zu müssen glaubte. Die Veranlassung zu dieser völlig ungegründeten Annahme scheint die Fälschung der oben angeführten Nachricht des unbekannten Fortsetzers der Biographie des heiligen Bonifacius gewesen zu sein, indem Georg Wicelius [2]), welcher sie zuerst mittheilte, die Worte des Originals änderte und Willibald den Titel Bischof beilegte [3]). Da nun Heinr. Canisius, der erste Herausgeber der von Willibald verfaßten Biographie, dieser die auf solche Weise verunstaltete Stelle anhängte, so ging sie in die zunächst folgenden Ausgaben über und bestimmte, obgleich schon Chr. Brower [4]) Zweifel gegen die Richtigkeit derselben erhob, das Urtheil der Literarhistoriker, bis Gottfr. Henschen die Ergänzung Willibalds in ihrer ursprünglichen Gestalt veröffentlichte und entschieden in Abrede stellte, daß der Bischof von Eichstädt als Biograph des heiligen Bonifacius gelten dürfe [5]). Dieser Ansicht stimmten dann

---

1) Postea igitur Willibaldus vitam conversationemque viri Dei necnon et passionem conscripsit in loco qui dicitur sancti Victoris ecclesia, in conclavi unius cubiculi primitus in ceratis tabulis, ad probationem domni Lulli et Megingaudi, et post eorum examinationem in pergamenis rescribendam, ne quid incaute vel superfluum exaratum appareret. Append. ad vit. Willib. c. 3, §. 14.

2) In seinem Hagiologium de Sanctis ecclesiae Dei. Basil. 1541. F.

3) Statt der Worte Postea igitur Willibaldus vitam conscripsit heißt bei ihm die Stelle: Ego Willibaldus Episcopus vitam conscripsi.

4) Sidera illustrium et sanctorum virorum. Moguntiae 1616. 4. p. 16.

5) Acta SS. Junii, Tom. I (1695), p. 453.

auch Jac. Basnage [1]), die Verfasser der Literaturgeschichte Frankreichs [2]) und viele Andere und in der neusten Zeit G. H. Pertz [3]) und J. C. F. Bähr [4]) bei, bis J. Ch. A. Seiters [5]), der vorzüglichste Biograph des Apostels der Deutschen, den Streit von neuem anregte und darzuthun suchte, daß jener Willibald doch kein anderer sei als der Bischof von Eichstädt. Wir wollen die Beweise gegen und für diese Behauptung kurz zusammenstellen.

2. Will man auch kein besonderes Gewicht darauf legen, daß der Bischof von Eichstädt weder als Schriftsteller bekannt ist, noch als solcher von seinen Biographen gerühmt wird [6]), so darf man doch vor Allem nicht übersehen, daß der Verfasser der Biographie selbst sich Priester und nicht Bischof nennt [7]) und an einer Stelle, wo er die Ernennung Willibalds zum Bischofe von Eichstädt berichtet, von diesem in lobender Weise und als einem von ihm völlig verschiedenen Manne spricht [8]), und man muß wohl, wenn man dagegen geltend machen will, daß Willibald, wenn er sich auch in der Dedication an zwei Bischöfe [9]) nur einen Priester nenne, doch Bischof gewesen sein könne, und daß er sich ein bescheidenes Lob, welches zugleich dem Bischofe

---

1) Thesaurus monumentorum ecclesiasticorum et historicorum (Amstelodami 1725. F.), Tom. II, p. 228.

2) Histoire littéraire de la France, Tom. IV, p. 169.

3) Monument. Germ. hist. Scriptt. Tom. II, p. 333.

4) Geschichte der römischen Literatur im karolingischen Zeitalter (Karlsruhe 1840. 8.), S. 190.

5) Bonifacius, der Apostel der Deutschen. Mainz 1845. 8. S. 9 ff.

6) Wie Bähr (a. a. O.) richtig bemerkt.

7) In dem Prolog, §. 1. Willibaldus indignus in Domino presbyter.

8) Cap. 10, §. 31. Duos bonae industriae viros ad ordinem episcopatus promovit, Willibaldum et Burghardum . . . et Willibaldo suae gubernationis parrochiam commendavit in loco cui vocabulum est Haegsted (Eichstaedt).

9) Lullo et Megingozo coepiscopis. Der Ausdruck coepiscopi (Genossen im Bischofsamte, evesques compains, vgl. Du Cange, Glossar. s. h. v.) bezieht sich nur auf Lullus und Megingoz, keineswegs aber auf Willibald, wie Seiters (a. a. O. S. 12) glaubt, und Pertz erklärt coepiscopis richtig durch utrique episcopo.

Burchard gelte [1]), ertheilen durfte, diesen Einwand auf sich beruhen lassen. Ferner war der Erzbischof von Eichstädt bekanntlich mit Bonifacius verwandt und befand sich unter den Mitarbeitern, welche dieser nach Deutschland berief [2]), kannte also auch die Wirksamkeit desselben und würde somit nicht nöthig gehabt haben, seine Darstellung nach den Berichten Anderer zu arbeiten, auch müßte es bei dem in jener Zeit obwaltenden Geiste sehr auffallend sein, daß er darin an keiner Stelle seiner Verwandtschaft mit einem so heiligen Manne gedenkt. Der Einwand, daß der Bischof von Eichstädt weit jünger war, als Bonifacius, und also die Aussagen älterer Augenzeugen zur Hülfe nehmen mußte, und daß er nur deßhalb die ihn doch in hohem Grade ehrende Verwandtschaft nicht erwähne, weil überhaupt seine Persönlichkeit nirgends hervortrete [3]), beruht auf so schwachen Gründen, daß er die entgegengesetzte Ansicht nicht zu entkräften vermag. Kein größeres Gewicht kann dem Einwurfe beigelegt werden, daß Othlo, der jüngste der mittelalterlichen Biographen des heiligen Bonifacius, den ältesten einen heiligen Mann nennt [4]), denn er nennt ihn nirgends einen Bischof, auch kann sich Othlo, welcher drei Jahrhunderte später lebte, schon geirrt haben, wenn man nicht lieber annehmen will, daß der Verfasser der Biographie ebenfalls zu der Zahl der Heiligen gehört.

3. Den Hauptbeweis endlich, daß der Bischof Willibald der Verfasser der Biographie des heiligen Bonifacius sei, glaubt Seiters aus der Aehnlichkeit derselben mit den Lebensbeschreibungen Willibalds und seines Bruders Wunibald von der Nonne in Heidenheim, einer Verwandten der beiden Brüder, welche ihre Nachrichten von Willibald selbst erhalten hatte, hernehmen zu können. „Nun ist aber schon," fährt Seiters [5]) fort, „bei einer oberflächlichen Vergleichung dieser beiden Lebensbeschreibungen mit der des heiligen Bonifacius unverkennbar, daß derjenige, welcher, wie die Nonne selbst sagt, ihr die beiden ersten dictirte, kein

1) Seiters, a. a. O. S. 11. Schon Mabillon nahm in der Einleitung zu seiner Ausgabe Willibalds Anstoß an diesem Selbstlobe und Henschen erklärt es geradezu und mit Recht als unstatthaft.

2) Othlo, Vita Bonif. l. I, c. 25. — 3) Seiters, a. a. O. S. 10. 11.

4) Praefat. §. 1 et 3. — 5) A. a. O. S. 12.

Anderer gewesen sein könne, als der Verfasser der letzteren, und daß die ersteren, was den Ausdruck und die Einkleidung betrifft, nur eine Nachbildung der letzteren waren. Schon der Prolog beginnt in allen dreien fast mit denselben Ausdrücken; dann wird das Entwöhnen der Knaben von der Mutterbrust, die Liebe, bei Bonifacius, des Vaters, bei Willibald, der Eltern, das Senden ins Kloster, die Befragung der Klosterbrüder von Seiten des Abtes, Alles auf ganz gleiche Weise erzählt. Ferner wird in ähnlichen Ausdrücken berichtet, wie beide als Knaben den jugendlichen Uebermuth überwunden, wie sie studirt, wie sie von Allen geehrt worden, wie sie ihre Reiselust lange gehegt und Bonifacius sie seinem Abte, Willibald seinem Vater entdeckte. Die Abreise beider aus dem Vaterlande wird sogar mit denselben Worten beschrieben, eben so die Reise, wie sie überall die Kirchen besuchen, unter dem Schutze der Heiligen glücklich durch die feindlichen Länder der Barbaren kommen, die Ankunft in Rom, der Gang nach den Gräbern der heiligen Apostel, die Danksagung, dieß Alles wird auf ganz gleiche Weise geschildert. Dieselben Vergleiche, welche in der Lebensbeschreibung des heiligen Bonifacius gebraucht werden, kehren in der des heiligen Wunibald wieder. Wie wäre dieß möglich, wenn nicht derselbe Willibald, welcher der Nonne in Heidenheim in die Feder dictirte, auch die Lebensbeschreibung des heiligen Bonifacius verfaßt und sie seiner Verwandten in Heidenheim mitgetheilt hätte? Von einem unbekannten Priester in Mainz geschrieben, würde sie schwerlich schon damals in den Händen der Nonne zu Heidenheim gewesen und noch weniger so durchweg zum Muster ihrer Nachbildung gewählt sein. Es läßt sich daher nach diesem Allen nicht bezweifeln, daß der erste Bischof von Eichstädt der Verfasser dieser Lebensbeschreibung sei."

4. Wie geistreich nun auch immerhin der Versuch, den Streit auf diese Weise zu schlichten, sein mag, und wie sehr auch die beigebrachten Beweise im ersten Augenblicke auffallen, so tritt doch bei näherer Untersuchung grade die entgegengesetzte Ansicht wieder in den Vordergrund. Vor Allem muß die Behauptung, daß der Bischof Willibald der Nonne von Heidenheim seine und seines Bruders Biographie in die Feder dictirt habe, berichtigt

und dahin beschränkt werden, daß er ihr nur die Schilderung seiner Reise ins Morgenland dictirte[1]), weßhalb denn auch dieser Abschnitt in Styl und Sprache so gänzlich von den übrigen Theilen der beiden Biographien, welche so große Aehnlichkeit mit der des heiligen Bonifacius haben, abweicht, daß schon dadurch die Behauptung, der Bischof von Eichstädt sei der Verfasser der letzteren, ihren hauptsächlichsten Stützpunkt verliert, denn während der Reisebericht in kurzen und abgerissenen Sätzen gefaßt ist, wie sie ein Erzähler, der sich seine Erlebnisse ins Gedächtniß zurückruft, schnell hinwirft, ergeht sich die Verfasserin der beiden Biographien in künstlich gebauten Perioden und in gesuchten Ausdrücken, um dem zu ihrer Zeit herrschenden Geschmacke zu genügen. Durch diese Anforderungen der Leser läßt sich auch die Aehnlichkeit der Schreibart und der Anordnung des Stoffes in fast allen Heiligenlegenden des achten Jahrhunderts erklären, und einzelne ganz besonders gelungene mögen als Muster gedient haben. So nahm sich die Nonne von Heidenheim die Biographie des Bonifacius, welche jedenfalls als Meisterstück galt und schnell großes Aufsehen erregte, zum Vorbilde, worauf sie vielleicht der Bischof Willibald selbst aufmerksam machte, obgleich der Verfasser nur ein schlichter Priester zu Mainz war. Daraus ergibt sich der trotz aller Aehnlichkeit zwischen dem Originale und der Nachahmung obwaltende Unterschied, denn während der Meister dort vollkommen in seinem Baue Bescheid weiß und geschickt Stein an Stein fügt, blickt hier überall die Thätigkeit der Schülerin durch, welche von dem Meister die Steine erhalten, die Anweisung zu ihrem Gebrauche aber noch nicht hinreichend verstanden hat. Der Styl ist einfacher und deßhalb klarer, aber auch weniger schwungvoll und zuweilen sogar ungeschickt, die Sprache mehr durch barbarische Wörter entstellt und die Wahl der Gleichnisse häufig mißlungen[2]).

5. Muß man nun auch den Styl, in welchem Willibald und seine Zeitgenossen schrieben, von dem wissenschaftlichen

---

1) Vita S. Willibaldi, cap. 30.

2) Vgl. H. E. Bonnell, in dem Vorworte zu seiner Uebersetzung Willibalds, S. IV ff.

Standpunkte aus, auf dem wir jetzt stehen, als schwerfällig, gekünstelt und schwülstig bezeichnen [1]), so darf man ihm doch eine große Kunst in der großen, oft bis zu einem das Verständniß erschwerenden Uebermaße gesteigerten Ueppigkeit des Ausdrucks und in dem Baue der Sätze nicht absprechen und muß auch deßhalb in dem Verfasser weit eher einen sich mit Bewußtsein der schriftstellerischen Thätigkeit hingebenden jungen Priester, als einen schon bejahrten Bischof, welcher sich mehr um andere Dinge als um die mühsame Ausarbeitung einer Musterbiographie zu bekümmern hat, vermuthen, denn daß Willibald eine solche zu liefern beabsichtigte, wird kein aufmerksamer Leser derselben in Abrede stellen wollen, und daß er auch, obgleich er hinter einer genügenden Behandlung seiner großen Aufgabe zurückgeblieben ist, seinen Zweck erreichte, beweist außer den zahlreichen Nachahmungen auch zur Genüge die Thatsache, daß Alle, welche später mehr oder minder ausführlich das Leben des heiligen Bonifacius geschildert haben, sie als Hauptquelle benützten und ausschrieben. — Die erste Ausgabe dieser wichtigen Quelle der ältesten Kirchengeschichte Deutschlands besorgte Heinr. Canisius [2]) nach einer Handschrift des Klosters Rebdorf bei Eichstädt und der von Alb. Hunger, dem Vizekanzler der Universität Ingolstadt, ihm überlassenen Abschrift eines unvollständigen Codex und fügte die Lesarten einer andern guten Handschrift des Klosters Windberg bei Straubing in Baiern bei. Fast zu gleicher Zeit theilte sie Nic. Serarius nach einem im J. 1434 geschriebenen Codex des Bartholomäusstiftes zu Frankfurt [3]) in seiner Ausgabe der Briefe des heiligen Bonifacius [4]) mit. Einen Abdruck ohne Benützung neuer Handschriften gab J. Mabillon [5]) und begleitete ihn mit dankenswerthen

1) Vgl. W. Wattenbach, Deutschlands Geschichtsquellen im Mittelalter. Berlin 1858. 8. S. 83.

2) In seinen Antiquae Lectiones, Tom. VI, P. II (Ingolstad. 1603. 4.), p. 339 sqq. 742 sqq. N. Ed. Tom. II (Amstelod. 1725. F.), p. 227—249. Jac. Basnage hat in dieser neuen Ausgabe bereits die Leistungen J. Mabillons benützt.

3) Vgl. Archiv der Gesellschaft für ältere deutsche Geschichte, Bd. II, S. 200.

4) Moguntiae 1605. 4. p. 253 sqq.

5) In seinen Act. SS. Ord. S. Benedicti, Saec. III, P. II, p. 1 sqq.

Anmerkungen und Erläuterungen, änderte aber die Sprache willkürlich nach seiner Ansicht. Den unveränderten Text des Canisius wiederholte Gottfr. Henschen [1]), bereicherte ihn jedoch ebenfalls mit guten Anmerkungen und den freilich sehr spärlichen Lesarten einer alten Handschrift des Klosters St. Maximin in Trier. Eine vorzügliche, den jetzigen Anforderungen der Wissenschaft entsprechende Ausgabe besorgte nach den bereits benützten und nach neuen Handschriften, insbesondere aber nach einer früher im Kloster Reichenau und jetzt in der Hofbibliothek zu Karlsruhe befindlichen Handschrift aus dem Ende des achten oder Anfange des neunten Jahrhunderts [2]) G. H. Pertz [3]), und diese neue Recension des Textes ging auch in die Ausgaben der Werke des heiligen Bonifacius von Giles und Migne [4]) über. Eine sehr gute und wörtliche, aber deßhalb oft etwas unklare deutsche Uebersetzung, welche bei der vorliegenden benützt wurde, lieferte Heinr. Ed. Bonnell [5]).

6. Da Willibald viele wichtige Ereignisse aus dem Leben des heiligen Bonifacius entweder ganz übergeht oder nur kurz berührt, so mußte sich die Nothwendigkeit, diese in einem Nachtrage zu erörtern, immer fühlbarer machen und ein ungenannter Priester des Mainzer Sprengels [6]) suchte diesem Bedürfnisse dadurch abzuhelfen, daß er aus noch im Munde des Volkes lebenden Sagen so wie aus andern Quellen, wozu wahrscheinlich auch die von Othlo verfaßte Biographie gehört [7]), das Fehlende hinzufügte. Außer dem Berichte über die Absetzung des Mainzer Bischofs Gewilieb, welche er seiner Stellung nach genau wissen konnte, verdienen aber seine Nachrichten, wenn sie nicht durch

1) In den Act. SS. Antverp. Junii, Tom. I, p. 452 sqq.

2) Vgl. Archiv für die ältere deutsche Geschichte, Bd. II, S. 392.

3) In den Monumenta Germaniae hist. Scriptt. Tom. II, p. 333 sqq.

4) Näheres über diese Ausgaben wird weiter unten mitgetheilt werden.

5) Leben des heiligen Bonifacius von Willibald. Aus der lateinischen Urschrift des achten Jahrhunderts. Berlin 1856. 8.

6) Wie aus dem Schlusse seiner Erzählung (Kap. 3, §. 14) hervorgeht.

7) Vielleicht benützten auch beide dieselben Quellen, keineswegs hatte aber Othlo den ungenannten Fortsetzer vor sich, da er die von diesem mitgetheilten Ereignisse meist umständlicher und genauer erzählt.

andere Urkunden bestätigt werden, nur geringen Glauben [1]), da sein Mangel an gediegener Bildung und an den nöthigsten Kenntnissen in der Geschichte und Chronologie überall und auffallend hervortritt. Er lebte jedenfalls nach dem Erzbischofe Willigis (977—1011), dessen er als eines selig Verstorbenen gedenkt, und war vielleicht Stiftsherr an dem Stifte zum heiligen Victor, in welchem Willibald die Biographie des heiligen Bonifacius schrieb und welches er besonders hervorhebt. G. Henschen machte dieses Supplement zuerst aus einer Handschrift des Klosters St. Maximin zu Trier mit einigen Erläuterungen bekannt [2]) und seine Ausgabe wiederholte auch Pertz [3]), da keine andere Handschriften sich erhalten zu haben scheinen. — Werthvolle Beiträge zur Kenntniß der frühesten Wirksamkeit des heiligen Bonifacius in Deutschland und der Beziehungen zu seinen Schülern, besonders zu Gregorius, dem späteren Abte des Klosters zu Utrecht, giebt Lüdger, der Biograph dieses Gregorius, dessen Zögling er war. Diese Biographie ist am besten von J. Mabillon herausgegeben [4]) und den auf den heiligen Bonifacius bezüglichen Theil, auf welchen sich die gegenwärtige Uebersetzung beschränkt, theilt auch Gottfr. Henschen mit [5]).

7. Gleichzeitig mit Willibald und keinenfalls lange nach ihm schilderte ein nicht näher bekannter Priester, welcher, wie es scheint, an der Kirche des heiligen Martinus zu Utrecht angestellt war, das Leben des heiligen Bonifacius in einer Lobrede oder Predigt, welche vermuthlich an einem Gedächtnißtage seines Martertodes gehalten wurde und sich bittere Ausfälle auf die Geistlichkeit seiner Zeit, welcher sie Trägheit und Eigennutz vorwirft, erlaubt [6]). Der Verfasser, welcher in einem etwas gezierten [7]), aber durchaus nicht schlechten Style schreibt, spricht von

---

1) Vgl. Seiters, a. a. O. S. 493.

2) In den Act. SS. Antverp. Junii, Tom. I, p. 473 sqq.

3) In den Monument. German. hist. Scriptt. Tom. II, p. 354 sqq.

4) Act. SS. Ord. S. Benedicti. Saecul. III, P. II, p. 280 sqq.

5) In den Act. SS. Antverp. Junii, Tom. I, p. 483 sqq.

6) Vgl. Prolog. §. 4. und Cap. 3, §. 16.

7) Keineswegs aber poetischen, wie Bähr, Gesch. der röm. Lit. im karoling. Zeitalter (S. 191) sagt.

der Lebenszeit des heiligen Bonifacius als einer seiner eigenen nicht lange vorausgegangenen [1]), und erwähnt einer noch lebenden alten Frau, welche Augenzeuge des Martertodes des Apostels der Deutschen und seiner Gefährten war [2]). Die einzige Ausgabe dieser Lobrede verdanken wir Gottfr. Henschen [3]), welchem sie aus einer Handschrift des Salvatorklosters zu Utrecht mitgetheilt wurde. — Eine andere Lobrede auf den heiligen Bonifacius von Ratbod, dem vierzehnten Bischofe von Utrecht, welcher im Jahre 917 starb und mehrere in die Form von Homilien eingekleidete Heiligengeschichten hinterließ [4]), ist nicht mehr vorhanden und obwohl wir deßhalb über ihren Werth nicht urtheilen können, so scheint doch der Verlust derselben nicht so bedeutend zu sein, als der eines aus zwei Gesängen bestehenden Heldengedichtes auf die Thaten des heiligen Bonifacius von dem gelehrten Mönche Ruthard, welcher sich in den Klöstern Fulda und Hirschau aufhielt und am 25 October 865 starb [5]). Das Gedicht, welches vielleicht auch den Stoff zu späteren Sagen lieferte, war noch im Jahre 1678 vorhanden, da Ducange es zu den Schriften zählt, welche er bei der Ausarbeitung seines Glossars benützte [6]), und es wäre der Mühe werth, sorgfältige Nachforschungen anzustellen, ob es noch irgendwo im Staube verborgen liegt. — Unbedeutend ist eine spätere kurze Biographie, deren Verfasser wahrscheinlich

---

1) Non multo ante nostra tempora missus est a Deo quidam sapientissimus architectus et re ipsa et nomine Bonifacius. Prolog. §. 4.

2) Relatum est, adhuc superstitem esse quandam mulierem, sed jam valde decrepitam, quae jurejurando asserebat, se decollationi militis Christi fuisse praesentem. Cap. 4, §. 16.

3) In den Act. SS. Antverp. Junii, Tom. I, p. 477 sqq.

4) Ratbodus, vir in divinis scripturis valde eruditus et saecularium literarum non ignarus, ingenio subtili, eloquio clarus . . . . scripsit in laudibus Sanctorum nonnulla praeclara opera, ut . . . laudes S. Bonifacii, Mog. Archiep. et Martyris. Trithemius, De scriptt. eccles. c. 293.

5) Trithemius (Chronic. Hirsaug. Tom. I, p. 26, ad ann. 863) sagt von ihm: Scripsit inter caetera ingenii sui opuscula passionem Bonifacii Archiepiscopi heroico carmine pulcherrimo in duobus libris.

6) Glossar. ad Scriptt. mediae et infimae Latinit. Ind. Aut. Tom. I, p. 171. Seiters, a. a. O. S. 15.

zu Münster lebte, da er an einer Stelle, wo er von dem heiligen Gregorius spricht, dessen Leben, wie schon weiter oben mitgetheilt wurde, der Bischof Lüdger zu Münster schrieb, die Bemerkung einfließen läßt, daß Schriften über dessen Tugenden an seinem Aufenthaltsorte aufbewahrt würden [1]). Er stimmt zwar meist mit Willibald, den er sicher vor sich hatte, sowohl in der Erzählung der Thatsachen, als auch in der Schreibart der Namen überein [2]), folgt aber dabei auch den unrichtigen Angaben Lüdgers [3]) und kehrt die Reihenfolge der Thatsachen um, ohne sich im geringsten um die Chronologie zu kümmern. J. Mabillon besaß eine Abschrift dieser Lebensskizze aus einer Handschrift zu Compiegne, hielt sie aber wohl des Abdruckes nicht würdig; einen solchen besorgte erst Gottf. Henschen nach drei Handschriften [4]) und er ist bis jetzt der einzige geblieben.

8. Der jüngste, aber, was die Fülle des Stoffes betrifft, verdienstvollste der mittelalterlichen Biographen des heiligen Bonifacius ist Othlo, einer der gelehrtesten Mönche seiner Zeit. Er wurde in den ersten Jahren des elften Jahrhunderts in dem Bisthume Freisingen geboren und genoß, da er einer angesehenen Familie angehörte und, wie es scheint, sich seiner schwächlichen Gesundheit wegen schon frühe zur Wahl des geistlichen Standes entschlossen hatte, eine entsprechende Erziehung und einen sehr gründlichen Unterricht. Darauf machte er seine theologischen Studien in den Klöstern Tegernsee und Hersfeld, in welchem letzteren er sich noch im Jahre 1024 befand und bereits durch seine Gelehrsamkeit einen so großen Ruf erlangt hatte, daß er von dem Bischofe Meginhard nach Würzburg berufen wurde, um daselbst Bücher zu schreiben. Nachdem er darauf wieder einige Zeit in seinem Vaterlande gelebt hatte, begab er sich nach Regensburg und legte hier im Jahre 1032 im Kloster St. Emmeran, nachdem er von einer schweren Krankheit genesen war, sein Gelübde ab. Da er aber den Bischöfen Gebhard und Otto, welche

1) Beatum Gregorium . . ., cujus etiam virtutum apud nos habentur volumina. §. 6.

2) Vgl. §. 7 mit Willibald, Kap. 11, §. 35.

3) Vgl. §. 2 und 3 mit Lüdger, §. 3 und 13.

4) In den Act. SS. Antverp. Junii, Tom. I, p. 481 sqq.

das Kloster hart bedrückten, durch seine mißfälligen Aeußerungen [1]) unangenehm zu werden anfing, so ging er im Jahre 1062 nach Fulda und blieb daselbst, bis er nach vier Jahren wieder nach Regensburg zurückgerufen wurde, wo er in hohem Alter und in dem Rufe eines eben so frommen und rechtlichen, als gelehrten Mannes starb [2]). Während seines Aufenthaltes zu Fulda verfaßte er außer mehreren andern Schriften auf das Verlangen der Klostergeistlichen die Biographie des heiligen Bonifacius. Der Abt Egbert (1048—1054) hatte bereits Stoff zu einer solchen zusammengebracht und sogar einen Schreiber nach Rom geschickt, um die Correspondenz des Apostels der Deutschen mit dem päpstlichen Stuhle in den dortigen Archiven zu vervollständigen. Da aber dieser Schreiber vor der Beendigung seiner Arbeit gestorben und das von ihm gesammelte Material nicht nach Fulda gekommen war [3]), so gab man das Unternehmen wieder auf, bis Othlo durch den Zufall nach diesem Kloster geführt und als der zur Vollendung dieser Arbeit tauglichste Mann befunden wurde. Othlo stützte sich vor Allem auf die im Kloster vorhandenen Briefe des heiligen Bonifacius, welchen er mit Recht den größten Werth beilegte und die er als die zuverläßigste Quelle betrachtete, wobei er nur bedauern mußte, daß er trotz aller Mühe viele, deren Beantwortung vorlag, nicht auffinden konnte und manche andere, die nicht zu seinem Zwecke dienten, wie die nach England geschriebenen, bei Seite legen mußte [4]). Nächst diesen machte er Willibalds Biographie zur Grundlage seiner Darstellung, wobei er die dunkeln Ausdrücke desselben durch geläufigere zu ersetzen versuchte, zuweilen aber auch dieselben Worte gebrauchte [5]). Die

---

1) Auch in der Biographie des heiligen Bonifacius konnte er seinen Unmuth gegen die höhere Geistlichkeit, welche die Klöster bedrängte und die Mönche verfolgte, nicht unterdrücken; vgl. B. I, Kap. 35. 36.

2) Vgl. G. Waitz in den Monument. Germaniae hist. Scriptt. Tom. IV, p. 521 sq.

3) Othlo, Praefat. §. 1. — 4) Ibid. §. 3. 5. l. I, c. 38. l. II, c. 16.

5) Id mihi maxime fuit studii in opere isto, ut sententiam eamdem verbis apertioribus proferrem, exceptis his, quae ob sui difficultatem et obscuritatem investigare penitus nequivi; in tantum autem faciliora sequebar, ut sicuti probari potest, alicubi eadem verba ponerem. Praef. §. 2.

Erläuterung gelingt ihm an den meisten Stellen, zuweilen wird er jedoch durch Abkürzung der wortreichen Rede oder durch Hinweglassung der Orte der Handlung noch dunkler als der zu erläuternde Schriftsteller [1]). Außer Willibald benützte Othlo auch noch andere Quellen, vielleicht sogar das bereits erwähnte Heldengedicht Ruthards, dem er die beiden Verse, welche er bei der Geschichte Gewiliebs anführt [2]), entlehnt haben könnte. Den Nachtrag des ungenannten Mainzer Priesters hatte er jedoch keinenfalls vor sich [3]), vielmehr ist es weit wahrscheinlicher, daß dieser Othlos Biographie ausbeutete, denn des letzteren Erzählung ist stets ausführlicher oder doch genauer [4]), auch bemerkt Othlo ausdrücklich bei einer dieser Ergänzungen der Biographie Willibalds, daß er sie einem alten Buche entnommen habe [5]), was er in Bezug auf das wenigstens gleichzeitige Machwerk des Mainzer Priesters nicht sagen konnte. Othlos Biographie wurde zuerst, aber ohne den Namen des Verfassers, von Laur. Surius [6]) herausgegeben, sodann von Heinr. Canisius [7]) aus einer Rebdorfer Handschrift, in welcher der Verfasser genannt ist. Nach diesem nahm sie Nic. Serarius in seine Mainzer Geschichte auf und erläuterte sie durch zahlreiche Anmerkungen [8]), auch J. Mabillon besorgte einen Abdruck, ohne jedoch eine Handschrift zu benützen, und aus ihm ging sie in die von Migne besorgte Ausgabe der Werke des heiligen Bonifacius über. Die wichtige Einleitung hat auch G. H. Pertz [9]) mit einigen Verbesserungen mitgetheilt. —

---

1) Vgl. Othlo, l. I, c. 8. und Willibald, cap. 5, §. 14. — 2) L. I, c. 37.

3) Wie W. Wattenbach (Deutschlands Geschichtsquellen im Mittelalter, S. 270) glaubt.

4) L. I, c. 31. vgl. Append. presbyt. Mog. l. I, §. 1. 2. — L. I, c. 25. vgl. Append. c. II, §. 4. 5. — L. II, c. 19. Append. c. II, §. 7.

5) In libro quodam antiquo scripta reperiens. L. I, c. 24.

6) Historiae Sanctorum, Colon. 1579. Fol. Tom. III, p. 573 sqq. Deutsche Uebersetzung von Joh. a Via. München 1577. Fol. Bl. 328—356.

7) Antiquae lectiones, Vol. VI, p. 393 sqq. N. Ausg. v. J. Basnage, Tom. III, p. 336 sqq.

8) Am besten in G. Ch. Joannis Scriptt. rer. Mogunt. Tom. I, p. 201 sqq., wo auch zugleich Mabillons Anmerkungen mit aufgenommen sind.

9) Monument. Germ. Histor. Scrippt. Tom. II, p. 357 sqq.

Den Schluß der älteren Nachrichten über die Wirksamkeit des heiligen Bonifacius bildet die wunderliche Legende, nach welcher dieser die Thüringer von dem Zehnten, welchen sie den Ungarn leisten mußten, durch eine siegreiche Schlacht gegen dieselben befreite. Sie findet sich lateinisch und in etwas breiterer Fassung auch deutsch in einer fälschlich in das zwölfte Jahrhundert gesetzten Handschrift [1]), aus welcher sie, nachdem thüringische Geschichtschreiber schon ihrer erwähnt und sie widerlegt hatten, vollständig von Joh. Burch. Mencken [2]) herausgegeben wurde. Der Verfasser des lateinischen Textes lebte wahrscheinlich am Anfange des sechzehnten Jahrhunderts [3]), schöpfte aber vielleicht aus einer älteren Quelle, welche man bis jetzt noch nicht aufgefunden hat. Die mitgetheilte deutsche Uebersetzung dürfte dem Anfange des siebenzehnten Jahrhunderts angehören.

---

1) In den Schlußworten der Handschrift: Per infinita seculorum secula. A. MCVI, ist offenbar statt der Jahreszahl AMEN zu lesen.

2) In den Scriptores rerum germanicarum, Lips. 1728. F. Tom. I, p. 842 sqq.

3) Nostris temporibus 1513 ibidem in Kirchheilingen habitant nobiles dicti cognomine Schorbrände. L. II, c. 8.

VII.

Räthsel von den Tugenden.

(Fragment.)

Räthsel von den Tugenden.

Bonifacius an seine Schwester.

Schwester, ich send' als Geschenk dir hier zehn goldene Aepfel,
Lieblichen Blüthen zumal am Holze des Lebens entsprossen,
Wo süßduftend herab an den heiligen Aesten sie hingen,
Während des Lebens Holz noch hing am Baume des Todes.
Spielend mit ihnen erlangst du die Freuden des heiligen Wandels,
Nährst dich zugleich mit dem süßen Gefühle des ewigen Lebens,
Kostest du aber davon, so ergreift dich hohe Begeistrung.
Köstlicher Nardengeruch erquicket die gierige Nase
Und mit den Aepfeln vergleichst du am besten die künftigen Reiche,
Wo du genießest dereinst die behaglichen Freuden des Himmels.
Andere Aepfel jedoch auch giebt es von herbem Geschmacke,
Reifend an anderem Holz', am Holze des bitteren Todes;
Gräulicher Tod ward Adam zu Theil, der solche gekostet,
Weil sie geschwängert vom Hauch und der Galle der listigen Schlange,
Alles vertilgen durch tödtliches Gift; nie wage die Jungfrau
Auszustrecken die Hand nach diesen verderblichen Früchten;

Denn sie zu essen verwehrt das Gesetz, sie zu kosten verwarnt es,
Daß nicht geschwärzt von scheußlicher Pest ihr knirschen die Zähne,
Daß nicht der Aepfel Genuß vernichte die frommen Gelübde
Oder der Preis des himmlischen Reichs ihr gänzlich entgehe [1]).

Die Liebe sagt [2]):

Wer wohl könnte bestimmen die Zahl der glänzenden Gaben,
Welche den thörichten Menschen bereits ich verschafft von dem Throne,
Der hienieden bestimmt die Gesetze des irdischen Lebens
Und uns dorten gewährt die Belohnung des ewigen Reiches.
Folget man meinem Gebot', und erfüllt die Befehle des Himmels,
Werd' ich mich immerdar erbarmen des Menschengeschlechtes.
Stets auch führ' ich die Sterblichen hin zur Uebung der Tugend,
Lehre sie dienen dem Herrn, dem erhabenen Herrscher im Himmel,
Und den erbärmlichen Tand der irdischen Lüste verschmähen;
Deßhalb nennt man mit Recht mich die Tochter des himmlischen Königs.
Rastlos bitt' ich den Herrn um die ewige Ruhe der Seelen

---

1) Nach diesem Verse beginnt offenbar ein Abschnitt, welcher von den Herausgebern des Gedichtes nicht beachtet wurde, weßhalb man glaubte, es seien von den zehn Räthseln nur neun übrig; sie sind vielmehr sämmtlich erhalten, das letzte jedoch nicht vollständig.

2) Daß die Liebe zuerst spricht, ist nicht zu bezweifeln, da die Anfangsbuchstaben dieses Räthsels zweimal das Wort caritas (Liebe) bilden, wenn man sie vorwärts und rückwärts immer über die andere Zeile zusammensetzt. Die Anfangsbuchstaben der drei letzten Zeilen geben das Wort ait (sagt). Daß auch die Anfangsbuchstaben der Verse, aus welchen die übrigen Räthsel bestehen, die Benennung der sprechenden Tugenden bilden, braucht wohl kaum bemerkt zu werden. Eine Nachbildung dieser Spielerei in der Uebersetzung ist nicht möglich.

Und um Vergebung der Schuld in Gedanken und Worten und Werken;
Denn des Allmächtigen Sohn erlöst vom erhabenen Sitze
Auf mein Flehen die Welt fortan für ewige Zeiten.
Endlos hat der Gebieter des Alls deßhalb mich gestaltet,
Hat kein Ziel mir gesetzt in dem Raum', in die Grenzen der Zeit nicht
Ein mich geengt, vielmehr ganz ohne die Zeit mich geschaffen.

Der katholische Glaube.

Ueppig in Reichthum und Kraft hochherrlicher Tugenden blühend
Dien' ich sogar dem himmlischen Herrn als Führer und Bote.
Während ich tilge die Schuld in der Welt dem christlichen Volke
Und, wer nach dem Gesetz recht lebt, durch meine Vermittlung
Christus geheiliget wird und der alten Vergehen entledigt,
Thu' ich zugleich dem mir Folgenden kund die Verheißungen Gottes,
Führe die Erdenbewohner hinauf zu den ewigen Freuden,
Ein sie reihend der Seligen Schaar in den himmlischen Räumen.
Ohne mich wird hier Keiner fürwahr des heiligen Petrus
Oder des heiligen Paulus Genoß, denn beide erlösten
Durch mein strahlendes Licht die Welt aus gräulichem Dunkel.
Wer von mir sich getrennt, wird nie des ewigen Lohnes
Palme gewinnen und nie wird ihm die Gnade des Heilands
Leuchten, dem Armen, denn nie zum himmlischen Reiche gelangt er.

Die Hoffnung.

Immer den Frommen zur Seit' als heilige treue Gefährtin
Mahn' ich sie, durch ihr Verdienst nach dem ewigen Leben zu streben;
Ohne mich steigt nie Jemand empor zu der Höhe des Himmels,

Sondern es ist jenseits ein trauriges Loos ihm beschieden,
Weil er zu sorglos geglaubt auf Erden der trügenden Täuschung
Und sich zu sicher versprach den Bestand der irdischen Güter;
Denn ich allein nur geleite zum Himmel die Erdegebornen,
Lehre sie, hier mit Geduld zu ertragen vergängliche Leiden
Und nach dem goldenen Reich des künftigen Lebens zu trachten.

Die Gerechtigkeit spricht:

Siehe, mich nennt das Gerücht des strahlenden Jupiters Tochter,
Jungfrau heiß' ich sodann auch wohl im Munde der Thoren,
Habe, so sagt man, die Welt, ob ihrer Vergehen verlassen,
Um mein Antlitz fortan nur selten den Menschen zu zeigen.
Da in der That ich erschien als Tochter des himmlischen Königs,
Um nach meines Erzeugers Gesetz zu beherrschen den Erdkreis,
Würde das Menschengeschlecht im Schoße des liebenden Vaters
Eines beständigen Glücks auf ewige Zeit sich erfreuen,
Hätt' es getreulich befolgt die Ermahnung der lieblichen Jungfrau.
Da mich jedoch die Völker verschmäht und des strafenden Gottes
Strenges Gebot nicht geachtet, so traf sie unendliches Unglück,
Schreckliche Strafe verfolgt sie im traurigen Reiche der Hölle,
Wo in den feurigen Schlund die Jammernden Pluto hinabstürzt.

Die Wahrheit sagt:

Niemand kann mich besiegen, doch kann mich Mancher verderben.
Staunen erregt es fürwahr, daß wohl am Throne des Höchsten
Herrschend ich stehe, gesellt zu den übrigen Himmelsbewohnern,
Aber zugleich durchwandre die Welt, um die Schwester zu suchen.
Weil sie jedoch von dem Orte der Schmach schon längst sich entfernt hat,
Will in dem irdischen Reich auch ich nicht fürder verweilen,

Da ich ja doch nicht zu finden vermag die heilige Schwester.
Hat, wie David singt, der prophetische Sänger der Vorwelt,
Zürnend den Rücken gekehrt den thörichten Menschen die Jungfrau,
Will auch ich jetzt wieder hinauf zu den Sternen mich schwingen.

Die Barmherzigkeit sagt:

Siehe mit Recht als Schwestern, obgleich mit verschiedenem Streben,
Wandern vereint auf den Pfaden des Herrn wir immer in Eintracht;
Aber in gräuliches Dunkel hinab wohl stürzten die Menschen
Sämmtlich und litten die höllische Pein im Reiche des Pluto,
Führte die Schwester allein im irdischen Leben die Herrschaft.
Ihre gefährliche Macht deßhalb stets streb' ich zu brechen,
Bittend und rufend zumal: „o theuerste Schwester, verschone!"
Glücklich sich preiset der Himmlischen Schaar zu besitzen mich Jungfrau,
Denn ich vergebe durch meine Gewalt auf Erden die Sünden,
Spende des Lebens Genuß und spende das Licht des Olympus,
Schmücke den Anger der Welt weithin mit mancherlei Blumen,
Daß sich das Menschengeschlecht glorreich aufschwinge zum Himmel.
Aber ich fehle darum doch nicht am Throne des Höchsten,
Fleh' um Gnade zu ihm für die elenden Erdenbewohner,
Wirkend sofort im Dienste des Herrn auf ewige Zeiten.

Die Geduld sagt:

Sicher bewähren durch mich sich die wahren und falschen Propheten,
Ferner die Bösen, die weit von der heiligen Schwelle verscheucht sind.
Was für mich man Frommes gethan, nie tilget die Zeit es,
Sondern zu eignem Verdienste gereicht ihr Leiden den Meinen;

Haben sie treu sich gezeigt und gesühnt ihr sündiges Leben,
Ernten sie himmlischen Lohn für emsig bewiesenes Streben.
Häufig bezähm' ich den Zorn im Grimm' aufbrausender Menschen,
Stille die rasende Wuth zum Streit' anstürmender Kämpfer,
Heiße daher der Tugenden Hort und heilige Mutter.
Gottes Geboten gehorcht man sofort durch meine Bemühung,
Weil ich im himmlischen Reich stets steh' am Throne des Höchsten,
Waltend mit ruhiger Macht im Gefolge des ewigen Herrschers.

Der wahrhaft christliche Friede.

Friedlich verbrächten fürwahr ihr irdisches Leben die Menschen,
Führt' ich allein in der Welt auf ewige Zeiten die Herrschaft.
Einst mit Gesang vom Himmel erschien' ich den Christusverehrern,
Als durch seine Geburt Gott Sohn beglückte das Weltall.
Sehet, begabt mit dem Namen des ewigen Weltenbeherrschers,
Herrsch' ich fortan als Genossin gesellt zu des Höchsten Genossen
Und man begrüßt als Königin mich im Land der Gerechten.
Doch mich besitzen zugleich dort oben die Himmelsbewohner;
Jeglichen Herrscher bedeck' ich mit Ruhm und die Freude versiegt nie,
Wo mir zu weilen vergönnt, und werd' ich verscheuchet, so nah' ich,
Wenn man zu Hülfe mich ruft, und gewähre dem Geist und dem Körper
Sicheren Schutz vor der Qual des Verderben bereitenden Krieges.
Immer ergreif' ich die Flucht, wo irgend sich reget die Zwietracht;
Strenge gebot mich zu achten dahier der ewige Richter,
Aber gekränkt durch des Menschengeschlechts Unsinn und Verkehrtheit,
Schwing' ich mich auf zu dem goldenen Thore des Himmelspalastes.

O wie steh' ich so fern in der Noth den elenden Menschen,
Die mich vorher in dem eigenen Haus zu besitzen verschmähten!
Stets bleibt ihnen der Seligen Reich im Himmel verschlossen.
Wollet deßhalb, ihr Völker, die schüchterne Braut nicht verachten,
Denn nur geleitet von ihr tritt man in den Tempel des Himmels.

Die christliche Demuth thut kund:

Kaum noch werd' ich gezählt hier unter die heiligen Schwestern,
Weil ich im schlechten Gewand' ein düsteres Aeußeres zeige;
Viele verschmähen mich ganz, die erbärmlichste bin ich von allen,
Und in der Welt steht keine fürwahr in geringerer Achtung.
Aber Erlösung gewährt dereinst dort oben der Herr mir;
Lieg' ich am tiefsten im Staub, so bin ich dem Himmel am nächsten.
In mich gehüllt hat Christus erlöst am Kreuze das Weltall;
Niemand erklimmt den schwierigen Pfad zu der Höhe des Himmels,
Wird er von mir nicht gestützt und gesell' ich mich nicht zu den Schwestern
Als die geliebteste Braut des Erlösers und höchsten Gebieters.
Herrscher und Knechte, so wie unschuldige Knaben und Mädchen,
Helden gewaltig an Zahl und geboren in besseren Zeiten,
Ferner der Heiligen Schaar, die den Tod der Märtyrer litten,
Männer von edler Geburt und geschmückt mit strahlendem Ruhme,
Keiner von Allen gelangt, so kühn er auch strebt und sich abmüht,
Ohne mich zu des Allmächtigen Thron und den himmlischen Freuden.
Schützend und nährend zugleich steh' Allen ich freudig zur Seite,
Lenke versöhnend zur Güte den Sinn des ewigen Herrschers.
Kläglich und nüchternen Geistes erscheint auch der Klosterbewohner,
Weist er mit stolzem Gemüth zurück mein redliches Streben.
Selten empfängt mich als Gast liebreich ein Erdegeborner,
Und doch hat mich der Höchste gewählt zur liebsten Gefährtin,

Während als Mensch auf Erden er wandelte; nahe dem Throne
Steh' ich fortan als Braut und führe die seligen Schaaren,
Meine Gelübde getreu dem himmlischen Herrscher bewahrend.

Die Jungfräulichkeit sagt:

Herrlich geschmückt mit den lieblichen Blumen des ewigen Lebens,
Trag' ich der Tugenden Kranz voraus an der Heiligen Spitze,
Folgend Maria, der Mutter des Herrn, des Gebieters der Welten,
Welche mit Freuden empfing und gebar den eigenen Schöpfer,
Der mit dem eigenen Blut' erlöst die sündigen Menschen [1]).

. . . .

1) An diesem letzten Räthsel fehlen, wenn die Anfangsbuchstaben der Ueberschrift entsprechen, wenigstens acht Verse. Vielleicht fehlt auch noch ein das Ganze schließender Abschnitt.

VIII.

Der heilige
Bonifacius als Schriftsteller.

1. Besteht auch das hauptsächlichste Verdienst des heiligen Bonifacius ohne Zweifel darin, daß er nicht nur einen großen Theil der deutschen Stämme aus den Fesseln des starren und jeden Fortschritt hindernden Heidenthumes befreite, sondern auch die alte, in Verfall gerathene fränkische Landeskirche wieder emporrichtete und die Aufführung des gewaltigen Gebäudes begann, worin die neu hervorsprießende geistige Bildung für die folgenden Jahrhunderte eine gesicherte Stelle finden sollte, so darf sein Verdienst als Schriftsteller doch keineswegs so gering angeschlagen und so unbillig beurtheilt werden, wie es früher häufig geschehen ist und zuweilen noch geschieht. Vom praktischen Standpunkte aus mögen wohl die Schriften des Apostels der Deutschen bei dem unaufhaltsamen Fortschritte der Wissenschaft besonders ihrer Form nach Manches zu wünschen übrig lassen und mit neueren Werken ähnlichen Inhalts einen Vergleich nicht aushalten können, der einseitige Ausspruch aber, welcher in ihnen nur Armuth des Geistes, Engherzigkeit des Urtheils, Mangel an Wissenschaft und eine ungeschlachte Sprache finden will, muß jedenfalls als höchst ungerecht und parteiisch betrachtet werden, und weit eher wird der nicht von Vorurtheilen geblendete Leser der auch auf die Hochachtung gegen den Verfasser gegründeten Ansicht beistimmen, welche an den meisten seiner als ächt anerkannten Werke Klarheit, Würde und Einfachheit der Schreibart und Richtigkeit und Gründlichkeit des Urtheils, besonders aber eine wohlthuende Salbung und einen wahrhaft apostolischen Geist rühmen zu müssen glaubt. Daß übrigens alle diese Schriften für den

Geschichtsforscher höchst wichtig und als Erkenntnißquellen einer sehr dunkeln Zeit von unschätzbarem Werthe sind, wird nicht leicht Jemand, welcher Meinung über ihre literarische Bedeutung er auch huldigen mag, in Abrede stellen.

2. Insbesondere gilt dieß von der Sammlung der theils von ihm selbst, theils an ihn geschriebenen Briefe, von welcher deßhalb hier zuerst gesprochen werden soll. Sie enthalten, wie sich sogar ein der Wirksamkeit des heiligen Bonifacius nicht sehr holder Schriftsteller ausspricht [1]), überaus viel Wissenswürdiges und sind als eben so viele Urkunden anzusehen, durch welche über einen beträchtlichen und immer noch sehr dunkeln Theil der vaterländischen Geschichte, über den Zustand der deutschen Cultur in der Periode ihres ersten Beginnens, über altdeutsche Religionsmeinungen, Sitten und Einrichtungen, über Gründung des christlichen Kirchenwesens in verschiedenen Provinzen und über das Verhältniß der deutschen Hierarchie zur politischen Regierung nicht wenig Licht verbreitet werden kann. Sie machen uns gleichsam zu Zuschauern des Kampfes der katholischen Kirche mit dem germanischen Heidenthume und ihres Sieges über dasselbe, und keine spätere Darstellung kann, wie einer der neuesten Biographen des heiligen Bonifacius sehr richtig bemerkt, die weltüberwindende Kraft der katholischen Kirche in ihrer vom heiligen Geiste geleiteten Einheit so anschaulich vor die Seele führen, als die mitten unter den Kämpfen, Gefahren und Mühen geschriebenen Berichte über die Schwierigkeiten, welche das Heidenthum dem Christenthume entgegenstellte [2]). Sie sind daher im Allgemeinen ein wahrer Schatz für Alle, welche sich über den Zustand der Theologie, der Moral und der Kirchenzucht im achten Jahrhundert gründlich unterrichten wollen, insbesondere aber können die Deutschen daraus lernen, welchen Dank sie dem heiligen Bonifacius für seine apostolischen Arbeiten in ihrem Lande schuldig sind. Fast alle liefern Beweise seines Feuereifers für die Religion, für die Bekehrung der Heiden und Abtrünnigen, für die Ausrottung des Lasters und die Uebung der christlichen Tugenden und für die Beobachtung

---

1) In der Allgemeinen Literaturzeitung, 1790, Nr. 294, S. 49.

2) J. Chr. A. Seiters, Bonifacius, der Apostel der Deutschen, S. 8.

der Kirchenzucht und die Erhaltung der guten Ordnung, seiner Unerschrockenheit, womit er die sowohl von Hohen als Niedern begangenen Ungebührlichkeiten rügte, seiner oberhirtlichen Sorgfalt für alle Kirchen, seiner väterlichen Liebe für seine Schüler und seiner aufrichtigen und großmüthigen Gesinnung gegen seine Freunde [1]).

Was den Styl dieser Briefe betrifft, welcher Manchen so wenig behagt, so muß man vor Allem bedenken, daß fast alle eigentliche Geschäftsbriefe sind, welche Bonifacius nicht zur Belehrung und Erbauung, sondern zur Erledigung größtentheils sehr wichtiger Angelegenheiten schrieb, weßhalb es ihm weniger um die Form und die Zierlichkeit des Ausdruckes, als um die klare Entfaltung seiner Gedanken und Absichten zu thun war, was ihm auch fast immer gelungen ist; in der Handhabung der Sprache steht er jedoch nicht über seinen Zeitgenossen und bekanntlich erscheint das verkrüppelte Latein zu keiner andern Zeit in einer so armseligen Gestalt, als am Ende des siebenten und am Anfange des achten Jahrhunderts. Gradezu lächerlich ist aber die Behauptung, Bonifacius habe die lateinische Sprache nur sehr unvollkommen verstanden und seine ursprünglich deutsch geschriebenen Briefe seien später von einem unfähigen Uebersetzer in das Lateinische übertragen worden [2]). Als Beweis hat man die allerdings richtige, aber mißverstandene Thatsache angeführt, daß Bonifacius während seines zweiten Aufenthaltes zu Rom, als er sich über sein Glaubensbekenntniß äußern sollte, sich mit dem Mangel an Geläufigkeit und Gewandtheit in der damals in der Hauptstadt der Christenheit üblichen Sprache entschuldigte und den Papst Gregorius II. um die Erlaubniß bat, sein Glaubensbekenntniß schriftlich abzufassen und vorzulegen [3]), aber doch gewiß in lateinischer und nicht in angelsächsischer oder deutscher

1) Histoire littéraire de la France, Tom. IV, p. 106.

2) G. D. Hanisch, De propagata per Bonifacium inter Germanos religione christiana. Halae Magd. 1770. 4. p. 4.

3) Novi me imperitum jam peregrinus vestrae familiaritatis sermone; sed quaeso, ut otium mihi et tempus conscribendae fidei mihi concedas. Willibald. VII, 20.

Sprache, welche am päpstlichen Hofe wohl Niemand verstand. Außerdem wissen wir, daß Bonifacius in seiner Jugend die Grammatik und Metrik mit eben so großem Fleiße als Erfolg erlernte [1]) und daß er später, wie wir weiter unten sehen werden, sogar eine lateinische Grammatik schrieb.

Die Briefe des heiligen Bonifacius und seiner Zeitgenossen wurden ihres höchst wichtigen Inhaltes wegen gewiß schon frühe gesammelt, wenigstens wissen wir, daß eine solche Sammlung im elften Jahrhunderte im Kloster Fulda vorhanden war und daß Egbert, der Abt dieses Klosters, zur Ergänzung derselben einen Schreiber nach Rom schickte und ihm zur Erleichterung der Arbeit das vorhandene Material mitgab, daß aber der Schreiber, ehe er seine Aufgabe zu lösen vermochte, daselbst starb und weder die mitgenommenen Hülfsmittel, noch seine eigenen Arbeiten nach Fulda zurückkamen [2]). Aus dieser zu Fulda veranstalteten Sammlung, welcher auch Othlo, einer der Biographen des heiligen Bonifacius, die von ihm mitgetheilten Briefe entnahm, scheinen alle bis jetzt bekannt gewordene mehr oder weniger vollständige Handschriften geflossen zu sein. Die älteste derselben ist unstreitig die jetzt in der Großherzogl. Hofbibliothek zu Karlsruhe aufbewahrte, obgleich sie nicht, wie man gewöhnlich angiebt, dem achten, sondern dem elften Jahrhundert angehört [3]). Würdtwein, welcher erst nach der Beendigung seiner Ausgabe der Briefe des heiligen Bonifacius die Existenz derselben erfuhr und sie nicht mehr benützen konnte, entnahm ihr nur einige Briefe aus späterer

---

1) Willibald. II, 7. Tam grammaticae artis eloquentia et metrorum medullatae facundiae modulatione imbutus.

2) Cum quidam ex vobis mihi referret, jam antea pro eodem opere laboratum fuisse apud sanctum Leonem papam, ita ut nonnullos libros unde plenius ad hoc instrueretur abbas Egbertus scriptoremque ei simul Romam transmisisset ipsosque libros eo defuncto et opere petito minime expleto ibi remansisse. Othlo, Vita Bonifacii, Prolog. §. 1.

3) Ph. W. Gercken, Reisen durch Schwaben (Worms 1788. 8.), Bd. IV, Vorr., nebst einem ungenauen Facsimile. Archiv der Gesellschaft für ältere deutsche Geschichtkunde, Bd. I, S. 445 f. Bd. II, S. 152, nebst einem guten Facsimile.

Zeit und fügte sie seiner Ausgabe als Anhang bei[1]). Noch jünger ist die ebenfalls fälschlich dem neunten Jahrhunderte zugetheilte, ehemals in der Dombibliothek zu Mainz, jetzt aber in der öffentlichen Bibliothek zu München befindliche Handschrift, welche Würdtwein vor sich hatte[2]), aber nur sehr nachläßig ausbeutete[3]), und aus welcher seine Ausgabe auch keinen Zuwachs erhalten konnte, da die Ingolstädter, jetzt ebenfalls in München aufbewahrte Handschrift, welche Serarius zu seiner Ausgabe gebrauchte, nur eine im fünfzehnten Jahrhundert angefertigte Abschrift der Mainzer ist[4]). Eben so nachläßig benützte Serarius die ebenfalls aus dem elften Jahrhundert stammende Wiener Handschrift, die vollständigste und wohl auch die vorzüglichste aller noch vorhandenen, welche einer andern, von der zu Fulda veranstalteten verschiedenen Originalsammlung entnommen zu sein scheint[5]). Nur einen kleinen Theil der Briefe enthalten zwei, dem dreizehnten Jahrhunderte angehörende, aber der Beachtung würdige Handschriften, welche sich in der Marcusbibliothek zu Venedig und in der vatikanischen Bibliothek zu Rom befinden[6]). Einzelne Briefe kommen auch in älteren und jüngeren handschriftlichen Miscellaneenbänden der Bibliotheken zu St. Gallen[7]), zu Montpellier,

---

1) Cum novus iste apparatus prelo jam adpropinquasset, innotuit mihi, alium codicem antiquum S. Bonifacii Epistolarum adservari in bibliotheca Carlsruhana, unde jussu Serenissimi Marchionis ea mox, quae scopo meo inservirent, suppeditata recepi. Ed. Würdtw. p. 373.

2) Ed. Würdtw. Praef. p. VI, wo man auch ein Facsimile findet. Vgl. Archiv der Gesellschaft für ältere deutsche Geschichtskunde, Bd. I, S. 445.

3) Vgl. Joh. Bapt. Mar. Schwarz, Commentatio de S. Bonifacii, Germanorum Apostoli, vita enarranda et de epistolarum ejus nova editione adornanda. Monachii 1838. 4. p. 15 sq. Schwarz theilt auch (p. 24—27) eine Reihe von Serarius und Würdtwein unbeachtet gelassener Lesarten der Mainzer Handschrift mit.

4) Sie ist im J. 1497 im Kloster zu Spanheim auf Befehl des Abtes Trithemius geschrieben. Schwarz, l. c. p. 17 sq.

5) Schwarz, l. c. p. 16. Archiv, Bd. III, S. 170 ff.

6) Archiv, Bd. IV, S. 226, Bd. V, S. 338.

7) G. Hänel, Catalogus librorum manuscriptorum. Lipsiae 1830. 4. p. 675, nr. 150.

Venedig und Paris vor [1]); ohne allen Werth aber sind die in der Herzoglichen Bibliothek zu Wolfenbüttel und in der Gräflich Schönbornschen Bibliothek in Pommersfelden befindlichen Handschriften, welche erst im sechzehnten Jahrhundert geschrieben wurden [2]). Zu bedauern ist, daß die beiden alten Handschriften, welche von dem bekannten Kirchenhistoriker Baronius für seine Annalen benützt wurden und nicht nur mehr Briefe, sondern auch manche derselben vollständiger enthielten, als die übrigen bis jetzt bekannten, in den Bibliotheken, wo er sie fand, nicht mehr vorhanden sind [3]). Auch zwei andere Handschriften, welche sich in der Dombibliothek zu Mainz und in dem Kloster zu Fulda befanden und wenigstens bis in das elfte Jahrhundert hinauf gereicht haben sollen, sind spurlos verschwunden [4]).

Da der schon erwähnte Biograph Othlo einen Theil der in Fulda gesammelten Briefe in seine Biographie einflocht, so wurden sie zuerst (1570) mit dieser dem Drucke übergeben [5]). Eine größere Anzahl nahm Cäsar Baronius aus sehr vorzüglichen Handschriften in seine Annalen (1588) auf, aus welchen sie J. Letzner in seine Geschichte des heiligen Bonifacius [6]) zum Theil in lateinischer Sprache, aber ohne alle Kritik, zum Theil in schlechter deutscher Uebersetzung aufnahm. Die erste besondere Ausgabe [7]) veranstaltete Nic. Serarius (1605) aus zwei Handschriften, nämlich der Wiener und Ingolstädter, mit einigen Erläuterungen, indem er zuerst die Briefe der Wiener und nach diesen die der Ingolstädter Handschrift abdruckte, ohne die Anordnung derselben zu ändern, ein nicht zu mißbilligendes Verfahren,

---

1) Archiv, Bd. IV, S. 140 f., Bd. VII, S. 46. 193 ff.

2) Archiv, Bd. VII, S. 223, Bd. IX, S. 538.

3) Schwarz, l. c. p. 16. Archiv, Bd. V, S. 337.

4) Gercken, Reisen durch Schwaben, Bd. III, S. 37. Schwarz, l. c. p. 17.

5) In den von Surius herausgegebenen und öfter aufgelegten Heiligenlegenden unter dem 5 Juni.

6) Historia S. Bonifacii, der Deudtschen Apostel genandt. Erffurdt 1603. 2 Thl. 4. Sie bilden den zweiten Theil.

7) Epistolae S. Bonifacii martyris, primi Moguntini archiepiscopi, Germanorum apostoli, pluriumque pontificum, regum et aliorum nunc primum luce notisque donatae. Moguntiae 1605 (N. T. 1629). 4.

da auf diese Weise mehrere Briefe ihr richtiges Verständniß erhalten und Anhaltspunkte für die Zeit ihrer Abfassung zu gewinnen sind. Ueberhaupt ist die Ausgabe des Serarius, obgleich die Handschriften nicht sorgfältig genug verglichen sind und sie auch sonst Manches zu wünschen übrig läßt, doch immer noch die einzige brauchbare. Aus ihr gingen die Briefe in theologische und historische Sammlungen [1]) unverändert über, bis der durch seine kirchengeschichtlichen Schriften und Sammelwerke rühmlichst bekannte Bischof Steph. Alex. Würdtwein eine neue, sehr schön ausgestattete, aber den jetzigen Anforderungen der Wissenschaft keineswegs entsprechende Ausgabe derselben besorgte [2]). Man macht ihm nicht ohne Grund zum Vorwurfe, daß er die Mainzer Handschrift, welche, wie schon weiter oben bemerkt wurde, ohnehin keine große Ausbeute gewähren konnte, nur sehr nachläßig benützte und der vorzüglichen Karlsruher Handschrift nur drei, nicht mehr in die Zeit des Bonifacius gehörende Briefe entnahm, die Anmerkungen des Serarius, ohne sie zu sichten, abdrucken ließ und auf seine eigenen nicht den nöthigen Fleiß verwendete und die Ausgaben Othlos, welcher für die von ihm mitgetheilten Briefe von der größten Wichtigkeit ist, völlig unbeachtet ließ [3]). Aber auch selbst den Annalen des Baronius und den Conciliensammlungen, welche er unter seinen Hülfsmitteln nennt, schenkte er so geringe Aufmerksamkeit, daß er zwei in den Handschriften unvollständige und in den erwähnten Werken ergänzte Briefe [4]) in ihrer früheren Verstümmelung wiedergiebt. Sein ganzes Verdienst beschränkt sich also auf die chronologische Anordnung der Briefe, gegen welche aber ebenfalls mancher gegründete Einwand erhoben werden kann, und doch ist die Zeitbestimmung in diesen

1) So in die Bibliothecae veterum Patrum, welche zu Köln (1618), Paris (1654) und Lyon (1677) erschienen, am besten in die letztere, Tom. XIII, p. 70 sqq. und in M. Bouquets Recueil des historiens des Gaules et de la France, Tom. V, p. 483.

2) Epistolae S. Bonifacii Archiepiscopi Magontini et Martyris ordine chronologico dispositae, notis et variantibus inlustratae. Magontiaci 1789. F.

3) Vgl. Allgemeine Literaturzeitung, 1790, Nr. 294 u. 295. Schwarz, Commentatio, p. 20 sq.

4) Br. 72 und 73; Bd. I, S. 178 und 190.

Briefen höchst wichtig, da sie oft den einzigen Anhaltspunkt für die Chronologie der bedeutendsten Ereignisse in dem Leben des Apostels der Deutschen bietet [1]). Alle diese Mängel, ja sogar die Druckfehler der Würdtweinschen Ausgabe wiederholen getreulich die späteren von J. A. Giles und J. P. Migne mit unverzeihlicher Nachläßigkeit besorgten Abdrücke, von welchen weiter unten noch einmal die Rede sein wird; auch Dr. Wiß, der Uebersetzer des dem heiligen Bonifacius ausschließend angehörenden Theiles dieser Briefsammlung [2]), folgt Würdtwein, ohne sich um die Berichtigung der offenbarsten Fehler zu bekümmern. Eine neue, auf die sorgfältige Vergleichung der noch zu Gebot stehenden Handschriften gestützte Ausgabe bereitet schon seit vielen Jahren G. H. Pertz für die Sammlung der Geschichtsquellen Deutschlands vor; übrigens sollen dem bei diesem Werke festzuhaltenden Plane gemäß mehrere Briefe gänzlich ausgeschlossen und die übrigen unter die andern Briefe der Merovingisch-Karolingischen Periode geordnet werden [3]).

3. Nicht weniger wichtig, als die Briefe, sind die Verhandlungen der Kirchenversammlungen, deren Einberufung Bonifacius veranlaßte, und die auf diesen, sowie auf den Reichstagen erlassenen Statuten und Capitularien [4]), welche über die Kirchen-

1) Eine genauere Bestimmung der Reihefolge sämmtlicher Briefe hat der Uebersetzer in der dem ersten Bande angehängten vergleichenden Tabelle versucht.

2) Des Apostels der Deutschen Winfried Bonifacius, Erzbischofs und Märtyrers, sämmtliche Briefe, zum erstenmale vollständig übersetzt von Dr. Wiß. Fulda 1842. 8. Da die Zuschriften an Bonifacius und die Antworten auf dessen Briefe hinweggelassen sind, so bleibt dem Leser Vieles unverständlich. Aeltere deutsche Uebersetzungen der von Othlo mitgetheilten und anderer Briefe findet man in der deutschen Bearbeitung der Legendensammlung des Surius von Joh. a Via, München 1574. F. und in der bereits angeführten Geschichte des heiligen Bonifacius von Letzner.

3) Archiv der Gesellschaft für ältere deutsche Geschichtskunde, Bd. III, S. 172. Bd. VI, S. 311. Uebrigens wird, wie mir durch Herrn Pertz selbst bekannt ist, mit den bis jetzt zu Gebot stehenden Hülfsmitteln noch keine genügende Recension herzustellen sein.

4) Diese entsprechen offenbar den in den alten Verzeichnissen der Schriften des Bonifacius angegebenen Instituta synodalia, und man hat unter diesen gewiß nicht, wie Seiters (S. 564) meint, die Briefe 58 und 72 zu verstehen.

geschichte und die Kirchenzucht des achten Jahrhunderts manchen erwünschten Aufschluß geben. Sind auch die meisten dieser Anordnungen nicht von Bonifacius selbst niedergeschrieben, so wurden sie doch ohne Zweifel von ihm eingegeben und in der von ihm angedeuteten Form festgehalten. Die Verhandlungen des ersten deutschen Conciliums (742) und der Concilien zu Liftinä (743) und zu Rom (745) findet man in den Conciliensammlungen und in den Ausgaben seiner Briefe von Serarius[1]) und Würdtwein, aber in einem sehr mangelhaften Abdrucke; Würdtwein hat diesen noch das Concilium zu Soissons (744) und die Statuten und das Capitular des heiligen Bonifacius aus unbestimmter Zeit hinzugefügt[2]), ohne jedoch den fehlerhaften Text zu verbessern; eine vortreffliche Recension des Textes des ersten deutschen Conciliums und der Concilien zu Liftinä und zu Soissons lieferte G. H. Pertz nach den ältesten Handschriften in der Sammlung der deutschen Geschichtsquellen[3]). Die Verhandlungen des Conciliums zu Rom, auf welchem die Irrthümer der Ketzer Aldebert und Clemens verdammt wurden, haben sich nur in der Briefsammlung erhalten, welche deßhalb auch allen übrigen Ausgaben zu Grund liegt. Die sogenannten Statuten des heiligen Bonifacius wurden zuerst von Lucas d'Achery aus einer alten Handschrift des Klosters Corbie herausgegeben[4]) und gingen in diesem Zustande, der noch manche Berichtigung zuläßt, in andere Sammlungen über. Dasselbe gilt von dem Capitular, welches auf einer von Bonifacius abgehaltenen Synode erlassen und zuerst von Steph. Baluze aus einer Handschrift der Bibliothek des Historikers J. A. de Thou bekannt gemacht wurde[5]). Sowohl dieses Capitular als auch die Statuten können keinem bestimmten Jahre

---

1) Nro. 78 und 134 (p. 110 und 186); das Concilium zu Liftinä nur unvollständig.

2) Nro. 56, 57, 58, 61, 63 und 66 (p. 122, 124, 140, 150, 158 und 167).

3) Monumenta Germaniae historica. Leges. Tom. I, p. 16 sqq.

4) Spicilegium, Tom. IX, p. 63—67. N. Ausg. von J. de la Barre, Tom. I, p. 507—509.

5) Capitular. reg. Francor. Tom. I, p. 151—156.

angewiesen werden und jeder Versuch muß schon deßhalb mißlingen, weil die einzelnen Abschnitte offenbar aus den Verhandlungen mehrerer Synoden zusammengesetzt und sogar mit Vorschriften aus weit späterer Zeit untermischt sind, so wie sie auch sämmtlich in die späteren fränkischen Gesetzsammlungen aufgenommen wurden. Betrachtet man die erwähnten Verordnungen von diesem richtigen Standpunkte, so wird man zwar nicht in Abrede stellen können, daß viele derselben von dem heiligen Bonifacius ausgegangen sind, da sie genau mit den in seinen Briefen ausgesprochenen Ansichten übereinstimmen; die Mühe aber, welche man sich gegeben hat, auch solche Bestimmungen, welche an die Einrichtungen einer späteren Zeit erinnern [1]), als ächt zu vertheidigen [2]), erscheint überflüssig, da man doch nicht umhin kann, eine Verunstaltung dieser Statuten durch spätere Zusätze anzunehmen [3]). Ant. Jos. Binterim [4]) und J. Ch. A. Seiters [5]) haben sich durch Erläuterung und Uebersetzung aller dieser Actenstücke großes Verdienst erworben, J. A. Giles und J. P. Migne in ihren Ausgaben der Werke des heiligen Bonifacius dagegen ohne Berücksichtigung der neueren Leistungen den alten fehlerhaften Text unbedenklich aufgenommen. Die gegenwärtige Uebersetzung wurde, um eine Uebersicht aller dieser einander wechselseitig erläuternden kirchlichen Verordnungen zu geben, auf die Verhandlungen der Synoden und Reichsversammlungen zu Verberie (753), Vernon (755), Compiegne (757), Attigny (765) und an zwei unbekannten Orten (765 und 768), also bis zum Regierungsantritte Karls des Großen ausgedehnt, was um so leichter war,

---

1) So ist §. 11 von einem Imperator und §. 12 und 15 von dem gemeinschaftlichen Leben der Weltgeistlichen die Rede.

2) Ant. Jos. Binterim hat in seiner Geschichte der deutschen Concilien (Bd. II, S. 137 ff.) diesen Versuch gemacht und alle Abschnitte ohne Ausnahme für ächt erklärt.

3) Auch Seiters (Leben des heiligen Bonifacius, S. 438 ff.) gesteht dieß ein.

4) Geschichte der deutschen Concilien, Bd. II, S. 117 ff.

5) Leben des heiligen Bonifacius, S. 360 ff.

da eine vortreffliche Ausgabe dieser Verhandlungen von G. H. Pertz vorlag [1]).

4. Von nicht geringerer Bedeutung für die Geschichte und Verfassung der christlichen Kirche im achten Jahrhunderte ist das sogenannte Pönitentiale des heiligen Bonifacius, wenn man auch zugeben muß, daß wir es nicht mehr in seiner ursprünglichen Fassung sondern durch spätere Zusätze verunstaltet besitzen, wie schon die Erwähnung des Festes aller Heiligen [2]), welches erst unter Ludwig dem Frommen in Deutschland eingeführt wurde, beweist. Bonifacius gab ohne Zweifel in der ersten Zeit seiner Wirksamkeit [3]) in Deutschland für die Sühnung der Sünden kurze Vorschriften, welche dem rohen Zustande des neubekehrten Volkes entsprachen, und dieses Bußbuch wurde später in die umfassenderen Pönitentiale, welche besonders während des neunten Jahrhunderts in großer Anzahl entstanden, aufgenommen. Als eines dieser erweiterten Pönitentiale muß das vorliegende betrachtet werden, wie es denn auch gleich diesen in Fragestücken gefaßt ist, was früher nicht der Fall war [4]). In dieser Gestalt lag es schon am Anfange des zehnten Jahrhunderts Regino, dem gelehrten Abte von Prüm, vor, welcher den Anfang desselben in sein Werk über die Kirchenzucht aufnahm [5]). Auch kannte man bis auf die neuere Zeit nur diesen Anfang, welcher zuerst

---

1) In den Monumenta Germaniae historica. Leges. Tom. I, p. 22 sqq. und Tom. II, p. 13 sq. J. P. Migne hat alle Concilien, welche unter Bonifacius und später abgehalten wurden, doppelt in seine Patrologie aufgenommen, nämlich unter die Werke des heiligen Bonifacius (Vol. 89, p. 806 sqq.) nach dem alten ungenauen Text und unter die theologischen Schriften des achten Jahrhunderts (Vol. 96, p. 1502 sqq.) nach der von Pertz besorgten Recension.

2) Cap. 2. Solemnitas omnium Sanctorum.

3) Worauf auch (cap. 3) die Bestimmung der verbotenen Verwandtschaftsgrade hinzudeuten scheint; vgl. Br. 24 u. 25 (Bd. I, S. 62 u. 69).

4) Vgl. F. W. H. Wasserschleben, Die Bußordnungen der abendländischen Kirche. Halle 1851. 8. S. 89.

5) De disciplina ecclesiastica, §. 446 (in Hartzheims Concil. Germ Tom. II, p. 582).

in der Concilien sammlung von Ph. Labbé und Gabr. Cossart[1]) und in der Sammlung alter Schriftsteller von Edm. Martene und Ursin Durand[2]) aus zwei Handschriften der Klöster Corvei und Andain veröffentlicht wurde[3]), aus welchen es unverändert in andere Werke dieses Faches der kirchlichen Literatur überging, bis Ant. Jos. Binterim es in zwei Handschriften, welche er in das neunte Jahrhundert setzt, vollständig fand und bekannt machte[4]). Giles und Migne, welche von dem Dasein dieser Ausgabe keine Ahnung hatten, theilen in ihren Abdrücken der Werke des heiligen Bonifacius nur das an und für sich unbedeutende Fragment mit.

5. Gänzlich unbekannt waren früher die fünfzehn Predigten oder vielmehr Reden des heiligen Bonifacius, und da sie sich auch nicht in den älteren Verzeichnissen seiner Schriften finden, so glaubten Manche sie als untergeschoben betrachten zu müssen, jedoch mit Unrecht, denn sie tragen in sehr alten Handschriften den Namen ihres Verfassers an der Spitze und enthalten nichts, was den Grundsätzen des Apostels der Deutschen entgegen oder der Frömmigkeit, des Eifers und der Weisheit desselben nicht würdig ist. Einige Wiederholungen, welche man darin bemerkt, können nicht als Gegenbeweis gelten, da ja Bonifacius über denselben Gegenstand zu verschiedener Zeit und an verschiedenen Orten predigen konnte. Die meisten dieser Predigten waren an junge Geistliche, besonders an solche, welche aus dem Schoße des deutschen Heidenthums hervorgingen, gerichtet, wie man wohl aus einigen darin vorkommenden Aeußerungen schließen darf[5]).

---

1) Tom. VII (Paris. 1677), p. 1478.

2) Veterum scriptorum collectio. Tom. VII (Paris. 1733), p. 48.

3) Und zwar unter dem Titel Editio S. Bonifacii.

4) Als Anhang zu Car. Blasci Dissertatio, in qua ostenditur, diaconis nunquam fuisse permissum administrare sacramentum poenitentiae. Moguntiae 1822. 8. p. 140 sqq. und in seinen Denkwürdigkeiten der christkatholischen Kirche, Bd. V, Thl. III, S. 430 ff.

5) Serm. I, §. 1. Proinde valde necessarium est omni homini ut diligenter discat fidem catholicam et apostolicam, maxime populi praedicatoribus christiani et ecclesiarum Dei doctoribus. Sermo III, §. 3. Presbyteri

Vielleicht wurden sie auch in deutscher Sprache gehalten und später in die lateinische übersetzt, woraus sich die oft hervortretende Ungleichheit des Styls erklären ließe. Im Allgemeinen ist dieser noch etwas barbarisch, aber klar und bündig; der rednerische Schmuck fehlt gänzlich, dafür entschädigt aber die Mannigfaltigkeit des Inhalts, welche man freilich nicht mit Fülle der Gedanken[1]) verwechseln darf. J. Mabillon entdeckte die zehn ersten Reden auf seiner literarischen Reise durch Italien in zwei Handschriften der Königin Christine von Schweden [2]), später fanden Martene und Durand sämmtliche fünfzehn bis jetzt bekannte in einer dem Kanzler Daguesseau angehörenden Handschrift aus dem neunten oder zehnten Jahrhundert und gaben sie nach dieser und der Abschrift der zehn ersten Reden, welche sie von Mabillon, und einer andern Abschrift der fünfzehnten Rede, welche sie von dem gelehrten Benedictiner Bern. Pez erhalten hatten, in ihrer Sammlung mittelalterlicher Schriftsteller [3]) heraus. Pez veröffentlichte die von ihm aufgefundene fünfzehnte Rede ebenfalls [4]). Aus Martenes und Durands Sammlung gingen sämmtliche Reden in die Ausgaben der Werke des heiligen Bonifacius von Giles und Migne über. Alte Handschriften derselben befinden sich auch in der Bibliothek zu St. Gallen und in der mazarinischen Bibliothek zu Paris [5]).

6. Das Schicksal vieler älteren Schriftsteller, denen statt ihrer ächten Schriften, welche man aus Nachläßigkeit zu Grund

vero et totus clerus sanctae ecclesiae, qui in servitio Dei stare debent, diu noctuque omnimodis irreprehensibiliter vivant coram saecularibus et in omni loco, ut bonis illorum exemplis erudiantur multi.

1) Auch diese wollen die Verfasser der Histoire littéraire de la France Tom. IV, p. 111, und Seiters S. 572 ff. darin finden.

2) Cas. Oudin, Commentarius de scriptoribus ecclesiasticis, Lipsiae 1722. F. Tom. I, p. 1788.

3) Collectio veterum scriptorum, Tom. IX (Parisiis 1733. F.), p. 186—218.

4) In seinem Thesaurus anecdotorum novissimus, Tom. IV, P. II (Aug. Vind. et Graecii 1725. F.), p. 4—8, aber unvollständig.

5) G. Hänel, Catalogus librorum manuscriptorum, p. 675, nr. 146. Archiv für ältere deutsche Geschichtskunde, Bd. VIII, S. 119.

gehen ließ, falsche unterschob, theilt auch Bonifacius, und zu diesen untergeschobenen Schriften gehört unstreitig die Biographie des heiligen Livinus, welche gewöhnlich dem Apostel der Deutschen zugeschrieben wird. Um den Beweis für diese Behauptung zu führen, muß vor Allem die Bemerkung vorausgeschickt werden, daß Livinus, welcher in Schottland geboren war und daselbst einige Zeit als Erzbischof wirkte, im Jahre 653 nach Gent kam, um die Heiden in Flandern zu bekehren, und in diesem Lande drei Jahre und einige Monate nach dem Hinscheiden des heiligen Bavo, eines berühmten Einsiedlers bei Gent, welcher im Jahre 657 starb [1]), also im Jahre 660, den Märtyrertod erlitt. Seine Schüler Foillanus, Helias und Kilianus [2]), die ihm schon, als er noch ein Jüngling war, anhingen und ihn zu dem heiligen Augustinus, dem ersten Bischofe von England, welcher spätestens bis zum Jahre 608 lebte, begleiteten [3]), können demnach nicht viel jünger als er selbst gewesen sein und dürften wohl, da Livinus zu Anfang des siebenten Jahrhunderts geboren wurde, in Flandern, wo sie nach dem Tode ihres Lehrers blieben [4]), noch vor Ablauf dieses Jahrhunderts das Ziel ihres Lebens erreicht haben. Da nun aber der Verfasser der Biographie des heiligen Livinus von den eben erwähnten Schülern desselben zu dieser Arbeit aufgefordert wurde [5]), so kann man diesen doch nicht wohl in dem heiligen Bonifacius finden wollen, welcher im Jahre 716 zum erstenmale nach Friesland ging und auch während seines kurzen Aufenthaltes daselbst schwerlich nach Flandern in das

---

1) Act. SS. Antverp. Februarii, Tom. I, p. 834.

2) Daß dieser Kilianus nicht, wie Mabillon geglaubt hat, der fränkische Apostel Kilianus, welcher nie nach Flandern kam, gewesen sein kann, braucht wohl kaum bemerkt zu werden; wir lassen deßhalb die auf dieser Verwechslung beruhenden Gründe gegen die Aechtheit der Biographie völlig unberücksichtigt.

3) Vita Livini, c. 10. 13. — 4) Ibid. c. 22 und 30.

5) Hujus (Livini) magnarum virtutum insignia, quae vestrae expandimus dilectioni, tribus discipulis suis retexentibus comperiebamus, videlicet Foillano, Elia et Kiliano . . . . ., qui etiam manus nostras osculando, provolutis in terram genibus, per aegra lacrymarum suspiria, imprecati sunt ea a nobis scribi et posteris conservanda mandari. Vit. Livini, c. 1.

Kloster Hauthem bei Aalst kam, denn für die Mönche dieses Klosters ist das Leben des heiligen Livinus bei Gelegenheit seines Gedächtnißfestes geschrieben, wie aus den sehr geschraubten und unklaren Worten der Einleitung hervorzugehen scheint [1]). Ferner verräth der Verfasser der Biographie eine solche Unwissenheit in der Geschichte [2]) und Geographie und eine so große Vorliebe für wunderbare Begebenheiten, daß es eine Sünde wäre, dem Apostel der Deutschen, einem der gelehrtesten und einsichtsvollsten Männer seiner Zeit, dieses Machwerk zuzuschreiben. Auch der Styl entspricht nicht der Art und Weise desselben und wenn sich unter seinen Briefen einer findet [3]), welcher schwülstig, uncorrect und gräcisirend geschrieben ist, so beweist dieser noch lange nicht, daß der heilige Bonifacius in seiner Jugend überhaupt so geschrieben habe, und man könnte vielleicht eher annehmen, daß Bonifacius, welcher den erwähnten Brief und noch zwei andere mit Wundergeschichten angefüllte Briefe [4]) schrieb, ein anderer und von dem

---

1) Auch Seiters (a. a. O. S. 567) findet in diesem Umstande eine unlösbare Schwierigkeit, hält aber doch den heiligen Bonifacius für den Verfasser der Biographie, indem er meint, Bonifacius habe diese nach schriftlichen, nicht aber nach mündlichen Nachrichten der Schüler des heiligen Livinus verfaßt und die Stelle der Vorrede, welche ausdrücklich das Gegentheil sagt, sei ein Zusatz von späterer Hand, was jedoch nicht leicht zu beweisen sein dürfte.

2) Seiters will (S. 567) in dem Umstande, daß der Verfasser der Biographie nicht genau über die Lebenszeit des heiligen Augustinus, des Apostels der Angelsachsen, unterrichtet war, einen Beweis finden, daß sie dem heiligen Bonifacius angehöre, weil dieser wirklich über die Zeit, zu welcher Augustinus nach Britannien kam, in Zweifel war (vgl. Br. 40, Bd. I, S. 103). Der Zweifel des heiligen Bonifacius hatte aber keineswegs seinen Grund in seiner Unwissenheit, sondern in seiner Aengstlichkeit über die Aechtheit eines Briefes des Papstes Gregorius I. an Augustinus; auch ist er nicht im Zweifel über das Todesjahr des letzteren, sondern über das Jahr, in welchem er nach Britannien kam. Um das erstere aber und nicht um das letztere hätte er sich bekümmern müssen, wenn er, wie Seiters meint, den von ihm in der Biographie begangenen Irrthum hätte verbessern wollen.

3) Nämlich Br. 4 an Nidhard.

4) Br. 20 und 147, worin die Hölle beschrieben wird und welche sich auch nicht in allen Handschriften befinden.

heiligen Bonifacius völlig verschiedener Bonifacius ist. Jedenfalls gehört die Biographie, deren Verfasser Bonifacius geheißen haben mag, nicht der ersten Hälfte des achten Jahrhunderts, sondern dem elften Jahrhundert an; in eine spätere Zeit kann man sie nicht setzen, da Gotzelin, welcher viele Heiligenlegenden schrieb und am Ende des elften Jahrhunderts lebte, sie in seiner Biographie des heiligen Augustinus [1]) benützte, ohne jedoch den Verfasser zu nennen, welcher, wenn man aus dem Lobe, welches er den Eingeborenen von Brabant spendet [2]), einen Schluß ziehen will, vielleicht diesem Lande angehört. Nic. Serarius gab zuerst diese Biographie mit den Briefen des heiligen Bonifacius nach einer Handschrift der Abtei Anchin bei Douay heraus [3]), aber so nachläßig, daß nicht selten Wörter ausgelassen sind und dadurch das Verständniß fast unmöglich gemacht wird. J. Mabillon lieferte einen zweiten, nach einer Handschrift von Compiegne verbesserten Abdruck [4]), kürzte aber den weitläufigen Text willkürlich ab. Giles und Migne haben in ihren Ausgaben der Werke des heiligen Bonifacius den fehlerhaften Text des Serarius abgedruckt, ohne die von Mabillon mitgetheilten weit besseren Lesarten auch nur zu beachten oder irgend eine der vielen Handschriften dieser Biographie, welche sich zu Middlehill, Löwen, Brüssel, Gent, Trier und an andern Orten befinden [5]), zu vergleichen; auch glaubten sie nicht die von Mabillon [6]) aus einer Handschrift des Cisterzienserklosters zu Aulne mitgetheilte Geschichte der Uebertragung der Reliquien des heiligen Livinus in das St. Bavokloster zu Gent, welche von einem unbekannten Schriftsteller aus der ersten Hälfte des zwölften Jahrhunderts herrührt, aufnehmen zu müssen; der Vollständigkeit wegen wurde sie in dieser Uebersetzung

---

1) Cap. 5, §. 48. Act. SS. Antverp. Maji, Tom. VI, p. 393.

2) Vit. Livini, c. 23.

3) Epistolae S. Bonifacii. Moguntiae 1605. 4. p. 233 sqq.

4) In den Act. SS. Ord. S. Benedicti, Saec. II, p. 449 sqq.

5) Serarius, l. c. p. 232 sq. Act. SS. Antverp. Junii, Tom. I, p. 494. Hänel, Catalogus librorum manuscriptorum, p. 875.

6) Act. SS. Ord. S. Benedicti, Saec. VI, P. I, p. 65 sqq.

der Biographie des heiligen Livinus beigefügt. In älteren literarhistorischen Werken wird dem heiligen Bonifacius auch noch eine Biographie des heiligen Lebuin oder Liafwin, des Apostels der Sachsen, zugeschrieben, da aber Lebuin erst im Jahre 773 starb, so bedarf diese irrige Angabe, welche wahrscheinlich auf einer Verwechselung der Namen Livinus und Lebuinus beruht, keiner weiteren Widerlegung, auch weiß man jetzt, daß Hucbald, ein Mönch des Klosters St. Amand, diese Biographie am Anfange des zehnten Jahrhunderts verfaßte [1]).

7. In den älteren Verzeichnissen der Schriften des heiligen Bonifacius wird ein in Versen geschriebenes Buch über die Tugenden und Laster (liber unus de virtutibus et vitiis carmine scriptus) angeführt, und wir wissen auch durch seinen Biographen Willibald [2]) und aus mehreren an ihn gerichteten Briefen, daß er sich in seinen jüngeren Jahren fleißig mit der Metrik und dem Unterrichte in derselben [3]) beschäftigte und sich durch seine gründliche Kenntniß derselben, so wie durch seine eigenen poetischen Versuche einen so großen Ruf erworben hatte, daß seine Schüler ihre metrischen Arbeiten ihm zusandten, um sein Urtheil darüber zu hören und Belehrung von ihm zu empfangen [4]). Bis auf die neueste Zeit kannte man aber keine anderen Proben seines poetischen Talents, als zwei kleine mit seinen Briefen verbundene Gelegenheitsgedichte [5]), und erst im J. 1842 machte der englische Literarhistoriker Thomas Wright auf ein größeres Gedicht [6]) aufmerksam, welches sich in einer dem Ende des neunten oder Anfange des zehnten Jahrhunderts angehörenden Handschrift des

---

1) Vgl. Joh. Chr. Fel. Bähr, Geschichte der römischen Literatur im Karolingischen Zeitalter. Karlsruhe 1840. 8. S. 244.

2) Cap. II, §. 7; vgl. Othlo, l. I, c. 3.

3) Hanc metricae artis peritiam domini nostri . . . Bonifacii sub magisterio didiceram. Epist. 81 (Bd. I, S. 224).

4) Vgl. Br. 21 und 96 (Bd. I, S. 57 und 274).

5) Bei Br. 4 und 51.

6) Incipiunt Enigmata Bonifacii Episcopi quae misit sorori suae. Vgl. Th. Wright, Biographia Britannica. Lond. 1842. 8. p. 332.

brittischen Museums findet, und obgleich es den Titel „Räthsel des Bischofes Bonifacius" führt, doch kein anderes als das oben angeführte metrische Werk über die Tugenden und Laster zu sein scheint. Diese Räthsel, welche, wenn die Ueberschrift derselben richtig ist, der heilige Bonifacius erst in späterer Zeit, als er bereits Bischof war, dichtete und an seine Schwester in die Heimath sandte, bestehen aus zehn Abschnitten, welche eben so viele Personificationen der moralischen Tugenden sind, nämlich der Liebe, des Glaubens, der Hoffnung, der Gerechtigkeit, der Wahrhaftigkeit, der Barmherzigkeit, der Geduld, der Friedfertigkeit, der Demuth und der Jungfräulichkeit. Der poetische Werth dieses Versuchs kann nicht sehr hoch angeschlagen werden und außerdem befindet sich der Text noch in einem so erbärmlichen Zustande, daß die Uebersetzung sehr gewagt erscheint und der Nachsicht der Leser in hohem Grade bedarf. Den ersten Abdruck desselben besorgte (1844) Giles in seiner Gesammtausgabe der Werke des heiligen Bonifacius mit unverzeihlicher Nachläßigkeit[1]) und Migne nahm ihn ohne irgend eine Verbesserung in seine Ausgabe auf. Der Uebersetzer hoffte vergebens noch eine längst von der Schweiz aus versprochene bessere Ausgabe[2]) des Gedichtes benützen zu können.

8. In besserem Zustande hat sich die ebenfalls bis auf die neuere Zeit völlig unbekannte lateinische Grammatik des heiligen Bonifacius (Ars Domni Bonifacii Archiepiscopi et martyris) erhalten. Wir wissen zwar durch seinen Biographen Willibald[3]), daß er sich während seines Aufenthaltes in dem Kloster Nhutscelle eifrig mit dem Studium der Grammatik beschäftigte und als Lehrer

---

1) Vol. II, p. 121 sqq.

2) Kathol. Literaturzeitung, 1855, Nr. 23, S. 177.

3) Maxima Scripturarum eruditione, tam grammaticae artis eloquentia et metrorum medullatae facundiae modulatione, quam etiam historiae simplici expositione et spiritalis tripertita intelligentiae interpretatione imbutus dictandique peritia laudabiliter fulsit, ut etiam aliis demum paternarum extiterit paedagogus traditionum et auctor magisterii. Willibald. c. 2, §. 7. Vgl. Othlo, I, 3. Seiters, a. a. O. S. 33.

derselben wirkte, daß er sich aber auch als Schriftsteller in diesem Fache versuchte, ahnte Niemand, bis Angelo Mai seine Grammatik in einer dem zehnten Jahrhunderte angehörenden und aus den deutschen Rheinlanden nach Rom gebrachten Handschrift der vatikanischen Bibliothek entdeckte und herausgab [1]), aber leider nach der Abschrift eines Andern, weßhalb viele offenbare Fehler unverbessert blieben [2]). Diese Grammatik, welche Bonifacius auf die Bitten irgend eines Schülers schrieb [3]), und welche, obgleich Mai den letzten Abschnitt über die Interjection und den Schluß nicht mittheilt, in der Handschrift vollständig erhalten zu sein scheint, behandelt die Redetheile in der gewöhnlichen Ordnung nach Charisius, Diomedes, Consentius und Andern und bietet freilich weder in sprachlicher Beziehung etwas Neues, noch irgend eine historische Notiz, giebt aber Zeugniß von der wissenschaftlichen Regsamkeit des später so berühmt gewordenen Mannes; daß übrigens eine Uebersetzung derselben nicht möglich ist, braucht wohl kaum bemerkt zu werden.

9. Außer diesen auf unsere Zeit gekommenen Schriften des heiligen Bonifacius werden noch mehrere andere genannt, welche wir bis jetzt vermissen, von denen aber vielleicht bei sorgfältiger Nachforschung noch mehrere aufgefunden werden dürften. Vor Allem würde der Verlust der Geschichte seines Wirkens in Deutschland (de suis in Germania laboribus) zu bedauern sein, wenn man nicht vermuthen müßte, daß damit einer jener Briefe gemeint ist, worin er Rechenschaft über seine Bemühungen für die Verbreitung des Christenthums unter den germanischen Stämmen giebt [4]). — Derselben Vermuthung muß man in Bezug auf

---

1) Classicorum auctorum e vaticanis codicibus editorum Tom. VII (Romae 1835. 8.), p. 475—548.

2) Praefat. p. XI.

3) De pronomine, ut arbitror, in Donati artibus satis evidenter disputatum esse, optatae indolis tuae ingenium latet, sed tamen obsecrationibus tuis cedens, ex hac quoque parte, ut e ceteris, aliqua decerpere nitar. P. 492.

4) Br. 12 (an den Bischof Daniel) oder Br. 67 (an den Papst Zacharias); vgl. Nic. Serarius, Rer. mogunt. l. III, p. 559 (bei Joannis, Script. rer. Mog. I, 347), Histoire littéraire de la France, Tom. IV, p. 120.

seine Schutzschrift für die Angelegenheiten der Kirche (pro rebus Ecclesiae) Raum geben und darunter den Brief an den Erzbischof Cuthbert [1]), worin die Zustände der deutschen und angelsächsischen Kirche besprochen werden, verstehen. — Auch die Schrift gegen die Ketzer (contra haereticos) dürfte man wohl für den mit den Verhandlungen der römischen Synode gegen Aldebert und Clemens [2]) verbundenen Brief [3]) halten, wenn nicht der Literarhistoriker Arn. Wion [4]) ausdrücklich versicherte, daß noch zu seiner Zeit, also am Ende des sechzehnten Jahrhunderts, eine Handschrift dieses Buches in der Klosterbibliothek zu Fulda aufbewahrt worden sei, man müßte denn voraussetzen, daß auch Wion von diesen Verhandlungen spreche. — Eine für sich bestehende Schrift war dagegen die von dem Papste Zacharias in einem Briefe an Bonifacius [5]) mit großem Lobe erwähnte Abhandlung über die Einheit des katholischen Glaubens (Volumen de unitate fidei catholicae), wahrscheinlich ein Hirtenbrief, welchen Bonifacius erließ, als er nach der Entfernung Gewiliebs die Verwaltung des Bisthumes Mainz übernahm [6]). — Hierher gehört auch die ebenfalls von Zacharias in demselben Briefe [7]) erwähnte Urkunde über das wahre und rechtgläubige Bekenntniß und die katholische Einheit (charta verae atque orthodoxae professionis et catholicae unitatis), welche Bonifacius um dieselbe Zeit von den Bischöfen des fränkischen Reiches unterschreiben ließ und an den Papst schickte [8]). Schon aus dieser näheren Bezeichnung geht hervor, daß hier von einem officiellen Actenstücke, keineswegs aber von einer eigentlichen schriftstellerischen

---

1) Br. 73; vgl. Histoire littéraire de la France, l. c.

2) Welche weiter oben S. 45 ff. mitgetheilt sind.

3) Br. 67; vgl. Hist. littér. de la France, l. c. Seiters a. a. O. S. 562.

4) Lignum vitae. Venet. 1595, 4. L. V, p. 688.

5) Br. 82 (Bd. I, S. 232).

6) Seiters, a. a. O. S. 564. Die Vermuthung, daß man darunter vielleicht auch die sogenannten Statuten des Bonifacius oder die unter seiner Leitung gehaltenen Concilien verstehen könne, darf man wohl unbeachtet lassen.

7) Bd. I, S. 233. — 8) Seiters, a. a. O. S. 564.

Arbeit die Rede ist. — Als eine solche darf aber wahrscheinlich die Schrift über seinen Glauben, seine Lehre und seine Religion (de sua fide, doctrina et religione) betrachtet werden, wenn man sie nicht lieber für die eben erwähnte Urkunde unter anderm Titel und ohne die Unterschriften der Bischöfe halten will [1]; vielleicht war es auch eine Vertheidigungsschrift, welche er den ihn verläumdenden Irrlehrern, insbesondere Aldebert und Clemens, entgegensetzte. — Eine andere Schrift über die Religion der Heiligkeit (de religione sanctitatis), welche ebenfalls in dem Verzeichnisse der Werke des heiligen Bonifacius genannt wird, bietet der Beurtheilung nicht genug Anhaltspunkte, um zu entscheiden, ob sie eine für sich bestehende Abhandlung war, oder ob sie, wie Andere, jedoch ohne hinreichenden Grund, glauben, mit einem unbedeutenden Briefe [2] über das Klosterleben zusammenfällt. — Zuletzt ist noch einer Sammlung von Sprüchen (Sententiae) zu erwähnen, an welcher Bonifacius arbeitete, um sie der Aebtissin Bugga, welche ihn darum gebeten hatte, zu übersenden [3]; ob er sie aber wirklich vollendete, dürfte schwer zu entscheiden sein; näher wäre jedoch zu untersuchen, ob die in einem zu St. Gallen aufbewahrten Miscellaneenbande des neunten und zehnten Jahrhunderts enthaltenen Aussprüche des heiligen Bonifacius (Dicta S. Bonifacii) als diese Sentenzen gelten können oder nur Auszüge aus seinen Schriften sind [4].

10. **Wir besitzen bis jetzt zwei Ausgaben der sämmtlichen Werke des heiligen Bonifacius; die erste besorgte der englische Priester J. A. Giles [5], die andere der durch seine literarischen**

---

1) Heinr. Phil. Guden, Dissert. de Bonifacio Germanorum apostolo (Helmstad. 1720. 4.), p. 25.

2) Br. 79; vgl. Histoire littéraire de la France, Tom. IV, p. 119.

3) De conscriptione sententiarum, de qua rogasti, peccatis meis indulgere debes; quia propter instantes labores et itinera continua adhuc perfecte conscriptum, quod rogasti, non habeo, sed cum implevero, ad praesentiam dilectionis tuae transmittere curabo. Epist. 32.

4) Vgl. Gust. Hänel, Catalogus librorum manuscriptorum, p. 675, nr. 146.

5) S. Bonifacii Archiepiscopi et martyris opera quae extant omnia

Unternehmungen bekannte Abbé J. P. Migne[1]), wenn man den unveränderten Abdruck der ersten eine neue Ausgabe nennen will. Der erstere hat von den Biographen nur Willibald, der andere nebst diesem auch Othlo aufgenommen, keiner von beiden sich aber der Mühe unterzogen, Handschriften zu vergleichen, obgleich Giles die Versicherung, dieß an vielen Stellen gethan zu haben, ohne Scheu wiederholt. Von dem Vorhandensein der bereits von Angelo Mai veröffentlichten Grammatik scheinen beide keine Ahnung gehabt zu haben. Eine neue kritische Ausgabe der bis jetzt bekannt gewordenen Werke des heiligen Bonifacius ist also immer noch ein Bedürfniß, ja eine Ehrensache für Deutschland. Vor Allem hat der Gelehrte, welcher sich zu dieser mühsamen Arbeit entschließt, der Briefsammlung, als dem wichtigsten Theile, seine Aufmerksamkeit zuzuwenden und den noch ungedruckten Briefen nachzuspüren, denn es finden sich deren gewiß noch in den reichen Handschriftensammlungen Großbritanniens, da wir Antworten von dorther auf nicht mehr vorhandene Zuschriften besitzen[2]). Die bereits gedruckten Briefe müssen noch einmal mit den besten Manuscripten verglichen und die chronologischen Angaben sorgfältig beachtet werden. Pertz wird in der schon längst versprochenen neuen Recension der Briefe, wenn sie wirklich erscheint, eine eben so gute Grundlage bieten, wie er dieß bereits in seiner Ausgabe der Concilien und Capitularien gethan hat. Sehr im Argen liegt das Bußbuch und nicht nur die von Binterim benützten Handschriften dürften noch einmal sorgfältig zu vergleichen, sondern auch die übrigen noch vorhandenen Bußbücher zu Rath zu ziehen sein. Weniger Beschwerden werden die Reden verursachen, da sie mit Ausnahme einiger Stellen verständlich

---

nunc primum in Anglia ope codicum manuscriptorum editionumque optimarum edidit J. A. Giles. Londini 1844. 2 voll. 8. Diese Ausgabe bildet zugleich eine Abtheilung der Patres ecclesiae anglicanae.

1) Im neunundachtzigsten Bande seiner Patrologie (Paris. 1850. 8.), p. 597—891.

2) Vgl. Archiv der Gesellschaft für ältere deutsche Geschichte, Bd. I, S. 51. Litterarischer Anzeiger, 1799, Nr. 11, S. 104.

vorliegen. Das Gedicht über die Tugenden, welches von Fehlern gegen die Metrik und die Grammatik wimmelt, bedarf einer strengen und durchgreifenden kritischen Behandlung und eben so der Text des Lebens des heiligen Livinus, wenn man dieses überhaupt unter die ächten Schriften des heiligen Bonifacius aufnehmen will. Auch die einzige bis jetzt bekannte Handschrift der Grammatik muß genauer verglichen und der noch fehlende Schluß derselben mitgetheilt werden. Nur auf diese Weise wird sich eine des Apostels der Deutschen würdige Ausgabe seiner Werke herstellen lassen.

This book should be returned to the Library on or before the last date stamped below.

A fine of five cents a day is incurred by retaining it beyond the specified time.

Please return promptly.